KB140719

제3판

문화인류학 현지조사 방법

인간과 문화에 대한 현장조사는 어떻게 하나?

줄리아 크레인 · 마이클 앙그로시노 지음

한경구 · 김성례 옮김

일조각

이 책의 번역은 1994년도 강원대학교 기성회 연구비의 지원을 받아 이루어 졌습니다.

FIELD PROJECTS IN ANTHROPOLOGY : A STUDENT HANDBOOK

Third Edition

by

Julia G. Crane & Michael V. Angrosino

translated by

Kyung-Koo Han & Sung-Rye Kim

역자 서문

이 책은 노스 캐롤라이나 대학 채플 힐 캠퍼스 인류학과의 명예 교수 크레인 Julia G. Crane 박사와 사우스 플로리다 대학 인류학과 의 앙그로시노 Michael V. Angrosino 교수가 공동으로 저술한 문화인 류학 현지조사 방법의 입문서 *Field Projects in Anthropology : A Student Handbook* 의 제 3 판(1992)을 출판사인 Waveland Press, Inc.의 허락을 얻어 완역한 것이다. 이 책은 인류학적 현지조사 기법에 관 한 이론적, 철학적 배경에 대한 상세한 논의와 비판을 소개하면서 도 막상 현지조사를 수행하려고 할 경우에 '구체적으로 어떻게'에 대한 설명이 소략하여 그다지 도움이 되지 않는 수많은 다른 방법 론 책들과는 달리, 인류학에 대한 사전 훈련을 충분히 받지 못한 사람들의 경우에도 꼼꼼히 읽기만 하면 "실제로 조사를 어떻게 해 야 하는가", 그 기본적인 절차와 방법을 알 수 있게 해주는 책이다. 이것이 방법론 서적을 번역하기로 결심한 후에 여러 서적들 중에서 도 특히 이 책을 선정한 이유이다.

이 책을 번역하는 제 1차적인 이유는 물론 학부에서 교재로 사용 하여 인류학 교육에 이바지하기 위해서이다. 부차적이지만 이에 못 지않게 중요한 또 하나의 이유는 다른 사회과학을 전공하는 학자들 이나 일반 시민들에게도 인류학이 장구한 시간에 걸쳐 여러 시행착 오를 겪으면서 고심 끝에 발전시켜 온 현지조사 방법을 널리 알리 고 쉽게 이용할 수 있는 형태로 보급하는 것이 현재 한국 사회가 직면하고 있는 여러 가지 어려움에 대처하는 데 상당히 기여할 수 있다고 믿기 때문이다.

얼마나 많은 정책이나 연구가 적당히 수집된 통계자료를 기초로 수립되고 있는가? 얼마나 많은 의견들이 극히 주관적인 인상이나 단편적인 경험에 의거하여 주장되고 있는가? 얼마나 많은 대규모 사업들이 현장 확인 없이, 또한 현장의 목소리를 무시하고, 막연한 추론이나 상식을 가장(假裝)한 일반적인 편견, 문화적 맥락을 무시하고 수입된 전문지식에 의거하여 추진되고 있는가? 얼마나 많은 정책들이 사회문화적 맥락이나 그러한 정책들이 가져올 파급효과와 역기능 등을 무시한 채 추진되고 있는가? 다른 요인들은 외면한 채 당면 문제만 해결하면 된다는 접근 방식[1]은 하나의 문제를 해결하면서 결과적으로 더욱 많은 문제를 만들어 내고 있지는 않은가? 신뢰할 수 없는 자료를 가지고 있으면 아무리 열심히 생각을 하고 정교한 분석을 하더라도 좋은 결과를 낼 수 없기 마련이며, 슈퍼 컴퓨터도 결국은 "쓰레기 같은 자료를 넣으면 쓰레기 같은 결과가 나온다 Garbage in, garbage out"고 한다. 국내에서뿐 아니라 해외에 진출한 한국 기업들까지 어디서나 노사문제로 고전을 면하지 못하고 있는 것은 과연 피할 수 없는 일인가? 과외와 학원 문제가 심각한 것도, 대학 교육이 비정상적인 것도 단순히 학벌중시풍조와 비정상적인 교육열 때문인가? 환경문제가 이렇게 심각하고 부정부패가 만연된 것도 단지 나만 잘살면 된다는 이기주의라는 심리적 요인 때문인가? 교통문제가 이렇게 악화된 것도, 지하철 역이 갈아타기에 그렇게 불편하고 위험하게 설계된 것도 과연 초창기에 예산이 모자랐기 때문이라는 단순한 이유 때문인가? 성수대교가 아침 출근 시간에 무너진 것이 과연 토목공학적인 문제인가?[2] 이런 사고나 문

---

1) 좌우를 돌아보지 않고 앞만 보고 나아가는 이러한 접근방식을 터널 비전 *tunnel vision* 이라고도 하는데, 현대 한국사를 돌아보면 오히려 이러한 방식을 취하는 사람들이 "추진력이 있다" 또는 "박력이 있다"고 하여 발탁된 경우가 많았다는 느낌이 든다.

2) 이 점에 관하여는 拙稿, 「다매체 시대의 사회변동과 문화」, 『정신문화연구』 제18권 제4호(한국정신문화연구원, 1995. 12)에서 논의한 바 있다. 부실공사도 문제이지만, 더욱 심각한 문제는 무려 1년이 넘게 "한강 다리가 위험하다"면서 매스컴도 특집 보도를 몇번씩 했고 청와대에서도 점검 지시를 내린 바

제들은 사회과학적인 문제이며 탁상 행정과 정치의 문제이며, 문제의 상당부분은 사회과학적으로 대처 가능하다는 의미에서 이 땅의 사회과학자들과 행정관료, 정치인들은 크게 부끄러워하여야 한다. 현실에 대하여 잘 알지 못하면서도 현실에 대하여 잘 알지 못한다는 사실을 인정하지 않고 있고, 따라서 현실을 알려고 치열하게 노력하지 않으면서〔항상 시간이 없거나 예산이 없기 때문이라고 하면서 결과적으로는 엄청난 비용과 생명까지 지불한다〕, 소위 문제 해결을 위한 대책만을 계속 만들어 내고 있기 때문이다. 우선 현실을 잘 알자, 현장을 직접 확인하자, 현장의 목소리에 귀를 기울이자는 단순한 의미에서도 문화인류학의 현지조사 방법은 현 시점에서 매우 중요하다고 생각한다. 현실을 어느 정도는 제대로 알아야 문제도 제대로 정의할 수 있다. 문제를 제대로 정립해야 대책도 가능한 것이다.

물론 현지조사 방법은 인류학자들만이 사용하는 것은 아니며 인문학, 사회과학, 자연과학의 여러 학문에서 광범하게 사용하여 왔다. 다른 학문분야에 종사하면서도 여느 인류학자 못지않은 탁월한 현지조사를 수행하면서 방법론을 발전시킨 학자들도 수없이 많다. 그러나 인류학처럼 학문 일반적으로 현지조사 방법을 가장 중심적이고 필수불가결한 과정으로 사용하면서 치열하게 고민해 온 경우는 없다고 하겠다. 인류학의 현지조사 방법은 조사자 자신이 조사도구가 되기 때문에 발생하는 주관성의 문제 외에도, 촌락이나 근린집단 neighborhood, 공장이나 학교, 병원 등 국지적 수준 local level 에서 조사를 하기 때문에 사례 연구 case study 라는 특성상 일반화가 곤란하다는 점이 문제시되어 왔다. 그러나 어느 저명한 인류학자가 설파(說破)했듯이 인류학자는 "촌락을 연구하는 것이 아니라 촌락에서

있는데 출근 시간에 무너질 때까지 한국 사회가 적절히 대응하지 못했다는 점이다. 따라서 문제의 본질은 토목공학적인 것이 아니라 사실은 사회과학적인 것이다.

〔문제시되고 있는 사회문화적 요인들과 관계들을〕연구하는 것 *not to study a village, but to **study in a village***"이며, 인류학자의 현지조사는 통계적 분석을 하기에 부적합한 소규모의 표본을 수집하는 것에 목적이 있는 것이 아니라, 현지조사를 통하지 않고는 얻기 힘든 생생한 현장의 목소리와 시각을 전달하고 눈으로 직접 확인하며 또한 여러 변인(變因)들의 관계를 파악하는 총체적인 시각과 통찰력을 갖고자 하는 것이 목적이다.

인류학이 발전시켜 온 현지조사라는 독특한 방법은 언뜻 보기에는 단지 공책과 연필만 있으면 누구나 쉽게 시작할 수 있는 것 같고 또한 바로 그러한 인상 때문에 현지조사의 핵심을 이루는 민족지 방법(民族誌 方法) *ethnographic method* 은 "과학적이지 않다"는 오해를 받기도 한다. 그러나 낯선 문화 속에 들어가 장기적 또는 단기적인 현지조사를 행할 수 있는 훌륭한 현지조사자로 성장한다는 것은, 상당한 수준의 감수성과 붙임성 또는 신뢰성(IQ 못지않게 EQ가 중요!)은 물론, 다른 문화를 가진 사람들의 입장에서 세상을 보는 넓고 열린 마음과 이해력, 낯선 음식과 기후, 생활 습관을 장기간 견딜 수 있는 적응력과 인내심, 예상치 못한 다양한 상황에 적절히 대처하는 임기응변의 능력과 침착성, 날카로운 관찰력과 종합적인 판단력, 단편적인 정보들과 국지적인 의견들을 취합하여 전체에 대한 체계적인 이해에 도달하는 소위 정보 마인드 등을 어느 정도 갖추게 되는 것을 의미한다. 이는 평생을 노력해도 결코 '마스터'할 수 없는 매우 어려운 수련의 과정으로서 끊임없는 노력과 자기 성찰을 필요로 하지만, 새로운 세계를 발견하고 또 자신의 세계를 새로이 바라볼 때의 가슴 설렘과 놀라움, 뿌듯함과 두려움 등으로 가득 차 있는 이루 말할 수 없이 흥미진진한 성장의 과정이기도 하다.

그러나 인류학이 현지조사를 그 주된 방법론으로 확립하게 된 것은 단지 현지조사의 이러한 독특한 매력 때문만은 아니다. 인류학

의 선구자인 타일러 E. B. Tylor가 갈톤 Galton 卿[3]이 회장을 맡고 있
던 영국왕립인류학회에서 여러 다른 사회들의 출계율과 거주 패턴
간의 상관관계를 분석[4]하여 수행한 통문화적(通文化的) cross-cultural
연구를 1888년에 발표한 사실을 비롯, 사회과학에서 통계적 방법
의 사용을 선도하였던 인류학이 계량적인 방법보다는 현지조사 방
법의 발전에 심혈을 기울이게 되는 것은 오직 현지조사를 통해서만
얻을 수 있는 고도의 질적인 자료들을 사용하려 하기 때문이기도
하다. 물론 인류학이 통계적 방법을 즐겨 사용하지 않는 것은 이러
한 이유 이외에도 표본의 크기가 너무 작다거나 신뢰할 만한 통계
자료가 전반적으로 부족하다는 기술적인 문제, 나아가 통문화적으
로 비교하고자 하는 변인들이나 범주들 자체가 특정 문화에 깊이
뿌리박고 있다는 사실 등 cultural embeddedness, 보다 근본적이고
철학적인 문제의식 때문이기도 하다.

또한 성급한 해답을 제시하기보다는 무엇이 문제인가를 발견하고
질문을 제대로 제기하는 것을 중시하는 연구나, 현실을 잘 모르는
상황에서 실상을 신속히 파악할 것을 목적으로 하는 탐색적인 연구
의 경우에는 인류학의 현지조사 방법이야말로 커다란 도움을 줄 수
있다. 이와 관련하여 역자가 현지조사 방법론 수업 첫시간에 학생
들에게 설명을 위하여 즐겨 사용하는 예는 다음과 같다. '다른 사회
과학의 조사방법과 인류학의 현지조사 방법의 커다란 차이의 하나
는 현지 상황의 우연성과 불확정성, 즉 현지에서 조사자가 무엇을

---

3) 갈톤卿 Sir Francis Galton(1822~1911)은 뛰어난 지리학자, 인류학자, 통계학
   자로서, 상관관계 분석시 사례의 독립성에 관한 '갈톤의 문제'Galton's
   Problem 를 이때 제기하였다.
4) 타일러는 교착(膠着) 또는 합착(合着) adhesion 이라는 용어를 사용하여 사회
   의 여러 특질이나 제도들이 동시에 발견되고 있다는 사실을 표현하였다. 타일
   러의 이러한 발표는 뒤에 "On a Method of Investigating the Development of
   Institutions : Applied to Laws of Marriage and Descent"라는 제목으로 출판되
   어 Journal of the Royal Anthropological Institute of Great Britain and
   Ireland 18 : 245-269에 수록되어 있다.

발견하게 될지 모른다는 사실에서 비롯된다.

　사회과학적 조사연구를 저녁 식사 준비에 비유하자면 연구주제의 설정은 저녁 메뉴의 결정이요, 조사계획은 쇼핑계획이나 사냥계획이요, 자료수집은 재료의 마련이요, 자료의 분석 및 해석과 보고서 작성은 조리 과정에 해당된다.

　예를 들어 사회학자는 저녁에 무엇을 먹을 것인가를 결정〔연구주제를 확정〕하고 나서 이에 필요한 재료를 사러 돈을 들고 시장에 간다〔스스로 제기한 질문들의 답변에 필요한 자료를 수집하기 위한 조사를 한다〕. 가령 저녁 메뉴를 불고기로 정했다면 석쇠를 준비한 뒤에 시장에서 쇠고기와 마늘, 파, 양파, 배, 참기름, 간장, 깨소금, 후추 등을 구입할 것이며 카레라이스로 정했다면 프라이팬과 포트를 준비한 뒤에 쌀, 카레 가루, 밀가루, 버터, 소금, 후추, 쇠고기, 당근, 감자, 양파 등을 구입할 것이다.

　반면에 인류학자는 저녁거리를 장만하기 위하여 활과 화살 또는 장총을 들고 숲으로 가는 사냥꾼과 유사하다고 할까? 노루나 사슴, 멧돼지를 잡으면[2] 통구이나 불고기를 배불리 먹고, 꿩을 잡으면 꿩만두와 냉면을 먹고, 재수가 좋지 않으면 토끼 한 마리나 오리 한 마리를 온 식구가 나누어 먹어야 한다. 정말 재수가 없으면 헛탕도 치겠지만 유능한 사냥꾼이라면 빈손으로 돌아오는 일은 거의 없을 것이다. 상당한 수준의 사냥꾼이 되면 대개 어느 길목으로 노루가 다니고 어느 길목으로 곰이 다닌다는 것쯤은 알고 있다. 그러나 마음을 먹기만 하면 오늘 반드시 사슴을 잡을 수 있다고 믿지는 않는다. 또한 노루를 잡으러 나섰다가도 우연히 호랑이를 발견하면 호랑이를 잡아올 수도 있다.

　어느 정도 조사 대상을 잘 알고 있고 뚜렷한 연구 주제를 가진 경우에는 사회학자의 '장보기' 방식이 적절하지만, 현지 사정이나 현실 상황을 잘 모를 경우, 어떠한 질문을 제기하는 것이 적절한 것인지 잘 모를 경우에는 오히려 인류학자의 '사냥꾼' 방식이 적절할 것이다. 물론 시장에 불고기감을 사러갔다가 싱싱한 생선을 보고 시원한 매운탕을 끓이기로 마음을 바꾸는 주부가 있듯이, '장보기' 방식에서도 현지조사의 유연성과 탄력성을 마음껏 발휘하지 못할 이유가 없다.

간혹 방대한 수치를 나열하지 않거나 정교한 계산을 하지 않으면 비과학적이며 또한 비객관적이라고 간주하는 사람들을 만날 경우도 있는데, 이러한 태도는 학문의 본질에 대한 극히 특수한 견해에 기인하는 것이라고 하겠다. 계량화는 매우 중요한 방법이며 그 간결성과 정확성 때문에 현지조사 못지않게 그 자체가 무한히 아름답고 매력적인 것이기는 하지만, 자료의 성격에 따라 계량화가 항상 가능하거나 적절한 것은 아니다. 또한 문제를 푸는 것도 중요하지만 적절한 문제를 제기하는 것도 이에 못지않게 중요하다. 천문학이나 동물학 등 자연과학에서도 가장 기초적인 방법의 하나는 관찰이며 실험도 또한 엄밀한 관찰을 전제로 하고 있다. 훌륭한 관찰자가 된다는 것이 얼마나 오랜 시간과 노력을 필요로 하며 또한 중요한 학문 연구의 과정인가는 새삼 강조할 필요도 없을 정도이다.

근대 인류학이 성립된 이래, 래드클리프-브라운 Radcliffe-Brown 으로 대표되는 구조기능주의의 '과학주의'를 천박하고 불충분한 것이라 비판하고 인류학이 갖는 인문학 *humanities*, 정신과학 *Geisteswissenschaft* 또는 문화과학 *Kulturwissenschaft* 으로서의 성격을 강조하면서 이해 *verstehen* 나 감정이입(感情移入)의 측면을 논의하는 움직임도 있었고, 최근에는 성찰 인류학(반성 인류학) *reflexive anthropology* 의 시각에서 현지조사의 여러 가지 문제점을 지적하면서 고전적 인류학[대개 구조기능주의 인류학을 의미]의 자민족중심주의적, 이데올로기적, 식민주의적, 성차별주의적, 몰역사적(沒歷史的) 성격이 비판되는 가운데, 현지조사의 객관성과 정확성, 민족지 작성과 민족지가(民族誌家)의 권위 등에 대한 중대한 의문이 제기되기도 하였다. 심지어 포스트모더니즘의 유행과 더불어 해체주의 입장에서 고전적 인류학의 대부분의 성과를 공허하고 유해한 것처럼 매도하는 경향도 나타났다. 그러나 이러한 비판은 인류학 자체나 인류학적 방법의 가능성을 부정한다기보다는 오히려 훌륭한 현지조사자가 된다는 것이 얼마나 어려우며 또한 중요한가를 역설적으로 강조하고 있는 것이라 할 수 있다.

　다른 학문의 방법론들도 책만으로 배울 수 없으며 실제 경험이 매우 중요하지만 인류학의 경우 이 문제는 더욱 심각하다. 인류학 현지조사는 그야말로 자기 자신을 조사도구로 사용하여 수행하는 것이기 때문에, 실제로 조사를 해보는 가운데 터득하고 배우게 되는 부분이 압도적으로 크다. 마치 처음 수영을 가르치는 것이 설명만으로는 거의 불가능하기 때문에 "일단 물에 들어가야 배울 수 있다"는 주장과 유사한 태도가 등장하기도 한다. 더욱이 현지 상황은 매우 다양하며 또한 인류학자는 끊임없이 상이한 사건들에 접하게 되기 때문에 이러한 모든 다양한 상황에 대비한 현지조사 방법을 말이나 글로 가르친다는 것은 대단히 어려운 일이다. 특히 인류학에서 현지조사의 고전적인 형태는 자기가 태어나 성장한 문화와는 다른 타문화 속에 들어가 최소한 1년 이상 장기적으로 생활하면서 조사를 한 뒤에 논문을 쓰는 '박사 학위를 위한 조사' *dissertation research* 를 그 모델로 하고 있기 때문에, 대학원에서조차 현지조사를 마치고 돌아온 학생들과 아직 현지조사의 경험이 없는 학생들 사이에는 엄청난 격차가 발생하게 되었다.[5] 더구나 현지조사 경험이 '한 사람 몫을 하는 인류학자'로 성장하기 위하여 반드시 거쳐야 할 일종의 통과의례가 되는 가운데 이에 따르는 고통과 난관이 인

---

5) 현지조사를 마치고 학교로 돌아온 고참 대학원생들은 이른바 '나의 부족' *my people* 을 가지게 되고 세미나 시간이나 파티에서도 어떤 주제가 나오면 반드시 "나의 부족들은 이러이러하다"라는 식으로 이야기하는데, 이런 이야기를 들을 때마다 아직 현지조사를 떠나지 못한 신참 대학원생으로서 한편으로는 부럽기도 하고 다른 한편으로는 기가 죽을 수밖에 없었다고 많은 인류학자들이 회고록에서 술회하고 있다.

류학자들의 커다란 자부심의 원천이 되면서 점점 그 경험이 신비화
되다 보니 현지조사는 더욱 더 가르치기 어려운 것, 또는 가르칠
수 없는 것이 되어 버렸다. 그리하여 전통적인 인류학자의 훈련 방
법은 물에 집어던지고 '헤엄쳐 나오거나 빠져 죽거나' *swim or sink* 하
는 방식이었다고 한다.[6]

문제는 학부 수준의 교육에서나 타학문 전공자, 관심을 가진 일
반인들로서는 이러한 전문적인 인류학자 훈련과정인 대학원의 모델
을 그대로 추구할 수가 없으며 또한 학생들도 그렇게까지 많은 시
간과 정력을 투입할 수는 없다는데 있다. 현지조사 방법을 가장 잘
배우는 방법은 물론 훌륭한 현지조사자를 따라다니며 그가 조사하
는 현장을 관찰하고 의문점에 대하여 질문을 하는 것이지만 이러한
상황의 발생은 극히 예외적인 것이며 현재의 대학 실정에서는 거의
기대하기 어렵다. 역자로서는 대학 시절 인류학과가 비인기학과이
었기 때문에 학생 수가 매우 적어서 선생님들께서 조사 다니실 때
에 조수로 따라다닐 수 있었다. 심지어 현지조사 방법론 실습 시간
에는 서울 근교의 어느 촌락에 처음 들어가 낯선 분과 말씀을 시작
하신 선생님께서 이윽고 공통으로 아는 사람들을 발견한 뒤에 공통
의 화제에 대하여 한동안 이야기를 나누시다가 드디어 의기가 투합
한 듯이 상대방과 함께 껄껄 웃으시더니, 갑자기 뒤를 돌아보시면
서 "잘 봤나? 라포[7]는 이렇게 형성하는 것이야"라고 말씀하신 경우

---

6) 이러한 전통은 아직도 강력히 살아 있었다. 역자가 유학했던 대학에서도 어느
   해인가 「질적 조사 방법(현지조사 방법) *Qualitative Method*」 강좌를 개설해
   달라는 대학원생 대표들의 요청을 받은 학과장 선생님(老교수)께서 "자네들은
   먹을 것을 스푼으로 떠서 입에 넣어 주어야만 먹을 수 있나?"라고 한마디로 거
   절한 적이 있었는데, 학생들은 더 이상 무어라 대꾸도 못하고 얼굴을 붉힌 채
   물러났었다. 물론 돌아와서는 다소 투덜댔지만, 학생들 역시 현지조사의 구체
   적인 방법이란 세미나실에서 간단히 가르쳐 줄 수 있는 것이 아니라는 기본
   인식은 공유하고 있었기 때문에 더 이상 말을 하지 못하고 물러났던 것이다.

7) 라포 *rapport* 는 프랑스어에 기원을 가진 용어로서 일치나 조화를 특징으로 한
   관계, 화합 등을 의미하며 강령술(降靈術)에서 영매(靈媒)를 사용한 교신을 의
   미하기도 한다. 특히 사회과학에서는 정보제공자 *informant* 와의 친밀한 신뢰관

도 있었다. 현지에서 현지조사를 하고 있는 현지조사자에게 현지조
사를 배웠으니, 컴퓨터를 사용한 멀티 미디어 교육 따위와는 비교
가 안 되는 특혜요 행운이었다〔물론 그 당시는 그것이 행운인지도
몰랐다〕. 그러나 이렇게 직접 체험을 통하여 배우는 것은 계열별
모집이 기형적으로 실시되던 당시의 극히 예외적인 상황으로서 다
시는 이러한 사치와 행운은 허용되지 않으리라.

    그래서 간접경험을 통한 교육이 불가결한데, 간접경험이란 잘 활
용만 하면 직접경험보다 반드시 못한 것도 아니다. 누군가 말했듯
이 "경험이라는 것은 훌륭한 선생님이기는 하지만 수업료가 매우
비싼 선생님"이기 때문이다.[8] 선학(先學)의 경험에서 배우지 못하
고, 현지조사를 시작하는 모든 인류학도가 현지 상황에서 각자의
경험을 통해서 항상 새로이 배움을 시작해야만 한다면 이것도 시간
과 노력의 낭비라 아니할 수 없다. 그리하여 약간의 사전 훈련과
경험은 유용한 것이며 이 책은 이러한 기초적인 훈련을 위하여 가
장 적합하다는 판단에서 번역 대상으로 선택되었다.

    이 책을 처음 접한 것은 역자의 학부 재학 시절이었다. 원서를
구하기 어렵던 시절이라 이 책의 초판을 복사하여 제본한 것(이른바
해적판)을 학과 사무실에서 판매하고 있었는데, 역자 역시 최신의
거창한 이론적 논의에만 흥미를 느끼고 있었던 치기(稚氣)로 충만
한 어린 학생이었기 때문에, 이 책과 같이 기본적인 방법론을 차근
차근 몸에 익혀 주는 '시시하고 따분한' 인상을 주는 책에는 별로
관심이 없었다. 책을 구입은 하였으나 조금 훑어보다가 구석에 그
냥 처박아 두고 말았다.

    그 후 유학을 가서 다른 문화를 가진 사회에서 장기간의 현지조

계를 가리킨다.
8) 보통 사람들은 경험을 통하여 배우는데(즉, 수업료를 내고 배운다), 똑똑한
   사람들은 남의 경험에서 배운다고 한다. 즉 장학금으로 공부하는 것이다. 한편
   모자라는 사람들은 당하거나 겪고 나서도 배우지를 못한다고 한다.

사를 마친 후 학위논문을 제출하고 귀국하여 강원대학교 인류학과
에서 '현지조사 방법' 강의를 맡게 되었다. 역자로서는 극히 비전적
(秘傳的)인 방식으로 배우고 터득한 인류학의 현지조사 방법을 과연
30여 명이나 되는 학부 학생들에게 어떻게 가르칠 것인가에 대하여
전혀 마음의 준비도 되어 있지 않았고 또한 실제로 구체적인 '방법'
도 몰라서 크게 당황하였다. 가장 고민을 한 것은 교재가 없다는
사실이었다. 우리말로 된 방법론 책으로는 중앙대 건축과의 이희봉
선생님께서 스프래들리 Spradley 의 『참여관찰 방법』Participant Ob-
servation 을 번역하신 것이 있었을 뿐으로 인터뷰를 어떻게 한다거
나 커뮤니티 연구, 공식적인 조직의 연구 등에 대한 논의는 거의
없었다. 영어 책을 강독하여도 수업 시간에 커버할 수 있는 분량이
적었고 또한 학생들이 조사를 하면서 참고하기에는 적합하지 않았
다. Edgerton 이나 Pelto 또는 Bernard 등 몇몇 유명한 방법론 서
적들은 여러 다양한 기법을 소개하고 있었으나 모두 "이러이러한
방법이 있다"는 수준에서 간략히 설명을 하고 논평을 덧붙여 놓았
을 뿐, 정작 "이렇게 한다"라는 구체적인 절차에 대한 상세한 해설
이 없었다. 한편 민족지 방법에 대한 최신의 여러 서적들은 모두
고전적인 현지조사 방법의 문제점에 대한 것들로서 이러한 책들은
독자들이 고전적인 방법을 익히 잘 알고 있으며 심지어는 이에 탐
닉하고 있다는 전제하에서 이를 비판하고 해체 deconstruct 하기 위
한 것들이 다수였다.

　그런데 우리의 학문 현실은 아직 해체할 만한 것을 가지고 있지
않다는 것이 문제라는 생각이 들었다. 비판과 해체는 기존의 것을
두들겨 부수기만 하면 되는 '신나는' 작업이지만, 우선은 건설하고
구성 construct 하는 다소 지리하고 따분한 작업이 선결되어야 한다
고 판단하였다. 이러한 작업은 한편으로는 강의를 듣는 학생들이나
후학(後學)에 대한 의무라는 생각도 들었다. 또한 『문화인류학의 역
사』와 『정치인류학』의 「역자 서문」에서도 언급하였지만 이 책을 번

역하게 된 것은 한 학부 학생의 "우리도 책을 가지고 공부해 보았
으면······" 하는 대자보를 읽은 것이 직접적인 계기가 되었기 때문
에 더욱 그러하였다. 학생이 쓴 대자보를 읽고 생각해 보니 한국문
화인류학회가 창립된 지 40년, 서울대에 고고인류학과가 설치된 지
30년이 넘도록 개론 책은 그런 대로 여러 종류가 나왔으나 몇몇 각
론을 제외하고는 학사(學史)와 방법론 같은 기본적인 과목조차 교
과서로 사용할 만한 것이 없었다. 아쉬운 대로 우선 학사 책을, 그
리고 그 다음 해에는 『정치인류학』을 임봉길 교수와 같이 번역하여
출판하였고 이번에 김성례 교수와 방법론 책을 내게 된 것이다.

  역자로서는 이 책의 번역을 마치면서 마치 커다란 짐을 벗어 놓
은 것 같은 후련함을 느끼고 있다. 같은 과의 선생님들의 도움을
얻어서이기는 하지만 어쨌든 3년간 교과서를 3권 만든 셈이라, 마
치 '군대 3년 마친 것'과 같다고나 할까? 마치 공동체에 대한 의무
인 병역을 마치고 제대할 때의 기분처럼, 학생들과 후학(後學)들을
대하기에도 떳떳하다는 느낌이 들며 이제는 정말 하고 싶었던 일에
매달릴 수 있다는 생각에 기쁘고 홀가분하기 한량없다.

  이 책은 원래 학부 교육에 남다른 열의를 가진 같은 과의 김성례
교수와 반씩 나누어 번역하기로 하였었다. 그래서 1994년부터 번
역이 끝난 부분을 복사하여 「인류학 기초 방법론」 강의에 교재로
사용하면서 원고 수정 작업을 시작하였다. 그러나 작업 도중에 김
성례 교수가 미국 캘리포니아 버클리 대학에 포스트닥 *postdoctoral*
을 신청한 것이 받아들여져, 학위논문을 보완하여 책으로 출판한다
는 숙원을 풀 수 있는 기회를 갖고 1995년 가을 출국하게 됨에 따
라, 계획을 변경, 3, 4, 9 및 11장 일부의 번역을 김성례 교수가,
그 나머지 부분의 번역 및 원고의 수정 작업과 및 역주 작업은 본
인이 마무리하게 되었다. 한편 단순히 번역을 할 것인가, 또는 우
리나라의 사례를 많이 수록하여 읽는 이에게 현장감을 느끼도록 할
것인가에 관하여 여러모로 생각하다가(특히 제9장의 민간전승에 관한

조사나 제3장의 친족 계보도 그리기 등), 현단계에서는 정확하고 충실한 번역이 절실하다는 판단에서 역주를 많이 달아서 단순 번역을 하기로 하였다. 한국의 독자들에게 알맞는 방법론의 출간은 그리하여 훗날의 과제로 남겨둔다.

이 책을 번역하면서 특히 여러분들의 도움을 받았다. 강원대학교는 『인류학 방법론의 보다 효과적인 교육을 위한 연구』라는 명목으로 기성회 연구비를 지원하여 주었다. 서울대 인류학과의 한상복 선생님께서는 번역할 적절한 방법론 책을 찾고 있던 필자에게 이 책의 3판이 출간되었음을 알려주시면서 소중한 장서를 빌려주셨고 많은 도움 말씀을 주셨다. 최종 번역한 원고를 『문화인류학의 역사』와 『정치인류학』에 이어 이번에도 또 강원대 인류학과의 황익주 교수와 가형(家兄)인 서울대 의대의 한성구 교수가 그 바쁜 중에도 시간을 내어 원고 전부를 꼼꼼히 읽으면서 역주가 필요한 곳과 문장이 어색한 곳을 지적하고 자연스러운 우리말로 고쳐 주셨다. 이 두 분의 계속적인 도움을 받을 수 있었다는 사실은 역자로서는 이루 말할 수 없는 커다란 행운이다. 한편 강원대 인류학과에 풀브라이트 교환 교수로 와 계신 스티븐 스미스 Stephen Smith 교수도 특히 미국의 민간 전승에 관하여 많은 도움을 주셨으며 강원대에 출강하고 계신 구양회 학형과 강원대 건축공학과 건축사 연구실의 박경립 교수 및 대학원생들이 원고를 읽고 수정이 필요한 곳을 지적하여 주셨다. 또한 서울대 고고미술사학과의 이선복 교수께서 고고학 용어의 번역에 도움을 주셨으며 공역자인 김성례 교수도 멀리 버클리에서 본인의 의문 사항에 대하여 조사한 결과를 팩스로 보내는 등 마무리 작업을 도와주셨다. 또한 江口信淸이 번역한 이 책의 일본어판 『人類學フィールドワーク入門』(京都:昭和堂, 1994)도 참조하였다. 이렇게 많은 분들의 도움을 받았음에도 불구하고 이 책에서 발견될 모든 오류는 최종 마무리 작업을 담당한 본인의 책임임을 밝혀 둔다.

아울러 이 자리를 빌어 역자들이 이러한 번역 작업을 추진할 수 있도록 격려해 주시고 또한 학과와 대학이라는 든든한 울타리가 되어 주신 임봉길 교수님을 비롯한 강원대의 여러 교수님들께 감사를 드리며 또한 연구 및 집필에 필요한 시간을 최대로 확보할 수 있도록 학과 업무는 물론 기타 온갖 잡무에 이르기까지 성심껏 도와준 김광희 조교에게도 심심한 감사를 표한다. 또한 이 책의 초판을 가지고 작업을 시작한 번역 초기부터 워드프로세서 작업을 맡아 주었던 강원대 인류학과 1회 졸업생인 박수진 孃, 후반부의 수정 작업과 제3판의 추가 부분들에 대한 작업을 도와준 4학년의 고중걸 君, 3회 졸업생으로 한양대학교 대학원 인류학과에 재학하면서 교정과 색인 작업을 도와준 이창호 君에게도 감사를 표한다. 끝으로 『문화인류학의 역사』와 『정치인류학』에 이어 이 책을 아담하고 예쁘게 꾸며 주신 一潮閣의 여러분들께 감사드린다.

1996년 4월

봄을 한껏 머금은 소양호에 다녀와서

한 경 구

머 리 말

인류학을 전공하는 학생들은 내게 다음과 같은 질문을 던지곤 하였다. "실제로 인류학자 노릇을 해보지 않고서야 내가 정말 인류학자가 되고 싶은지 어떻게 알 수 있겠습니까?" 그러나 어쩌란 말인가? 인류학자 노릇을 하려면 매우 다양한 경험을 하여야 하는데 그중에서도 특히 현지조사는 진정한 인류학자로 인정받는 데 반드시 필요한 전제조건인 일종의 '통과의례'(通過儀禮)로 종종 간주되고 있다. 또한 기본적인 개념을 이해하고 인류학적인 시각에 대한 실감을 얻고자 하는 사람들 누구에게나 현지조사는 중요하다고 본다.

처음으로 본격적인 현지조사를 위해 현지에 들어갈 준비를 거의 마친 학생들이 교수들로부터 현지조사에 대한 아이디어와 기법(技法)들을 전수받는 것은 인류학의 오랜 관례이었다. 물론 이러한 아이디어와 기법들은 대개는 가르치는 교수들이나 동료 교수들이 그 유용성을 인정한 것들이었다. 적어도 몇몇 대학에서는 도사님 *guru* 의 발자취를 따르는 이러한 학습 과정에 일종의 신비스러운 분위기가 감돌기까지 하였다. 어쩌다 현지조사 방법에 관한 강좌들이 개설되는 경우에도 이러한 강좌들은 대학원 학생 수준에나 맞게 만들어졌을 뿐이었다.

다른 한편에서는 기껏해야 겨우 손에 꼽을 정도로 소수의 책자들만이 구체적으로 도움이 되었을 뿐이었다. 다행히도 최근에 들어와 출판된 여러 민족지(民族誌)*ethnography* 에서 인류학자들은 자신의 현지조사 경험에 대하여 통찰력 있게, 그리고 솔직하게 서술하기 시작했다. 이 책을 쓰는데 있어서도 홍수같이 쏟아져 나오는 이러한 종류의 새로운 정보의 도움을 많이 받았다.

『문화인류학 현지조사 방법』은 기본적으로 학부 학생 및 대학원
과정을 시작하는 학생들을 위한 것이다. 이 책은 현지조사 기법에
관한 완벽한 지침서로 집필된 것은 아니다. 인류학자는 서로 매우
상이한 사회에서, 그리고 다양한 상황에서 작업을 하기 때문에, 각
자 자신의 특수한 현지 상황에 따라 어떤 방식의 조사를 취할 것인
지, 무엇에 대하여 물어 볼 것인지, 어떤 투사법(投射法) *projective
test* [1])을 쓸 것인지, 어떤 사진을 찍을 것인지, 어떤 대화를 녹음할
것인지, 그리고 어느 지역을 조심스럽게 기피하고 어느 지역에 대
한 조사를 연기할 것인지 융통성 있게 대처해야 한다. 그러므로 현
지조사 기법의 취사선택에 아무리 노심초사한다 하여도 **모든** 인류
학자들이 현지조사의 가장 기본적이고 필수적인 측면을 만족스럽게
나타내 준 것이라고 동의할 수 있는 하나의 프로젝트를 발견한다는
것은 애당초 기대할 수 없는 것이다. 우리의 진정한 목표는 현지조
사의 모든 것을 보여주는 것이 아니다. 오히려 우리의 목표는 가장
보편적으로 사용되는 자료 수집 기술들을 대표할 수 있는 일련의
프로젝트 과제들을 제시하는 데에 있다. 프로젝트를 수행하는 과정
에서 각 학생은 언제, 어떻게, 현지 상황에 따라 다양하게 조사 기
술을 적용할 것인지에 대해 배우게 될 것이다.

　강좌를 담당하는 일수의 지도 아래 이 책에 수록된 프로젝트를
실습하는 학생들은 단지 현지조사 기술에 관한 몇 가지의 제안과
특정 사실들을 알게 되는 데 그칠 것이 아니라, 자신들과는 생활
방식을 달리하는 사람들과 의미 있는 인간관계를 맺고, 이들의 문
화의 시각을 주의 깊게 통찰하는 데서 얻을 수 있는 특별한 감동과
개인적인 만족을 경험하게 될 것이다.

---

1) 역주 : projective test 는 투사법(投射法) 또는 투사검사법(投射檢查法)이라고
　하는데 피조사자에게 애매모호한 자극(불분명한 그림이나 잉크점들이 그려진
　카드 등)을 주고 이에 반응하게 함으로써 피조사자 자신의 내적 상태 및 감정
　이 투사되도록 하는 심리 테스트의 방법이다. 로샤하 테스트 *Rorscharch Test*
　나 TAT(Thematic Apperception Test) 등이 그 대표적인 예이다.

이 책에 수록된 14개의 프로젝트는 전통적인 인류학 조사의 핵심이 되는 연구 영역을 대표하고 있다. 각 주제에 대하여 우리들은 그 주제를 잘 조사할 수 있도록 하는 '방법'*method*과 '자료 수집 도구'*data-collecting tool*를 제시한다. 그렇다고 해서 그 주제가 다른 방법으로는 조사할 수 없다거나 그러한 기법으로 다른 주제들을 조사할 수 없다는 의미는 아니다. 더욱이 어떠한 조사 도구도 그 자체로 충분한 것은 아니다. 훌륭한 민족지는 연구 대상이 되는 문화에 관한 보다 완전한 자료를 수집하기 위하여 되도록 많은 도구를 사용한다.

각 장에 소개된 방법에 대한 기술이나 참고문헌을 선정하면서 우리는 강좌를 담당하는 교수의 지도하에 공부하는 학생들이 자신의 연구의 필요에 맞는 방법을 스스로 실험하고, 개량하고 또한 확장시킬 수 있는 여지를 남기려고 하였다. 이 책에서 선정된 참고문헌은 우리가 연구조사 영역을 서술하거나 프로젝트를 계획하는 데 있어 유익하다고 생각한 것들을 수집해 놓은 것이지, 연구 영역에 관련되는 광범위한 문헌을 빠짐없이 모아 놓은 것은 아니다. 즉 여기에서 선정된 것들은 주로 초기 단계에 참고될 만한 것으로서, 대부분 쉽게 구할 수 있고 각 프로젝트에 직접적으로 관련된 것들이다. 독자적으로든, 지도 교수의 지시에 따르든, 학생들은 시간과 에너지, 그리고 조사 가능성이 허용되는 한, 이들 기본적인 참고문헌 이외에도 더욱 많은 문헌을 찾아볼 것을 권장하는 바이다.

우리 생각에는 논리적인 순서에 따라 이들 프로젝트들을 배열했지만, 강좌를 담당하는 교수는 각기 자신의 독특한 강의 계획에 따라 이 책의 구성을 융통성 있게 활용할 수 있다. 그렇다 하더라도 일반적으로 다음의 제안들은 강의 계획을 세우는 데 도움이 될 것이다.

처음 4개의 프로젝트는 인류학을 처음 배우는 학생이라도 무리 없이 수행할 수 있다. 각 프로젝트는 현지조사의 기본적인 영역을

대표하고 있으며, 보다 고급 단계의 조사 방법론 강의의 초반부에
도 유익하도록 만들었다. 처음 인류학을 시작하는 학생들은 여기
제시된 기본적인 과제들을 직접 수행해 봄으로써, 인류학의 '어떻
게'라는 측면을 실감할 수 있을 것이다.

제 5 프로젝트에서 제 9 프로젝트까지는 좀더 그 성격이 복잡하
다. 이들 프로젝트를 수행하기 위하여 학생들은 주기적인 관찰 외
에도 여타의 자료 수집 과정을 필요로 한다. 이상적으로는 학생들
이 조사를 충분히 할 수 있도록 학기 초부터 시작해야 할 것이다.

제10 프로젝트에서 제14 프로젝트까지는 담당 교수의 재량에 따
라 기초적인 것으로도 또는 복잡한 것으로도 만들 수 있다. 고학년
학생인 경우에는 각 프로젝트를 보다 자세하고 시간을 요하는 연구
작업의 기초로 활용할 수도 있겠지만, 각각의 프로젝트는 그 자체
로 단기간의 작업에 알맞도록 구성되어 있다. 특히 제14 프로젝트
는 인류학 현지조사의 수많은 개념과 조사 방법을 종합하는 기회로
활용될 수 있다.

여기서 알아두어야 할 것은 몇몇 프로젝트는 동시에 같이 시행하
는 것이 유리하다는 점이다. 예컨대 사진 기술에 관한 프로젝트(제
13장)와 의례의 관찰에 관한 프로젝트(제5장)를 결합하여 수행하는
것 등이다. 담당 교수와 학생들은 여러 프로젝트를 어떠한 방식으
로 결합하는 것이 좋은지 알기 위하여 학기 초에 각 프로젝트에 관
한 설명을 훑어볼 것을 권장하는 바이다.

인류학은 매우 진지하고 심오한 학문이지만 또한 매우 재미있는
학문이기도 하다. 우리는 이 책을 통하여 학생들이 다른 사람들의
관습과 생활양식에 대하여 가지고 있는 자연스러운 호기심을 인류
학이라는 학문 틀에 돌려서 이를 더욱 발전시키는 데 도움을 얻을
수 있기를 바란다.

감사의 말

이 책을 집필하는 과정에서 우리는 학부 학생들과 대학원 학생들, 그리고 동료들에게 늘 조언과 비판을 청하였다. 이들에게 깊은 감사를 드리면서 이 책의 모든 결점은 오로지 우리 자신들의 책임임을 밝힌다. 이 책의 초판을 낼 때 도와준 연구 보조원들은 바바라 다우니 Barbara Downey, 비버리 헐버트 Beverly Hurlbert, 린다 올드햄 레스터 Linda Oldham Lester, 그리고 이자벨 테리 Isabel Terry 이다. 제2판과 제3판을 낼 때에도 바바라 다우니와 이자벨 테리가 도움을 주었다. 이외에도 돌 카인드 Dorle Kind, 도나 로미오 Donna Romeo, 래리 메취 Larry Metsch의 도움을 받았다.

우리들은 또한 이 책에 인용할 수 있었던 연구 업적을 저술한 원저자들에게 깊은 감사를 드린다. 이들 중 일부는 자신들의 업적을 인용하도록 허용하였을 뿐 아니라 또 이러한 허가를 얻는 작업에 도움을 주었다. 이들 중 특히 채플 힐 Chapel Hill 소재 노스 캐롤라이나大 University of North Carolina 의 도널드 브로킹턴 Donald L. Brockington 교수와 사우드 플로리다大 University of South Florida 의 제롬 스미스 Jerome Smith 교수, 노스 캐롤라이나 농업 및 기술대학 North Carolina Agricultural and Technical University의 데이비드 존슨 David Johnson 교수와 글로리아 웬토우스키 Gloria Wentowski 교수에게 감사드린다.

제3판을 낼 때에는 다음 세 사람이 친절하게 원고를 읽어 주고 각자 전공 분야 영역에서 각 장에 대한 조언을 해주었다. 이들은 채플 힐 소재 노스 캐롤라이나大의 스티븐 버드솔 Stephen Birdsall 교수, 샌프란시스코 주립大 San Francisco State University의 말콤 콜리어 Malcolm Collier 교수, 템플大 Temple Universtiy 의 리처드 찰펜 Richard Chalfen 교수이다.

우리가 초판을 낼 때 찰스 몰러 Charles Mohler, 보니 몬포트 보프 Bonnie Monfort Bopp 와 같이 작업할 수 있었고 또한 제 2 판과 제 3 판을 낼 때 웨이브랜드 Waveland 출판사의 닐 로우 Neil Rowe, 토마스 커틴 Thomas Curtin 과 작업할 수 있었던 것은 행운이었다. 이들의 출판에 관한 전문 지식과 감수성은 큰 도움이 되었다.

목   차

역자 서문
머 리 말
감사의 말

서 론

인류학이란 과거와 현재의 인간 집단과 그들의 문화와 삶의 역사를 연구하는 학문이다. 인류학은 전 세계의 여러 다양한 사회로부터 자료를 수집하여 분석을 하는 비교의 학문이다. 분석을 위한 이러한 자료들은 원래 인류학적인 현지 조사, 즉 고고학과 민족지(民族誌) ethnography 로부터 나오는 것인데, 민족지야말로 우리가 이 책에서 가장 관심을 두고 있는 분야이다. 인류학 교과서 중 하나에는 다음과 같은 말이 실려 있다.

> 문화 인류학의 기초는 민족지(民族誌) ethnography[1]이다(그리스어에서 ethnos 는 인종, 민족이며, graphein 은 '쓰다'의 의미이다). 글자 그대로 '민족지'라는 단어는 인간에 대하여 쓴다는 것을 의미한다. 우리가 이 용어를 사용할 경우 이는 인간 사회들에 대한 기술적(記述的) 연구를 지칭한다……현재 대부분의 민족지 작업은 객관적이며 심층적인 관찰과 인터뷰, 라포의 형성, 정확한 보고 등을 요구하는 테크닉을 조심스럽게 학습한 훈련된 인류학자에 의하여 행하여진다. 이러한 민족지적 현지조사란 현대의 인류학자들에게는, 완전히 한 사람 몫을 하는 정식의 인류학자가 되기 위하여는 반드시 거쳐야 하는 과정으로 생각되고 있다 (Hoebel and Weaver, 1979 : 12-13).

그러므로 이 책에 수록된 프로젝트와 관련하여 여러분들이 해야 할 조사 작업은 민족지이다. 그리고 여러분들은 민족지가(民族誌家) ethnographer 의 역할을 수행하게 될 것이다. 여러분들이 프로젝트 과제에 따라 작성하게 될 민족지 자료는, '완전한 민족지'에 포함되

---

1) 역주: ethnography 를 민족지(학)〔民族誌(學)〕 외에도 민속지(民俗誌)라고 번역하는 경우도 있고 의역을 하여 문화기술학(文化記述學) 또는 문화기술지(文化記述誌)라고 번역하기도 한다.

는 자료의 극히 일부에 지나지 않는다.

  인류학적인 현지조사는 다른 사회과학의 현지조사와는 달리 민족
지가가 조사 대상이 되는 사회를 보다 완전히 이해하기 위하여 그
사회의 구성원들 사이에 장기간 체류하는 것을 특징으로 하고 있
다. 과거에 체계적으로 연구된 바 없는 지역에서 通문화적인 연구
cross-cultural research[2]를 하는 조사자의 경우 일반적으로 1년 혹은
그 이상 체류할 것이 요구되는데, 그 이유는 이 사람들의 삶의 방
식을 1년간의 계절의 변화 속에서 관찰할 수 있기 때문이다. 민족
지가는 삶의 총체적인 방식에 대하여 상당히 알고 난 다음에야 그
삶의 일부 선택된 부분에 대하여 이해할 수 있다. 만일 우리가 어
떤 특정한 집단이 장모 회피 mother-in-law avoidance,[3] 평행사촌 혼
인 parallel-cousin marriage[4] 등을 행한다고 보고하더라도, 이 집단이

---

  2) 역주: cross-cultural 은 흔히 '비교문화적'이라고도 번역되는데, 이는 인류학이
     발전하기 시작한 19세기에 유행하던 '비교방법' comparative method 과 혼동될
     우려가 있어, 가바리노 著『문화인류학의 역사』를 번역하면서 '관통하여' 또는
     '횡단하여'라는 의미에서 '通문화적'이라고 번역하였다.
  3) 역주: mother-in-law avoidance 란 사위와 장모간에 서로 회피하는, 상당히 널
     리 퍼져 있는 관습을 의미한다. 이와 반대되는 행위는 소위 농담관계 joking
     relationship로서 단순히 친밀한 관계로부터 극단적으로는 거의 농담과 조롱이
     의무적인 경우도 있다. 전세계의 137개 사회의 민족지 자료를 조사한 머덕
     George P. Murdock에 의하면 57%에 달하는 78개 사회가 사위-장모간의 회피
     가 관습적이라 한다.
       인류학의 초기에는 이러한 회피 관습은 잠재적인 근친상간행위를 방지하기
     위한 것이라는 이론이 유력하였다. 그러나 기능주의적인 설명에 의하면 이는
     사회구조 또는 친족구조에 의하여 발생한 긴장을 표현하는 것이며 또한 잠재
     적인 갈등을 표현함으로써 이를 다른 곳으로 돌려서 방지하는 기제(機制)
     mechanism 이기도 하다. 구조주의자들은 단지 회피 행위만 보는 것이 아니라
     친족 태도와 행위의 전체 구조를 형성하는 여러 관계들 속에서 회피 행위가
     차지하는 위치를 검토한다. 이 경우 회피 관계는 친족관계에 내재하는 긴장 때
     문에 발생한다기보다는 다른 관계들과 구조적 대립 structural opposition 을 형
     성하기 때문에 존재하는 것이라 할 수 있다. 현대 인류학에서 회피행위는 전체
     상징 체계의 일부로서 연구되고 있으며 특히 매리 더글러스 Mary Douglas등은
     이를 분류의 체계에서 비정상적인 현상에 대한 사회-심리적 반응의 하나로 간
     주하고 있다.
  4) 역주: 평행사촌과의 결연(結緣) 관계에 관한 민족지 자료는 회소하다. 사
     촌간의 결혼의 전형적인 형태는 남자의 입장에서 교차사촌 누이[외사촌 누이

왜 이러한 습관을 가지고 있는가, 또한 이러한 습관이 삶의 방식의
다른 측면들과 어떻게 관계되는가에 대하여 이야기할 수 없다면 이
러한 보고는 커다란 도움이 되지 못한다. 예를 들어 인류학자는 전
설이나 민담이 미개인의 문화사의 중요한 부분이며 또한 이들의 사
회적, 정치적 조직의 상당한 부분을 규율한다는 것을 발견할 수 있
다. 민담이나 격언은 사회의 가치 체계를 젊은이들에게 훈련시키는
학습 도구로서 종종 사용된다. 특히 노래, 영창(詠唱) chant, 명예
칭호, 그리고 치료 테크닉 등은 종종 사적(私的)인 재산으로 간주되
는데, 이러한 사실은 이들이 경제에 대한 연구의 대상이 될 수도
있다는 것을 의미한다. 오직 문화를 하나의 일관된 전체로서 접근
할 때에만 귀중한 통찰력을 얻고 습관의 의미와 중요성을 명백히
알 수 있게 된다.

　한 인간 집단의 삶의 방식에 대한 균형 잡힌 연구에 필요한 장기
간의 거주는 이러한 집단과의 지속적인 상호작용과 또한 이들과의
상당한 수준의 동일시 identification 를 의미한다. 민족지가와 그 연
구 대상이 되는 사람들간에 형성된 관계는 종종 평생 지속되는 우
정으로 발전할 수 있으며 또한 실제로 그러한 예가 상당히 있다.
민족지가가 자신과 함께 그 소유물, 시간, 그리고 지식을 공유한
사람들에게 빚을 지게 되는 것은 명백하다.

　완전한 민족지라고 하는 것은 상당한 정도의 현지조사의 결과이

MBD(Mother's Brother's Daughter)나 고종사촌 누이 FSD(Father's Sister's Daughter)]와의 혼인이며 그중에서도 주로 MBD 또는 이에 상응하는 사람이 혼인의 대상이 된다. 평행사촌, 특히 친사촌 누이 FBD(Father's Brother's Daughter)와의 결혼은 중동 지방과 북아프리카 지방의 일부에서 나타나는데, 이에 관하여는 인류학에서 상당한 논란이 있었다. 로버트슨 스미스 William Robertson Smith 는 사망자의 남계 친족이 사망자의 처나 딸과 결혼할 권리를 행사함으로써 재산을 상속하는 형태로 해석하였다. 그 후 평행사촌혼이 생태학적으로 유리하며 지속적 불화 feuding 나 분열 fission 시에 기능적으로 탄력적이라는 점이 강조되기도 하였고 평행사촌혼의 상징적 및 이데올로기적 측면이 강조되기도 하였으며 다른 외혼제 혼인 규범과 공존하기 때문에 보다 넓은 사회경제적 또는 정치적 틀 내에서 연구해야 한다는 의견이 강조되고 있다.

다. 완전한 민족지는 한 사회의 구성원들이 태어나서부터 죽을 때까지 어떻게 살았는가, 삶의 여러 상이한 시기에 있어 어떠한 지위를 점유하였는가, 이러한 지위에서 이들이 무엇을 하였으며 또한 사회는 무엇을 하여야만 한다고 규정하였는가, 이 문화에는 현재 어떠한 신앙의 체계가 있는가, 사람들은 그 신앙과 행동에서 어느 정도의 선택을 할 수 있는가, 사람들은 어떠한 의식(儀式)에 참여할 수 있으며, 어떠한 방식으로 이에 참여하는가, 이들의 예술과 몸치장, 거처, 먹고 사는 방식은 어떠한가, 그리고 이 사회가 부근의 다른 사회들과 어떠한 관계를 가지고 있는가에 대하여 이야기해 준다.

매우 중요한 사람,[5] 즉 너 자신을 알라

이 책에서 여러분들이 행할 작업들이 완전한 민족지가 되지는 않겠지만, 여러분들은 민족지가 알아야만 하는 많은 사항들을 직접 경험을 통하여 배우게 될 것이다. 여러분들은 선생님과 동료 학생들의 충고와 격려를 받으면서, 또한 여러분들이 가장 잘 아는 언어〔즉, 모국어〕로 대부분의 조사를 행하게 된다. 여러분은 필요한 비자의 발급을 거절당하는 일도 없고, 이국의 고약한 질병에 시달리면서 보고서를 쓸 필요도 없이, 또한 여러분들을 위해서 특별히 남겨 둔 물컹물컹한 사슴의 눈깔이나 백년 묵은 달걀을 씹으면서 억지로 웃음을 지을 필요도 없이, 이러한 경험을 얻을 수 있는 것이다. 비록 이러한 사례들은 약간 극단적인 것처럼 보이지만 현지 조사를 행하는 준비를 갖추는 데 중요한 부분은 자기 자신을 잠재적인 조사의 '도구'로서 보다 잘 이해하는 데 있다. 아마도 우리들과 마찬가지로 여러분들 역시 여러분들이 알고 있는 인류학자들에 대하여 생각해 본 적이 있을 것이다. A라는 교수가 사회의 모든 구성원을 직접 알 수 있는 고립된 마을이나 조그만 섬에서 현지조사를

---

5) 역주: VIP(very important person)는 일반적으로 '귀빈'이라고 번역되지만 여기에서는 글자 그대로의 의미인 '매우 중요한 사람'이라는 의미를 가지고 있다.

했다거나, B라는 교수가 사람이 바글바글한 도시에서 도시인류학적인 연구를 수행하기를 좋아한다거나, C라는 교수가 정글 지역에 사는 최근 새로 접촉이 가능해진 미개인 집단을 연구한다거나, D라는 교수가 집에서 그리 멀리 떨어지지 않은 길모퉁이의 사회 *street corner society*[6]를 연구하는 것이 결코 우연이 아니라는 느낌을 갖게 되었을지도 모른다. 현지조사의 프로젝트는 재정 지원을 얻을 수 있다는 등의 현실적인 고려만을 기초로 선택되는 경우는 극히 적다. 현지조사의 선택에는 인적(人的)인 요소가 개입되며, 또한 그러하여야만 한다.

미래의 현지조사 장소를 선택하는 데 있어 중요하게 고려할 요소들에 대하여 지금부터 생각해 보는 것도 너무 이른 일은 아니다. 모든 인류학자들은 개인적인 차이 *personal equation*[7]가 이루 말할 수 없이 중요하며 현지조사의 성패(成敗)를 좌우할 수 있다는 데 대하여 동의하고 있다. 우리들이 제시한 바와 같이 민족지가의 테크닉은 누가 사용하든 간에 상관이 없을 정도로 형식화되어 있지는 않다. 결국 여러분들이 어떠한 사람을 조사하는가, 여러분들이 사냥에 대한 아주 긴 이야기나 조상 숭배 의식의 긴 노래, 또는 다툼이나 전투에 대한 긴 보고 등을 참을 수 있는가 없는가 등에 대한 고려가 도입될 수밖에 없다. 여러분들의 관심 또한 중요하며, 여러분들의 조사 지역과 대상의 선정에 있어 이를 반드시 고려해야만 한다. 이는 이 강좌에서 요구되는 프로젝트들을 위하여 행하는 조사뿐 아니라 여러분들이 미래에 계획하는 그 어떠한 대규모 조사에서도 아마도 마찬가지일 것이다. 우리들은 일부 민족지가들이 자신

---

6) 역주: 화이트 William Foote Whyte 는 하버드 대학 재학 중에 보스턴 지역의 이태리 이민 거주지역을 참여관찰 방법을 통하여 조사하기 시작하여 『길모퉁이 사회』 *Street Corner Society* 를 1943년에 출판하였다. 이 책에는 현지조사 방법과 절차에 관한 상세한 서술이 포함되어 있다.

7) 역주: equation 에는 평형 상태라는 의미 외에도 방정식, 오차라는 의미가 있다. personal equation 은 흔히 '개인 오차'로 번역하는데 여기서는 '인간적인 특성'이라는 의미를 강조하여 '개인적인 차이'라고 번역하였다.

들의 연구에 대한 강한 관심과 충분한 동기를 가지고 다음과 같은
조사지의 특정 조건들에 개의치 않으면서 현지조사를 수행한 사례
를 알고 있다. 즉 매일 평균 기온이 -40°F[-40℃]인 지역; 전혀 그
늘이 없는 곳에서 매일 평균 기온이 110°F[43.3℃] 이상으로 오르
는 지역; 며칠씩 계속해서 거의 잠을 못 자게 하는 의례 활동 주
기; 서로 잘 알게 되기 위해서 몇 번씩이고 온몸을 더듬으려 하는
미개인들[8]; 팔에 털이 난 사람을 한 번도 본적이 없기 때문에 걸핏
하면 [인류학자의] 팔에 난 털을 잡아당기는 사람들; 또한 너무나
물이 부족하기 때문에 민족지가 역시 한 번에 몇 주 또는 몇 개월
씩 '위대한 안 씻는 사람의 하나'가 되어야만 하는 지역 등이다. 어
떤 환경에서는 그럭저럭 잘 견디는 민족지가가 다른 조건에서는 그
렇게 잘 적응하지 못할 수도 있다. 이것은 여러분도 마찬가지이다.

　이외에도 현지조사와 유관한 개인적 요소들은 많고도 다양하다.
여기에는 물론 여러분들의 건강 조건, 여러분들이 현지에 동반하는
사람들의 건강, 또한 충분한 의료 및 긴급 구조 등을 마련할 필요
성 등이 포함된다. 다양한 현지의 기술적(技術的) 과정, 놀이와 음
악 그리고 예술 형식에 관한 지식과 능력, 또는 이러한 기술에 대
한 활발한 관심이나 이를 배우는 재능 등 역시 지역의 선정에 영향
을 미칠 수 있다.

　또한 여러분들이 혼자서 여행을 할 것인가, 또는 집단의 일원으
로서 여행을 할 것인가 등의 사실도 중요하다. 가족을 동반하고 여
행을 할 경우, 커뮤니티에의 적응력을 향상시켜 주며, 또한 의심을
덜 받으면서 커뮤니티 내에서 보다 다양한 연령 및 성 집단에 대한
자료를 획득할 수 있을 뿐 아니라 심지어는 어느 정도의 분업까지
도 가능하다는 이점이 있다. 조사팀의 일원으로서 여행을 할 경우
그 이점에는 분업, 상호 자극에 의한 아이디어의 분출, 개인적 차이

---

8) 역주: 잘 알지 못하는 사람들과의 신체적 접촉에 대하여 미국인들은 혐오감을
　　가지고 있다. '제 1 장 프록세믹스'를 참조할 것.

에 대한 어느 정도의 통제, 보다 많은 자료 및 집단에 대한 접근 등
이 있다. 한편 팀의 일원으로서 민족지 조사를 할 때 불리한 점은
〔현지 상황으로부터〕물러나서 조사팀의 구성원들과 상호작용을 너
무 많이 하려는 경향, 조사팀을 위한 대규모 거주지의 확보 필요 때
문에 현지민들과의 접촉이 어려워지는 경향, 민족지가의 급작스러운
출현으로 인한 영향의 증폭, 현지의 식량 및 기타 자원에 대한 압박
의 증대 등이다. 희소한 자원을 압박하지 않도록 모든 노력을 기울
이는 동시에 또한 필요한 물건들을 외부에서 들여오기보다는 가급적
이면 현지에서 구입하거나 교환할 계획을 세우도록 최선을 다하는
것이 중요하다. 이러한 방식으로 협조를 위한 모든 노력을 기울이는
것이 훨씬 바람직하다. 대부분의 경우 현지민들은 여러분들의 이러
한 노력을 인지하고 또한 이에 감사를 표할 것이다.

　일반적으로 여러분 자신을 안다는 것은, 여러분이 가진 개인적인
강점(사회적〔사교적〕, 육체적, 정신적)을 어떻게 가장 잘 활용할 것이
며 또한 능력이 부족한 부분을 어떻게 가장 잘 보완할 것인가에 대
하여 보다 고조된 의식을 계발하는 것을 포함한다(우리 모두는 강점
과 약점을 가지고 있다).

　민족지가로서 여러분 자신을 안다는 것의 가장 중요한 측면의 하
나는 여러분 자신들이 도덕, 윤리, 사회, 위생 등에 대한 독특한
기준을 가진 사회에서 성장하였다는 사실에서 비롯되는 가치판단으
로부터 여러분 자신들을 분리시킬 수 있는 능력에 있다. 자기 자신
이 태어난 문화에 '중심'을 두고 모든 사물을 이를 통하여 보는(심지
어는 스스로 우월하다고 생각하는) 경향인 **자민족〔자문화〕중심주의**(自
民族〔自文化〕中心主義) *ethnocentrism*[9]라고 하는 것은 인류학자를 늘

---

9) 역주: 자민족중심주의(自民族中心主義)는 ethnocentrism 을 그대로 번역한 것
　이다. 그러나 '민족'이나 종족(種族)만이 이러한 편견의 범주나 단위가 되는 것
　은 아니며 하나의 사회나 종족 내에서도 아문화(亞文化, 下位文化) *subcul-*
　ture 가 그러한 편견의 단위가 될 수도 있기 때문에 오히려 '자문화중심주의(自
　文化中心主義)'라고 하는 것이 더욱 바람직하다는 의견도 있다. 여기에서는

따라다니는 무서운 귀신이며 인류학자가 항상 그리고 조심스럽게 경계해야만 하는 것이다. 자민족중심주의 대신에 인류학자는 문화의 각 특질을 그 문화 전체 속에서 이해하려고 시도하는 **문화상대주의**(文化相對主義) *cultural relativism* 라는 태도를 갖추어야 한다. 때때로 현지 주민의 삶의 방식을 잘 이해하지 못하는 순수한 의도를 가진 방문자들이 그 사회에 커다란 해악을 끼치는 경우가 있다. 그러한 예로서는, 현지민들의 맥주 생산을 억제하고 금지한 결과 심각한 영양실조가 발생하였다든지, 현지민들의 나무 쟁기 대신에 최신식 철제 쟁기를 공급한 결과 토양이 다져지면서 굳어져 결국 다이너마이트로 이를 제거해야만 했다든지, 돌도끼를 대신할 철제 도끼를 선물한 결과 사회 관계가 전반적으로 붕괴하였다든지 수없이 많은 사례가 있다. 심지어 노련한 민족지가도 새로운 생활 패턴에 적응해야 할 경우 문화 충격을 겪게 되며, 모든 현지조사자는 자기 자신의 행동의 결과로 발생할 가능성이 있는 반향을 조심스럽게 고려해야 한다.

우리들은 인류학자들이 더 이상 '벌거벗고 사는 사람들을 연구하는 사회학자들'이 아니며, 현대의 민족지가는, 외부 세계와 거의 접촉이 없고 테크놀로지 면에서 원시적인 인간 집단으로부터 우리 자신들의〔소위 문명〕사회의 구성 부분에 이르기까지 매우 다양한 사회들을 연구한다는 점을 언급한 바 있다. 이 책에 수록된 조사 프로젝트를 수행하면서 여러분들은 매우 특별한 도전을 인식해야 하며, 또한 많은 측면에 있어 특히 외관상 여러분들과 매우 유사한 사람들의 문화 패턴에 대하여 명료하고 통찰력 있게 보고해야 한다는 것을 명심해야 한다.

『인류학의 노트와 질문』*Notes and Queries on Anthropology*[10]은 "습

---

ethnocentrism 이라는 용어의 기원을 존중하고 또 이미 여러 책에서 사용하고 있기 때문에 자민족중심주의라는 표현을 그대로 사용하였다.

10) 역주: 영국왕립인류학회 Royal Anthropological Institute에서 편찬한 영국 사회인류학의 표준적인 조사 방법론 서적으로서 고전적인 완벽한 민족지를 작성

관이나 숭배 또는 전설의 우스꽝스럽거나 있을 법하지 않거나 혐오스러운 측면을 기술(記述)할 경우에도 놀라움이나 반감(反感)이 조금이라도 표현되거나 노출되어서는 안 된다는 것이 중요하다" (Royal Anthropological Institute. 1967 : 32)라고 강조하고 있다. 우리 저자들이 가르치던 학생들의 일부도 처음에는 이 말을 비웃거나 인정하지 않았다. 그러나 집 근방에서 짧으나마 한두 차례 조사 과제를 수행한 뒤에는 종종 처음과는 다른 생각을 갖게 되었다.

약간의 윤리적인 고려

   최초로 인류학자들의 학회가 결성된 이래 윤리에 관하여는 상당한 관심이 있었다. 예를 들어 응용인류학회 The Society for Applied Anthropology 가 조직되자 그 윤리 선언문의 준비는 학회의 제일차적인 관심사였다. 현지조사를 계획하는 데 있어 일반적으로 합의된 몇몇 윤리적인 고려는 다음과 같다.

   현지조사자는 자신이 수행하고 있는 조사에 관하여 또한 그 조사 결과가 어떻게 사용될 것인가에 대하여 솔직히 밝혀야 한다. 이 점은 아무리 강조하여도 지나치지 않다. 왜냐하면 우리들은 거짓말을 함으로써 자기 자신의 조사뿐만 아니라, 다른 사람들의 조사마저도 심각한 위협에 빠뜨린 예를 알고 있기 때문이다. 어느 곳에서나 사람들은 다른 사람들을 '평가'하는 일에 익숙해져 있다. 민족지가는 커뮤니티의 일부를 구성하게 되기 때문에 흥미 있고 상이한 존재로서 주목의 대상이 된다. 그렇기 때문에 거짓말은 들통이 나기 매우 쉽다.

   조사의 목적에 대하여 솔직해야 하는 또 한 가지 중요한 이유는 윤리라는 영역 이외의 것이다. 즉, 조사자가 자신의 목적을 현지 사회의 구성원들에게 보다 자세하고 조심스럽게 설명하면 할수록

하기에 필요한 지침이 수록되어 있다.

이들은 조사를 더욱 잘 도와줄 수 있다. 현지민들이야말로 그 사회를 연구하고자 하는 민족지가를 가르쳐주는 선생님이다. 이들은 조사의 성패를 좌우한다. 우리 저자들의 경험에 의하면 일단 우리들의 목적에 대한 설명을 들은 상당수의 현지민들은, 자신들의 문화를 알려고 하는 우리들을 매우 도와주고 싶어하는 탁월한 아마추어 민족지가로 변신하기도 하였다.

우리가 잘 알고 있는 매우 성실하고 마음씨가 고운 한 여학생은 노인들의 연구에 흥미를 가지고 있었는데, 정보 제공자들에게 인터뷰의 목적을 설명하는 것을 매우 꺼리고 있었다. 그 이유는 조사목적을 어떻게 설명하더라도 결국 "나는 당신이 늙었기 때문에 인터뷰하고자 합니다"라는 불쾌한 의미로 들리기 때문이라는 것이었다. 그래서 이 여학생은 기숙사에서 한 방을 쓰던 친구와 의논한 결과 "미망인을 인터뷰하고 있다"고 말하는 것이 오히려 나을 것 같다는 결론을 내렸다. 사실, 죽은 남편을 사랑하고 그리워하는 여성들로서는 스스로를 노인이라기보다 미망인이라고 생각하는 것이 더욱 힘든 일일 수도 있다. 아무튼 이러한 예를 여기에서 거론하는 진정한 목적은 다음과 같다. 이 여학생은 나이 많은 여성들에 대한 조사 연구를 계속하고자 하였으나 독신 여성이나 남편이 아직 살아 있는 기혼여성은 이 여학생의 관심사가 '미망인'이라고 알려졌기 때문에 조사대상으로 전혀 소개조차 되지 않았다. 드디어 다수의 베트남 출신의 젊은 과부들이 이 여학생에게 인터뷰 대상으로 소개되었을 때, 그녀는 이들을 인터뷰하겠다고 할 수 없었기 때문에 결국 이러한 노력은 수포로 돌아가고 말았다.

조사자의 설명의 성격과 범위는 조사 대상이 되는 집단의 수준, 그리고 또한 이 집단의 구성원들과 외부자와의 지금까지의 접촉의 성격과 범위에 따라 좌우된다. 때로는, 주변에 살고 있는 다른 집단들[부족이나 마을]에는 모두 인류학자가 와서 연구하고 있었기 때문에 자신들의 집단도 인류학자를 갖고 싶어할 경우도 있을 수 있다. 또는 현지민들이 이방인들을 친절히 대한다는 전통에 자부심을 가지고 있으며 또한 이들로부터 무언가 새로운 이야기를 들을 수 있어 바람직하다고 생각할 수 있다. 이와는 반대로, 정부가 보낸 스파이나 세리(稅吏)라고 오해되거나, 또는 글을 쓰는 사람에 대한 평판이 좋지 않은 지역에서는 '글쟁이'라고 인식될 경우 조사자는 커다란 어려움에 처할 수도 있다. 이러한 오해를 피하기 위하여는 과거에 어떠한 종류의 외부 인사들이 나쁜 평판을 얻었는가를 미리 알아두는 것도 중요하다.

우리 저자들 중 한 사람은 첫번째 현지조사 당시, 조사의 목적을 다음과 같이 설명하였다. "나는 이 세계의 민족들의 서로 다른 습관과 풍습에 관한 학문을 연구하고 있으며, 내가 다니고 있는 대학에서는 단지 책을 읽는 것 이외에도 모든 학생들이 각각 다른 사회에 직접 가서 생활하면서 조사를 통하여 공부할 것을 필수로 하고 있다. 이 섬을 선택한 이유는 이 섬이 매우 배울 것이 많은 흥미로운 곳이며 또한 다른 많은 사람들이 이 섬에 대해 더욱더 알아야만 한다고 생각했기 때문이다. 여러분들은 그렇다고 생각하지 않느냐?" 이러한 설명에 대하여 현지민들은 모두 동의했다.

또 다른 인류학자는 상이한 민족들의 풍습은 서로 매우 다르며 현재 전세계의 민족들에 대한 연구가 진행중이라고 설명하였다. 만일 이웃하고 있는 사람들[부족 또는 마을]의 삶의 방식은 이미 기록이 되었으나 자신들의 삶의 방식만은 다른 세계에 알려져 있지 않다는 말을 들을 경우 대부분의 사람들은 조사에 긍정적으로 반응할 것이며, 자신들의 집단에 대한 지식의 향상에 기여하기를 원할 것이다. 근처에 살고 있는 부족들의 풍습에 관하여 이야기를 해주는 것은 사실상 코멘트나 비교를 이끌어 내는 데 도움이 된다. 최근에 일부 민족지가들은 현지의 정보 제공자들에게 이들의 자손들은 조사 결과로 쓰여진 논문이나 서적들을 읽을 것이며, 따라서 조사에 협조하는 것이야말로 자손들을 위하여 지식을 보존하는 하나

의 방법이라고 설득하기도 하였다(Royal Anthropological Institute,
1967 : 33).

현지조사자가 고려해야 할 두번째 윤리 문제는 현지민들에게 가
급적 빨리, 그리고 가급적 명확하게 자신이 할 수 있는 것과 자신
이 할 수 없는 것을 밝히는 일이다. 예를 들어 여러분들은 자신들
이 겉보기와 같이 부유하고 한가한 여행자가 아니라 매우 제한된
연구비를 가지고 조사 작업을 하는 학생이라는 점을 밝혀야 할 필
요가 있을 수 있다. 또는 여러분들이 직장을 얻어 줄 수 없다거나
여러분들의 나라로 이민 오기를 희망하는 사람들에게 입국 허가를
얻어 줄 수 없다는 사실을 분명히 밝혀야 할 때도 있다.

세번째 종류의 윤리적 고려는 최근에 미국에서 출판된 「조사 대
상으로서의 개인의 보호」라는 영역에 속한다. 여기에는 정보 제공
자나 그들의 자녀들 및 그 이웃들이 언젠가는 민족지를 읽을 수도
있다는 것을 염두에 두면서, 정보 제공자의 익명성을 유지할 약속
을 하고 또한 이를 지킬 의무, 그리고 자료들을 가능한 한 솔직하
고 완전하게 제시할 의무 등이 포함된다.

그 외에도 민족지가가 자신을 맞아 준 현지민들에게 그 협조에
대하여 커다란 빚을 지고 있으며, 이에 보답하기 위하여 매우 조심
하여야만 한다는 생각 등이 여기에 포함되어 있다. 예를 들자면 사
법 기관이 이들에 대한 조치를 취할 가능성을 배제하기 위하여 조
사자가 이들에 관하여 너무 상세히 보고하지 않는 것 등이다. 정보
제공자들의 익명성을 보장하는 것은 단지 '무고한 사람들을 보호하
기 위하여 가명을 사용하는 것'뿐만이 아니라 현지에서 정보제공자
의 정체를 추적하거나 그에게 불리하게 사용될 수 있는 자료들을
사용하지 않을 의무도 포함된다.

민족지가와 특정한 지역과의 관련이 쉽게 연상될 수 있다거나 또
는 조사지역과 그 문화에 대하여 상세히 기술(記述)한 결과 현지민
들의 익명성의 보장이 불가능하게 되었을 경우에는 다른 윤리 대책

이 마련되어야 한다. 예를 들어 문자를 사용하는 어느 사회에서 수행된 최근의 생애사 연구 프로젝트에서 우리들은 현지의 정보제공자들에게 이들의 정체를 감추는 것이 여러 가지 이유 때문에 불가능할 뿐만 아니라 또한 바람직하지도 않다는 사실을 조사 초기에 이야기할 필요성을 발견하였다. 우리들은 결과적으로 '진한 내용들'을 얻지 못하게 될 위험을 감수하면서도 이들에게 실명(實名)과 심지어는 사진까지도 사용하게 될지도 모른다고 말하였다. 생애사를 녹음한 것을 받아 적는 작업이 끝난 뒤, 피조사자들은 각각 이것이 자기 자신의 말을 그대로 받아쓴 것이며 또한 이것이 다른 여러 사람의 생애사들과 함께 출판되는 것에 동의한다는 진술서에 서명을 하도록 요청되었다.

「조사 대상으로서의 개인의 보호」라는 글에는 많은 것들이 담겨 있는데 이들은 현지조사시 모든 행동의 지침으로 고려될 사항들이다. 여러분들이 조사지를 떠나게 될 때에 (그리고 또한 여러분들이 그곳에 관하여 저술을 마친 뒤에) 여러분들과 현지민들과의 관계는 여러분들이 다시 현지에 돌아왔을 경우 그리고 또한 다른 어떤 학자가 방문할 경우에도 환영을 받을 수 있을 정도이어야 한다.

마지막으로 언급해야만 할 윤리적인 문제로서, 여러분들은 연구비를 지원하는 기관이 여러분들로부터 기대하는 바가 무엇인지를 그 기관의 지원을 받기로 결정할 때에 분명히 알아야만 하며, 여기에 스파이와 유사한 역할이 포함되지 않는다는 점을 명확히 해두어야 한다는 점이다.

현지에 들어가기에 앞서

인류학자가 다른 사회에 연구하러 들어갈 때, 또는 자기 자신이 태어난 사회의 다른 부분을 연구하려 할 때에는 독특한 이론적인 준거틀을 가지고 가는데, 종종 이러한 이론적 틀은 인류학자가 수년간 학위 과정을 통하여 연구한 것들이다. 또한 인류학자가 들어

가게 되는 지방은 그가 특별한 훈련을 받았으며 또한 관련된 최신
의 정보를 입수하려고 노력해 왔던 지역의 일부이다. 이 강좌와 관
련하여 수행할 프로젝트에 여러분들이 아직 그리 친숙하지 않은 커
뮤니티나 집단들이 포함되어 있을 경우 여러분들은 조사하고자 하
는 지역에 대하여 가급적 많은 상세한 사실들에 가급적 빠른 시일
내에 친숙해질 수 있도록 지금부터라도 준비 작업을 시작하는 것이
바람직하다. 또한 장래에 조사 대상자로 선정하게 될 사람들을 일
부라도 가급적 일찍 만나 보는 것은 당연한 일이다. 여러분들은 그
러한 지역의 신문, 또는 입수 가능한 상공회의소나 관광 가이드 자
료 등을 읽거나 또한 공연이나 강연, 교회의 사교 모임, 스포츠 행
사들에 참여할 수 있다. 대학 캠퍼스의 가까운 곳에 있는 커뮤니티
의 구성원들은 이렇게 조사 대상이 되는 것에 짜증을 내고 있을 수
도 있다. 때문에 이러한 지역에서는 특별한 배려와 조심성이 요구
된다.

   현지를 향하여 출발하기에 앞서서 그리고 또한 도착한 직후에 민
족지가는 적절한 정부 기관과 관리들의 허가와 동의를 얻도록 유념
하여야만 한다. 어떤 지역의 경우에는 비자를 얻는 데 몇 달이 걸
리기 때문에 이러한 수속을 일찍 시작하여야만 한다. 어떤 국가들
의 경우에는 비자 발급의 전제조건이나 또는 보완 요건으로 조사자
의 거주지의 경찰서로부터 무전과 증명(無前科證明)이나 이에 해당
하는 서신을 요구하기도 한다. 이러한 증명서는 특히 요구되지 않
을 경우에도 가지고 있으면 때때로 매우 유용하게 사용될 수 있다.
각급 정부나 관리들이 특히 확인하고자 하는 바는 자신들의 사회에
들어오는 사람들이 충분한 연구비를 가지고 있으며 따라서 재정적
인 부담이 되지 않을 것이라는 점이다. 그러므로 민족지가를 위하
여 대학에서 소개 편지를 작성할 경우 대학의 당국자들에게 이러한
점을 보증하는 내용을 삽입해 줄 것을 요청하는 것이 종종 바람직
하다. 물론 이와 유사한 사전 조치들은 이 강좌와 관련하여 여러분

들이 수행하는 프로젝트의 경우에는 필요하지 않지만, 여러분들이 조사를 수행하게 될 현지 조직의 간부들이나 장(長)들과 어떠한 준비를 해야 할 것인가에 대하여 가급적 일찍 고려하여야 한다.

현지에 가지고 들어갈 외국산의 장비들은 출발에 앞서 거주지에서 가까운 세관 사무소에 신고를 함으로써 귀국시에 관세가 부과되는 일이 없도록 하여야 한다. 이러한 신고는 많은 지역에서는 사전에 미리 할 수가 있으므로 국제 공항이나 부두에서 바야흐로 해외로 출발하려고 할 때 허둥대는 일이 없도록 하며 시간도 절약할 수 있다. 또한 현지조사를 하게 될 국가의 세관 규정을 미리 점검하고 이를 따르는 것이 현명하다. 몇몇 국가에서는 현지의 관리들에게 수행하고자 하는 현지조사의 타당성과 특정한 장비 및 물품의 정당한 필요성을 증명하는 대학이나 연구비 지급 기관의 책임자들로부터의 편지를 제출하는 것이 현명할 것이다. 이 강좌에서 여러분이 수행할 프로젝트의 경우 비자나 세관을 통하여 물품을 수입하는 데 관한 규정은 문제가 되지 않을 것이지만, 여러분들은 어떠한 장비나 물품들의 '반입'이 가능한지 혹은 불가능한지를 미리 점검해 보는 것이 좋을 것이다. 예를 들어 많은 교회에서는 결혼식이나 세례식 기타 다른 예식중에 플래시를 사용하여 사진을 촬영하는 것을 금지하고 있다.

세계보건기구 WHO 를 비롯한 여러 기관들은 전세계의 위생 조건에 관하여 유용한 정보를 제공하고 있다. 이러한 정보가 포함되어 있는 출판물들은 여행사나 또한 여권을 발급하는 정부 기관으로부터도 종종 얻을 수 있다. 이러한 정보 이외에도 최근에 조사예정지 부근에서 조사를 했거나 생활한 경험이 있어 현지의 사정을 잘 아는 사람들로부터 조언을 듣는 것이 바람직하다. 이것은 단지 어떤 주사약과 어떤 내복약(內服藥)을 가지고 갈 것인가뿐만 아니라, 비타민이나 기타 식단의 보충물에도 해당된다. 많이 이동하거나 또는 (국내이건 국외이건) 거친 지형을 돌아다녀야 할 경우에는 파상풍 주

사를 휴대하는 것이 대개 바람직하다. 단 일차 접종을 받은 사람들
에게는 전과는 달리 파상풍 주사약을 잘 지급하지 않는 경향이 있
다.[11] 이러한 모든 것들은 현지조사를 떠나기에 앞서서 전반적인
점검을 할 때에 의사와 상의해야 할 문제들이다. 때때로 현지조사
를 수행하고자 하는 과학자들에게 제약회사가 무상으로 약품의 샘
플들을 공급하는 경우도 있다. 그리 흔한 일은 아니지만 제약회사
의 목적상 현지조사지가 철저히 조사되지 않았을 경우, 제약회사는
그 지역이 자신들의 개발연구를 위하여 잠재적인 가치가 있는가 없
는가를 알려줄 수 있는 토양의 샘플이나 철저한 식물 표본 등을 제
공할 것을 대가로 소액의 연구비를 지급할 경우도 있다.

　미리미리 교통편의 운행 시간표나 조건들을 점검해 두는 것은 단
순히 한 달에 한 번밖에 없는 기선이나 범선, 일주일에 한 번 운항
하는 비행기를 놓칠 것을 예방한다는 것 외에도, 교통 체계 전반에
대한 상세한 지식의 획득은 보다 낫고 보다 싼 서비스를 이용할 수
있게 해 준다는 장점이 있다. 예를 들어 미리 필요한 수속을 하게
되면 여러분들이 '항공 화물'로 보내려고 계획했던 물품들을 여러분
들이 타고 갈 비행기에 같이 싣고 가는 것이 가능할 수도 있다. 항
공사측에 이러한 물품들을 동일 항공편에 항공화물로 실어 줄 것을
요청함으로써 여러분들은 따로 이것들을 찾아서 운반하고 별도로
세관 수속을 밟는 등의 귀찮은 일과 비용들을 피할 수 있을 뿐 아
니라, 이들을 정규 수하물(手荷物)로서 가지고 가려다가 '하중 초과
수화물'로서 취급될 경우 물어야 할 엄청난 비용도 절약할 수 있다.
이 강좌에서 여러분들이 수행하게 될 프로젝트의 목적을 위하여는
당분간 이러한 교통과 수송은 커다란 문제가 아닐 것이다. 그러나
우리가 이 점을 여기에서 언급하는 것은 여러분들로 하여금 이들을
장래의 점검표에 포함하도록 하기 위해서이다.

---

11) 역주: 이는 미국의 실정에 대한 설명이다.

다른 사람들을 알게 되고 또한 이들과 함께 일한다는 것

우리들은 이 책을 저술함에 있어 "여러분들도 훌륭히 현지조사를 할 수 있다"라는 테마를 일반적인 목적으로 하였다. 우리들은 우리 학생들이 가장 관심을 가지고 있는 현지조사의 측면은 "과연 자신들이 연구하는 사람들과 라포를 형성하고 또한 이를 유지할 수 있겠는가?"라는 문제임을 발견하였는데, 이 점은 우리들 역시 마찬가지라고 할 수 있다. 어느 인류학자는 다음과 같이 말하였다. "가치가 있는 유일한 정보는 사람들이 자유롭게 주는 것뿐이다. 사람들은 인터뷰를 행하는 사람과 함께 있을 때 편안함을 느끼지 않으면 결코 자유롭게 이야기하지 않는다." 인터뷰의 대상이 되는 사람이 이를 수행하는 사람 앞에서 편안함을 느낀다는 것은 후자(後者)가 전자(前者)에 대해 편안한 감정을 갖는가라는 사실과 명백히 관련되어 있다. 비록 현지조사를 시작하고 정보제공자를 인터뷰하는 등의 주제는 이러한 서론의 일부를 구성하고 있지만 그 중요성이 크기 때문에 우리들은 이들 주제들을 각각 장(章)을 달리하여 논의하기로 하였다. 이러한 주제에 관한 보다 상세한 논의는 제 1 프로젝트와 제 4 프로젝트를 참고하기 바란다.

세 가지 기본 원칙의 준수

현지조사를 위하여 설정할 규칙들은 매우 많다. 여러분들은 이 책을 읽는 가운데 수많은 조언들을 발견하게 될 것이지만, 우리들은 여기에서 특히 중요하다고 생각되는 세 가지만을 선택하여 강조하고자 한다. 우리들은 여러분이 각 프로젝트를 수행하면서 이들을 염두에 둘 것을 촉구한다.

1. 여러분의 작업에 꼼꼼하게 라벨을 붙이도록 한다. 모든 현지조사 노트에는 이를 작성한 날짜, 페이지, 그리고 가능하다면 주제가 되는 토픽을 포함한 라벨을 꼼꼼하게 작성하여야 한다. 조사 초

기에 작성한 현지조사 노트를 새로 타자기[역주: 휴대용 컴퓨터가 일반화된 최근에는 워드프로세서]를 사용하여 작성한 것들에는 최초로 노트를 작성한 날짜와 새로이 타자기로 작성한 날짜 두 가지를 모두 기입해야 한다. 타자기를 사용하여 새로 작성한 노트는 항상 사본을 여러 장 만들어서 안전한 장소에 따로 보관하도록 한다.

2. 광범하고 상세한 노트를 작성하도록 한다. 이러한 작업은 이 강좌를 위한 여러분들의 프로젝트와 관련하여서는 잠재적으로는 유용할 뿐이지만 보다 광범위한 현지조사에서는 이루 말할 수 없이 중요한 사항이다. 우리는 이를 다음과 같은 몇 가지 이유에서 강조하고자 한다. 인류학 현지조사 방법론 강좌를 수강하는 사람들의 대부분은 다른 인간들에 흥미를 가지고 있기 때문에 수강 신청을 한 것이다. 이러한 사람들은 오랜 기간 동안 자신들은 예리한 관찰자였으며 탁월한 기억력을 가지고 있기 때문에 기다란 노트를 작성할 필요가 없다고 느낄 수도 있다. 우리들은 여러분들에게 이러한 태도를 취하지 않을 것을 촉구한다. 무엇보다도 잘 수집된 현지조사 노트는 수십 년간 매우 유용할 수 있으며 또한 그 누구도 장기간의 현지조사 기간 중 일어난 모든 세부 사항들과 그 정확한 시간적 순서를 완벽하게 기억할 수 없다. 둘째, 장래의 예기치 못했던 어떤 사건 때문에 이러한 사건의 발생을 유도하게 한 다른 사건들을 재조사할 필요성이 대두될 수도 있다. 셋째, 대량으로 수집된 현지 조사 자료는 어떤 때는 한 주제에 관한 세부 사실을 조사하기 위하여 또 그 다음에는 다른 주제에 관한 세부 사실을 조사하기 위하여 몇 번이고 반복하여 발굴될 수 있다. 정보제공자가 말하는 것을 그대로 기록한 것, 또는 이것이 불가능할 경우에는 정보제공자의 말에 매우 가깝게 풀어 적은 것 등은 특히 귀중한 자료로서 원래의 말투와 분위기를 그대로 전달하는 데 도움이 된다. 또한 여러분들의 현지조사 노트에 여러분 자신이 그 노트를 작성한 조건들에

관한 몇 가지 사항을 첨부하여 기입해 두는 것은 매우 유용하다. 특히 이 경우 현지 사람들이 읽을 수 없는 특별한 기록 방식을 사용하는 것이 바람직하다. 예를 들자면, "이때에 나는 이 사람이 무엇인가를 숨기고 있다는 느낌을 받았다"라든가 "이 사항은 나중에 전문가에게 체크해야 한다" 등등이다.

3. 스스로 확인과 대조를 해야 한다. 우리들은 특히 『노트와 질문』 *Notes and Queries*, 『문화적 자료의 개요』 *Outline of Cultural Materials*, 『어린이의 생활에 대한 민족학적 현지조사 연구의 지침』 *Field Guide to the Ethnological Study of Child Life* 등에 수록된 것을 비롯하여 우리 자신들이 현지에서 작성한 것 등 여러 종류의 다양한 확인과 대조가 매우 귀중하다는 것을 발견하였다. 이 책에서 우리가 제시한 것들은 단지 시작에 불과하다. 우리들은 여러분들이 이를 벽돌을 쌓듯이 차곡차곡 쌓아 나가기를 바란다. 그러나 우리들은 또한 가능한 한 자주 여러분들이 스스로의 연구 작업을 되돌아보면서 다음과 같이 자문(自問)해 볼 것을 촉구한다. 즉 최근에 발견한 정보에 의하여 나는 어떠한 질문을 제기할 수 있는가, 어떠한 접근 방법을 아직 시도해 보지 않았는가를 물어보기 위해서는 어떠한 것들을 완전하게 알고 있으며 또한 이를 질문에 어떻게 섞어 넣으면 좋겠는가이다.

참고문헌

Edgerton. Robert B. and L. L. Langness. *Methods and Styles in the Study of Culture*. 1974. Novato, CA: Chandler and Sharp. 우리 저자들이 좋아하는 책. 간단하고 간결한 매뉴얼이다.

Hilger, Sr. M. Inez. *Field Guide to the Ethnological Study of Child Life*. 1966. New Haven, CT: Human Relations Area Files.

Hoebel, E. Adamson and Thomas Weaver. *Anthropology and the Hu-*

man Experience, 5th ed., 1979. New York: McGraw-Hill. 인기 있는 일반적인 입문서의 하나.

Murdock, G. P., et al., eds. *Outline of Cultural Materials*, 5th rev. ed., 1982. New Haven, CT: Human Relations Area Files. 현지조사를 위한 간편한 체크리스트.

Royal Anthropological Institute of Great Britain and Ireland. *Notes and Queries on Anthropology*, 6th ed., 1967(revised and rewritten, 1971). London: Routledge and Kegan Paul. 가장 잘 알려진 인류학의 현지조사 교범(敎範).

Spradley, James P. and David W. McCurdy. *The Cultural Experience: Ethnography in Complex Society*, 1988(original 1972). Prospect Heights, IL: Waveland Press. 학생들이 작성한 짤막한 민족지를 모은 책.

현지조사를 시작하며

어느 인류학자는 자신의 저서의 첫머리를 "도대체 서론을 누가 읽는담?"이라는 한탄조의 질문으로 시작하였다. 우리들은 이러한 질문에 바로 여러분들이 "우리가 읽는다"고 대답하기를 바란다. 왜 냐하면 이 책의 서론은 첫번째 프로젝트뿐만이 아니라 이후에 여러 분들이 수행할 여러 프로젝트와도 관련하여 도움이 될 수 있는 정 보를 포함하고 있기 때문이다. 우리가 서론에서 이미 밝혔듯이 대 부분의 사람들은 현지조사를 시작하려 할 때 심한 불안감에 휩싸이 게 된다. 우리가 이제까지 보아 온 여러분의 선배들은 특히 조사 대상이 될 현지 사람들과 긴밀한 신뢰 관계[1]를 맺을 수 있을까 하 며 불안해 하였다. 이러한 느낌들은 너무나도 보편적인 것이기 때 문에 어느 저자는 현지조사에 관한 자신의 저서에서 제 1 장의 제목 을 「처음, 그리고 가장 불안한 단계」라고까지 하였다. 또한 현지조 사의 시작 단계란 마치 사회적으로 어디에도 속하지 않는 상태 *social limbo* 에 살면서도 마치 자기 자신이 어디에 속해 있고 또한 자신이 무엇을 하고 있는지를 알고 있는 듯이 행동하려고 하는 시 기라고 하였다(Wax. 1971 : 19).

현지조사 초기에 겪는 엄청난 불편에도 불구하고 거의 모든 인류 학자들은 현지에서 보낸 시기가 인류학자로서의 생애에서 가장 보 람 있고 흥미 있었던 시절이라고 생각하기 때문에, 장차 인류학자 가 될 것을 진지하게 고려하는 사람은 현지조사에 대하여 끈기 있

---

1) 역주: 연구자와 조사대상자간의 이러한 긴밀한 신뢰관계를 인류학을 비롯한 사회과학 방법론에서는 프랑스어의 표현을 그대로 사용하여 '라포' *rapport* 라고 한다.

게 참고 견디며 배워야만 한다. 다행히도 학생들은 이제는 다른 사람들의 경험으로부터 도움을 받을 수 있는 기회를 가지고 있으며 이러한 현지조사 경험은 드디어 보다 명료하고 솔직하게 그리고 매우 자세하게 쓰여져 출판되고 있다. 많은 사람들의 경험으로부터 도출된 충고가 본서의 각 프로젝트의 일부를 이루고 있다. 본 章의 프로젝트는 특히 현지조사의 초기 단계를 강조하고 있다.

　　다른 사회의 구성원들과 최초의 접촉을 할 때 어떻게 해야 하는가에 대하여 일률적인 규범이 있는 것은 아니다. 인류학자를 받아들이는 사회 *host society* 의 구성원들의 태도는 상당 부분 이들이 외부 사람들과 이미 가졌던 접촉에 의존하게 된다. 그런데 몇몇 경우에는 이러한 접촉들은 매우 불행한 것이었기 때문에 민족지가(民族誌家) *ethnographer* 는 이 점을 고려하여야 하며 자신의 행위를 이에 맞추어 조정하여야 한다.

　　극도의 수줍음이나 공격적인 적대감에 직면할 가능성 외에도 민족지가는 민감한 사람에 관한 감수성, 인내, 능란함을 요구하는 광범위한 태도에 직면할 수가 있다. 다른 사회과학자들이 연구 조사를 실시하였으나 현지민들에게 아무런 혜택이 주어지지 않았던 지역일 경우, 민족지가는 민족지가 자신과 현지에 가지고 들어온 물질 문화의 여러 요소들에 대하여 현지민들이 보이는 극도의 냉담한 태도나 우월감에 대처하여야 한다. 또한 특혜를 받고 싶어하거나 외부인들과 일정한 관계를 맺고 싶어하기 때문에 지나칠 정도로 관심을 보이는 현지민들 역시 조사 지역에서 아직 설 자리를 제대로 확보하지 못한 민족지가에게는 어려움을 가져다 줄 수 있다.

　　현지에 도착했을 때 일반적으로 해야 할 일의 하나는 조사 연구에 관한 허락을 받아야만 하는 현지의 관리들이나 지도자들과 만나는 것이다. 문자를 가진 사회일 경우에는 이들은 민족지가가 이미 서신 교환을 한 사람들 중에 포함될 수 있다. 민족지가(인류학자)와 현지인들이 어떤 관계를 정립하는가 하는 것은 흔히 인류학자를 받아들이는 집단의 특성에 의해서 결정되는 경우가 많다. 저명한 영국의 인류학자인 에반스-프리챠드 Evans-Pritchard 는 아프리카에서의 자신의 2 회의 현지조사 경험과 관련하여 이들 두 집단과 자신과의 관계는 전혀 다른 것이었다고 술회하고 있다. 아잔데 Azande 族은 에반스-프리챠드가 자신들의 일원으로 생활하는 것을 허용하지 않았으며 마을 밖에서 살도록 강제하였으나 그러면서도 그를 자신들보다 지위가 높은 사람으로 대접하였다. 반면에 누어 Nuer 族은 에반스-프리챠드가 자신들과 섞여서 한가운데 살 것을 강요하였으며 그를 자신들과 동등하게 취급하였다.

　현지에 도착하였을 경우 우선 고려하여야 할 것은 활동의 근거지를 만드는 것이다. 본 강좌에서 여러분들이 수행하게 될 간단한 프로젝트와는 달리 장기간의 현지조사를 수행하게 될 경우 이는 기본적으로 무엇보다도 주거지(住居地)를 의미한다. 그러나 다른 현지조사 상황에서는 도로변의 카페나 이와 비슷한 다른 장소도 반영구적인 주거가 마련될 때까지, 또는 주거가 마련된 뒤에도 부차적으로 어느 정도 정규적인 활동 근거지가 될 수 있다. 또한 여러분들이 만일 한 장소에서 본 강좌를 위한 여러분들의 조사 연구의 대부분을 수행하게 된다면 파트타임으로 사용할 활동 본부를 마련하는 것도 고려할 만한 일이다. 지역사회 내의 활동의 중심에 있으며 관찰이 용이한 장소가 이상적이다. 때때로 현지민들은 이러한 면에서 도움이 된다. 지역사회 내의 다른 곳들과 매우 유사한 가옥이나 조사지는 사람들로 하여금 거리낌없이 방문할 수 있도록 하며 때로는 일반적으로 딱딱하지 않은 이웃 관계를 유지하도록 하는데 도움이 된다. 현지에서 살림을 한다는 것은 민족지가(民族誌家)가 자신의 자민족[자문화]중심주의적(自民族[自文化]中心主義的)인 ethnocentric 경향을 억제하는 데 크게 도움이 될 수 있는데, 특히 가옥이라 할 만한 것이 별로 없는 곳에서는 더욱 그러하다. 이는 인류학자가 매일 청소를 하고 빨래를 하는 등 살림을 한다는 사실에서 비롯되는 수많은 골치 아프고 시간이 걸리는 문제들을 감수해야만 한다면 특히 그러하다.

　현지조사 상황에서는 인류학자가 어느 정도 자리를 잡는 데 있어 현지민들에게 도움을 받을 수 있는 경우가 수없이 많다. 이것은 불필요할 정도로 너무나 뻔한 말인 것 같지만 사실은 우리들 중 상당수는 현지의 문화가 우리에게 제공한 실마리를 이해하고 그 도움을 받는 데 실패하였었다. 예를 들자면, 세계의 여러 지역에서는 소위 '무연고(無緣故)의' 여성이 지역사회 내를 자유롭게 활보한다거나 객관(客館)에서 혼자 산다는 것은 거의 있을 수 없는 일이며 따라서 이러한 여성은 '헤픈' 여자거나 혹은 비정상적인 사람으로 인식된다는 사실을 명심하여야 한다. 여성 민족지가들은 대부분 스스로 뼈저리게 알고 있다시피 특수한 문제들에 대처하여야 한다. 우리들은 한 아름다운 여성 인류학자가 어떤 지역에 두 번째 조사를 하러 들어갈 때 '샤프롱' chaperon[2]으로서 키가 1미터 80센티가 넘는 자신의 커다란 아들을 데리고 간 사례를 알고 있다. 그러나 1미터 80센티가 넘는 아들이란 대부분의 여성들에게 표준적인 조사 장비라고 할 수는 없는데 이 경우 현지의 문화가 해결책을 제시해 줄 수도 있다. 예를 들어 저녁 때 혼자 있게 되는 사람들은 젊은이들과 같이 시간을 보내도록 하는 것이 관습이 되어 있는 사회가 상당수 있다. 이러한 관습은 인류학자들에게 매우 쉽게 도움이 될 수 있는데, 왜냐하면 현지민들이란 민족지가가 남성이건 여성이건 자기 자신들에게 익숙한 방식으로 행동하는 것을 보고 즐거워하거나 심지어는 안도하기 때문이다.

　우리는 위에서 민족지가는 적어도 어느 정도까지는 현지민들이 흔연히 부여하는 사회적인 지위를 받아들이고 그 범위 내에서 작업을 하여야 한다고 말하였다. 다른 한편으로 민족지가는 현지민들

---

　2) 역주: 사교계에 나가는 젊은 여성의 여성 보호자라는 원래의 의미에서 전용되어 '보호자'를 뜻한다.

생각에 그리 바람직하지 않은 인물들과 너무 가깝게 지내는 것을 피하기 위하여 현지에 처음 도착하였을 때 사람들과 사귈 경우 상당히 주의를 기울여야만 한다. 불행히도 민족지가가 가장 쉽게 가까워질 수 있도록 스스로 접근해 오는 인물은 상당히 많은 경우 자신들의 동료인 현지민들에게 인기가 없기 때문에 그러하다. 민족지가는 또한 나중에 연구조사의 대상이 될 집단에 의하여 천민(賤民) *pariah* 이라 간주되는 인물들과 초기 단계에 가깝게 지냄으로써 나중에 그 집단에 의하여 잘 받아들여지지 않는 사태가 발생하지 않도록 하여야 한다. 예를 들어 천민 집단과 매우 가깝게 지낸 뒤 카스트 위계에서 매우 지위가 높은 집단으로 옮기려 시도하는 것은 인도에서는 어려울 것이다.

앞에서의 논의는 현지에서 상당히 많은 문제가 발생할 수 있다는 점을 지적하고 있다. 이들 중 일부는 앞에서 이야기한 중요한 조치를 통하여, 즉 연구 조사의 목적을 조심스럽게 설명함으로써 해결하거나 상당히 완화시킬 수 있다. 우리는 서론에서 이러한 조치가 현지민들이 연구 조사를 이해하고 또한 이에 협조하는데 도움을 줄 것이라고 말한 바 있다. 이러한 조치는 또한 민족지가들이 왜 한 사회에서 가장 특권적이며 (의례적으로) 깨끗하며 또한 가장 교육을 많이 받은 사람들만이 아니라 사회를 구성하는 모든 종류의 사람들을 연구하기를 바라야 하고 또한 그래야만 한다는 것을 이해시키는데 도움이 될 수 있다. 사람들을 알게 된다는 것은 일방적인 것이 아니며 또한 개인적인 요인들을 전적으로 통제할 수 없기 때문에 민족지가는 자신의 관심사를 명확히 드러낼 수 있다. 한편 사람들과 정보를 교환하는 가운데 민족지가는 자기 자신의 배경이나 가족 등에 대하여 말할 수 있다. 시간이 지나고 이해가 확실히 깊어짐에 따라 현지민들은 기지를 발휘하여 자칫 골칫거리가 될 수도 있는 인물들로부터 민족지가를 보호해 줄 수도 있게 된다. 그러나 이러한 도움은 오히려 자칫 의도하지 않은 문제들을 야기할 수도 있으므로 주의해야만 한다. 자기 딴에는 민족지가를 위하여 취한 행동이 민족지가 자신이 매우 만나기를 원하는 사람들을 자신도 알아채지 못하는 가운데 모욕하거나 또는 쫓아 버릴 수도 있기 때문이다.

현지조사를 하고 있는 민족지가는 아무리 자신의 경험이 풍부하다 하더라도 여러 가지 의미에서 배우는 학생의 입장에 있다. 그리고 현지의 주민들은 가르치는 선생이다. 모든 문화는 각각 그 고유의 관습과 행동 규칙과 에티켓을 가지고 있다. 인류학자는 이러한 것들과 함께 일상적인 인사법을 가능한 한 빨리 배워야만 한다. 예를 들어 우리 저자들이 조사를 했던 어떤 지역에서 사람을 만났을 때 통상 인사하는 방법은 지나면서 '손짓을 하는 것'(손을 흔드는 것)이었다. 이러한 행동을 정규적으로 꼬박꼬박 하는 외부 사람들은 우호적이며 현지민들에게 관심을 가진 것이라 간주되었다. 사람들을 만족시키는 일들을 하고 이들을 불쾌하게 만들거나 모욕적인 행동을 하는 등의 실수를 범하지 않으려면, 연구조사의 초기에 여러분들은 단지 배우고자 할 뿐이며 또한 악의를 갖고 있지 않다는 점을 명백히 밝혀 두는 것이 가장 좋다. 그리고 나면 본의 아닌 실수는 못 본 척하거나 또는 이방인의 무지의 결과라고 간주할 가능성이 높다.

일반적으로 처음 단계에서는 서서히 움직이는 것이 현명하다. 화제로 삼기 어려운 민감한 사항들이란 지역에 따라 다르기 때문에 조심해야 한다. 어떤 지역에서는 부정 부패를 화제로 삼는 것을 피해야만 한다. 또 다른 곳에서는 생리나 매춘에 대하여 언급을 하면 안 되며, 또 어떤 곳에서는 교회 외부에서 행해지는 비밀 숭배나 종교적인 믿음은 언급하기에 난처한 문제이다. 한 문화의 '손 대기 껄끄러운' *touchy* 부분이 무엇인가를 배운다는 것은 무엇을 질문할 것이며, 언제 질문을 할 것이며, 언제 사진을 찍을 수 있으며, 언제 녹음기를 사용할 수 있는가 등등에 대하여 현명한 판단을 할 수 있게 해준다. 토마스 에디슨이 1878년 국립과학협회 National Aca-

demy of Sciences 의 모임에서 새로 발명한 원통형의 녹음 및 재생
장치의 기능을 시범하자 청중석에 있던 일부 여성들은 기절하기까
지 하였다. 오늘날 녹음기에 대해 이러한 반응을 보이는 지역은 전
세계에 몇 군데 없을 것이지만, 여러분들의 껄끄러운 부분들과 현
지민들의 껄끄러운 부분이 서로 일치하지 않는다는 점을 인식하는
것은 중요하다. 아마도〔현지에서의〕일반의 여론은 여러분들이 원
하지 않던 방향으로 행동을 하게끔 여러분에게 강요할 수도 있다.
필자들 중 한 사람이 조사 연구를 하고 있던 지역사회에서 조사를
시작한 이래 처음으로 사람이 죽는 일이 일어나자, 민족지가로서
우선 하려고 한 일은 가족의 '애도 시간'에 방해가 되지 않으면서
장례 행렬과 절차를 조용히, 그리고 눈에 띄지 않게 관찰하는 것이
었다. 그런데 현지 주민들은 사진기를 든 사람이 사람들 뒤에 서
있어서는 안 된다고 하면서 민족지가에게 카메라를 들고 한가운데
(이 곳은 너무나 눈에 잘 띄는 곳이다) 오도록 요청했으며 심지어는
민족지가를 떠밀기까지 하였다. 그 이유는 해외에 사는 친척들이
망자(亡者)와 또한 그를 위하여 모여든 많은 사람들의 사진을 보기
를 원하리라는 것이 확실하다고 이들이 생각하였기 때문이었다.

　조사자가 현지의 언어, 기술 과정, 음악, 미술, 공예 또는 사진에
대한 관심을 보이는 경우 현지인들은 대개 경계심을 누그러뜨린다.
따라서 직접적인 질문을 하는 것보다는 이들 분야에 대한 관심의
표명이 인류학적인 조사 연구에 있어 좋은 시작이 될 수도 있다.
공예나 게임에 흥미를 가질 수 있으며 그리하여 현지민들에게 무언
가 기여를 할 수 있는 사람은 항상 이점을 가지고 있다. 저자들의
동료 한 사람은 손수건을 뒤집어 개구리가 뛰어나오게 하거나 거북
이가 기어 나오게 하거나 토끼가 깡충거리며 나오게 하는 재주를
가지고 있었는데, 이러한 재주를 멕시코의 어느 산촌의 아이들에게
보여줌으로써 이에 홀딱 반한 크고 작은 아이들이 서먹서먹한 긴장
관계를 풀어 주는 역할〔소위 icebreaker 의 역할〕을 할 수 있다는

사실을 깨달았다. 물론 여러분들은 사람들의 활동에 참여하고 싶으
며 무언가 새로운 기여를 하기를 간절히 원하겠지만 현지민의 것들
보다 여러분들의 새로운 것이 더 인기가 있으리라 기대를 해서는
안 된다. 여러분들은 가능한 한 선생의 태도보다는 배우는 학생의
태도를 취하는 것이 현명하다. 이는 특히 여러분들이 간절히 배우
고 싶어한다는 사실을 현지사람들에게 끊임없이 환기시켜 주기 때
문이다.

　현지에서의 첫 며칠 동안은 서로를 서서히 알기 시작하는 시기로
서 인류학자들은 경험을 통하여, 지역사회의 지도를 작성하고 가옥
과 경작지에 번호를 부여하는 등등의 작업을 하는 것이야말로 가장
바람직하다는 것을 깨닫고 있다. 왜냐하면 소유 관계, 경작 관계,
가구의 구성 등에 관한 자료는 추후에 보완할 수 있으며 또한 부여
한 번호를 이에 사용할 수 있기 때문이다. 물론 누가 누구와 함께
우물이나 공동 수도에 간다든가, 누가 누구와 잡담을 한다든가, 누
가 누구의 집을 방문한다든가, 누가 누구와 함께 연금 수표를 수령
하러 간다든가, 또는 제스처나 집단 내의 사람들의 정체 등을 파악
하는 등 일반적인 관찰을 시작할 수도 있다. 또한 의복, 가옥, 도
구, 그 제작 방식 등 물질적인 것들에 대한 조사를 시작하는 것도
좋은 방법이다. 현지에 있는 인류학자는 그가 관찰하는 대상들로부
터 너무나도 많은 정보를 얻기 때문에 인류학자는 관찰에 주의를
기울여야 할 뿐 아니라 관찰을 조직화하고 활용할 줄 알아야 한다.
이러한 인류학자의 관찰은 어느 것이나 나중에 제기할 질문이나 인
터뷰의 토픽이 될 수 있으며 또한 인터뷰 자료를 검증하는데 사용
될 수도 있다. 문자 기록 또는 기타의 기록 방법을 가지고 있는 사
회에서는 문헌 자료, 즉 유언장, 증서, 혼인 기록 등의 역사적 사
료; 돌, 금속 또는 나무에 새긴 문자 등등이 존재할 수 있으며, 이
러한 것들 중 상당수는 통상 물의를 일으키지 않으며 또한 이미 공
개되어 있기 때문에 조사 초기 단계에서 복사를 하고 연구를 하기

에 아주 좋은 자료이다.

물론 초기의 단순한 관찰에 의해서도 많은 것을 배울 수 있지만 참여 및 인터뷰와 일체가 될 경우 관찰의 가치는 더욱 높아진다. 정보 제공자들을 통하여 연구 작업을 할 경우 민족지가는 **비지시적** *nondirective* 인터뷰 및 **지시적** *directive* 인터뷰라는 두 가지 형태의 기법을 사용한다. 비지시적 인터뷰란 정보 제공자에게 문화의 일반적인 영역에 대하여 이야기해 줄 것을 요청하는 것이다. 비지시적 인터뷰의 전형적인 질문은 "어렸을 때의 당신의 삶에 대하여 이야기해 주십시오" 또는 "……에 대하여 이야기해 주십시오" 등이다. 비지시적인 인터뷰는 연구 조사의 초기 단계에서 빈번히 사용되는데, 이는 왜냐하면 정보 제공자들로 하여금 자신들에게 관심이 있고 또한 중요한 것처럼 보이는 것들에 대하여 이야기할 수 있도록 허용하기 때문이다. 이러한 방법은 인류학자 자신의 문화에 상응한 상황이 존재하지 않기 때문에 자칫 간과하기 쉬운 것들에 대하여 주목할 수 있게 해주며 또한 인류학자에게 현지민들의 관점을 상당한 정도까지 이해할 수 있도록 해준다. 인류학자는 '자신이 좋아하는 이론' *pet theories* 이나 본래 가지고 있던 생각들과 모순이 되는 정보들까지 포함하여 현지민들의 삶에 중요한 모든 종류의 정보를 흔연히 고려하여야만 한다.

비지향적인 질문은 현지조사 과정중에도 계속 유용하다. 그리고 시간이 지남에 따라 보다 지향적인 인터뷰가 가능해진다. 지향적인 인터뷰란 민족지가가 넓은 영역에 대하여 일반적으로 이야기해 줄 것을 요청하는 대신에 보다 좁은 초점을 가진 질문들을 함으로써 구체적인 것들에 집중하는 것이다('지향적'이라고 하는 것은 물론 인류학자가 자신의 질문에 대하여 답변까지 어느 정도 제시하는 것을 의미하지는 않는다).

질문지나 표준화된 인터뷰 기법이 사용될 수 있는 사회에서는 사실들을 신속히 수집하고, 검증하고, 그리고 무엇보다도 각 사례들간 비교가 가능한 형태로 정보를 수집할 수 있기 때문에 이러한 기법들을 통하여 입수한 정보는 매우 귀중하다. 그러나 민족지가는 특정 문화에 대하여 상당히 배운 다음에, 그리고 또한 예비 검사 *pretest* 를 거친 후에만 질문지를 만들고 사용하여야 한다. 즉 질문 조사를 수행하기 전에 현지 사회의 구성원들에게 질문들에 대한 반응을 들어보거나, 또는 문장 표현이나 개념들을 완전히 이해할 수 있도록 만들어야 하며 또한 질문들은 적합하고 공정하며 불쾌감을 주지 않아야 한다. 또한 현지 주민들이 질문지에 어떠한 질문을 추가하는 것이 좋다고 생각하는지를 발견하는 것도 매우 귀중한 일이다.

비체계적인 인터뷰의 일부로서이든, 또는 질문지의 일부로서이든, 소위 '가상의 상황'이란 매우 유용하게 사용될 수 있다. 미국 흑인의 문화를 연구한 멜빌 허스코비츠 Melville Herskovits 라는 저명한 인류학자는 특정한 인간 집단이나 사건을 지칭하지 않으면서 관습이나 전통에 대한 정보를 얻는 기법을 강력히 주창하는 사람 중의 하나이다. 예를 들자면 "제가 알기로는 당신의 조카가 과일을 훔치다가 붙잡혔다고 하는데 앞으로 어떻게 됩니까?"라고 하는 것보다는 "만일 아이가 사과를 훔치다가 붙잡히면 어떻게 됩니까?"라고 물어보는 것이 훨씬 더 외교적이다. 허스코비츠를 비롯한 여러 학자들은 가상의 상황을 사용함으로써 정보 제공자로 하여금 만일 구체적이고 실제적인 개인들에 관해서라면 결코 이야기할 수 없었던 방식으로 자유롭게 사건의 발생 상황과 유형에 대하여 이야기할 수 있도록 할 수 있었다.

우리가 주장한 바와 같이 "어떠한 방식의 질문 기법을 사용할 것인가", "질문을 어떻게 표현할 것인가", "언제, 누구에게 질문할 것인가" 등에 관한 선택은 민족지가가 그 문화에 대한 지식과 경험을 축적하였을 때에만 잘할 수 있다. 전형적으로 현지조사자는 단순한 관찰로부터 보다 참여적인 관찰로, 그리고 비지향적인 질문으로부

터 보다 지향적인 질문으로 서서히 옮겨가게 된다. 스스로 집중적
인 현지조사를 시작할 수 있을 만큼 민족지가가 상당한 정도의 인
간관계를 수립하게 되면 점차 다른 유형의 탐색 방법을 사용할 수
있게 된다. 로잘리 왁스 Rosalie Wax 는 현지조사자의 발달에 있어
이 단계를 매우 잘 기술한 바 있기 때문에 여기에서는 그녀의 글을
인용하기로 한다.

　　현지조사자가 일단 자신을 받아들인 사회의 주민들과 어느 정도 호혜
적인 관계를 수립하는 데 어떻게든 성공하고 나면, 그는 불안감이나 자
신이 무능력하고 바보스럽다는 느낌 등이 매우 급격히 감소되었음을 발
견하며 또한 새로운 자신감에 차서 연구 조사를 실시할 수 있게 되었다
는 사실을 깨닫게 될 것이다. 개입의 과정이라는 것은 실로 순환적이며
circular 또한 누적적인 것이다. 현지조사자는 불안감을 적게 가질수록
더욱더 유능하게 조사를 할 수 있으며 또한 자신이 잘하고 있다는 사실
을 깨닫게 됨에 따라 불안감은 점점 감소한다. 대개 이러한 변화에 있어
가장 중요한 요소는 그를 받아들인 현지민들 중 몇몇이 주는 도움과 지
지(호혜적인 사회적 반응)이다. 인류학자는 이들과 함께 지냄으로써 자
신의 주변에서 무슨 일이 일어나고 있는지를 자기 스스로의 속도와 능력
의 수준에서 '이해'할 수 있도록 해주는 '참여와 관찰'이라는 것을 시작하
게 된다. 인류학자가 바보짓을 하거나 남에게 불쾌감을 주는 짓을 했을
때 이를 알려주는 것도 바로 이러한 사람들이며, 엄청난 실수를 저질렀
다고 낙담을 할 때 용기를 주는 것도 바로 이들이다. 또한 연구 작업에
서 도움이 될 수 있는 사람들을 만나게 도와주는 것도 이들이며, 목숨이
위험한지 아닌지를 알려주는 것도 바로 이들이다. 이러한 과정이 계속됨
에 따라 현지조사자는 때때로 자기 나름대로 매우 뛰어난 기술을 갖게
되며 또한 자신감을 갖게 된다. 그리하여 그는 낮에 어떤 특정 인물의
감정을 건드리지는 않았는지, 또는 어떤 특정한 기회를 간과하지는 않았
는지 등등의 문제를 가지고 밤새도록 잠을 못 이루며 자학하는 일이 없
게 된다. 그는 자신이 과거에는 며칠 동안이나 망설이고 걱정하던 많은
일들을 자신감 있게 하고 있다는 사실을 발견한다. 그는 노인들 앞에서
는 어떻게 처신해야 하며, 또한 젊은 여자들, 아이들, 그리고 갓난아이
들이 앞에 있을 때에는 어떻게 처신해야 하는가를 배운다. 그는 어떻게

남의 호의를 받아들여야 하며 또한 어떻게 이에 보답해야 하는가, 언제 질문을 할 것인가, 그리고 또한 언제 침묵을 지킬 것인가 등, 한마디로 말하여 어떻게 하면 아주 뻔한 말썽을 피할 수 있는가를 배우기 시작한다. 과연 그는 옛날부터 전해 오는 안도감을 주는 표현의 글자 그대로 '자기가 무엇을 하고 있는지' *to know what he is doing*를 알게 된다는 것이다(Wax. 1971: 20).

왁스 박사의 글의 행간을 읽어보면 여러분들은 아마도 어색하거나 잘못된 곳에 와 있다는 느낌을 견디어 낼 수 없는 사람, 실수를 할 때마다 또는 누군가가 자신의 미숙을 비웃을 때마다 좌절감을 느끼는 사람은 현지조사자로서 특히 어려움을 겪기 마련이라는 사실을 깨달았을 것이다. 자신이 태어나서 자라나지 않은 다른 문화 또는 아문화(亞文化) *subculture*[3]에 들어가서 민족지적 조사연구를 수행하는 사람은, 어떤 면에서는 현지의 어린아이들보다도 자신이 무엇을 하고 있는지를 모르는 '우스꽝스러운 신출내기'와 같은 존재이다. 그리고 어리숙한 행위에 대한 조롱이야말로 인류의 오랜 역사에 있어 줄곧 사용되어 온 교정(矯正) 방법이라는 것은 널리 알려진 사실이다. 본서에서 우리가 언급하게 될 현지조사에 대한 글을 쓴 모든 사람들은 보다 노련한 민족지가(民族誌家)가 되는 과정에서 유사한 부끄러운 경험들을 가지고 있기 때문에 우리들 모두는 일종의 동병상련(同病相憐)의 감정을 가지고 충고를 하려고 한다.

노련한 왁스 박사는 또 하나의 사항을 강조하고 있는데, 우리들도 왁스 박사와 마찬가지로 그 점에 관하여는 상당히 엄격한 태도를 취하고자 한다. 왁스 박사는 "현지조사자가 범할 수 있는 실수 중에서도 가장 커다란 실수"(p.47)는 현지민들에게 스스로 현지민이

---

3) 역주: subculture 는 하위문화(下位文化)라고도 번역하는데 하위라고 할 경우 하급/저질이라거나 또는 하층의 문화 *low class culture*라는 오해를 불러일으킬 위험이 있어 아문화(亞文化)라고 번역하였다. 아문화는 집단 전체의 문화가 아니라 집단을 구성하고 있는 소집단, 즉 집단 내의 일부 구성원들의 문화라는 의미이다.

되고 싶다고 말하거나, 또는 현지민들이 조사자의 존재를 참아준다
는 사실이 곧 조사자가 현지민의 하나라는 것을 의미한다고 암시함
으로써 이들로부터 금방〔집단의 일원으로서〕인정을 받으리라고
주제넘게 추정하는 것이라고 하고 있다. 왁스 박사에 의하면 어떠
한 인간 집단도 현지조사자가 주제넘게 굴지 않으며 또한 새로이
획득한 그 어떠한〔사회적〕기술도 현지민들이 기꺼이 인정하지 않
는 특권들을 의미하는 것이 아니라는 점을 명백히 하고 있는 한,
자신들의 삶의 방식을 배우기를 원하고 또한 심지어 자신들과 동일
하게 행동하기를 원하는 사람(흉내를 낸다는 것은 가장 진지한 형태의
아첨이다!)을 싫어하는 경우는 거의 없다고 한다. 그럼에도 불구하
고:

> 몇몇 새로운 재주를 익혔다거나 또는 순인류의 보편적인 형제애에 관
> 한 감상적인 몇 마디를 통하여 촌스럽고 무식한 외부인이 자신들과 같이
> 경험 있고 세상 물정을 잘 아는 전문가 또는 신성한 사람으로 거의 자동
> 적으로 변신할 수 있다고 믿는 아마추어 같은 사고방식이야말로 사람들
> 이 싫어하는 것이며 때로 이는 아주 심한 혐오의 대상이 된다(Wax.
> 1971 : 49).

이것은 형제애라는 감정이나 사려 깊고 현명하게 연구 조사를 하
려는 고상한 동기에 대한 헌신이 다른 인류학자들이나 또는 조사
대상이 되는 사람들에 의하여 부정된다는 것을 의미하는 것은 아니
다. 단지 이것은 인류학자란 자신의 의도에 대하여 행한 그 어떠한
발언보다도 오히려 지역사회에서 그가 어떻게 사는가, 그리고 현지
인들을 어떻게 대하는가를 기준으로 주로 판단된다는 것을 의미한
다. 비록 민족지가는 지역사회의 사람들과 가깝고도 신뢰받는 친구
가 될 수는 있지만, 그는 이들과는 많은 면에서 다르며 또한 연구
의 대상이 되는 문화의 진정한 일부인 내부인 *insider* 이 완전히 될
수 없는 것이다. 대개의 경우 민족지가는 깊은 흥미를 가졌으며 관

용적이며 *tolerant*, 남을 존중할 줄 아는, 다른 사회에서 온 존경할 만한 사람이라는 자아정체성(自我正體性) *identity* 을 유지하는 것이 가장 바람직하다. 강조하건대 참여 관찰자가 된다는 것은 아무리 하여도 '현지민이 되는 것'*going native* 을 의미하지는 않는다.

본 강좌의 여러 다양한 프로젝트들을 검토하면서 여러분들은 처음의 두 가지 프로젝트는 거의 전적으로 날카로운 관찰에 의존하고 있으며, 그 다음의 두 가지 프로젝트는 여러분들에게 오직 한 사람의 정보 제공자와의 작업을 각기 요구한다는 점에 주목하기 바란다. 따라서 보다 광범위한 라포의 형성 작업은 상당히 후반의 프로젝트에 가서야 시작될 것이다. 그리하여 여러분들은 무엇보다도 여러분 주위의 삶에 대하여 '새로운' 눈을 뜨기 위하여 노력하는 데 주의를 집중하여야 한다. 여러분들은 본 강좌를 위하여 이제부터 조사 연구를 수행할 지역사회와 매우 유사한 곳에서, 심지어는 바로 그 지역사회에서 지금까지 살아왔을 가능성도 있다. 여러분들이 이제껏 잘 알고 있던 사람들(혹은 잘 알고 있다고 생각해 온 사람들), 또한 겉으로 보기에 바로 여러분들 자신과 매우 유사한 사람들을 조사한다는 것은 특별히 도전해 볼 만한 매력이 있는 일이다. 앞으로 여러분들이 인류학자들에 의해 '문화충격'(文化衝擊) *culture shock*[4]이라고 부르는 것을 살짝 경험하든 안하든 간에, 여러분들은 가급적이면 마치 스스로가 외국에서 온 사람, 심지어는 마치 화성에서 온 사람인 것처럼 상황을 관찰하도록 노력하여야 한다. 여러분들은 그 어느 것도 당연한 것으로 받아들이지 말고 가능한 한 날카롭고 객관적인 관찰을 하여야만 한다. 언제나 여러분 주위에서 무엇이 일어나는가를 가급적 잘 인식하는 습관을 계발할 것이며, 또한 새로운 것들만이 아니라 전부터 알고 있던 낯익은 대상에 관하여도 새로운 통찰력을 갖도록 노력을 하여야 한다.

---

4) 문화충격 *culture shock* 이란 잘 이해할 수 없는 낯선 삶의 방식에 직면하였을 때 받게 되는 충격을 의미한다.

참고문헌

Anderson, Barbara G. *First Fieldwork*, 1990. Prospect Heights, IL: Waveland Press. 한 여성 인류학자의 첫 현지조사 경험담으로서 여러 가지 '과실(過失)'에 대한 재치 있고 통찰력 있는 이야기.

Dumont, Jean-Paul. *The Headman and I: Ambiguity and Ambivalence in the Fieldworking Experience*, 1992(original 1978). Prospect Heights, IL: Waveland Press. 혁신적이며 통찰력 있는 소위 '반성적(성찰적)' *reflexive* 민족지의 예.

Fried, Morton H. *The Study of Anthropology*, 1972. Chicago, CA: Crowell. 인류학 전공 학생이면 누구에게나 도움이 될 수 있는 서적. 현지조사뿐 아니라 다른 여러 주제에 관하여도 지침과 유용한 통찰력을 제공하고 있다.

Gmelch, George. "Caught in the Middle." *Natural History*, September, 1990 : 32-37. 마을에 나타난 인류학자가 사실은 미움받고 있는 某기관의 요원이라고 현지 주민들이 믿을 때 일어날 수 있는 문제들에 대한 생생한 경험담.

Golde, Peggy, ed. *Women in the Field: Anthropological Experience*, 2nd ed., 1986. Berkeley: University of California Press. 생생한 경험담을 광범위하게 수집한 것.

Ward, Martha C. *Nest in the Wind: Adventures in Anthropology on a Tropical Island*, 1989. Prospect Heights, IL: Waveland Press, Inc. 열대 도서(島嶼) 지방에서의 현지조사 수행의 이면(裏面)을 그대로 보여주는 민족지.

Wax, Murray, Rosalie H. Wax and Robert V. Dumont, Jr. *Formal Education in an American Indian Community: Peer Society and the Failure of Minority Education*, 1989(original 1964). Prospect Heights, IL: Waveland Press. 이 책은 조사 방법과 그 결과라는 면에서 개척자적이며 학교에 대한 민족지적 연구의 가능성을 보여줌과 동시에 전통적인 실험 조사 방법 *testing method* 이 갖는 문제점들을 폭로하였다.

Wax, Rosalie H. *Doing Fieldwork: Warnings and Advice*, 1971. Chicago: University of Chicago Press. 저자 자신의 현지조사 경험과 그 교훈을 망라하는 흥미 있고 도움이 되는 책.

제 1 장   프록세믹스*Proxemics*(공간지각)

현지조사를 시작하는 데 있어 흥미 있는 조사의 대상은 물론 매우 많다. 우리는 학생들이 해 볼 만한 수준의 것이면서도 이제까지 너무 많이 조사되지는 않아서, 실습을 하는 학생들이 해 볼 수 있을 만한 주제를 선택하였다. 이렇게 선택한 주제가 바로 프록세믹스*proxemics* 이다.

우리는 언어라는 것이 가장 중요한 커뮤니케이션의 수단임을 알고 있다. 우리는 또한 어깨를 움츠리거나 혀를 내밀거나 험상궂은 표정을 짓는 것 등으로도 상당한 정도의 커뮤니케이션이 가능함을 알고 있다. 그러나 '공간이 이야기를 하며' 또한 '시간이 말을 한다'는 사실을 에드워드 홀 Edward Hall 과 그의 동료들이 명확히 보여준 것은 지금으로부터 겨우 30년 남짓한 일이다

'프록세믹스'란 에드워드 홀이 공간에 대한 인간의 지각 및 그 사용과 관련하여 만들어 낸 용어이다. 다시 말하자면 그는 여러 다양한 상황과 다양한 사회 속에서 사람들간의 상대적인 근접성〔거리〕*proximity* 을 연구한다. 그는 사람들이 다른 사람들과의 상호작용 속에서 어떻게 공간을 사용하는가가 침묵 속에서도 '의미심장한 것을 이야기한다'는 것을 보여주고 있다. 세계의 각 사회들은 공간의 사용에 대하여 상이한 패턴을 가지고 있기 때문에 우리는 서로 다른 문화간의 커뮤니케이션을 걸핏하면 왜곡시킬 수 있으며 또한 우리의 공간 사용 방식으로 우리가 의도하지 않은 메시지를 보내기도 한다. 예를 들어 몇몇 사회에서 공적인 대화 시 사람들이 유지하는 표준적인 거리(이러한 거리가 매우 표준화되어 있다는 점을 인식하는 것은 중요하다)는 서구 사회에서 유지되는 거리와 비교할 때 훨씬 가

깝다. 이러한 사회의 사람들이 미국인들과 대화를 하기 위하여 자
신들의 사회에서 통용되는 거리로 가깝게 다가오면 이는 미국인들
이 '사적'(私的) private 이라고 간주하는 공간을 침범하는 결과가 되
며 미국인들은 무의식적으로 위협을 느끼고 약간 뒤로 물러서게 된
다. 미국의 외교관들이 사용하는 언어 표현은 매우 조심스러운 것
이지만 바로 미국인들의 공간 사용 방식을 통하여 전달되는 메시지
때문에 이들은 '추악한 미국인'이라 인식되기도 한다.[1] 전신줄 위에
일정한 간격을 띄우고 앉아 있는 새들처럼 우리들은 각기 상황에
따라 우리 주위의 사적인 공간의 유지를 원한다. 이러한 사적인 공
간의 크기는 우리들 각각이 성장한 특정한 문화 또는 아문화(亞文
化)에서 공간의 사용이 유형화되는 방식에 매우 크게 의존하고 있
다. 에드워드 홀에 의하면(Hall. 1955 : 4) 미국에서는 "몸이 직접 닿
는 것이나 혼잡한 것에 대하여 강한 거부감을 가지고 있다; 전차에
서나 버스에서나 엘리베이터에서 미국인들은 몸을 움츠리는 경향이
있다. 혼잡한 장소에서 〔느긋하게〕 몸을 펴고 다른 사람들과 몸과
몸을 완전히 밀착시키고 앉아 있는 사람에 대하여 미국인들은 글로
는 이루 형용할 수 없는 거부감을 통상 느끼게 된다"고 한다. 미국
의 동북 지방에서 성장한 남성은 잘 모르는 사람과 얼굴을 마주 대
고 이야기를 할 경우 대개 18~20인치〔45~50cm〕 정도 떨어져 선
다. 만일 이 경우 상대방이 여성이라면 여기에서 4인치〔10cm〕를
더 벌리게 된다〔즉 55~60cm〕. 라틴 아메리카와 중동의 여러 지역
에서 남성들간의 대화시 편안함을 느끼게 해주는 거리는 8~13인치
〔20~30cm〕인데 홀에 의하면 이러한 정도의 거리는 미국에서는 극
히 공격적이거나 혹은 아마도 거의 성적인 의도를 가진 것으로 간
주된다고 한다. 홀은 라틴 아메리카에서 자신에게 편안한 거리를
유지하기 위하여 애쓰는 미국인 사업가의 모습을 묘사한 바 있다.

---

1) 역주: 물론 '추악한 미국인' Ugly American이라는 표현이 등장한 것은 공간 사
   용의 방식 때문만은 아니다.

미국인 사업가는 탁자와 책상과 타자기를 바리케이드로 삼아 거리를 확보하려고 하는 반면 그를 찾아온 라틴 아메리카 사람은 자신에게 편안한 대화시의 거리를 확보하고자 이러한 장애물들을 우회하거나 뛰어넘으려 하고 있다. 두 사람 모두 도대체 무엇이 잘못되었는지 모르고 있으나 이들간의 거리가 맞지 않기 때문에 불편하고 불안한 감정을 가지게 된다. 즉 양쪽 모두 그 이유를 모르면서 불쾌감을 느끼게 되는 것이다. 심지어 어떤 경우 홀은 한 라틴 아메리카인과 미국인이 40피트〔12m〕나 되는 복도의 한 쪽 끝에서 대화를 시작하여 그 다른 쪽 끝까지 가서 대화를 끝내는 것을 목격하기도 하였다. 이 미국인은 라틴 아메리카인이 자신에게 편안한 대화시의 거리를 확보하기 위하여 끊임없이 접근해 옴에 따라 이번에는 자기 자신도 편안한 거리를 확보하려고 한 걸음 두 걸음 뒤로 물러서는 가운데 어느덧 복도의 끝까지 뒷걸음질쳤던 것이다.

어느 정도까지는 각 가정 역시 프라이버시와 그 침해에 대한 나름대로의 규칙을 가지고 있다. 미국의 한 가정에서 프라이버시의 침해로 여겨지는 상황이 다른 곳에서는 그렇게 받아들여지지 않을 수 있다. 가족 내에서의 프라이버시 침해라는 문제는 가구의 배열이나 사용에서도 발생할 수 있다. 대부분의 가족들은 특정한 가족 구성원에게 저녁 식탁에서 특정한 자리와 좌석을 배정하고 있으며 식사를 할 때마다 동일한 패턴을 따르게 된다. 만일 가족원 한 사람이 자리를 비워서 그의 자리에 다른 사람이 앉는 것이 허용될 경우에도 모두들 이것은 일시적인 것에 불과하다는 것을 알고 있다. 최근의 보고에 의하면 남편을 여읜 몇몇 부인들은 자기 자리에 앉아서 남편이 생전에 앉곤 했던 빈자리를 바라보는 것이 매우 슬픈 일이며 오히려 남편의 자리에 스스로 옮겨가 앉으면 기분이 나아진다고 한다. 때로는 거실의 가구들 역시 이와 유사하게 다른 사람들에게는 접근 금지구역으로 간주될 수도 있다. 홀의 동료의 한 사람은 어린 시절 집에 온 귀한 손님에게 "지금은 여기에 앉으셔도 되

지만 여기는 아빠 자리니까 이따가 아빠가 집에 오시면 비켜 주셔
야 되요"라고 말하여 가족들을 당황하게 만든 사건을 기억하고 있
다. 매우 비좁은 숙소에서 생활하는 선원들에 대한 연구는 사람들
이 점차 서로로부터 물러나서 즉 "고치 속으로 들어가서"cocooned
각기 서로의 주위에 사적인 공간이라는 지대를 존중하게 되는 과정
을 보여주고 있다. 만일 우세 dominance 라는 면에서 사람들이 서로
같이 지내기가 극히 힘들 경우(두 선원의 계급이 함께 높거나 낮아서
서로 지내기 불편할 경우) 특정한 침상, 탁자, 또는 의자를 놓고 약간
의 다툼이 발생하는 경우가 있었다(Sommer, 1969 : 13). 이러한 장
소나 가구에 대한 '소유권'의 사례는 양로원이나 다른 시설의 경우
에도 종종 보고된 바 있다. 미국에서도 초기에는 많은 교회들이 가
족들에게 각기 자신들의 좌석을 구입하거나 임대하도록 요구하였
다. 물론 이러한 일은 더 이상 행해지지 않는다. 그럼에도 불구하
고 많은 사람들은 아직도 '내 자리'에 대한 일종의 소유 감정 같은
것을 가지고 있다. 특히 몇몇 작은 교회 내에서의 연구에 따르면
사람들은 매주일마다 같은 장소에 앉으려는 강한 경향을 가지고 있
으며 심지어는 잘 모르고 그 자리를 차지한 낯선 사람에게 자리를
비켜 줄 것을 요구하기도 한다고 한다.

　미국에서 행해진 수많은 연구들은 식탁에서의 좌석 배정에 대하
여 사람들이 가지는 일정한 감정을 보여주고 있다. 카페테리아에서
토론 집단들을 연구한 결과 솜머(Sommer, 1969 : 13)는 지도자들의
경우 장방형(長方形)의 식탁에서는 한쪽 끝[머리 head]자리를 선택
하려는 경향이 있으며 다른 사람은 리더를 볼 수 있도록 자리를 잡
는다는 사실을 발견하였다. 지도자와의 거리를 가깝게 한다는 것보
다는 시선을 유지한다는 것이 더욱 중요한 것처럼 보였다. 실험적
으로 배심원들이 방에 들어와 의자가 양변에 각기 다섯 개, 양끝에
한 개씩 놓여 있는 장방형 탁자에 자리를 잡도록 하는 모임을 수차
례 갖도록 해본 결과 테이블의 한 끝[머리]에 앉은 사람이 배심원

의 대표로 선정되는 뚜렷한 경향을 발견할 수 있었다. 나중에 사람
들은 말하기를 다른 사람을 선택한다는 것은 테이블의 끝〔머리〕에
앉은 사람을 거부하는 것 같은 기분이 들었다고 하였다. 이때 좌석
의 선택이 아무렇게나 이루어진 것이 아니라는 점에 주목하는 것은
흥미 있는 일이다. 자기 사업을 경영하거나 관리자의 지위에 있는
사람들은 탁자의 '머리'에 있는 좌석을 선택하였으며, 배심원의 대
표를 선출함에 있어 배심원들은 보다 높은 지위를 누리고 있는
'上席'〔머리 좌석〕*head chair*에 앉은 사람을 택하는 것처럼 보였다.
나중의 조사 결과를 살펴보아도 상석에 앉은 사람들은 토론에도
더 많이 참여한다고 믿어지고 있다는 사실이 밝혀졌다(Sommer,
1969 : 2).

비록 공간 사용의 유형에서 세부적인 사실들이 국가에 따라 매우
다르지만 적어도 도시 지역과 도시 근교 지역간의 차이는 상당히
유사하다는 것이 연구를 통하여 밝혀지고 있다. 사적인 접촉이 통
상 몇몇의 친지에 국한되는 도시 지역에서는, 비록 사회 전체는 개
방적이지만 가족이나 가정은 외부인에 대하여 종종 폐쇄적이다. 인
구가 희소한 지역에서는 접촉하는 사람들의 수가 적으며 그리하여
서로가 서로를 알고 인사를 하려는 성향은 보다 크다. 그리하여 미
국에서는 농촌에서 도시로 이주해 간 가족의 경우에는 이웃 사람들
이 별로 아는 체하지 않는다는 사실에 당황하며 반대로 도시에서
농촌으로 이주한 사람들은 이웃들이 아무때나 찾아와 이야기를 하
거나 설탕 같은 물건들을 빌려 달라고 하는 사실에 놀라게 된다. 3
백만이 넘는 인구가 겨우 12평방마일〔약 31km²〕에 불과한 면적에
서 복작대고 있는 홍콩의 경우 홍콩 시의 주택 당국은 1인당 대개
35평방피트〔역주: 약 3.15m²로, 1평이 조금 못 됨〕정도의 저가
의 임대 아파트를 운영하고 있다. 이런 아파트를 건설하는 담당자
에게 만일 1인당 가옥 면적을 두 배로 늘릴 경우 어떠한 결과가
발생할 것인가를 질문하였더니 그의 대답은 "1인당 면적이 60평방

피트가 되면 세입자들은 아마도 그 일부를 다른 사람에게 세놓을 거요"라고 대답하였다(Sommer, 1969 : 27).

사람들이 공간을 어떻게 사용하는가에 따라, 공간의 사용 방식은 목소리의 음조와 거의 마찬가지 방식으로 의사를 전달할 수 있다. 이는 언어와도 같이 "공식적이거나 비공식적일 수 있으며, 온화하거나 냉정할 수 있으며, 공적이거나 사적일 수 있으며, 남성적이거나 여성적일 수 있으며, 또한 지위의 고하를 나타낼 수도 있다"(Hall, 1960 : 45). 공간 사용의 유형은 민족에 따라 다르며 동일한 패턴이 세계 각지에서 매우 상이한 메시지를 전달할 수도 있다. 로버트 솜머는 공간 사용법의 차이야말로 발틱해 연안에 거주하는 특히 '비접촉적' 민족인 에스토니아인들과 〔접촉적인〕 러시아인들 간의 관계가 악화된 원인이 될 수도 있음을 발견하였다. 우리들 동료들 중의 하나인 매우 친절한 친구도 지난해 러시아를 또다시 방문했을 때 그 전번 여행 시 학술회의에서 만났던 사람들이 한 사람씩 달려와 러시아 식으로 껴안고는[2] 입을 맞추는 것에는 기절초풍을 하였다. 그러나 이것은 러시아 사회에서는 특이한 일이 아니다. 세계의 많은 다른 곳에서는 남자들끼리도 만나면 포옹을 하고 팔짱을 끼고 걷기도 한다. 1990년의 중동 위기에 대한 회담 중 이집트의 무바라크 대통령과 사우디 아라비아의 파드왕이 손을 잡고 걷는 사진을 게재하면서 미국 잡지의 편집자는 남자들끼리 손 잡고 걷는 것이 중동에서는 관습이라는 사실을 설명할 필요를 느꼈다.[3]

모든 사회에서 사람들은 각자의 사회가 적절하다고 생각하는 방식으로 공간 속을 이동하고 또한 각 사회의 고유한 생활양식, 건축 디자인의 패턴, 가구의 배열 기타 등등과 관련된 방식으로 공간 속에서 움직이며 일정한 방식으로 다른 사람들과 상호 작용하는 것을

---

2) 역주: 소위 러시아 식 '곰 포옹' *bear hug.*
3) 역주: 미국 사회에서는 팔짱을 끼고 걷는 남자들은 흔히 동성연애자로 간주된다.

학습하면서 성장한다. 예를 들어 일본에서는 집안의 內壁(내벽)[4]은
움직일 수 있으며 그날 그날의 행사나 또는 사람들의 기분의 변화
에 따라 이를 열기도 하고 닫기도 한다. 이러한 벽들은 시각을 차
단하지만 단지 종이 벽에 불과하기 때문에 청각적인 '차단 효과'는
최소한에 그친다. 일본인들은 붙박이 벽과 나란히, 혹은 방의 한가
운데에 가구를 배열하는 경향이 있으나 미국인들은 가구를 사방 벽
에 둘러 가며 배치하고 가운데는 공간으로 남겨 둔다.

 일반적으로 밝혀진 사실은 모든 사회에서 대다수의 사람들은 자
신이 공간을 어떻게 사용하는가에 대하여 의식하지 못하고 있다는
점이다. 질문을 받아도 이들은 어떤 상황에서는 왜 불안하거나 스
트레스를 받으며, 또한 다른 상황에서는 왜 편안함을 느끼는지 딱
꼬집어서 말을 할 수가 없다. 우리들과 상호작용하고 있는 사람들
의 공간 사용 패턴에 우리의 삶을 완전히 순응하도록 해야 할 필요
가 없는 것은 명백하다. 홀이 말한 바와 같이 우리는 서로 다를 것
이 기대되고 있다. 그러나 우리는 문자로 표현되어 있지는 않지만
다른 사람들에게는 익숙한 패턴을 보다 잘 이해함으로써 이들과 보
다 원활하게 의사소통하는 법을 배울 수 있다. 공간 사용의 차이
때문에 타문화와의 관계에 있어서 함정에 빠질 수 있다는 사실을
인식한다는 것은 커다란 진전이다.

 상이한 공간 사용의 체계를 가진 사람들간의 충돌은 국제 관계에
만 국한된 것은 아니다. 홀을 비롯한 몇몇 사회과학자들은 미국 사
회를 구성하는 여러 다양한 집단의 구성원들이 기본적으로 유사한
언어를 사용하고 그 모습도 유사해 보이기는 하지만, 이러한 외관
밑에는 시간과 공간 그리고 인간관계를 구조화하는데 있어 명확히
공식화되지 않은 여러 차이점들이 존재한다는 사실을 보고한 바 있
다(Hall, 1969: x). 라바르 La Barre 는 홀의 몇몇 연구에 대하여 언

---

4) 역주: 미닫이문으로 된 벽을 의미한다.

급하면서 미국내에서도 공간의 사용이 지역적으로 상이함을 지적하고 성차(性差)라는 요인, 연령 요인, 그리고 지위라는 요인이 나타나는 방식에 관하여 몇몇 흥미 있는 주장을 하고 있다.

프로젝트

첫번째 과제는 우리의 사회가, 그리고 또한 우리 사회의 몇몇 아집단(亞集團)이 어떻게 공간을 사용하는가에 관하여 실험을 설계하고 이를 수행하는 것이다. 예를 들어 여러분들은 사람들이 도서관의 열람실에서 어떻게 책상을 사용하는가에 주목할 수 있다. 사람들이 서로 알고 있거나 또는 함께 온 경우 이들이 대화를 나눌 때 책상과 의자를 사용하는 방법은 사람들이 서로 알지 못할 경우의 책상과 의자 사용법과는 어떻게 다른가? 그밖에도 여러분들은 사람들이 버스나 기차, 혹은 병원이나 대기실에서 어떻게 몸가짐을 갖고 처신하는가를 살펴볼 수도 있다. 이러한 작업을 통하여 여러분들이 필요로 하는 상세한 자료를 얻기 위하여는 한 단위 이상의 관찰 기간 또는 상당히 오랜 기간을 필요로 한다는 점에 유의하여야 한다.

여러분들에게 유익한 또 하나의 관찰은 여러분들이 연구하는 공간과 그러한 공간 내에 배치된 가구들이 어떻게 사람들을 멀리 떨어지게 하거나 또는 가까이 끌어당기는가 그 정도를 탐구하는 것이다. 오스몬드 Osmond 라는 내과의사의 연구를 계승하여 홀(Hall, 1969 : 108)은 기차 대합실과 같은 장소들을 **사회원심적(社會遠心的)** *sociofugal*[5]이라고 하였으며, 또한 프랑스의 길모퉁이 카페의 테이블과 같은 것들을 **사회구심적(社會求心的)** *sociopetal*[6]이라고 규정하였

---

5) 역주: 사회원심적 *sociofugal* 이란 사람들을 분산시키는 경향이 있는 것.
6) 역주: 사회구심적 *sociopetal* 이란 사람들을 불러모으는 경향이 있는 것.

다. 사회원심적 공간이 반드시 나쁘다거나 사회구심적 공간이 반드
시 좋다고 할 수 있는 것은 아니지만 이러한 개념들을 통한 이해
는, 트인 공간이 필요한 장소에서 혼잡과 막힘을 어떻게 방지할 것
인가, 또한 진료소 등에서 환자들과의 상호작용을 어떻게 촉진시킬
것인가 등등에 관한 연구에 많은 도움을 주었다. 로버트 솜머(Hall,
1963 : 435에서 재인용)는 사람들간의 상호작용에 대한 공간 배치의
영향을 연구한 끝에, 밝고 유쾌한 환경임에도 불구하고 환자들이
침울한 분위기에 있었던 병원에서 하나의 병동의 가구를 재배치하
여 보았다. "이러한 재배치의 결과로 대화의 횟수가 배로 증가하였
으며 독서에 의한 정보의 획득은 세 배로 증가하였다"고 한다. 여
러분들의 연구의 결과는 공간 사용의 변화가 사람들간의 상호작용
을 개선하거나 오해를 감소시키는 데 기여할 수 있는 가능성에 관
하여 어떠한 아이디어를 제시하고 있는가?

   이러한 프록세믹스에 관한 프로젝트가 제 1 장의 주제로 선택된
이유의 일부는 이것이 순수하게 관찰만을 기초로 수행될 수 있으며
공간의 사용, 상호작용의 패턴 등에 관하여 곧바로 실제적으로 사
용할 수 있는 정보들을 제공하기 때문이다. 이상적으로 우리 모두
는 이러한 쟁점들을 지속적으로 고려하여 공간 사용의 패턴을 관찰
하고 이해하여야 하며 또한 우리들 자신들이 이러한 요소들에 대하
여 보다 예민하고 보다 잘 반응할 수 있도록 노력하여야 할 것이
다.

참고문헌

Ashcraft, Norman and Albert T. Scheflen. *People Space: The Making
   and Breaking of Human Boundaries*, 1976. Garden City, NY: Dou-
   bleday. 미국 사회에서의 공간 사용의 몇몇 측면에 대한 인류학자와 정

신병 의사의 흥미 있는 연구.

Davis, Lisa. "Where Do We Stand?" *In Health*. 1990. 5 : 34-36. 프록세믹스의 몇몇 새로운 발견을 언급하고 있는 최근의 논문.

Hall, Edward T., Jr "The Anthropology of Manners." *Scientific American*. 1955. 4 : 84-90.

Hall, Edward T., Jr. *The Silent Language*. 1959. Garden City, NY: Doubleday.

Hall, Edward T., Jr. "The Language of Space." *Landscape: Magazine of Human Geography*. 1960. 1 : 41-45.

Hall, Edward T., Jr. "Proxemics: The Study of Man's Spatial Relations." In Iago Galdston, ed., *Man's Image in Medicine and Anthropology*. 1963. New York: International Universities Press.

Hall, Edward T., Jr. "Silent Assumptions in Social Communication." In David McK. Rioch and Edwin A. Weinstein, eds., *Disorders of Communication*. 1964. Proceedings of the Association for Research in Nervous and Mental Disease. 42 (December 7 and 8, 1962).

Hall, Edward T., Jr. "Proxemics." *Current Anthropology*. 1968. 9(2-3): 83-95.

Hall, Edward T., Jr. *The Hidden Dimension*. 1969. Garden City, NY: Doubleday.

Hall, Edward T., Jr. and William Foote Whyte. "International Communication: A Guide to Men of Action." *Human Organization*. 1960. 1 : 5-12. 상기(上記)한 홀의 저작들은 모두 사람들이 공간과 시간을 사용하는 방법에 관한 광범한 연구의 결과이다. 홀은 최근에도 연구 업적을 계속 내놓고 있으나 매우 생산적인 그의 아이디어들을 소개하기 위하여 이상의 업적들만을 선정하였다.

Sommer, Robert. *Personal Space: The Behavioral Basis of Design*. 1969. Englewood Cliffs, NJ: Prentice-Hall. 물리적인 환경이 사람들의 태도와 행동에 미치는 영향에 대한 심리학자의 연구로서, 인간의 필요에 기초를 둔 구조물들을 창조하는 프로그램을 제시하고 있다.

제 2 장   지도의 작성

　지도의 작성은 기본적으로 관찰의 결과를 조직화하고 기록하는 하나의 방법이다. 이렇게 기록한 정보는 조사 기간 중 중요할 뿐 아니라 그 이후에도 계보적 자료 및 인구조사 자료 등의 여러 다양한 자료와 관련하여 사용될 수 있다. 민족지가(民族誌家) *ethnographer* 이든 고고학자이든 인류학자가 지도를 작성할 경우 고려해야 할 중요한 사항은 항상 물리적 공간과 사회적 관계간의 유대(紐帶)이다. 어떤 의미에서 지도 작성의 기술은 우리들로 하여금 우리들의 가시범위(可視範圍)라는 한계(우리의 가시범위를 가리는 한계가 진짜 나무로 된 숲이건 도시의 소위 '콘크리트 숲'이건)를 벗어나서 보다 넓은 지역의 모습과 관계들을 고려할 수 있도록 만들어 준다.

　첫번째 프로젝트에서 언급한 바와 같이 인류학자의 현지조사에서도 특히 초기 단계에 시작하는 활동은 '지역이 어떻게 생겼는가를 파악'하는 것이다. 현지조사자는 가옥, 농경지, 어로 또는 수렵 지역, 중요한 수자원 그리고 프로젝트나 조사 설계에 따라 파악할 것이 요구되는 모든 것을 나타내는 마을이나 지역의 지도를 작성한다. 만일 토지의 일부가 특정 가족들에 의하여 소유되거나 통제되고 있다면 인류학자는 이러한 경계 또는 분화를 노트할 수도 있다. 만일 초기 단계에서 시간이 부족하면 이러한 지형 지물들의 상대적인 위치만을 스케치한 지도에 대강 표시하고 이러한 주요 항목들간의 주요 거리의 네트워크를 기록한 뒤에, 상세한 지도는 나중에 완성할 수도 있다. 그래프 용지를 사용하는 것도 초기 단계에서는 도움이 된다.

　지도의 작성은 조사 연구자가 새로운 현지 상황에서 가장 불안한 상태에 있는 시기에 라포 *rapport* 를 형성하는 탁월한 방법이기도 하다. 지도의 작성은 사람들과 왜 접촉을 해야 하는지에 관하여 쉽게 이해할 수 있는 이유를 제공하기 때문이다. 지도는 작성 도중에 또한 작성 후에도 정보 제공자나 조사 연구자 모두에게 추가로 기록하여야 할 정보가 무엇인가를 깨닫게 해주기 때문에 커다란 도움이 된다. 여기에서 여러분들은 그 어떠한 주제라도 세계의 어느 구석에서는 때때로 민감한 사항이 될 수 있다는 경고를 기억하여야 한다. 그리하여 조사지역에서 지도를 작성한 바 있는 사람들이 누구인가를 알아보고 이들의 경험에서 사전 지식을 얻는 것은 현명한 일이다. 여기에서도 물론 현지주민들에게 여러분들의 작업의 목적을 알림으로써 여러분들이 정부의 스파이나 세금을 부과하러 온 사람이라고 오해되지 않도록 유의해야 한다.

여러분들은 지도 작성 프로젝트의 초기 단계부터 현지인들과 같이 작업을 함으로써, 이들의 지역에서 무엇이 유용하고 또한 무엇이 문화적으로 중요한가에 관한 이들의 안목을 통해서 도움을 받도록 하여야 한다. 대부분의 사람들은 자신들의 주거지(住居地) *habitat* 〔역주: 동물의 경우는 서식처(棲息處)〕를 상세히 알고 있는데 이는 특히 현지민들의 생계가 직접 토지에 의존하고 있을 경우 더욱 그러하며 이들의 생계는 물론 계절에 따라 변화한다. 단지 지역에 격자체계(格子體系) *grid system* 를 그려서 구획을 나누어 구별을 하거나 혹은 정부의 지도나 자료 용지에 따른 관념들에 집착할 것이 아니라, 현지조사자는 문화적으로 중요한 경계들을 학습하는 데 있어 현지민의 지도를 받아야만 한다. 필리핀이나 뉴기니의 산악 지대에서 활동할 인류학자들은 현지민들이 공식적인 서베이 조사에 보고된 것보다 훨씬 더 많은 유형의 토양과 식물을 구별하고 인식한다는 사실을 발견하였다. 토양과 식물에 대한 이러한 '현지인의 범주'는 또한 농경지의 위치나 가옥의 위치를 결정하는 데 있어 중요할 수도 있다. 많은 사회들은 토지의 소유권과 사용 방법에 관하여 중앙 정부가 강제하고 있는 체계와는 일치하지 않는 관념들을 가지고 있다. 지형에 대한 현지의 명칭들을 기록해 두었다가 자료를 추출할 때 이들을 사용하는 것은 현명한 방법이다.

전세계 어디에서나 사람들은 자신들의 일상생활에서 의미를 갖는 측정의 단위를 선택하며 이러한 모든 것들은 현지조사자에게 실마리를 제공하여 주기도 한다. 미국 사회에서 흔히 쓰여지는 말 중에 "자, 이제 핵심을 이야기합시다" *Let's get down to brass tacks* 라는 표현이 있는데 이는 옛날에 가게에서 물건들의 길이를 재는 데 편리하도록 계산대 위에 놋쇠 못 *tacks* 을 박아 놓았던 관습에서 유래한 것이다. 또한 영어의 표현인 "p와 q를 조심해라" *Mind your p's and q's* 라는 말은 옛날 선술집 주인이 손님들 각자에게 각기 외상으로 달아 둔 파인트 *pint* 와 쿼트 *quart* [1]의 수를 유념하라는 뜻에서 나온 것이다. 예를 들어 해롤드 콩클린 Harold Conklin 은 필리핀 원주민들이 보행 거리를 도중에 씹으면서 가는 빈랑(檳榔)나무 *betel* 열매의 갯수로 표현한다는 사실을 지적한 바 있다.

지도 작성자들은 때때로 자신들의 기호를 적어도 어느 정도는 전세계의 모든 사람들이 사용하는 '보편적인 언어'라고 이야기한다. 많은 현지조사자들은 적어도 자신이 연구하고 있는 사회에서는 문자에 의한 기록이 이루어지기 훨씬 이전부터 지도가 작성되고 사용되어 왔다는 사실을 직접 경험하여 알고 있다. 문자를 사용하지 않는 사회의 구성원들에게는 방향, 거리, 그리고 지형 지물에 대한 지식은 생사가 걸린 문제일 수 있다. 일부 태평양의 섬의 원주민들의 경우 갈대 줄기와 야자나무 잎의 주맥(主脈)으로 만든 물건들이 섬과 섬을 항해하는데 있어 매우 뛰어난 항해도(航海圖)의 구실을 하였는데, 여기에서 섬은 갈대 줄기에 조개 껍질을 붙여서 표시하

---

1) 역주: 1 파인트는 액량(液量)의 단위로 1/8갤런이다. 영국에서는 0.57리터, 미국에서는 0.47리터에 해당. 1 쿼트는 1/4갤런으로 영국에서는 약 1.14리터, 미국에서는 약 1.10리터에 해당.

였다. 에스키모 족들이 사용하는 나무로 깎은, 포켓에 들어갈 정도
로 작은 조각들은 알래스카의 해안선의 모양을 일부 표시한 것인데
그 정확성은 정평이 나 있다.

물론 아무도 지도를 최초로 작성한 사람이 누구인지는 모른다.
현존하고 있는 가장 오래된 지도라고 믿어지는 것은 고대 도시 바
빌론에서 약 200마일 떨어진 가수르 Ga Sur 라는 도시의 유적에서
하버드 대학의 연구자들이 발견한 자그마한 점토 판이다. 역사상의
수많은 다른 지도들과 마찬가지로 이것 역시 아마도 토지의 소유를
표시하기 위하여 사용되었을 것이다. 이러한 토지 소유를 나타내는
지도는 통상 지적도(地籍圖)라고 불리는데 그 중요한 목적은 어느
정도의 세금을 부과할 것인가를 결정하기 위한 것이다. 인류학자가
조사를 하고 있는 지역에 대한 지적도가 이미 존재하고 있는 경우
에도, 만일 관리들이 인류학자에게 이러한 지적도 사용의 대가로
정보 제공자[현지민]들에게 불리하게 사용될 수 있는 계보적 자료
또는 기타 사적(私的)인 자료의 제공을 기대한다면 이는 윤리적으
로 받아들일 수 없는 것이다.

현지조사를 위한 장비와 테크닉

현지조사자가 현지로 가지고 가는 측정 장비의 유형과 양은 현지
조사의 목적, 기후, 지형의 성격, 그리고 다른 사람들로부터 입수
할 수 있는 지도와 자료의 성격에 따라 크게 다르다. 아마도 우리
는 나침반과 휴대용 수준기(水準器) flat surface 정도가 중요한 도구
라고 할 수 있겠다. 만일 예를 들어 수행하고자 하는 연구가 농경
에 초점을 두고 있다면 필수적인 장비에는 측우기, 토양 온도계,
토양의 색상표 등이 포함된다. 만일 조사지가 열대성 기후일 경우
에는 부식을 방지하는 도구, 과도한 습기를 제거하는 실리카 젤,
기타 열대 장비들이 필요하게 될 것이다. 만일 개울을 건너거나 급

경사의 험한 지형을 기어오르는 것이 문제가 될 경우에는 무게가 가벼운 장비들이 필요하게 될 것이다. 그러므로 장비의 수요를 계획하는데 있어 중요한 첫 단계는 조사지역의 근방에서 유사한 조사 연구를 수행한 사람들의 충고를 듣는 것이다. 이러한 사전 준비는 예를 들자면 수많은 연구 조사자들로 하여금 최신식 측우기가 현지민들의 장신구로 둔갑하는 것을 목격해야 하는 참담한 사태를 예방하여 주었던 것이다.

여러분들이 단지 본 장의 끝 부분에 서술한 프로젝트만을 염두에 두건 혹은 먼 장래에 '이상한 이름을 가진 머나먼 곳'에서 조사 연구를 수행할 것을 기대하건 간에 항상 필요한 매우 귀중하고 복잡한 하나의 측정 도구가 있으니, 이는 바로 여러분 자신이다. 우리는 앞에서 장차 현지조사를 수행할 사람들은 '도구로서의 자신'을 잘 알아야만 한다고 하였는데 이 말은 측정의 경우에도 해당된다. 거리의 측정에는 흔히 손가락, 엄지손가락 혹은 특정한 관절의 폭이나 길이가 사용된다. 엄지손가락으로부터 새끼손가락의 끝 또는 약지[넷째 손가락]의 끝까지의 폭, 장지[가운데 손가락]의 끝에서 팔꿈치까지의 거리(대개 18인치 정도인데 이것이 큐빗 *cubit*[2]이라고 불리는 단위임), 팔을 양편으로 벌렸을 때 한편 손가락 끝에서 다른 한편 손가락 끝까지의 거리인 파톰 *fathom*,[3] 그 외에 여러 종류의 보폭도 사용된다. 이러한 기본단위들이 인치나 미터로 얼마가 되는가를 알아두는 것은 여러분들이 '경쾌한 행장(行裝)'으로 여행할 경우, 즉 아무런 측정 도구도 몸에 지니지 않고 있을 때에도 현지에서 측정을 가능하게 해준다.

스케치 지도의 작성에 있어서 거리를 측정하는 주요한 방법은 보폭을 사용하는 것이다. 지도 작성의 경험이 풍부한 사람들이나 측량 기사들은 자신들의 보폭을 1 야드[역주: 0.914m]로 일정하게

---

2) 역주: 완척(腕尺)이라고도 한다. 대개 46~56 cm이다.
3) 역주: 6 피트로서 대개 1.83 m이며, 우리의 '길'에 해당.

유지할 수 있도록 연습하고 있다. 이러한 방법은 보폭의 수를 야드
나 인치로 환산하는 것을 용이하게 만들기 때문에 매우 편리한 것
이지만 조사자는 피로로 인하여 보폭이 짧아질 수 있으며 지형이
극히 험할 경우에도 한결같이 1야드의 보폭을 유지한다는 것은 상
당한 숙련을 필요로 하기 때문에 인류학적인 현지 조사에서는 과히
추천할 만한 방법은 아니다.

　스케치 지도를 작성하는 사람은 자신의 자연스러운 보폭을 사용
하고 이것을 이에 상응하는 인치나 센티미터로 환산하는 것이 통상
바람직하다. 사람의 자연스러운 보폭이란 놀라울 정도로 일정하며
이는 여러분들이 길거리를 거닐거나 또는 다른 일정한 지점간의 구
간을 여러 차례 반복하여 걸으면서 세어 보면 잘 알 수 있다. 보폭
은 서두르거나 피로하거나 높은 굽의 구두를 신고 있거나 무거운
또는 커다란 짐을 지고 있거나 지형이 울퉁불퉁하거나 각각의 경우
에 따라 약간씩 차이가 난다. 어느 지도 작성자가 말했듯이 인간의
다리란 매우 효율적인 측정 메커니즘이다. 그러나 보폭이란 이를
세기 시작하자마자 부자연스러워지는 경향이 있다. 보폭을 의식하
지 않고 자연스럽게 걷기 위해서는 연습이 필요하다. 데이비드 그
린후드David Greenhood(1964)는 "다음 번에 밖에 나가 걸을 때는 오
른발이 땅에 닿을 때마다 그 횟수를 세야 한다는 생각을 가지도록
노력하라. 도시에서건 시골에서건 오른발이 땅에 닿을 때면 무조건
세든지 투덜대든지 삐걱대든지 하여라. 이것이 습관이 되어 거의
세는 것이 기계적이 될 때까지 계속하여라"라고 말한 바 있다. 두
걸음마다 한 번씩 세는 것은 셈의 횟수는 줄여 주지만 세는 일로부
터 마음을 완전히 해방시켜 주지 않는다. 만일 걸어야 할 거리가
무척 길다면 보수계(步數計) pedometer [4]를 사용하는 것을 고려해 볼
만한데, 보수계란 앞으로 걸음을 내디딜 때마다 이를 기록하여 전

---

4) 역주: 스포츠用品 판매점에서 '만보기'(萬步器)라는 이름으로 널리 팔리고 있
　다.

체 걸음 횟수를 계기판에 나타내는 도구이다.

보폭을 세는 것 대신에 좋은 결과를 가져올 수 있는 방법은 바퀴를 사용하여 측정하는 것이다(만일 현지에서 자전거를 사용할 수 있다면, 그렇게 하라). 이미 알고 있는 거리를 자전거를 타고 다녀 봄으로써 자전거 바퀴의 회전수를 알아내는 것은 쉽다. 바퀴가 몇 번 회전하는가는 앞바퀴 앞에 작은 나뭇가지 등을 묶어 둠으로써 바퀴가 몸체를 지날 때마다 작은 소리가 나게 할 수 있다. 자전거로 측정을 하는 방식이 갖는 가장 큰 문제점은 똑바로 걷는 것보다 똑바로 자전거를 타는 것이 더욱 어렵다는 것이다. 때문에 어느 정도의 오차는 각오하여야만 한다.

또 다른 방법은 옛날부터 잘 알려진 '체인의 사용'인데, 이는 측정하여야 할 거리를 밧줄, 체인, 줄자 등을 연이어 늘어놓음으로써 거리를 측정하는 것이다. 이것은 또 한사람의 도움을 필요로 한다.

거리를 측정하는 방법으로서 상당수 조사자들은 포켓용 거리계 range finder를 사용하는데 이러한 장비는 그다지 비싸지도 않고 상당히 정확하다. 이것 대신에 카메라에 달린 거리계를 사용할 수도 있는데 이는 단지 카메라의 사용이 사람들을 불편하게 만들거나 계속 사진을 찍힌다는 기분이 들지 않게 할 경우 가능한 방법이다.

일정한 조건을 만족시킨다면 훌륭한 사진은 지도작성에 중요한 기여를 할 수 있다. 즉 촬영시 사진기의 위치를 정확히 알아야만 하며, 또한 사진기가 정확히 수평을 유지해야 한다. 사진의 축척을 알려줄 수 있는 물체가 촬영되도록 할 것. 위에서 내려다보고 촬영한 항공사진의 입수가 가능하다면 지도 작성자에게는 커다란 행운이 아닐 수 없다. 최근 수년간에 이르러 한때 지리학자들과 고고학자들이 갖기를 바라 마지않았던 기예의 하나였던 풍경 스케치는 더이상 사용되지 않게 되었다. 사진이 너무나도 신속하게 전체 사항을 파악하는 수단이 되기 때문에 현지에 스케치 도구를 가지고 가는 사람은 거의 없다. 그럼에도 불구하고 현지에서의 스케치 작업

은 사진의 촬영에 비하여 유리한 점이 몇 가지 있다. 예를 들어 스
케치는 면밀한 관찰을 촉구하며, 또한 전면의 시각 장애물을 제거
할 수 있게 해주며, 중요한 형태만을 선택하는 것을 용이하게 해주
며 스케치 그림에 라벨이나 설명을 써 넣을 수 있다는 점이다.

지도 그리기

여러분들이 운이 좋다면 누군가가 이미 작성해 놓은 지도를 조사
초기에 사용할 수 있을 것이다. 군사용 지도의 제작뿐 아니라 민간
에서도 지도의 복사나 트레이싱은 흔히 행해지는데, 이것은 게으른
탓이라기보다는 이미 훌륭하게 되어 있는 작업을 그대로 사용하기
위해서이다. 그러나 저작권법이 있다는 사실을 염두에 두어야 한
다. 예를 들어 도로 지도의 경우는 대개 그 저작권이 보호되고 있
다. 그러나 심지어 이러한 경우에도 여러분들은 지도 제작자의 특
정한 디자인이나 그가 발명한 독특하고 고유한 상징들, 세부 사항
에 대한 그의 해석과 표현 또는 저작권법으로 보호되고 있는 활자
체의 디자인을 사용하지 않는 한, 이러한 지도가 제공하는 정보를
사용할 수 있다. 한편 그 어떤 공식적인 지도라 하더라도 제작 당
시의 오류 혹은 그 후 현지에서 발생한 변화 때문에 부정확할 수
있다. 공공연히 알려진 사실에 속하지 않거나 널리 알려진 훌륭한
공공의 출처에서 나오지 않은 자료들의 경우에는 반드시 원전을 밝
혀야 한다. 일반적으로 자료의 출처를 밝히는 것은 여러분들의 지
도의 질을 확립하는데 도움이 된다. 대개의 경우 전문 지도 작성자
가 미국 정부를 위하여 제작한 지도들은 기본 지도로 사용할 수 있
다. 미국에는 측지국 Geological Survey, 해안 및 내륙 측지국 Coast
and Geodetic Survey, 일반토지국 General Land Office, 수로측량국
Hydrographic Survey 등 지도를 출판하는 연방 정부 기관이 20개 이
상이나 존재하고 있는데, 이들 중 수로측량국 등은 국내뿐 아니라

외국의 지도도 만들고 있다. 외국에서 현지 조사를 수행할 것을 계획하는 단계에서는 대사관의 관리들과 만났을 때 지도를 입수하고 싶다는 여러분들의 희망을 밝히도록 한다. 군사용 지도가 관련되어 있는 경우에는 교섭이 정부간에 행해질 수도 있다.

여러분이 처음부터 여러분 자신의 지도를 작성하기 위하여 일을 시작하건 혹은 다른 사람이 이미 해 놓은 작업을 사용하건, 여러분은 자신의 조사 계획의 본질과 지도의 목적을 항상 염두에 두어야 한다. 중요한 사항들만을 선택하고 그리 필수적이지 않은 것들을 강조하지 않거나 또는 제거해 버리는 것은 지도의 제작에 있어 가장 중요한 부분이다. 어떤 민족지 작가들은 제 1 차적인 자료들을 수집할 경우에는 매우 상세한 지도가 유용할 수 있다고 주장하는데 그 이유는 이러한 지도는 정보 제공자와 조사자 모두에게 여러 가지 관계를 상기시켜 주기 때문이다. 그러나 일반적으로 조사의 마지막 단계에서는 깔끔한 지도가 가장 바람직하다. 여러분이 드디어 완성해 낸 지도는 만족할 만한 것으로서 커뮤니티 내의 삶의 사실들을 생생히 표현할 수도 있다. 그러나 한 장의 지도에 너무나 많은 사실을 나타내려고 시도하지 말아야 한다. 또한 인류학자들이 출판된 보고서에 제시하고 있는 지도라는 것들은 그 자체가 독립적인 업적이라기보다는 연구 보고서에 대한 보충물로서 작성된 것이라는 점을 유의하여야 한다.

여러분이 만들게 될 지도의 축척을 결정하는 것은 이러한 모든 사항들과 밀접히 관련되어 있는데 그 이유는 축척이란 지도에 포함될 수 있는 정보의 양과 또한 이들이 어떻게 표현될 수 있는가에 대하여 일정한 한계를 주기 때문이다. 모든 지도란 일종의 축소 reduction 이지만, 크기가 너무 작으면 여러분들이 표시할 수 있는 것들을 과도하게 제한하기 마련이다. 지나치게 커다란 지도는 오히려 불편할 수도 있는데 아마도 좁은 차안에서 커다란 지도를 펼치느라 쩔쩔맨 경험이 있는 사람은 이를 잘 알 것이다. 또한 여러분

들은 지도의 목적을 감안하여야만 하며 따라서 가장 필요한 사항들
은 충분히 다루어져야만 한다. 물론 현지에서는 휴대 가능성이라는
것이 중요하다. 휴대 가능성은 여러분들이 제 2 프로젝트를 마쳤을
경우에는 여러분들의 선생님에게도 중요한 것이다. 만일 지도에 표
현할 세부 사항은 엄청나게 많이 가지고 있으나 지나치게 지도가
번잡해지는 것을 피하려고 한다면, 동일한 지역에 대하여 각기 상
이한 범주에 속하는 정보를 보여주는 두 개의 지도를 작성하는 것
도 좋은 대안이 된다.

  손으로 자유자재로 문자를 기입하는 지도 도면의 작성자, 즉 특
별한 펜과 문자 기입 도구와 그 외의 작업에 필요한 모든 도구를
사용할 줄 알며 또한 전사(轉寫) transfer 의 패턴과 용지 등등에 대
하여 자세히 알고 있는 사람은 매우 드물며, 따라서 그러한 사람은
인류학과에서는 매우 인기가 높다. 그러나 이러한 손재주와 훈련이
없다고 하여 도면에 의한 표현의 기본 원리를 학습하지 말라는 법
은 없다. 여러분은 현지조사가 끝나가는 단계에서 도면 작성의 기
술을 가진 사람과 상의를 하거나 혹은 그의 재능을 빌릴 수 있다.
여러분은 또한 지도를 출판하려고 할 때에는 전문 지도 제작자의
도움을 받을 수 있다. 전문 지도 제작자는 자료를 평가하고 수정하
며 또한 시각적 자극에 대한 반응과 관련된 최신의 이론을 기반으
로 자료의 제시법에 관하여 여러 가지 충고를 해 줄 수도 있다.

  우리는 이 책에서는 단지 대부분의 민족지가들이 현지에서 수행
할 것으로 기대되는 간단한 스케치 지도의 작성만을 고려하기 때문
에 측량 그 자체, 또는 이에 필요한 고가의 복잡한 장비들에 관하
여는 전혀 언급을 하지 않았다. 측량에 관하여 보다 상세한 정보를
원하는 사람은 스파이어의 저서(Spier, 1970), 디트웨일러의 저서
(Detweiler, 1948), 또는 미국 보이스카웃 연맹이 편찬한 책(The Boy
Scouts of America, 1976)을 참고할 것을 권한다. 20세기에 들어와
지도 제작술에 있어서는 두 가지 혁명이 일어났다. 하나는 원거리

에서의 파악으로 항공촬영, 위성 이미지의 포착 그리고 레이더의
사용이다. 또 다른 하나는 컴퓨터의 사용으로서 이는 과거에는 수
작업(手作業)으로 하던 세세한 작업들을 상당 부분 대행해 준다. 참
고문헌에 소개된 미국의 국립지리학회 National Geographic Society 에
서 발간한 책에는 여러분들이 읽으면 크게 흥미를 느낄 지도 작성
의 이러한 측면들과 기타 주제들에 관한 간단하면서도 재미있는 내
용이 담겨 있다.

프로젝트

　나중에 현지 조사를 수행할 때 사용할 수 있는 기본적인 지도 혹
은 그림 chart 을 작성하도록 한다. 마을 전체 또는 도심이나 도시
근교 지역의 일부분 등 어느 것을 그려도 좋다. 단 이는 실제 사람
들이 살고 있는 실제 장소이어야 하며, 이러한 과제의 수행을 위하
여 여러분들은 반드시 '현지'로 들어가야만 한다. 여러분들은 현지
에서 살고 있는 사람들의 삶의 방식과 상호작용을 조사하는 데 있
어 여러분들의 지도가 가능한 한 유용한 것이 될 수 있도록 하여야
한다는 사실을 명심하여야 한다. 지도에는 철도, 간선 도로와 지선
도로, 버스 정류장, 공공 설비, 상점, 병원과 변호사 사무실, 보건
소, 경찰서, 소방서, 우체국, 학교, 교회, 행정관서, 묘지, 창고, 그
리고 공장 등을 포함시키도록 하여야만 한다. 이렇게 하여 완성된
여러분들의 지도는, 이를 들여다보는 사람들로 하여금 현지에서 살
고 있는 사람들의 정주(定住) 패턴과 이들에게 이용 가능한 인적 ·
물적 자원들의 위치를 잘 알 수 있도록 작성되어야 한다. 지도에
어떠한 종류의 항목들이 표시될 것인가에 관한 구체적인 선택은 거
의 전적으로 여러분들이 결정할 문제이다. 몇몇 민족지 서적에 포
함되어 있는 지도를 살펴보는 것은 무엇을 포함시킬 것인가에 관하
여 상당한 도움을 줄 것이다. 여러분들이 작성할 지도나 그림은 종

족적(種族的) 구성 *ethnic composition*, 경제적인 지위, 인구밀도, 가구의 크기 외에도 인류학자가 조사 연구의 계획 단계에서 반드시 알고 있어야만 하는 기타 변인들이 상호 크게 차이가 나는 지역들을 포함할 수 있다는 사실을 염두에 두어야 한다. 이러한 중요한 측면 *feature* 은 여러분들의 지도에서 다루어져야만 한다.

여기에서 우리들은 지금까지 '지도' 및 '그림' *chart* 이라는 용어를 사용해 왔다는 사실에 주목하여야 한다. 여러분들이 프로젝트를 수행함에 있어 훌륭한 항공사진이나 공식적인 지도를 기초로 사용할 수 없다면 여러분들이 독자적으로 만들어 낸 것은 지도라기보다는 그림이라고 하는 것이 좋을 것이다. 왜냐하면 그래야 기술적인 면에서 조잡하다는 것을 표현할 수 있기 때문이다. 여러분들의 그림이나 지도에는 여러분들이 대상으로 한 지역과 그 지역의 자원들이 주변의 각 지점 및 사람들과 어떠한 관계가 있는가를 기술하는 짤막한 설명을 써넣도록 해야 한다. 여러분들은 주민들과의 대화 및 인터뷰를 근거로 하여 이 지역에서 발생한 변화에 관한 정보를 포함시킬 수도 있다.

본장에 포함된 네 개의 지도는 각기 상이한 지역에서 상이한 목적을 위하여 만들어진 것이다. 이들 중 두 개는 서로 다른 시기에 태평양上의 한 섬에서 민족지 조사를 수행하던 한 인류학자가 작성한 스케치를 근거로 한 것이다(그림 2-1 및 2-2). 또 다른 하나는 멕시코의 어느 농촌 지역에서 고고학적 발굴을 실시하던 발굴 팀에 소속된 한 학생이 스케치한 것으로서 발굴이라는 맥락을 보여주고 있다(그림 2-3). 네번째 지도는 인류학자가 기존의 출판되어 있는 지도를 어떻게 출발점으로 사용하는가를 보여주기 위하여 수록한 유일한 사례이다(그림 2-4).

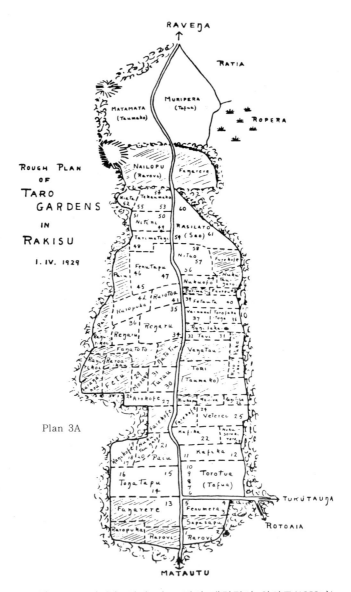

그림 2-1. 라키수 섬의 타로 밭의 대략적인 위치도(1929년)

Source : From Raymond Firth, *Social Change in Tikopia*, by permission of the author and George Allen & Unwin, Ltd.

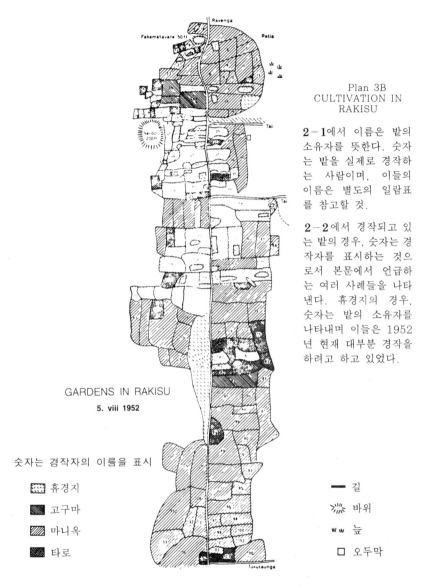

Plan 3B
CULTIVATION IN
RAKISU

2-1에서 이름은 밭의 소유자를 뜻한다. 숫자는 밭을 실제로 경작하는 사람이며, 이들의 이름은 별도의 일람표를 참고할 것.

2-2에서 경작되고 있는 밭의 경우, 숫자는 경작자를 표시하는 것으로서 본문에서 언급하는 여러 사례들을 나타낸다. 휴경지의 경우, 숫자는 밭의 소유자를 나타내며 이들은 1952년 현재 대부분 경작을 하려고 하고 있었다.

GARDENS IN RAKISU

5. viii 1952

숫자는 경작자의 이름을 표시

- 휴경지
- 고구마
- 마니옥
- 타로

- 길
- 바위
- 늪
- 오두막

그림 2-2. 라키수 섬의 밭(1952년)

Source : From　Raymond Firth, *Social Change in Tikopia*, by permission of the author and George Allen & Unwin, Ltd.

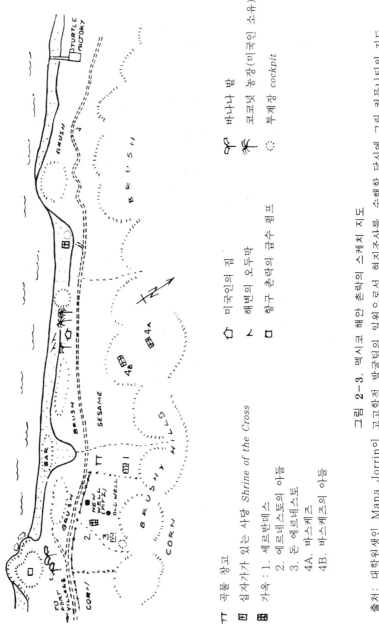

그림 **2-3.** 멕시코 해안 촌락의 스케치 지도

꼭   곡물 창고

꼭   십자가가 있는 사당 Shrine of the Cross

꼭   가옥 : 1. 세로반네스
         2. 에르네스토의 아들
         3. 돈 에르네스토
         4A. 바스케즈
         4B. 바스케즈의 아들

꼭   미국인의 집

꼭   해변의 오두막

꼭   항구 춘타의 급수 펌프

꼭   바나나 밭

꼭   코코넛 농장(미국인 소유)

꼭   투계장 cockpit

출처 : 대학원생인 Mana Jorrin이 고고학적 발굴탐사 일원으로서 현지조사를 수행할 당시에 그린 커뮤니티의 지도

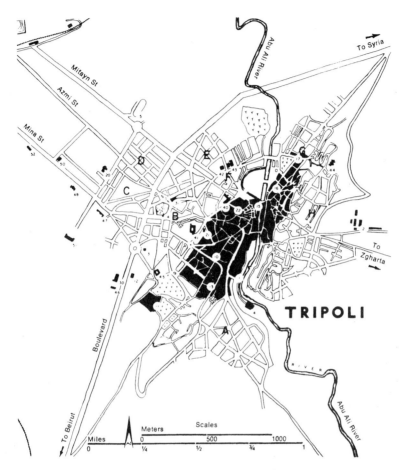

TRIPOLI

KEY

DISTRICTS
A ABU SAMRA
B TELL
C MUTRAN
D AZMI
E LATIFY
F ZAHRIYAH
G BAB AT-TIBBANI
H AL-QUBBAH

BUILDINGS
1-5   Miscellaneous
10-17   Muslim
20-22   Christian
30-31   Administrative
40-48   Private Schools
50-52   Hospitals

■ OLD CITY
▼▼▼ MUSLIM CEMETERY
✝✝✝ CHRISTIAN CEMETERY

그림 2-4. 레바논의 트리폴리의 지도(1961년 당시)

Source : From "Images of an Arab City" by John Gulick, pp. 179-197, *Journal of the American Institute of Planners*, August 1963, vol. 29, no. 3. Reprinted by permission of the Journal of the American Institute of Planners.

네번째 사례에서는 중동 지역의 한 도시에서 현지 조사를 행하던 도시 인류학자가 이미 출판된 지도를 가지고 계속 이를 검증하고 수정하여 원래 출판되었던 지도에는 나타나지 않는, 최초의 지도 작성 이후에 일어난 변화를 보여주는 인류학자 자신의 지도를 만들어 낸 것이다. 이 인류학자는 그리고 나서 몇몇 현지민들에게 자신들이 살고 있는 지역을 스케치해 줄 것을 부탁하였다. 이들이 작성한 지도는 사람들이 자기 자신의 커뮤니티를 어떻게 보고 인식하고 있는가를, 또한 이들이 자신들의 문화의 중요한 부분으로 강조하고 있는 것은 어떠한 것들인가를 인류학자로 하여금 명확히 인식할 수 있게 해 주었다. 만일 시간이 허용한다면 여러분들도 이러한 방법을 사용해 보는 것이 좋을 것이다. 여러분들이 여러분들의 프로젝트에 관하여 현지민들과 이야기를 나누는 것은 여지껏 여러분들이 인식하고 있지 못한 것들을 여러분들에게 말해 주도록 촉구하거나 또는 그러한 길을 열어 줄 수도 있다.

비록 이 지도는 도시 전체를 나타내주고 있지만 도시 지역에서 현지 조사를 한다고 하여 반드시 도시 전체의 지도를 그려야만 하는 것은 아니다. 하나의 도시 내에서 어느 범위의 지역을 지도로 작성해야 하는가는, 여러분들의 선생님과의 협의하에 인구의 밀도 또는 도시 내에서 문화적으로 뚜렷하게 하나의 구획을 그어 지도를 작성해 낼 수 있는 가능성을 기초로 하여 결정하는 것이 가장 바람직하다. 구체적인 지침이 없을 경우 도시에서는 8개의 블록이 작업에 적당한 크기가 될 수 있다. 도시의 한 부분이라는 것에는 앞에서 지도에 표시를 하여야 할 대상들이라고 열거한 문화적 특징들이 모두 포함되어 있지 않을 수도 있다. 그렇다면 보다 더 정교하게 세부적인 사항들을 나타내는 것이 중요하다고 생각될 수도 있다. 여러분들은 사람들간의 관계에 영향을 미치거나 또는 조사 지역에서 사람들의 움직임을 유도하는 요인들을 표시하는 것이 목적이라는 점을 명심하여야 한다. 그렇다면 버스 정류장, 교통 신호, 도로 표지판, 교통의 흐름의 방향, 경찰 및 소방 비상 전화 등등의 위치를 표시하는 것이 중요하게 될 것이다.

　여러분들은 지도의 일부가 되어야 할 다음 네 가지 사항들을 명심해 두어야 한다.

방향
지도의 작성 일자
축척
범례(기호의 설명)

　지도에는 나침반의 방향을 보여주는 멋진 '나침도(羅針圖)' 디자인까지는 필요 없지만 적어도 방향을 지시해 주는 화살표 하나는 있어야 한다. 무릇 지도라는 것은 실물의 축소이기 때문에 축척의 표시는 절대 필요하다. 이 경우 '1인치가 1마일에 해당' 등의 설명보다는 시각적인 '막대 축척 표시'가 더 나은데 그 이유는 지도를 복제할 경우 크기의 변화가 지도와 축척에 일정하게 나타나게 될 것이기 때문이다. 현지에서 작성하는 다른 모든 자료들에 날짜를 기입하는 것이 중요한 것과 마찬가지로 지도의 작성 일자를 표시하는 것이 중요한데 이는 특히 경계라는 것은 시간이 지나면 모두 변화하기 마련이며 사소한 변화를 발견한다는 것은 어려운 일이기 때문이다. 또한 만일 장래에 동일한 지역에서 현지 조사를 수행하여 시간 간격을 두고 여러 장의 지도를 작성하게 될 경우 여러분들은 〔작성 일자를 표시해 둠으로써〕변화의 방향은 물론 특정 변화의 속도도 알 수 있기 때문이다. 훌륭한 기호 *symbol* 라는 것은 범례 설명 없이도 금방 인식할 수 있는 관습적인 모양(디자인)이다. 이러한 기호는 이것이 대변하는 것의 모습을 연상시켜 주거나 혹은 오랜 기간 지도 작성에 있어 사용되었기 때문에 확립된 것이다. 훌륭한 기호들을 사용할 경우에도 지도에 사용되는 일부 기호의 경우에는 최소한 어느 정도의 범례는 대개 필요하다.

참고문헌

Boy Scouts of America. *Surveying.* 1976. New Brunswick, NJ: Boy Scouts of America. 매우 간결하고 명쾌하며 가격도 싼 책이다.

Debenham, Frank. *Map Making.* 3rd ed., 1961. London: Blackie. 영국의 지리학자가 쓴 명쾌하고 철저한 참고 자료이다.

Detweiler, A. Henry. *Manual of Archaeological Surveying.* 1948. New Haven, CT: American Schools of Oriental Research. 철저한 참고 서적으로서 상당히 전문적이다.

Greenhood, David. *Mapping.* 1964. Chicago: University of Chicago Press. 지도 작성법에 대한 입문 강좌에서 종종 교재로 사용되는 쉽게 구할 수 있는 페이퍼백.

Holmes, Lowell D. and Kim Schneider. *Anthropology: An Introduction.* 4th ed., 1987. Prospect Heights, IL: Waveland Press. 친절하게 씌어진 작은 교과서로서 현지조사 전반, 특히 지도 작성에 대하여 기술한 章은 꼭 읽을 것을 권장하는 바이다.

Low, J. W. *Plane Table Mapping.* 1952. New York: Harper. 평판 측량 지도 작성에 관한 정평 있는 저서이지만, 당분간은 여러분들에게 아마도 다소 과분할 것이다.

Melbin, Murray. "Mapping Uses and Methods." **In** Richard N. Adams and Jack J. Press, eds., *Human Organization Research,* 1960. Homewood, IL: Dorsey. 인류학에 관련된 약간의 훌륭한 조언들을 담고 있다.

Monkhouse, F. J. and H. R. Wilkinson. *Maps and Diagrams, Their Compilation and Construction.* 3rd ed., 1978. London: Methuen. 이 주제에 관한 정평 있는 저작.

Muehrcke, Phillip C. *Map Use: Reading, Analysis and Interpretation.* 2nd ed., 1986. Madison, WI: J. P. Publications. 현지에서의 지도 작성 그 자체에 관한 것은 아니지만 여러 가지 유형의 지도 작성을 다루고 있다.

National Geographic Society. *Exploring Your World: The Adventure of*

Geography, 1989. Washington, D.C.: National Geographic Society. 이 매력적이고도 아름다운 도표와 사진으로 가득 찬 책은 본서의 프로젝트를 수행하기에 필요한 것은 아니지만, 이 책을 통하여 지도 작성과 측량, 그리고 우리 지구에 관하여 많은 것들을 배울 수 있으며 또한 즐길 수 있다.

Platt, Robert S. *Field Study in American Geography*. Chicago: University of Chicago Geography Research Paper No. 61, 1959. 여러 가지 유형의 현지 지도 작성 기법과 현지에서의 지도 그리기 방법을 다루고 있다.

Raisz, Erwin. *Principles of Cartography*. 1962. New York: McGraw-Hill. 지리학자 중의 지리학자라고 할 수 있는 인물에 의한 고전적 저작

Ritchie, William. et al. *Surveying and Mapping for Field Scientists*. 1988. New York: John Wiley and Sons. 고고학에 중점을 두고 새로이 편찬된 서적.

Robinson, Arthur H. and Randall D. Sale. *Elements of Cartography*. 5th ed., 1984. New York: John Wiley and Sons. 훌륭하고 탄탄한 참고 서적.

Spier, Robert F. G. *Surveying and Mapping: Manual of Simplified Techniques*. New York: Holt, Rinehart and Winston, 1970. 인류학자, 그중에서도 특히 고고학자들을 위하여 전문가, 그것도 기자재에 탁월한 재능을 가진 전문가가 쓴 책.

제 3 장 친족계보표

　친족은 인류학자들이 다른 어떤 분야보다도 더 많이 연구한 주제이다. 그 이유는 인류학자들이 전통적으로 연구해 온 문자 없는 사회에서는, 사회가 어떻게 구성되는가, 또한 경제적·정치적, 그리고 의례적으로 어떻게 기능하는가를 이해하기 위하여 친족제도에 관한 지식이 필수적이기 때문이다.

　인류학자들은 현재 가장 원시적인 곳에서부터 가장 발전된 곳에 이르기까지 사회문화적으로 다양한 발전수준에 있는 사회에서 조사를 하고 있다. 대체로 서구 사회에서는 조직의 규모가 커질수록 친족간의 유대가 일반적으로 덜 중요해지는 것이 사실이지만, 세계 각지의 사회에서는 친족관계가 아직도 사회관계의 중요한 부분으로 남아 있다. 한 인류학자는 다음과 같이 말하고 있다.

　　가족은 인간의 가장 기본적이고 중요하며 또한 가장 영향력 있는 제도이다. 가족은 사회의 기초이며 성격과 인성(人性)의 틀을 형성하며, 문화적 가치를 가르쳐준다…… 가족은 '가옥'house 과 '가정'home 을 다른 것으로 만드는 것이기도 하다. 인간이 맨 처음 걷고 말하고 인간으로 기능하는 것을 배우는 곳이 가족이다. 또한 인간이 보다 큰 사회 안에서 살게 될 때 전생애에 걸쳐 자신의 행동에 영향을 미치는 가치관을 배우는 곳도 가족이다. 그리고 가족은 인간이 자신의 자아상과 목표를 정립하고 자신도 언젠가는 배우자와 가정을 갖게 되리라는 이상을 습득하는 곳이다(Holmes 1971: 358).

　가족의 구성방법, 즉 어떻게 새로운 성원을 가족으로 보충하며 (예컨대 출산, 입양, 혼인 등의 방법으로), 어떻게 자손을 양육하며, 그리고 재산이나 지위의 상속을 어떻게 규정하는지를 결정하는 것이 친족체계이다.

각 사회에서 사람들이 다양한 소집단으로 분류되는 방식은 우리들 대부분이 잘 알고 있는 서구사회의 방식과는 매우 다르며, 객관적인 생물학적 사실이 제시하는 방식과도 매우 다르다. 바로 이 때문에 친족이야말로 인류학을 처음 배우기 시작하는 사람들이 자민족〔자문화〕중심적인 편견을 유보하기 어려운 첫번째 주요 대상이 되는 것이다. 예를 들어, 많은 사회에서는 서구 사회와는 달리, 생물학적으로 그 남자 또는 그 여자라고 단정하는 등 사람을 자동적으로 하나의 성별 집단에 귀속시키는 일은 하지 않는다. 코만치Comanche 族이나 미국 대평원의 다른 호전적인 부족들 가운데에는 전사(戰士)로서 일생을 보내기가 싫은 남자는 여성의 옷을 입거나 여성의 일을 하도록 허용된다. 사람들은 또한 출생 이후 얼마나 시간이 경과했는가에 따라 정해지는 연령집단에 항상 소속되는 것도 아니다. 친족 유대의 본질은 사회마다 다르다. 어떤 사회에서는 자연적인 '혈연' 유대를 무시하거나 제한하기도 하며 우리에게 '비자연적인' 것으로 여겨지는 방식으로 이를 정의하기도 한다. 이러한 사회에서는 인위적으로 친족 유대를 만들거나 또는 자연적인 유대를 무제한으로 확대시킬 수 있다.

친족자료를 수집하고 도표로 나타내는 방법에서 최초의 중대한 발전은 1910년 '계보적 방법'genealogical method 에 관한 논문을 처음으로 출판한 리버스W.H.R. Rivers 에 의하여 시작되었다. 이 방법은 이후 친족체계에 관한 대부분의 인류학 조사연구의 토대가 되고 있다. 리버스는 그 이전 또는 그 이후의 많은 연구자들과 마찬가지로 사람들이란 자신의 과거와 현재의 친척에 대해 이야기하기를 좋아한다는 사실을 깨달았다. 그래서 계보의 수집은 현지조사자로 하여금 한 사회에 보다 쉽게 접근할 수 있게 하며 또한 그 사회가 기초하고 있는 기본적인 구조에 대한 중요한 자료도 제공한다.

리버스는 한 사람의 '가계'(家系)를 수집하는 초기 단계에서는 친

족 유대를 나타내는 용어를 가능한 한 적게 사용하였다. 즉 아버
지, 어머니, 아이, 그리고 남편과 부인 등의 용어만을 사용하는데
그쳤다. 예를 들어 리버스는 솔로몬 Solomon 島에서 정보제공자인
쿠르카 Kurka 에게 그의 아버지와 어머니의 이름을 물어 봄으로써
시작하였다. 리버스는 이러한 방법으로 동일한 친족용어로 불릴 수
도 있는 다른 어떤 사람의 이름이 아니라 쿠르카를 존재하게 만든
사람들의 이름을 알고 싶다는 점을 확실히 전달할 수 있었다. 쿠르
카의 아버지 쿨리니 Kulini 에게는 단지 하나의 부인이 있었고, 쿠르
카의 어머니 쿠수아 Kusua 에게도 단지 남편이 하나였다는 사실을
알게 된 후에, 그 두 사람 사이에서 난 자식들의 이름도 나이 순으
로 알게 되었다. 리버스는 "남자의 이름은 대문자로 여자 이름은
보통 방식으로 기록하는 것이 편리함을 발견했다"(Rivers, 1910 : 2).
그리하여 리버스는 친족 도표를 만들었는데, 이러한 도표의 몇몇
특징은 오늘날에도 계보도를 작성하는 데 사용되고 있다. 쿠르카
계보도의 일부분을 보면 아래와 같다.

그리고 나서 리버스는 쿠르카가 그의 친족을 가리키는 용어[친족
명칭(親族名稱) terms of reference]를 수집하기 위해 사람들의 이름이
표시된 이 계보표를 사용하였다. 친족명칭이란 "그는 나의 _____이
다"라고 하는 것처럼 제 3 자에 관하여 다른 사람에게 말을 할 때
사용하는 용어이다. 물론 현대 인류학자들과 마찬가지로 리버스도

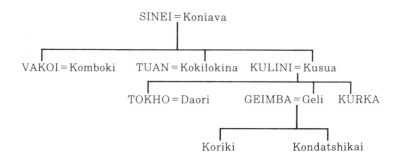

친족구조 전체에 관한 개관을 얻기 위해 조사지역의 많은 구성원으로부터 이와 같은 계보표를 수집했다.

현대의 친족관계도 만들기

기본적인 원리나 도표만들기의 목적은 아직 동일하지만 현대 인류학에서 사용하는 친족관계도는 리버스가 창안한 것과는 다르게 보인다. 한 사람이 가질 수 있는 친족에는 기본적으로 세 가지 종류가 있다. 이 세 가지 모두는 한 사람의 친족관계도에서 찾아볼 수 있다. **혈족**(血族)*consanguineal relatives* 과 **인척**(姻戚)*affinal relatives* 은 모든 완성된 계보도에서 발견할 수 있을 뿐 아니라 상당히 많은 경우에는 **의사친족**(擬似親族) *fictive kin* 또한 포함되기도 한다. 인류학자는 사람들 사이의 유전학적 연결을 '혈연적'*consanguineal* 관계라고 부른다. 물론 피(血)가 아니라 실은 유전자가 유전적인 형질을 전달한다는 사실은 모두들 잘 알고 있지만 이는 문자 그대로 '핏줄'*blood* 관계를 의미한다. 그러므로 당신의 **혈족**은 당신의 어머니, 아버지, 할머니, 할아버지, 아들과 딸, 부모의 형제자매인 백부, 숙부, 외삼촌, 이모, 고모를 포함한다.[1] **인척**은 혼인에 의해 관계를 맺게 된 사람들이다. 당신의 인척에는 배우자, 사돈, 부모의 형제자매의 배우자들[역주: 백모, 숙모, 외숙모, 고모부, 이모부]이 포함된다. 또한 대부분의 사회는 의사친족을 인정하고 있다. 간단하게 말하여 **의사친족**이란 혈연이나 인척관계가 없는데도 불구하고 유대를 만들어 맺어진 사람을 이른다. 특정한 사회에서는 의사친족적 유대란 비록 실질적인 것이 아니라 의제(擬制)된 것임에도 불구하고 의사친족이 상당한 중요성을 가지며 또한 법적인 보호를 받는 경우도 있다. 미국 사회에서 의사친족의 가장 좋은 예는 입양아이

---

1) 역주: 고모부, 이모부, 숙모와 외숙모는 '혈족'은 아니다.

다. 의례적 유대에 의해 관계가 맺어진 사람들인 의례적 친족(儀禮的 親族) *ritual kin* 은 의사친족의 한 유형으로 생각할 수 있는 대자(代子) *godchildren*, 의형제(義兄弟, 血盟兄弟) *blood brothers* 등을 포함한다.

친족 유대의 도표는 말로 기술하는 것보다 매우 편리하며 쉽게 이해할 수 있다. 도표를 이해하고 사용하는 데는 약간의 연습만이 필요하다. 예를 들어 인류학자가 사용하는 남자와 여자의 상징은 생물학자들이 사용해 왔고 여성해방 운동으로 우리에게 친숙해진 전쟁신 Mars 의 상징(♂)과 비너스신의 상징(♀)을 더욱 편리하게 만든 형태이다. 여기에는 4가지 기본적인 구성요소가 있다.

△	남자
○	여자
=	인척관계 혹은 혼인관계
│ 또는 ─	혈연적인 유대관계

주의할 점은 단선(單線)은 유전적으로 서로 관련이 있는 사람 모두를 연결시키는 데 사용된다는 것이다.

세대(世代)의 차이는 부모로부터 그들의 자식에게로 이어지는 단선을 아래로 그어서 나타낸다. 형제자매들은 단선의 수평선을 따라 왼쪽에서 오른쪽으로 출생순에 따라 배열된다. 4가지 구성요소를 이용하여 만든 다음의 도표는 아버지와 어머니, 아들과 딸로 이루어진 한 가족을 보여주고 있다.

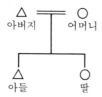

우리가 도표로 표시한 가족은 **핵가족** *nuclear family* 이라고 알려져
있다. 한 쌍의 부부와 그들의 자식으로 구성된 핵가족은 거의 모든
사회에서 친족을 구성하는 기초단위이다. 대부분의 사람은 일생을
통하여 두 개의 핵가족에 속하게 된다. 먼저 아이로 태어나 양육되
는 가족〔**출신핵가족**(出身核家族)〕*nuclear family of orientation*[2]과 혼
인하여 자신의 아이들을 가짐으로써 구성하는 가족〔**생식핵가족**(生
殖核家族)〕*nuclear family of procreation* 이 있다. 이것을 위 도표의 딸
을 중심으로 하여 다시 그려보면 이 딸은 다음과 같이 두 핵가족을
갖게 될 것이다.

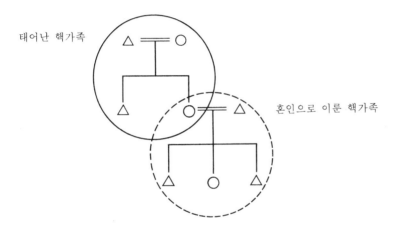

태어난 핵가족

혼인으로 이룬 핵가족

이 딸의 도표는 누구의 관점에서 우리가 도표를 만들었는지를 제
시하지 않고 또한 가족단위에 원을 그리거나 이름을 붙여 분류하지
않는다면 매우 혼란스럽게 보일 수 있다. 예를 들어 가장 윗 세대
에 속한 사람들은 도표에 표시된 다른 사람들의 할아버지나 할머
니, 아버지나 어머니, 혹은 장인이나 장모라고 생각될 수 있다. 그
러한 혼란을 방지하기 위해 각 도표는 누군가 반드시 한 사람의 관
점에서 고려되어야 한다. 그리고 각 도표에서 누가 중심이 되는지,

---

2) 역주: family of orientation 을 방위가족(方位家族) 또는 정위가족(定位家族)
　　이라고 번역하는 학자도 있다.

누구의 관점에서 도표가 만들어졌는지를 밝혀야 한다. 이 사람에게 '나' *Ego* 라고 표시를 붙이거나 이 사람의 상징을 검게 표시하거나 또는 두 가지 방법을 함께 사용한다. 그러므로 우리는 누가 Ego인지 알면 그 도표에서 다른 상징에 올바르게 이름을 붙일 수 있게 된다. 공간과 노력을 절약하기 위해 간단하게 두 글자의 약자를 사용하는 것이 보통이다.

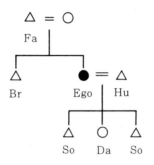

다음과 같이 친족계보도에는 다른 상징들을 사용할 수 있다.

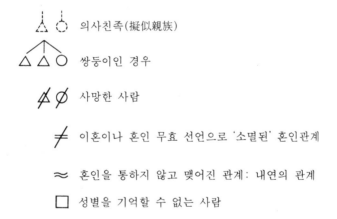

보다 명확을 기하기 위하여 계보도에서는 가족내의 출생순위를 유지하면서 어떤 사람을 이동할 필요가 있을 때가 종종 있다. 이러한 경우에 해당되는 두 가지 사례를 다음 계보도가 예시하고 있다.

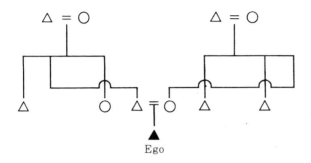

Ego

　이러한 모든 상징들을 어떻게 이용하는가를 보여주기 위하여 다음 페이지에는 상상 속의 개인을 중심으로 한 친족계보도를 제시하였다.

　죠 도우Joe Doe[3]의 계보도에서 볼 수 있듯이 여러분이 만들고 있는 친족계보도상의 사람 중에는 하나 이상의 혼인관계, 또는 배우자 관계를 가진 경우가 있음에 유의해야 한다. 각 배우자 관계는 그들 사이의 결합이 연속적으로 일어나든 또는 동시에 일어나든 똑같이 표시해야 한다. 여러분이 가진 정보를 보다 명확히 하기 위하여는 문제되는 사람과의 배우자 관계를 결합의 순서대로 번호를 부여하는 것이 바람직하다.

---

3) 역주: John Doe 또는 Joe Doe 란 원래 영국에서 토지 점유 회복 소송에 쓰인 원고의 가상적 이름으로 거래, 절차, 소송에서 일방 당사자의 가상적 이름을 지칭한다. Richard Doe 도 같은 예. 그저 범인(凡人), 보통 사람을 지칭한다.

존 도우의 친족계보도(성명, 관계, 그리고 "안에 호칭이 표시되어 있다.)

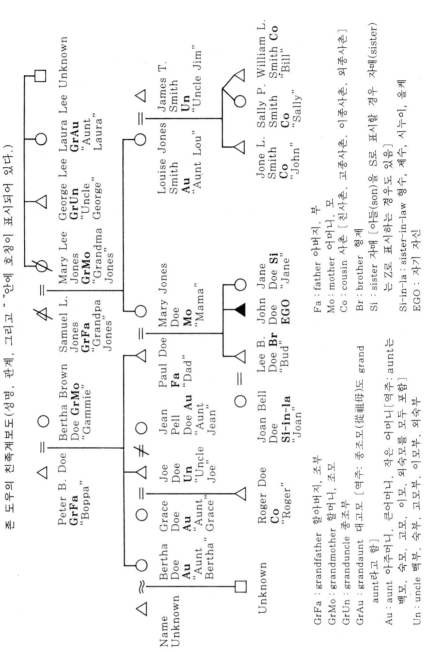

GrFa : grandfather 할아버지, 조부
GrMo : grandmother 할머니, 조모
GrUn : granduncle 종조부
GrAu : grandaunt 대고모 [역주: 종조모(從祖母)도 grand aunt라고 함]
Au : aunt 아주머니, 큰어머니, 작은 어머니 [역주: aunt는 백모, 숙모, 고모, 이모, 외숙모를 모두 포함]
Un : uncle 백부, 숙부, 고모부, 이모부, 외숙부

Fa : father 아버지, 부
Mo : mother 어머니, 모
Co : cousin 사촌 [친사촌, 고종사촌, 이종사촌, 외종사촌]
Br : brother 형제
Si : sister 자매 [아들(son)을 S로 표시할 경우 자매(sister)는 Z로 표시하는 경우도 있음]
Si-in-la : sister-in-law 형수, 제수, 시누이, 올케
EGO : 자기 자신

프로젝트 : 실습

누군가를 인터뷰하여 그 사람의 친족계보도를 가능한 한 완전하게 작성하도록 한다. 만일 가능하다면 영어뿐만이 아니라 다른 언어로도 친족관계에 대하여 말해 줄 수 있거나 비교적 많은 친족원을 가진 다른 문화에서 온 정보제공자를 찾아서 작업을 진행하도록 한다. 물론 이 정보제공자는 여러분의 친족계보도상의 'Ego'가 되어야 한다. 각 개인에게 적절한 명칭, 예컨대 성(姓)과 이름, '사촌'과 같은 친족명칭 *terms of reference*(제보자가 제 3 자와 말을 할 때 친척을 지칭하기 위하여 사용하는 용어), 그리고 '엄마' '홀쭉이' '죠 삼촌'과 같은 친족호칭 *terms of address*(당사자에게 말을 걸 때에 사용하는 용어)을 기입한다. 이들 용어를 구별하기 위해 친족호칭에는 따옴표를 하도록 한다. 정보제공자가 어떤 인물을 잘 모르기 때문에 그 사람에 대한 친족호칭을 가지고 있지 않은 경우에는 단순히 줄을 그어 친족호칭이 없다는 사실을 표시하도록 한다.

매우 단순한 친족계보도를 근거로도 행할 수 있는 한 가지 분석은 개인들에게 동등하게 붙여진 친족용어가 이들 개인들의 친족행동 역시 동일하다는 사실을 반영하는지, 그리고 또한 개인들을 각각 구별하는 친족용어가 친족행동 역시 상이함을 과연 반영하는지 검증해 보는 것이다.

미국식 영어의 용법에서는 예컨대 '엉클'*uncle*, [4] '앤트'*aunt*, [5] '커

---

4) 역주: 영어에서 uncle은 큰아버지, 작은 아버지, 외삼촌, 고모부, 이모부 모두를 지칭할 수 있다.

5) 역주: 영어에서 aunt 는 큰어머니, 작은어머니, 고모, 이모, 외숙모 모두를 지칭할 수 있다.

즌'*cousin* [6]과 같은 용어는 어머니 쪽 친족원과 아버지 쪽 친족원
양자에게 똑같이 적용된다. '커즌'이라는 용어는 한 단계 더 나아가
여성 친족원과 남성 친족원 모두에게 적용된다. 여러분들의 정보제
공자에게, 여러 친족원들을 하나의 친족용어로 '묶어서' 부르는 것
이 어떠한 경우에 이들을 사회적으로나 행동상으로나 동일하게 똑
같이 대하는 것을 반영하는지를 질문하도록 한다. 또한 친족원이
어떻게, 즉 혼인, 입양 등 어떠한 방법으로 충원되었는지, 그리고
그들이 원래 속했던 집단에 대해서 논의하도록 한다. 정보제공자가
의사친족원을 가지고 있는가? 만일 그렇다면 그들간의 관계의 본질
은 무엇인가? 만일 정보제공자의 친족계보도가 조사자가 잘 알고
있는 것과는 다른 패턴을 보이고 있다면 조사자는 이러한 정보를
추적해야 하며, 또한 수집된 친족용어의 배후에 어떤 의미가 있는
지에 대하여 명확한 설명을 제시해 줄 가능성이 가장 큰 질문들을
제기하여야 한다.

참고문헌

  아래의 참고문헌의 대부분은 친족에 관하여 보다 널리 알고자 하는 사람
들의 편의를 위하여 소개하는 것이다. 이 프로젝트 과제를 수행하기 위하
여, 또는 친족계보도를 그리기 위하여는 특히 슈스키Schusky 의 책이 도움
이 될 것이다.

Bohannan, Paul and John Middleton, eds. *Kinship and Social Organi-
    zation*, 1968. Garden City, NY: Natural History Press. 매우 잘 선정
    되었으며 재미있게 읽을 수 있는 논문 선집(論文選集)이다.
Graburn, Nelson, ed. *Readings in Kinship and Social Structure*, 1971.
    New York: Harper & Row. 친족에 관한 기본적인 논문들을 모아 놓은
    여러 논문 선집 중의 하나. 독자적으로 광범위하게 이 분야에 대하여 읽

---

6) 역주: 영어에서 cousin 은 친사촌, 외사촌, 이종사촌, 고종사촌 모두를 지칭
    할 수 있다.

기를 원하는 학생들에게 특히 이 책을 권하는 이유는, 이 책의 각 장 (章)의 서두에 각 해당 분야의 학설사를 종합하는 훌륭한 서론이 있기 때문이다.

Holmes, Lowell D., ed. *Readings in Anthropology*, 1971. New York: Ronald. 친족에 관한 기본적인 논문들을 모아 놓은 여러 논문 선집 중 의 하나로서, 이 책을 선정한 이유는 가족에 대한 자료들이 다량 수록되 어 있기 때문이다.

Holmes, Lowell D. and Kim Schneider. *Anthropology: An Introduction*, 4th ed., 1987. Prospect Heights, IL: Waveland Press. 이 책이 여기에 선정된 이유는 친족 체계에 대하여 읽기 쉬운 기초적인 장(章)들이 포함 되어 있기 때문이다.

Murdock, George P. *Social Structure*, 1949. New York: Macmillan. 이 분야의 고전으로서 전세계적으로 수집된 친족 체계의 표본들을 통계적으 로 비교하는 접근 방법을 취하고 있다.

Rivers, W. H. R. "The Genealogical Method of Anthropological Inquiry." *The Sociological Review*. 1910, 3 : 1-12. 모든 것이 이로부터 비롯되었 다고 할 수 있는 바로 그 유명한 논문이다. 그 내용은 이 프로젝트에 대 한 논의에서 상세하게 다루고 있다.

Schusky, Ernest L. *Manual for Kinship Analysis*, 2nd ed. 1983. Lan- ham, MD: University Press of America. 간결하고 압축적이며 명료하고 쉽게 구할 수 있는데다가 가격도 비싸지 않은 이 책은 인류학도들이 가 장 많이 이용하는 참고문헌이다.

제4장 정보제공자에 대한 인터뷰

현지조사를 하는 인류학자는 자신이 연구하는 커뮤니티에서 가능한 한 많은 사람들을 알게 되기를 원한다. 예컨대 수렵채집 군단이거나 농민 마을의 경우처럼 비교적 규모가 작은 집단인 경우 인류학자는 모든 사람과 쉽게 만날 수 있으며 또한 이들을 개별적으로 알게 된다. 그러므로 그러한 커뮤니티에 대한 기술은 반복적인 관찰과 상당수의 개인들로부터 수집한 정보에 기초하게 될 것이다.

현지조사자에게 정보를 제공하는 연구 대상 집단의 모든 성원을 '정보제공자' informant 라고 부른다. 그러나 몇몇 정보제공자는 특별한 지식을 가지고 있기 때문에 선정되기도 한다. 미국에서 인류학 현지조사가 시작된 시기는 커뮤니티가 이미 사라져 가고 있었기 때문에 현지조사자가 커뮤니티의 모든 성원과 만나 말할 수 있는 기회를 갖는다는 것은 거의 불가능하였다. 예를 들어 거의 소멸되다시피한 북아메리카 인디언 부족의 문화를 기록할 때 인류학자는 그 부족의 나이 든 한두 사람의 생존자의 기억에 만족해야 했다. 대개의 경우 그러한 생존자들이야말로 이미 해체된 집단의 문화에 관한 한 인류학자가 접할 수 있는 정보의 유일한 출처이기도 했다.

또 다른 경우 인류학자들이 연구하는 커뮤니티가 아직은 온전하다 할지라도 모든 사람들을 대상으로 작업을 할 수 없을 수도 있다. 시간과 돈, 장비, 그리고 다른 조사 도구의 한계 때문에 인류학자는 연구 집단의 성원을 한두 사람 선정하여 집중적으로 인터뷰하는 방법을 필요로 하게 되었다. 그래서 인류학자는 연구 대상이 되는 집단의 생활 양식에 대해 지식을 가지고 있고 또한 자신의 문화에 대해 커뮤니티 내의 다른 사람들에 비하여 보다 넓고 깊은 감수성을 가지고 있는 사람을 선정하게 되었다.

인류학자가 연구 프로젝트와 관련하여 등장하는 커뮤니티 내의 모든 사람과 개인적으로 깊은 친분을 갖는 것이 항상 가능하지 않는 데에는 몇 가지 다른 이유가 있다. 인류학자가 비교적 규모가 큰 커뮤니티에서 현지조사를 하는 경우, 또는 둘 이상의 상이한 커뮤니티를 비교하여 연구하는 경우가 있을 수 있다. 설사 모든 사람을 만날 수 있고 개인적인 친분을 갖게 된다 할지라도 그 커뮤니티 내의 어떠한 사람도 자신들의 문화의 모든 부분에 대하여 모든 것을 알고 있는 것은 아니다. '가장 단순한' 수렵 채집 사회에서도 예컨대 약용 식물에 대해 많은 것을 알고 있는 치료자, 사냥 동물이나 기술에 대해 철저하게 알고 있는 훌륭한 사냥꾼, 옛날 이야기나 노래에 대해 잘 알고 있는 나이 든 할아버지나 할머니와 같은 전문가가 있을 것이다. 이러한 경우 인류학자는 다양한 전문지식에 관한 가장 자세한 정보를 제공해 줄 수 있는 이 전문가들에게 집중적으로 질문을 함으로써 시간과 노력을 효율적으로 사용할 수 있다.

물론 인류학자는 자신이 연구하는 커뮤니티의 전반적인 문화적 맥락에 접근하고 일상생활의 '맛'을 느끼기 위해서 가능한 한 많은 사람과 말을 하고 관찰해야 하지만, 이들 선택된 전문가는 현지조사자와 그가 연구하는 문화를 연결해 주는 주요 고리가 될 것이다. 한 사람 또는 두 사람의 전문가적인 정보제공자 expert informant 는 민족지 보고서의 주요 내용이 될 문화의 핵심적인 부문에 관하여 상세하고 구체적인 정보를 제공할 수 있다.

일반적으로 전문가적인 정보제공자를 이용하기 위해서는 몇 가지의 훈련 과정을 필요로 한다. 인류학자는 정보제공자에게 어떤 종류의 정보가 필요한지, 또한 그것을 어떻게 기록하는지를 가르쳐 주어야 한다. 정보제공자가 상당히 복잡한 기술과 상징을 사용하여 작업해야 하는 언어학 현지조사의 경우는 특히 그러하다. 민족지가 (民族誌家)가 정보제공자와 심도 있는 작업을 해야 할 때에는 거의 대부분의 경우 짧더라도 현장에서 인류학 강의를 할 필요가 있다. 결과적으로 민족지가는 이러한 상황에서 발생할 수 있는 편견에 대하여 미리 경계해야 한다. 민족지가는 무엇이 알고 싶은지 또한 어떻게 정보를 수집하여야 하는지 미리 정보제공자에게 지시하기 때문에, 정보제공자로 하여금 자신에게 익숙하지 않은 방식으로 생각하게 만드는 위험이 상존한다. 정보제공자는 결국 인류학자가 듣고 싶어하는 대로만 정보를 제공하게 되어버릴 수도 있다. 정보제공자가 통역자가 되는 경우에는 특히 그러하다. 〔정보제공자의 반응이〕어느 정도 구조화되는 것은 불가피하지만, 인류학자는 이 점에 대하여 계속 조심해야 하며 언제나 정보제공자가 자연스럽게 정보를 줄 수 있도록 유도해야 한다. 또한 인류학자는 정보제공자들이 자신의 문화에서 어떤 것이 의미 있고 어떤 것이 의미 없는지, 그리고 어떻게 사람들이 개념화하고 범주화하는지에 관하여 자신의 생각을 제시하도록 고무해야 한다.

모든 인간 집단에는 사람들이 '알고 있고' 비교적 개념화하기 쉬운 것들이 있게 마련이다. 예를 들어 해안과 강변에 사는 뉴기니의 부족의 경우에는 성인 남자라면 그 누구라도 인류학자에게 카누의 제조 과정을 구체적이고 단계적으로 보여줌으로써 카누를 어떻게 만드는지 말해 줄 수 있을 것이다. 그러나 모든 문화는 그 물질 문화의 차원을 넘어 이와 관련된 일련의 가치관과 태도, 감정을 가지고 있다(프로젝트 7 을 참조). 예를 들어 뉴기니의 이아트물Iatmul 族에 관한 고전적인 연구에서 베잇슨(Bateson, 1936)은 정교하고 복잡한 의례인 네이븐 Naven 의례가 젊은이의 성인으로서의 첫번째 성취를 축하하기 위해 행하는 것임을 지적하고 있다. 젊은이에 의한 최초의 카누 제작은 이러한 거창한 의례를 수행하는 이유의 하나가 된다. 카누 제작은 그 실용적 가치 이상의 더 많은 가치를 지닌다. 카누 제작은 집단의 종교 및 친족 구조와 관련된 상징적 행위인 것이다. 그러므로 카누를 어떻게 만드는지 설명해 줄 수 있는 사람을 발견하기는 쉬워도, 카누 제작의 이면에 있는 보다 심오하고 추상적인 개념을 표현할 수 있는 정보제공자를 발견하기는 다소 어려울 것이다.

많은 인류학자는 '가치', '태도', '상징'과 같은 개념의 모호성에 대하여 절망감을 느끼곤 한다. 그 결과 어떤 인류학자는 정보제공자로부터 그러한 개념에 대한 정보를 얻어내려는 시도 자체가 소용없는 일이라고 느끼기도 한다. '가치'가 뜻하는 것이 무엇인지 우리 인류학자들 사이에서조차 서로 커뮤니케이션이 가능하지 않은데, 어떻게 우리와 다른 문화에 사는 정보제공자로부터 자신의 집단의 가치관에 대한 정보를 기대할 수 있겠는가? 실제로 부부 인류학자인 영 夫妻(Young and Young, 1961)는 멕시코의 한 농촌 마을에서 주요 정보제공자로부터 얻은 정보를 통계적으로 상호 관련시켜, 역사 기록물이나 민속자료, 투사 시험 결과 등 다른 출처에서 나온 유사한 정보와 비교 검토한 흥미 있는 연구를 한 바 있다. 이들은 두 가지 정보가 순수하게 사실적이고 구체적인 문화의 부문에서는 상당히 일치하는 반면, 마을 안의 생활에 대한 보다 추상적인 부문에 대해서는 거의 일치하지 않는다는 것을 발견하였다.

그럼에도 불구하고 인류학자는 사람들이 무엇을 하느냐에 대해서뿐만 아니라 무엇을 생각하는지에 대하여 지속적인 관심을 가지고 있기 때문에, 우리는 그러한 접근 방식이 다소 모호하다 할지라도 사람들의 가치관에 대한 질문을 계속해야 한다. 다행스럽게도 한 사람의 정보제공자로부터 얻은 인상은, 민속자료나 개인적인 기록물의 분석을 통해 얻거나 혹은 이 책의 다른 프로젝트에서 제시되는 다양한 여러 방법으로 얻은 자료들로 보완될 수 있다. 현지에서의 자료 수집에 한 가지 접근 방식만을 사용하는 것은 바보 같은 짓이다. 인류학자는 하나의 동일한 질문을 다양한 방법을 통하여 제기함으로써 문화에 대한 지식을 구축해야 한다.

이러한 주의 사항을 고려한다면 정보제공자 인터뷰는 현지조사

경험의 핵심 부분이라고 해도 과언이 아니다. 인류학자들은 인류학
자와 정보제공자 사이에서 발전하는 강한 인간적 관계에 대해 오랫
동안 논의해 왔다. 현지에 있는 동안 친구나 동료로부터 고립되어
있는 인류학자가 자신의 연구에 가장 활발하게 동참하며 일상의 문
제와 연구 프로젝트에 가장 밀접하게 관여하고 있는 커뮤니티의 한
두 사람과 긴밀하게 관계를 맺게 된다는 것은 그리 놀라운 일이 아
니다. 대부분의 경우 인류학자는 현지를 떠난 후에도 오랫동안 정
보제공자와 관계를 유지한다. 특별한 정보제공자는 거의 언제나 인
류학자로부터 보상을 받기도 한다. 특정한 문화에서는 적절한 경우
현금 급여의 형태를 취하기도 하지만 대부분 선물이나 보다 비가시
적인 호의를 교환하는 형태, 예컨대 어린아이의 대부모(代父母)를
서 주든가 그 아이를 미국이나 유럽에서 교육받도록 데려온다든지,
사진을 서로 간직하거나 여러 방법으로 식품을 조달해 준다든지 등
등의 형태를 택한다. 대부분의 인류학자들은 정보제공자가 자기 자
신의 시간과 노력을 희생하기 때문에 서로에게 합당하고 만족스러
운 방식으로 보상받아야 한다는 입장을 취하고 있다.

　　정보제공자와의 관계라는 주제는 많은 현대적인 민족지에서 별개
의 뚜렷한 부분으로 되어 가고 있다. 비티 Beattie 의 분요로 Bunyo-
ro 族에 관한 민족지(Bunyoro, 1969, 1965)와, 샤농 Chagnon 의 야노
마뵈 Yanomamö 族에 대한 생생한 묘사 (Chagnon, 1984)는 정보제공
자가 그 자체 독자적인 개성을 가진 인물로 나타나고 인류학자와
정보제공자의 관계에 대한 논의에 책의 상당 부분을 할애하고 있는
대표적인 사례이다. 이러한 종류의 또 다른 흥미 있는 저서로서 파
우더메이커 Powdermaker 의 애정 어리고 쉽게 읽을 수 있는 책인
『이방인과 친구』 Stranger and Friend (1966)가 있다. 여기서 그녀는
자신의 현지조사자로서의 작업과 또한 함께 일하며 알게 된 몇몇
정보제공자에 대하여 얘기하고 있다. 『인간과 함께』 In the Compa-
ny of Man (Casagrande, 1960)는 20명의 인류학자가 자신의 정보제공

자의 생애사를 기록함으로써 이들에 대한 경의를 표한 책이다.

　정보제공자와 함께 작업하는 것이 현지조사에서 매우 중요하기는 하지만 인류학자는 그냥 마을에 걸어 들어가 당장 정보제공자를 만나는 것이 아니다. 나름대로 좋은 정보제공자를 선정하는 일은 참여관찰 경험을 통해 자연스럽게 성숙되는 세련된 예술이다(프로젝트 5 를 참고할 것). 펠토 Pelto 夫妻는 이에 관하여 다음과 같이 말한 바 있다.

　……참여관찰을 통해 현지조사자는 어떤 사람들이 행위에 가장 깊이 관여하는지 알게 된다. 이들이야말로 통상 가장 많은 양의 일차적 정보를 가지고 있는 사람들이다. 더욱이 인류학자는 정보제공자가 사회적 행위에 어떠한 특정한 '이해관계' *stakes* 를 가지고 있는가를 알게 됨으로써 그 어떤 정보제공자라도 자신의 자긍심을 유지하기 위하여 또는 다른 이유 때문에 정보를 왜곡시킬 수 있다는 가능성을 판단할 수 있게 된다 (Pelto and Pelto, 1978: 74).

　정보제공자 선정에 최대한의 신중을 기했다 하더라도 인류학자는 결국 형편없는 정보제공자를 만나게 될 수도 있다. 집단의 어떤 사람들은 '이방인'과의 작업이 집단 내에서의 자신의 위신을 향상시킬 수 있을지도 모른다는 이유에서 자진해서〔인류학자에게〕접근해 오는 수가 있다. 더욱이 '이방인'과 이야기하기를 좋아하는 사람들은 우리가 앞에서 언급한 바와 같이 한두 가지 이유로 자신의 집단으로부터 소외된 사람들인 경우가 빈번하다. 인류학자 피터 윌슨 Peter Wilson 은 자신의 안내자이며 보호자라고 자처하던 한 인물과의 관계에 대하여 흥미 있고 유익한 글을 쓴 적이 있는데, 그는 커뮤니티 사람들의 눈에는 '미친 사람'에 불과하였다.

　그럼에도 불구하고 일단 하나 혹은 그 이상의 정보제공자가 선정되고 이들의 정보가 신뢰성이 만족할 만하다고 인정되면 '심층' 인터뷰라는 과정을 시작할 수 있다. 인터뷰 그 자체는 흔히 심리학이나 사회학과 관련된 것으로 알려진 자료 수집 기술이다. 인류학에서는 인터뷰가 결코 고립된 사건이 아니라 항상 참여관찰 과정의 일부분이며 기타 다양한 맥락에서 관찰의 대상이 된 바 있는 한 개인과의 만남이다(Becker & Geer. 1957). 그러나 우리 인류학자들은 다른 학문 분야에서 발전된 인터뷰 기술로부터도 배울 것이 아직 많은데, 그 이유는 역사적으로 볼 때 현지조사를 수행하는 인류학자들에게 그러한 기술들이 중요하였기 때문이다.

일반적으로 인터뷰에는 **공식적** *formal* 인터뷰와 **비공식적** *informal* 인터뷰의 두 가지 유형이 있다. 현지조사를 하는 과정에서 인류학자는 최상의 인터뷰란 경우에 따라서는 우연한 만남의 결과로 이루어지기도 한다는 사실을 종종 알게 되었다. 예를 들어, 필자 가운데 한 사람은 수도원에서 현지조사를 한 경험이 있다. 조사 연구의 목적은 수도사로부터 과거 수십 년간 수도원이라는 커뮤니티가 발전해 온 역사에 대한 진술을 듣는 것이었다. 매우 늙은 한 수도사는 이 프로젝트를 인정하면서도 인터뷰는 부끄러워하며 거절했는데, 이는 인터뷰가 개인적인 허영 행위라고 생각했기 때문이었다. 어느 날 민족지가는 수도원의 제일 높은 정원사로서 구근식물(球根植物)의 이식(移植) 작업을 감독하고 있던 이 수도사와 우연히 마주치게 되었다. 조경 작업의 진전에 대한 질문을 하기 위하여 발걸음을 멈춘 인류학자는 수도사로부터 전임 수도원장에 관한 긴 이야기와 수도원 정원에 대한 그의 상세한 계획을 듣는 뜻하지 않은 행운을 얻었는데, 그러한 이야기는 어느 누구도 알지 못하고 있던 수도원 커뮤니티 역사의 한 장이었다. 민족지가가 수도사를 의도적으로 찾지 않았고 또한 인터뷰에 대한 어떠한 생각도 비추지 않았기 때문에(그는 단순히 매우 일반적이며 의례적인 질문을 했을 뿐이다), 이러한 경우는 비공식적 인터뷰라 할 수 있다. 대부분의 인류학자들은 자신들의 정보의 많은 부분이 —— 때로는 가장 훌륭한 정보가 —— 이와 같은 뜻밖의 사건으로부터 나온 것이라는 것을 숨김없이 인정하고 있다.

한편 어떤 인터뷰는 본질적으로 다소 공식적이 되기도 하는데, 그 이유는 특별한 주제에 관한 특수한 지식을 얻기 위해 빈번하게 정보제공자를 찾게 되기 때문이다. 많은 경우 인터뷰 대상자들은 정확하게 정해진 시간에 미리 계획된 방식으로 이야기할 것을 요청받을 것이다. 그런 경우에도 민족지가가 그의 주요 정보제공자와 갖는 공식적인 인터뷰에는 두 가지 유형이 있다. 즉 체계적〔구조화된, 조직적인 *structured*〕인터뷰와 **비체계적**〔비구조화된, 비조직적인 *unstructured*〕인터뷰가 있다. **체계적 인터뷰**는 인류학자가 특정한 답변을 요구하는 일련의 질문들로 구성된 '인터뷰 계획표' *interview schedule* 를 미리 준비하여 사용한다. 인류학자는 그러한 질문을 작성하기 전에 자신이 연구하고자 하는 문화에서 어느 정도의 경험을 했어야 한다. 왜냐하면 한 문화에서 사람들에게 '당연한' 것이라 여겨지는 것들도 다른 문화적 배경에서 온 사람에게는 매우 이해하기 어려운 것일 수 있기 때문이다. 그러므로 인터뷰 계획표는 현지조사 기간이 끝날 무렵에 빠진 것들을 완결하도록 해주는 최종 요약의 도구 *summation device* 로서 사용하는 것이 매우 **효과적**이다. 이와 관련된 체계화된 인터뷰의 하나의 유형으로 표준화된 설문지의 사용을 들 수 있다. 표준화 설문지는 다른 조사 환경(또는 동일한 문화 내에서 앞선 시기)에서 이미 타당성이 입증된 질문을 인류학자가 이용할 수 있도록 해준다. 표준화 설문지를 이용하는 주된 의도는 비교연구를 위한 자료를 수집하는 것으로서, 한 지역 사람들이 세계의 다른 지역에 사는 사람들과 비교할 때 어떠한지, 그리고 그들이 특정한 기간 내에 어떻게 변화해 왔는지를 아는 데 있다.

한편 비체계화된 인터뷰는 현지조사에서 '뜻밖의 행운'을 최대한 이용할 수 있도록 하는 방법이다. 예를 들어 필자 중 한 사람은 사탕수수의 재배가 주요 산업의 하나가 되어 있는 카리브 해의 트리니다드 Trinidad 섬에서 현지조사를 한 바 있다. 사탕수수 산업에 대한 방대한 지식을 가지고 있는 정보제공자를 발견한 인류학자는 새벽에 사탕수수 밭에서 그와 만나기로 약속하였다. "이 지역에서는 사탕수수를 어떻게 경작합니까"라는 매우 일반적인 질문으로부터 시작한 인류학자는 하루의 일과에 대하여 단계적으로 전문가로부터 설명을 들을 것이다. 파종, 경작, 추수, 정제(精製) 기술에 대해 설명을 듣고 가능하다면 현장에서 실연(實演)을 해보이도록 한다. 이러한 인터뷰는 주제를 미리 말해 주었고 또한 만남을 미리 계획하였기 때문에(현지조사자는 공책과 녹음기, 카메라 또는 다른 도구를 준비하였다) 공식적이라 할 수 있다. 한편 정보제공자의 설명이 옆길로 샐 경우에는 인류학자가 원래의 면담 주제로 화제를 되돌렸기 때문에 그러한 인터뷰가 체계화된 것이라 보아야 한다고 주장하는 이들도 있다. 그러나 주제에서 한참 동안 벗어나거나, 그러한 일탈이 정보제공자에게 매우 중대한 주제를 포함하고 있는 경우에는 미리 정해진 주제를 따르는 체계화된 인터뷰는 잠정적으로 지연되거나 연기되기도 하였다.

이 때 인류학자는 정해진 주제에 지나치게 집착을 해서도 안된다. 만약 정보제공자가 진정으로 개인적인 문제에 관심이 있거나 그가 다른 새로운 열의에 사로잡혀 있다면 그가 두서 없이 이야기를 하도록 내버려둬야 한다. 여기에는 시간과 인내가 필요하며 또한 인류학자의 시간계획이 엉망이 될 수도 있다. 그러나 대부분의 인류학자들은 엄격한 시간계획표란 지키기가 어려우며 이런 이야기에서도 흥미 있는 정보를 건져낼 수 있다는 것을 알고 있다. 더 중요한 점은 대화를 처음에 시작한 화제로 억지로 되돌리지 않음으로써 인류학자는 정보제공자의 호의를 살 수 있다는 것을 알고 있다. 즉 정보제공자의 감정과 관심을 기꺼이 고려하는 좋은 친구로 행동함으로써 신뢰를 향상시킬 수 있는 것이다. 만약 정보제공자가 특정한 화제에 대해 잘 알고 있고 흥미를 보였기 때문에 그를 선택했다면, 분명히 그는 조만간에 그러한 주제에 대해 매우 상세하게 이야기를 하고 싶어할 것이며, 이는 특히 외국에서 온 손님에게 그가 뭔가 가치 있는 것을 가르쳐 줄 수 있다는 것이 기분 좋은 일이기 때문이다.

비체계화된 인터뷰의 경우에는 매우 폭넓고 개방적인 질문부터 시작하되, 주제에 관한 지식이 점차 증가하면서 구체적인 질문을 삽입하는 것이 최상의 방법이다. 그래서 예컨대 "여기서는 사탕수수 경작을 어떻게 합니까?"와 같은 극히 일반적인 질문으로 시작한다 치자. 이러한 일반적인 질문은 "네, 우리는 6월에 우기가 시작될 때 사탕수수를 심고, 1월에 건기가 시작될 때에 추수하고 나서 언덕 위에 있는 정제소(精製所)에 가지고 가서 이를 정제하고 나중에 흑설탕이나 당밀(糖蜜)의 형태로 하여 팝니다"라는 일반적인 답변을 유도해 낼 것이다. 이 답변은 모호하고 피상적인 것처럼 보이지만 보다 더 구체적인 질문을 할 수 있는 단서를 제공한다. 예를 들어 "「우리」가 6월에 심는다고 말했는데 「우리」는 누구를 말합니까? 여러분들은 씨를 뿌립니까 또는 줄기를 심습니까? 여러분들이 어떻게 하는지 말해 주십시오." 정보제공자는 대답할 것이다. "이 구역에서는 정부의 사탕 회사가 토지를 소유하고 있으며 오직 남녀 성인만을 고용합니다. 그러나 밭에서 남자와 여자는 따로따로 일을 합니다. 보통 새로운 작물은 지난해 추수 때에 지면에 남겨진 사탕수수의 일부분을 이용하여 경작합니다. 우리는 이것을 작물의 "움틔우기"ratooning the crop 라고 부릅니다. 뾰족한 사탕수수의 끝을 몇 인치씩 띄어서 일렬로 땅에 심고 주변의 잡초를 모두 제거합니다. 우리는 쇠로 만든 넓적한 칼로 이 작업을 하며 추수할 때까지 이 작업을 되풀이합니다." 이러한 대답은 더욱더 보다 구체적인 질문을 유도하게 된다. "그러면 여자와 남자는 각기 다른 일을 합니까?" "잡초 사이에 숨어 있는 뱀이나 전갈은 어떻게 합니까?" "땅에 그대로 남아 있는 부분이 더 이상 좋지 않을 경우에는 새로운 씨를 심습니까?" 이와 같이 하여 결과적으로 사탕수수 경작의 전과정이 상세하게 밝혀지게 된다.

일부 인류학자들은 어떤 사람이 실제로 하고 있는 작업(작물을 심거나 마차 바퀴를 만들고 있다거나 의례적인 춤을 추는 것)을 매순간마다 자세하게 기록하고자 할 때는 카메라와 녹음기를 사용하는 것이 도움이 된다는 것을 발견하였다. 일단 사건 자체의 흥분과 번잡함이 지난 다음에 인류학자와 정보제공자는 한가로이 앉아서 기억의 보조물인 사진을 이용하여 지금까지 있었던 모든 것에 대해 토론하고 검증할 수 있다. 인터뷰를 위한 또 다른 유용한 수단은 인류학자가 정보제공자에게 직접 물어 보는 것이다. "어망을 어떻게 만드는지(돌도끼를 어떻게 만드는지, 카레 염소 요리를 어떻게 만드는지, 닭장을 어떻게 짓는지 등등) 저에게 보여 주실 수 있겠습니까?" 이와 같은 방법으로 인류학자는 단순히 질문만 하는 귀찮은 사람이 아니라 무언가 유용한 것을 배우려고 노력하는 친구가 될 수 있다.

어떠한 접근 방식을 선택했든지 간에 생산의 특정 부분에 관하여 정보제공자를 인터뷰하는 첫번째 목적은 생산 과정의 구체적인 기교를 알아내는 것이다. 인류학자가 이미 그 문화에 대해 많은 것을 알고 있지 않는 한, 예컨대 사탕수수 노동자에게 "왜 이 지역 사람들은 다른 마을 사람들처럼 노동조합에 가입하지 않았지요?" 하고 묻는 것은 현명하지 않다. 이와 같은 정치적인 질문은 정보제공자에게 상당히 위협적으로 들릴 수 있다. 어떤 재료를 쓰고 어떻게 일을 하는지 등등 논란을 일으키지 않을 작업 과정에 대한 질문으로 시작하는 것이 보통 덜 위협적이다. 물론 여기에 일반적인 규칙이 있는 것은 아니다. 어떤 사회의 경우에는 사람들이 논란이 될 수 있는 정치적 주제나 개인적이고 민감한 사항에 관한 이야기에 적극적으로 응할 가능성도 있다. 또 한편 인류학자가 자신이 연구하고자 하는 문화에 대하여 사전에 경험을 갖는 것은 정보제공자와의 대화를 원활하게 하는 방법이 무엇인지 결정하는 데 도움이 될 것이다.

어떠한 경우에도 인류학자가 커뮤니티에 자리잡고 그곳의 생활
방식을 이해하기 위하여 해야 할 주요 작업은 다음과 같다.

- 연구 대상인 문화에서 사람들이 무엇을 하며
- 어떻게 그것을 하며
- 그들이 만들어 내는 물건이나 서비스가 보다 광범한 영역에서 차지하는 위치에 대하여 어떻게 생각하는지를 발견하는 것이다.

전문가와의 심층 인터뷰는 문화의 이와 같은 세 가지 측면에 대한 지식을 모두 얻을 수 있는 하나의 수단이 된다. 흥미로운 것은 현지조사 연구가 끝날 즈음이면 인류학자는 종종 그 문화의 여러 측면에 대해 그 문화에 속한 어느 개인보다도 전문적인 지식을 갖게 된다는 점이다. 이는 아무리 그 문화의 전문가라 할지라도 그의 지식은 문화의 어느 한 분야에 한정되기 때문이다. 그 외에도 사람들이 어떻게, 왜, 그리고 어떤 일을 하는지 배우며 그 과정에서 좌절을 경험하는 것은 인류학자가 자민족〔자문화〕중심주의라는 병을 치료하는 좋은 계기가 될 수 있다.

프로젝트

여러분의 프로젝트는 여러분에게 어떤 특정한 작업을 어떻게 하는지를 보여줄 수 있고 사회-문화적 함의(含意)에 대해 당신과 의논할 수 있는 전문가로서 여러분의 정보제공자가 되기로 동의해 줄 사람을 한 사람 선정하는 것으로 시작한다. 너무 추상적인 설명을 필요로 하는 기술이나 기예는 선택하지 않도록 한다. 예컨대 콘서트 피아니스트에게 쇼팽의 연습곡을 어떻게 해석하는지 설명하도록 요구하지는 말아야 한다. 그 대신에 구체적인 물건을 만드는 기술을 가지고 있는 사람을 선정하여야 한다. 물론 정보제공자를 인터뷰하는 것은 구체적인 것뿐 아니라 추상적인 것 등 여러 다양한 주

제에 대해 배우는 데도 유용할 수 있다. 그러나 비교적 접근이 용이한 주제를 가지고 자료수집 기술을 연마하는 것이 최선의 방법이다. 예를 들어 가죽 벨트를 만드는 법, 보석을 가공하는 법, 캐비닛을 만드는 법, 채소밭을 만드는 법, 모형 비행기를 만드는 법 등에 대하여 알아보도록 하라. 여러분의 정보제공자는 이러한 일을 전문가로서든 또는 지속적인 취미로서든 자주 하는 사람이며, 제작 안내서의 지침을 따르는 것 이상으로 그 작업에 대해 무언가 더 많이 알고 있는 사람이어야만 한다.

여러분의 보고서는 두 부분으로 구성되어야 한다. 전반부는 사용된 재료와 도구에 대한 묘사를 포함하여 그 물건이 어떻게 만들어지는지에 대한 단계적인 서술이어야 한다. 설명문구가 첨부된 일련의 사진(프로젝트 13을 보시오)이나 스케치 그림을 이용할 수도 있다. 사진을 이용하건 그림을 이용하건, 여러분의 설명은 사용된 재료나 최종 완성된 물건에 대해 전혀 알지 못하는 청중에게 마치 이국적인 집단의 관습을 설명하듯이 '자세하고 또한 명료'*specific and clear* 해야 한다. 그러므로 여러분은 개인적으로 잘 알지 못하는 것을 만드는 사람을 선택하는 것이 바람직하다. 왜냐하면 그러한 경우 여러분은 세부 사항을 당연한 것으로 넘겨버리지 않을 것이기 때문이다. 이러한 연습은 여러분의 관찰력과 묘사력을 더욱 날카롭게 연마할 뿐 아니라, 여러분이 여러분의 주제에 대해 보다 더 정확한 질문들을 제기할 수 있도록 훈련시키는 것을 목적으로 하고 있다.

보고서의 후반부에서는 정보제공자가 자신이 제작한 물건을 가지고 무엇을 하는지, 그리고 그것의 가치를 어떻게 생각하고 있는지에 대한 다소 일반적인 논의를 한 다음, 그 물건을 구입하거나 사용하는 사람과 그가 어떻게 상호작용하는가를 살펴보아야 한다. 무

엇보다도 먼저 여러분의 정보제공자가 도대체 그러한 물건의 제작
활동에 어떻게 관심을 갖게 되었는지 알아보아야 한다. 물론 여러
분이 제기하는 질문들의 구체적인 성격은 인터뷰 대상이 되는 사람
의 유형과 그가 행하는 작업의 유형에 따라 달라질 수 있다. 그러
나 일반적으로 여러분은 정보제공자의 사회 내에서 이러한 제작 기
술과 결부된 가치들과 태도에 대해서도 알아보도록 노력해야 한다.

참고문헌

Bateson, Gregory. *Naven*. 1958(original 1936). Stanford. CA: Stanford
University Press. 사회 인류학의 고전으로서 본 장에서는 특정한 문화
에 대한 정보제공자들의 지식이 다양하다는 사실을 실례로 보여주기 위
하여 사용되었다.

Beattie, John. *Bunyoro: An African Kingdom*. 1960. New York: Holt,
Rinehart and Winston. 인류학자와 정보제공자들간의 관계를 명확히 밝
히고 있는 훌륭한 민족지 사례.

Beattie, John. *Understanding an African Kingdom: Bunyoro*. 1965.
New York: Holt. Rinehart and Winston. 하나의 특정한 현지조사 연구
를 수행하는 데 사용된 방법들을 검토하고 있으며 특히 정보제공자의 계
발에 관한 흥미 있는 논평을 수록하고 있다.

Becker, Howard S. and Blanche Geer. "Participant Observation and
Interviewing: A Comparison." *Human Organization*. 1957. 16 : 28-32.
정보제공자로부터 자료를 추출하기 위한 사회학과 인류학의 표준적인 기
법들을 비교한 글.

Bernard, H. Russell. *Research Methods in Cultural Anthropology*.
1988. Newbury Park, CA: Sage Publications. 최근에 발행된 개관적인
교과서[역주: 제2판이 1994년에 발행되었음]. 특히 인터뷰에 관하여는
제9장과 10장을 참조할 것.

Bunzel, Ruth. *The Pueblo Potter: A Study of Creative Imagination in
Primitive Art*. 1929. New York: Columbia University Press. 장인(匠
人)의 사회 문화적 환경에 관한 고전적인 연구.

Casagrande, Joseph B., ed. *In the Company of Man: Twenty Portraits*

of Anthropological Informants, 1960. New York: Harper. 20명의 인류
학자들이 자신들의 주요 정보제공자들의 생애사를 이야기해 준다.

Chagnon, Napoleon A. *Yanomamö: The Fierce People*, 1983. New York:
Holt, Rinehart and Winston. 매우 어려운 것처럼 보이는 현지조사 상
황에서 인류학자가 조사 대상자들로부터 어떻게 정보를 획득하는가를 통
찰할 수 있게 해주는 생동감 있고 읽기 좋은 민족지이다.

Dean, John P. and William F. Whyte. "How Do You Know If the
Informant Is Telling the Truth?" *Human Organization*, 1958, 17:
34-38. 현지조사자가 인터뷰를 할 때 알아두면 좋은 행동과 태도들에
관한 간결하면서도 통찰력 깊은 요약.

Hyman, Herbert H., et al. *Interviewing in Social Research*, 1975.
Chicago: University of Chicago Press. 주로 공식적인 인터뷰(여론 조
사 등)를 염두에 두고 쓴 책이지만, 특히 인터뷰 대상자의 선정과 특정
한 인터뷰 상황들의 사례 연구를 수록한 「부록 A」를 참고할 것. 또한
'오류의 감소와 통제'를 다루고 있는 제 7장을 참고할 것.

Merton, Robert K., Marjorie Fiske and Patricia L. Kendall. *The
Focused Interview: A Manual of Problems and Procedures*, 2nd ed.,
1990. New York: The Free Press. 인류학보다는 사회학에 더 가깝지만
유용한 논평과 제안이 실려 있다.

Paul, Benjamin D. "Interview Techniques and Field Relationships." In
A. L. Kroeber, ed., *Anthropology Today*, 1953. Chicago: University
of Chicago Press 머나먼 이국(異國)의 문화를 연구하는 민족지가(民族
誌家)의 일반적인 시각에서 쓴 글이지만, 인터뷰의 참여관찰적 맥락에
대한 아직도 귀중하고 간결한 요약이며 또한 서구 사회의 일부를 현지조
사 방법으로 연구하는 데에도 적용할 수 있는 글이다.

Pelto, Pertti J. and Gretel H. Pelto. *Anthropological Research: The
Structure of Inquiry*, 2nd ed., 1978. Cambridge, England: Cambridge
University Press. 여러 현지조사 기법과 그 이론적인 기초에 대한 정평
있는 개설서로서 여기에는 인터뷰에 대한 논의에 참고하기 위하여 수록
하였다.

Powdermaker, Hortense. *Stranger and Friend*, 1966. New York: W. W.
Norton. 인류학자인 저자의 생애와 그녀가 알게 되어 같이 일했던 몇몇
정보제공자들에 대한 따뜻하고 흥미 있는 논의.

Royal Anthropological Institute of Great Britain and Ireland. *Notes and Queries on Anthropology*. 6th ed.. 1971. London: Routledge and Kegan Paul. 편리한 참고서. 가장 흔히 연구하는 주제들에 대한 질문들을 범주에 따라 구분하여 놓았으며, 따라서 인터뷰 시에 훌륭한 체크 리스트가 된다.

Wilson, Peter J. *Oscar: An Inquiry into the Nature of Sanity*. 1992 (original 1974). Prospect Heights. IL: Waveland Press. 인류학자들이 자신들의 정보제공자를 항상 통제할 수 없다는 사실에 관하여 귀중한 객관적인 교훈을 준다. 저자인 윌슨은 궁극적으로 정보제공자인 오스카의 '정신 이상'을 커뮤니티의 문화의 역동성을 이해하는 수단으로 잘 활용하지만, 모든 것을 깨닫게 되는 것은 오스카라는 자칭 정보제공자와 파란만장한 역정(歷程)을 거치고 나서이다.

Young. Frank W. and Ruth C. Young. "Key Informant Reliability in Rural Mexican Villages." *Human Organization*. 1961. 20 : 141-148. 멕시코의 어느 마을에서 주요 정보제공자들로부터 습득한 정보들과 다른 출처로부터 입수한 정보들간의 통계학적인 상관관계를 분석한 흥미 있는 연구.

제 5 장   참 여 관 찰

전형적인 현지조사는 참여관찰자인 인류학자에 의하여 수행된다. 인류학자는 연구대상이 되는 사람들의 삶과 행위를 단순히 국외자(局外者)로서 관찰할 뿐 아니라 그러한 행위에 참여한다. 인류학자는〔조사 대상이 되는〕커뮤니티의 적극적인 구성원이 됨으로써 더 이상 다소 경외감을 불러일으키는 '과학자'라는 이방인 노릇을 할 필요가 없으며, 오히려 신뢰받는 친구가 될 수 있다. 연구 대상자들이 하고 있는 행위가 무엇이든 이에 가능한 한 참여함으로써 현지조사자는 이러한 행위가 그 사람들에게 무엇을 의미하는가를 직접 체험할 수 있다. 현지조사자는 그가 연구하고 있는 사람들의 삶의 일상적인 환경에 점차 몰입함으로써 본래 가지고 있던 자민족〔자문화〕중심주의적인 편견을 서서히 없애게 되는 것이다.

비록 참여관찰은 거의 대부분의 인류학적 현지조사 연구에서 중심적인 위치를 차지하게 되었지만 이것을 현지조사 연구의 '기법(技法)' technique 이라고 규정하는 것은 아마도 공정치 못할 것이다. 왜냐하면 기법이라는 용어는 참여관찰을 '행하기' *do participant obser-vation* 위해서는 또 다른 어떤 것(또는 일련의 것들)을 해야 한다는 뜻을 내포하고 있기 때문이다. 따라서 우리는 생애사를 '행한다' *do a life history* 거나 또는 친족계보도, 연속적인 사진의 촬영 혹은 여론 서베이를 '행한다' *do a kinship chart, photographic series or opin-ion survey* 거나 하는 것과 같은 의미에서 참여관찰을 '행한다'고는 할 수 없다. 심지어 고도의 훈련을 받은 노련한 현지조사 인류학자조차 비과학적이며 부정확하다는 인상을 줄 위험을 감수하면서도, 참여관찰이란 구체적인 행동의 프로그램이라기보다는 오히려 하나의 심적 상태(心的 狀態) state of mind 이며 또한 현지에서의 삶을 위한 하나의 틀이라는 점을 인정할 것이다.

이상적인 인류학적 현지조사란 장기간에 걸친 현지조사 연구로서 이 기간 중 조사자는 연구의 대상이 되는 커뮤니티 내에서 수개월 혹은 그 이상을 보내게 된다. 마가렛 미드 Margaret Mead 나 말리놉스키 Malinowski 와 같은 금세기의 개척자적인 인류학자들은 소위 "선교회 건물의 베란다로부터 인류학을 뛰쳐나가게 한" 공로를 인정받아 왔다. 즉 인류학자들은 선교사들이나 무역상인들 또는 식민지의 행정관리들로부터 수집한 제 2 차적인 정보에 만족하지 않고, 소위 '원주민'(현지민)들과 직접 같이 생활하려고 선교회 건물에서 뛰쳐나간 것이다. 그러나 이렇게 현지조사를 직접 행한다는 것도 실은 처음부터 민족지학의 관행의 일부분을 이루고 있었던 하나의 경향을 공식화한 것에 지나지 않았다.

1800년, 즉 근대적인 의미에서 소위 '인류학'이라는 것이 존재하기도 전에 프랑스의 사회철학자인 죠세프-마리 데제랑도 Joseph-Marie Degérando 는 타문화를 연구하기 위한 간결한 지침서(이제는 거의 완전히 잊혀져 버렸지만)를 출판하였다. 데제랑도는 다음과 같이 말하였다 :

그러므로 진정으로 철학적인 이방인 연구가는 자신이 여행 중 방문한 다른 민족들의 사고를 이해하는 데 있어, 또 이들의 행동이나 관계들의 질서를 이해하기 위하여 도움이 될 만한 모든 수단을 전력을 다해 동원해야 할 것이다…… 소위 야만인에 대해 제대로 된 지식을 얻기 위한 첫 번째 방법은 어느 정도 그들과 똑같이 되는 것이다……(Degérando, 1969 : 72).

참여관찰이 민족지의 기본적인 전략으로 채택되어야만 한다는 이야기는 어떤 의미에서는 미국의 개척시대의 모험담이기도 하다. 동부 출신의 학자인 스쿨크래프트 Henry Schoolcraft 는 치페와 Chippe-

wa(오지바 Ojibwa)族의 인디언 감독관직에 취임하기 위하여 1882년
에 오대호 연안의 프론티어 지역에 도착하였다. 그가 처음 접촉하
여 도움을 얻은 사람은 〔서구식〕 교육을 받은 치페와 인디언 여인
과 결혼한 존슨 Johnson 이라는 아일랜드인 무역상이었다. 스쿨크래
프트는 인디언에 대해서는 거의 이해를 하지 못하고 또한 애정이라
고는 전혀 갖지 않은 프론티어의 주민으로 술주정뱅이인 소위 '공
식 통역관'에 대하여 곧 실망을 느꼈다. 스쿨크래프트는 〔유럽과 인
디언이라는〕 두 문화를 가진 존슨家의 여자와 결혼하면서 치페와族
의 삶을 내부자적(內部者的) 관점에서 볼 수 있게 되었다. 스쿨크래
프트는 인디언 문화에 대한 오류와 왜곡(개척지대 주민들의 스테레오
타입인 '피에 굶주린 야만인'으로부터 유럽 철학자들의 낭만주의적 이상인
'고상한 야만인' noble savage 에 이르기까지)은 다른 사람으로부터 전해
들은 간접적인 정보를 계속 주고 받은 결과라는 사실을 이해하기
시작하였다. 인디언들을 단지 외부에서 관찰하는 것이 아니라 이들
과 함께 생활함으로써 스쿨크래프트는 인디언들이 "사회생활의 요
구에 대하여 열려 있고 또한 사회적 유대에 반응하는 따뜻한 가슴
을 지녔으며 감정과 애정의 능력을 가진 사람들"이라는 사실을 알
게 되었다(Hays. 1958 : 5).

  스쿨크래프트는 자신의 인디언 친구들의 오두막에서 상당한 기간
을 보내면서 인디언들이 오락과 훈계의 두 가지 목적으로 신화와
설화, 전설들을 창조해 내서 이야기한다는 사실을 발견하였다. 오
늘날에 와서는 기술적으로 가장 미개한 사람들도 매우 풍부하고 복
잡한 미학적 전통(회화(繪畵)이건 구비(口碑)이건)을 가지고 있다는
사실을 당연한 것으로 여기게 되었지만 스쿨크래프트가 살던 시대
에는 이러한 것은 매우 획기적인 의외의 발견이었다. 그리고 보다
중요한 것은 그가 인디언局 Bureau of Indian Affairs 의 사무실에만
앉아 있었다면 이러한 사실을 절대로 깨달을 수 없었으리라는 점이
었다. 인디언들의 일상적인 생활에 참여하거나, 즉 정교한 의례나

일상적인 식량수집 원정에 직접 참여하거나, 또는 이러한 활동들을
가능한 한 인디언들의 '실제' 삶 속에서 적극적인 역할을 하는 사람
의 시각에서 관찰하는 등, 인디언들의 친구가 되어 이들 가운데에
서 생활하지 않고는 인디언들의 '비밀'을 발견할 수 없었던 것이
었다.

　이 책의 서론에서 우리들은 자민족〔자문화〕중심주의라는 문제를
논의하였는데, 자민족〔자문화〕중심주의란 자기 자신들의 것이 아닌
〔다른 사람들의〕 문화를 제대로 이해하지 못하도록 방해하는 것이
다. 심지어 19세기의 가장 저명한 사회사상가들조차도 상당수는 노
골적인 자민족〔자문화〕중심주의자였다. 예를 들어 프로이트Freud는
서구 문명이란 여러가지 문제점에도 불구하고 인류가 도달한 최고
의 상태라고 생각하였다. 다른 철학자들은 '미개인의 사고'를 서구
의 어린이들이나 정신지체자의 사고 과정과 유사한 것으로 취급하
려 하였다.

　20세기의 인류학이 독립적인 학문분야로 발전한 것은 부분적으로
는 이러한 가정들에 대한 반동으로서였다. 외관상 무한한 듯한 전
세계의 문화적 다양성에 직면하여, 또한 서구인만이 "옳다"라는 명
제가 더 이상 유지될 수 없다는 사실 앞에서 인류학자들은 문화상
대주의(文化相對主義) cultural relativism 라는 개념을 발전시켰다. 문
화상대주의는 모든 문화가 그 문화의 규칙에 따라 삶을 영위하는
사람들의 욕구를 만족시키기에 충분하다는 견지에서 연구하여야만
한다는 의미이다. 문화상대주의는 자기 자신의 문화의 관점에서 적
합하다고 보이는 것들을 기초로 하여 타문화에 대한 도덕적 판단을
내리는 것은 부적합하다고 하고 있다. 만일 어떤 문화가 진정으로
'불충분'하다면 그 문화는 그 문화 속에서 사는 사람들의 생존을 불
가능하게 할 것이며 따라서 소멸되어 버릴 것이다. 예를 들어 에스
키모 문화는 어떤 개인이 뉴욕 시에서 살 수 있도록 준비시키는 데
에는 적합하지 못하다는 것이 명백하지만, 뉴욕 시민이 살고 있는

문화 역시 북극지방에서의 생존을 위해서는 극히 불충분한 것이 사
실이다. 물론 인류학자 이외의 사람들도 현지에 들어갔을 때 문화
상대주의의 중요성을 실감한 바 있다. 예를 들어 덴마크의 탐험가
인 프로이헨Peter Freuchen 은 수년 동안 에스키모族 사이에서 살았
다.『에스키모의 書』Book of the Eskimos(1961)라는 그의 저서의 맨
첫페이지에서 그는 에스키모族들은 열악한 환경에서도 생존을 가능
케 해 주는 일종의 '특이한 강인성'을 가지고 있다고 주장하였다.
프로이헨 자신이 동일한 환경에서 생존할 수 있었던 것은 그가 에
스키모 문화를 학습한 것이 적응에 도움이 되었기 때문이었다. 각
민족의 문화는 각자가 처한 독특한 환경에 적응하기 위한 도구라고
이해하여야만 한다. 어떤 민족의 '특수한 환경'을 이해하기 위한 가
장 훌륭한 방법은 그곳에 가서 그들과 함께 사는 것이다. 그들의
삶의 직접적인 경험 또한 자기 자신의 자민족〔문화〕중심주의적인
편견을 떨쳐버리는 가장 효과적인 방법이다.

　　마가렛 미드는 1920년대 초반 개척자적인 현지조사 연구를 수행
한 바 있다. 당대의 상식적인 주장인 "특정한 심리학적 요인, 특히
사춘기의 '질풍노도(疾風怒濤)' storm-and-stress[1]가 서구의 사회에서
발견되기 때문에 보편적"이라는 주장에 불만을 품은 미드는 1920년
대에는 외부의 영향으로부터 아직도 비교적 멀리 떨어져 있었던 태
평양의 사모아섬의 주민들을 조사하게 되었다. 미드는 '원주민' 마
을에 가서 살면서 일단의 사모아의 젊은 처녀 집단의 구성원으로
인정받음으로써 사모아에서의 사춘기는 미국의 10代의 특징적 행동
과는 매우 다른 행동을 특징으로 하고 있다는 사실을 발견하였다.
서구 사회에서는 이제 막 싹트기 시작한 10대의 성적 감정이 사회
적 속박 아래에 억제되어 있는 것이 전형적인 상황이었다. 그 반면
에 사모아인들은 사춘기 청소년들간에 이루어지는 일정한 종류의

---

1) 역주: Sturm und Drang 을 영어로 번역한 것이다.

성적 행위에 관하여 상당히 관용적인 태도를 보여주고 있었다. 미드의 연구의 중요 결론의 하나는 사모아의 청소년들은 미국과 서유럽의 청소년들의 특징인 감정의 격동기를 거치지 않으며 또한 미국과 서구의 젊은이들은 미국과 서구의 문화에 내재되어 있는 특별한 스트레스 요인에 대하여 심리적 반응을 경험한다는 것이다.

최근에 들어와 미드의 결론의 일부와 소위 자료 수집에 있어서의 편견에 대하여 상당한 비판이 제기되었다.[2] 그러나 미드의 시기에는 『사모아의 사춘기』 Coming of Age in Samoa (1928)와 그 후에 발

---

2) 역주: 이러한 비판은 오스트렐리아의 인류학자인 데렉 프리맨 Derek Free-man 이 마가렛 미드의 사후인 1983년에 『마가렛 미드와 사모아: 인류학적 신화의 성공과 붕괴』 Margaret Mead and Samoa: The Making and Unmaking of an Anthropological Myth 라는 저서를 출판하여 미드를 비판함으로써 시작되었으며 미국 학계에 커다란 논란을 불러일으켰다.

하버드 대학출판부에서 출판된 이 책의 경우 대학출판부의 학술서적답지 않게 각계의 보수적인 저명인사들(사회과학의 전문가는 아님)을 다수 동원한 요란한 판촉활동이 전개되었다. 프리맨은 미드가 보아스 Boas 의 제자로서 문화상대주의를 증명하기 위한 임무를 띠고 사모아로 출발하였으므로 현지조사를 시작하기 전에 이미 선입견을 가지고 있었고, 또한 미드는 20대의 경험 없는 여성으로서 몇몇 사모아의 철없는 처녀들의 이야기를 들었을 뿐(즉, 듣고 싶은 것만 들었음), 자신처럼 사모아에서 추장으로 대접받고 고급 자료에 접하지 못하였다고 미드의 현지조사를 맹렬히 비난하였다. 또한 사춘기에 대한 해명은 이데올로기에 불과한 문화상대주의가 아니라 진정한 과학이라 할 수 있는 사회생물학 sociobiology 에 기초하여야 한다고 주장하였다.

이전에도 주니 Zuni 인디언에 대한 베네딕트 Ruth Benedict 와 중국계 인류학자인 리 안치 Li An-Che, 테포즈틀란 Tepoztlan 에 대한 로버트 레드필드 Robert Redfield 와 오스카 루이스 Oscar Lewis 의 상반된 해석을 둘러싸고 논쟁이 있었으나, 이번 경우는 인류학자가 처음부터 다소 고의적으로 자료를 선택적으로 사용하였으며, 경험 없는 여성이었기 때문에 현지조사에 결정적으로 한계가 있었다는 비난이 제기되었고, 또한 이러한 주장을 통하여 문화상대주의의 도덕적·과학적 기초를 공격하고 사회생물학 sociobiology 의 우월성을 주장하려 했다는 점에서 치열한 논쟁을 불러일으켰다. 결국 우연히도 사모아를 연구했던 '남자' 인류학자인 로웰 홈즈 Lowell D. Holmes 가 『진짜 사모아를 찾아서: 미드/프리맨 논쟁과 그 극복』 Quest for REAL Samoa: The Mead/Freeman CONTROVERSY & Beyond 를 1987년에 출판하여 논쟁에 참여하여, 미드의 일부 방법론상의 미숙과 실수를 인정하면서도 프리만의 주장이 오류일 뿐 아니라 그 의도가 순수하지 못하다는 점을 설득력 있게 제시하여 이 논쟁은 일단락되었다. 이 문제는 단순히 인류학의 방법론의 문제뿐 아니라 미국 학계의 보수화 경향과 더불어 문화인류학과 문화상대주의, 그리고 그 배경이 되고 있는 리버럴리즘, 페미니즘 전반에 대한 공격이라고 보는 견해도 있다.

표된 『뉴기니에서의 성장』*Growing up in New Guinea* (1930)을 통하여 예시된 문화상대주의라는 개념은 인간행위의 모든 범위를 인류학의 고유한 대상으로 만드는 데 기여하였다. 또한 문화상대주의라는 입장은 인류학 연구 조사자들에게 다른 문화를 가진 사람들의 삶을 단순히 관찰할 뿐 아니라 이에 참여해야 할 강력한 이유를 주게 되었다.

프로젝트

몇몇 고전적인 민족지를 읽는 것은 현지조사를 하는 인류학자가 된다는 것이 무엇을 의미하는지 감을 잡는 데 도움이 되겠지만, 어떤 문화적 상황에서 참여관찰자가 되어 보아야만 이러한 태도가 갖는 함축적 의미를 완전히 이해할 수 있다. 물론 이 프로젝트를 수행하기 위하여 여러분이 어떤 한 커뮤니티에서 상당 기간에 걸쳐 거주할 수는 없는 일이다. 그러나 참여관찰에 대한 어느 정도의 '감'을 얻기 위하여 이 프로젝트는 여러분들이 다소 이질적인 문화적 환경과 친숙해지는 데 약간의 시간을 쓸 것을 요구한다. 따라서 여러분들은 다른 강좌의 수업을 하면서도 여러분이 선택한 어떤 집단에 대한 참여관찰을 시작할 수 있다. 왜냐하면 분석과 보고서 작성이라는 작업은 마지막까지 미룰 수 있기 때문이다.

여러분들은 이 프로젝트의 목적상 여러분들에게 개인적으로 친숙하지 않은 어떤 행위들을 선택하여야만 한다. 여러분들에게 친숙하지 않은 신앙의 형태를 가진 종교 집단의 의식(儀式)은 이러한 조사를 위하여 특히 좋은 대상이 된다. 이 프로젝트의 후반부는 여러분이 종교집단을 선택할 경우 고려해야 할 참여관찰의 여러 측면에 관하여 초점을 맞추게 될 것이다. 그러나 이러한 행동지침들*principles*은 그 어떠한 참여관찰 프로젝트에도 적용되는 것이다. 왜냐하면 종교란 수많은 사람들의 삶의 극히 중요한 사회적·문화적 특징이며 또한 각 종교는 그 자체의 관행과 관습과 인적 구성원 등을 가지기 때문에 어떤 의미에서 종교는 소규모의 문화체계이기도 하다. 더욱이 대부분의 개인들은 종교에 대하여 무의식적으로 자민족〔자문화〕중심주의적 판단을 하게 되는 경향이 자주 있으며 따라서 他종교 집단의 의식에 참여한다는 것은 이러한 사람들에게는 진정한 도전이 될 것이다.

여러분들은 단지 의례를 관찰하고 상호작용을 기록하기 위하여 종교집단의 예배에 참여하는 것이 아니라는 점을 명심하여야 한다. 여러분들은 시간적 제약을 고려하여 가능한 한 이러한 행위에 있어 참여자가 되어야 한다. 따라서 이것은 단 1회에 그치는 프로젝트가 될 수는 없다. 이러한 프로젝트는 여러분 자신이 종교집단의 의례와 인적 구성원들에 익숙해지고 또한 신도들에게도 여러분 자신을 알리기 위하여 몇 차례에 걸쳐 종교집단을 방문하는 것이 필요할 것이다. 따라서 여러분들은 다른 프로젝트들을 수행하는 동안에도 이러한 종교적 모임에 대한 방문을 시작할 수 있다. 또한 여러분들이 이 종교 집단에 대하여 특히 잘 알고 있고 또한 사교적인 이유로 신도들의 가정을 방문하도록 초대하는 등 여러분들의 참여를 확대시킬 가능성이 있는 한 명 혹은 그 이상의 '주요 정보제공자' *key informants* 와의 우정을 돈독히 하는 것은 도움이 될 뿐 아니라 또한 능률적일 것이다. 이러한 방법으로 여러분들은 모임의 뒷자리에서 공책에 코를 처박고 〔기록만 하고〕 앉아 있는 '객관적인' 보고자로서보다 이러한 사람들의 삶에 대하여 더욱 세련된 전체상(全體像)을 가질 수 있게 될 것이다.

이러한 프로젝트에 포함된 첫번째 문제는 본서의 앞 부분에서 '문화충격' *culture shock* 이라고 불렀던 것에 직면하는 것이다. 문화

적 다양성에 대한 경험을 갖추고 또한 연구의 대상이 되는 사람들
에 대한 문헌자료를 숙지하는 등 매우 탁월한 훈련을 받은 인류학
자라 할지라도 현지에 도착한 후 최초의 수일 혹은 수주 동안은 여
러 종류의 (신체적 및 감정적) 쇼크를 경험하기 쉽다. 그 이유는 인
류학자란 매우 실질적인 의미에서 아직 요령을 터득하지 못한 사회
체계 내에서 살고 있는 이방인이기 때문이다. 물론 여러분들은 '이
질적'인 문화의 단지 한 측면에만 개입할 것이며 또한 프로젝트 기
간 중 여러분들이 통상 살던 곳에 거주할 것이기 때문에 문화충격
을 특히 심하게 경험하지는 않을 것이다. 그럼에도 불구하고 프로
젝트의 초기에 절망적인 이질감, 즉 종교 의식(宗敎儀式)에 무언가
'잘못된' 것이 있다고 확신을 갖게 만드는 감정을 느끼더라도 좌절
하지 말아야 한다. 심지어 기도를 할 때 무릎을 꿇을 것인가, 설
것인가, 또는 앉을 것인가 하는 등의 극히 사소한 혼란 상황조차
상당한 문화 충격을 야기할 수 있다. 중요한 것은 그러한 자민족
[자문화]중심주의적 감정을 부인하는 것이 아니라 이를 자연스러운
것이라 인정하고 심지어 여러분이 원할 경우 공감할 수 있는 신도
에게 이를 솔직히 이야기하는 것이다. 그러면 여러분들은 이러한
집단에 대하여 더욱 많은 것을 계속하여 배울 수 있으며, 그리하여
여러분들은 무엇이 일어나고 있는가를 이해할 수 있게 된다. 처음
에는 여러분들에게 이상하거나 우스꽝스럽거나 혹은 단지 다르게만
보였던 의례들이 점진적으로 여러분들에게 의미를 갖게 된다.

물론 여러분들이 연구하고 있는 집단의 의례나 교의(敎義)를 여
러분들이 완전히 수용하게 될 것을 기대하는 것은 아니다. 몇몇 인
류학자들은 [현지조사를 마치고] 드디어 고향으로 돌아왔을 때 역
문화충격(逆文化衝擊) reverse culture shock 을 겪을 정도로 상당한 수
준의 '원주민이 되는' going native 경험을 하기도 하였다. 그러나 여
러분들이 아무리 깊숙한 참여자가 된다 하더라도 이것이 과학적 객

관성을 위협할 정도가 되어서는 안 된다. 이러한 주의 사항 외에
도, 상당히 많은 신도집단들은 외부인이 자신들의 발전에 관심을
표명하는 것을 즐거워하고 심지어 우쭐해 하며 또한 제발로 걸어들
어 오는 사람들을 환영하기도 하지만, 보다 공격적인 선교 방침을
가진 집단들은 자신들의 의례에 그 정도로 관심을 가진 사람이라면
쉽게 개종될 수 있으리라 당연히 기대할 것임을 명심해야 한다.

  그리하여 만일 개종자를 열성적으로 끌어들이는 것으로 유명한
집단을 연구하는 데 여러분들이 흥미를 가지고 있다면, 여러분들은
사전에 자신의 구원을 위해서라기보다는 대학의 강좌 때문에 집단
을 연구하려 한다는 사실을 사제(司祭)나 신도 중 유력한 사람에게
밝히는 것이 공정할 것이다. 그러면 사제나 신도들은 학생의 존재
를 계속 인정할 것인지를 결정할 권리를 가질 수 있다. 반드시 개
종이나 거듭남을 목적으로 하지 않는 종교집단들의 경우 아마도 초
기단계에서는 그러한 공식적인 목적의 진술을 요구하지 않을 것이
다. 그러나 여러분들이 회중의 단지 한 사람 혹은 두 사람 정도의
주요 구성원에게 처음부터 여러분의 의도를 밝힌다면, 아마도 여러
분의 마음은 보다 편할 것이다(즉 '속이는 것' 같지 않다). 그러나 만
일 여러분들이 어느 정도 '비밀스러운' 의식에 의존하는 집단을 연
구하고 싶다거나 혹은 법률에 의하여 허용된 범위를 분명히 벗어나
는 활동에 탐닉하는 집단(예를 들어 뱀을 사용하는 숭배)을 연구하고
싶다면, 여러분들은 이러한 연구를 시작하기에 앞서 지도자들에게
여러분들의 목적을 상세히 설명하고 그러한 집단으로부터 허가를
얻는 것이 바람직하다. 어떤 이질적인 사회들에서는 '학생'이라는
역할은 의미를 갖지 못하는 경우가 있으며 이런 경우 인류학도는
자신의 목적을 설명할 수 있는 어떤 다른 수단을 발견하여야만 할
것이다. 그러나 서구 사회의 대부분에서는 학생이라는 역할은 충분
히 명확하며 대부분의 경우 쉽게 받아들여진다.

어떠한 경우든 여러분들이 신도집단의 구성원과 사전에 친교가
있다면 신도들 가운데 들어가 참여하는 것은 상당히 용이할 것이
다. 왜냐하면 이러한 경우 그는 여러분의 초기의 안내자로서 여러
분들을 동료 신도들에게 소개해 주고 여러분들의 동기에 관하여 신
도들이 가지고 있을지도 모르는 의구심을 해소해 줄 것이기 때문이
다. 만일 누가 다른 사람들의 존경과 신뢰를 받는가를 알 수만 있
다면, 여러분들의 정보제공자가 바로 그러한 사람이어야 한다는 것
은 말할 필요도 없다. 종교 일반에 대한 감정이나 혹은 이러한 특
정 종교집단에 대한 여러분 자신들의 감정에도 불구하고, 많은 사
람들은 종교를 매우 진지하게 여기고 있다. 여러분들의 행동은 그
어떤 종교의식을 방해하거나 혹은 신도들간에 논쟁을 불러일으키는
원인이 되어서는 안 된다.

폰 호프만과 캐시디라는 두 사람의 사회학자는 대도시의 흑인
오순절 교회 Negro Pentecostal Church 의 신도들을 연구하였던 경험
을 기술한 바 있다(von Hoffman and Cassidy, 1956~57). 이들은 처
음에는 "자신들이 참여관찰이라고 생각한 인류학 놀이"를 통하여
이 교회에 접근하였으며 스스로 개종 가능한 사람인 것처럼 행동
하였다. 그러나 [시간이 지나면서] 이들은 이것이 오히려 방해가
된다고 느끼기 시작하였는데, 그 이유는 이들이 [신도로서의] 역할
을 수행하고 또한 회중(會衆) 내에서 자신들의 위치를 정의하는데
너무나 많은 시간을 보내야 했기 때문이었다. 나중에야 발견한 사실
이지만 신도들은 이들 두 사람아 신도들에게 쏟았던 관심에 상응하
는 관심을 이들에게 기울이지 않고 있었다. 그리하여 이들 두 학자
가 위장을 벗어 던지고 자신들이 신도들의 활동에는 참여하지만 결
코 불가결한 부분이 되지는 않을 조사연구가라는 사실을 스스로 인
정했을 때 신도들과 이들 학자들 모두는 안도감을 느꼈던 것이다.
이들 두 학자는 "참여관찰이란 오로지 다섯 번째 바퀴 *professional*

fifth wheel[3] 노릇을 하는 것이라고 〔잘못〕 알려져 있었다"라고 후회
하였다(p. 195).

  이 책의 다른 부분에서 언급되었던 여러 조사도구들은 인류학자
가 기술(記述)과 분석을 위하여 필요로 하는 정보를 축적하는 데
도움을 줄 것이지만, 이러한 기술과 분석 양자를 궁극적으로 정당
하게 평가할 수 있게 만드는 것은 바로 인류학자의 참여관찰 활동
이다. 형식화된 서베이를 통하여 추출된 자료라는 것은 전문적인
지식과 예민한 감수성을 겸비한 노련한 관찰자의 통찰력에 의하여
뒷받침될 때에야 비로소 '살아 있는' 자료로서의 가치를 발휘하는
것이며 그렇지 못한 경우에는 한갓 무미건조한 자료로 전락해 버리
고 마는 것이다. 그리고 제아무리 통계학적으로 세련된 분석이라
할지라도 분석 대상이 되는 사건의 일부로서 참여하였던 사람들만
이 가질 수 있는 의미의 심층을 통하여 걸러지지 않는 한, 인간관
계라는 면에서는 의미를 가질 수 없는 것이다. 하나의 문화 속에서
태어나서 일상적으로 그 문화를 가지고 사는 사람들만큼 그 문화를
잘 알 수 있는 사람은 없다. 그러나 대부분의 '원주민'들은 자신들
의 행위의 너무나도 많은 부분을 당연한 것으로 간주하고 있기 때
문에 이를 논의하거나 해석할 수 없다. 인류학이 인간행동의 연구
에 대하여 특별한 공헌을 할 수 있는 이유는, 현지조사자가 장기간
에 걸쳐 집단의 구성원으로서 생활한 사람의 개인적인 통찰력과 훈
련받은 객관적인 관찰자로서의 지각능력을 겸비하고 있기 때문이
다. 이들 중 그 어느 한 측면도 다른 측면을 압도하도록 허용되어
서는 안 된다.

---

3) 역주: 4륜 마차의 5번째 바퀴(예비 바퀴 또는 轉向輪)는 '무용지물'(또는 蛇
足)이나 마찬가지로, 참여관찰이란 그저 〔다른 바퀴들을 따라가듯이〕 열심히
같이 따라다니기만 하면 되는 것이라고 생각했다는 의미이다.

여러분들은 이 프로젝트를 행할 때에 여러분들이 선택한 종교집단에서 활동의 진정한 참여자라고 스스로 생각하기 전에 우선 관찰자가 되어야만 한다. 따라서 초기 단계에서는 관찰자로서의 역할에 집중하도록 하여야 한다. 여러분들이 가능한 한 상세히 관찰하고 또 가능한 한 명확히 기술해야 하는 사항에는 다음과 같은 것들이 포함된다.

— 물리적인 측면에서 살펴본 예배의식(어디서 행해지는가? 실내는 어떻게 배치되어 있는가? 어떠한 가구들 또는 기타의 도구나 비품들이 있는가?)
— 인적 차원(얼마나 많은 수의 사람이 참석하는가? 남자와 여자, 성인과 아이들의 상대적 비율과 숫자는? 참가자의 신체적 특성은? 참가자들간의 상호작용은?)
— 의식 절차(儀式節次) *ceremonialism* 의 측면(하루 중 언제? 전문적인 인원은? 특별한 물품은?)
— 의식 그 자체(누가 무엇을 하는가? 언제? 어떤 물건들이 사용되는가? 사람들은 어떤 식으로 참가하는가?)

만일 원할 경우, 여러분은 예배의식의 본질과 그 이면에 있는 신앙체계에 관한 도움을 얻기 위하여 여러분들이 연구 중인 집단에 대한 다른 자료 또는 종교학 백과사전을 참조해 볼 수도 있다. 그러나 이러한 단계에서는 여러분의 관찰을 가능한 한 '순수히' 유지하도록 노력하는 것이 바람직하다. 여러분은 자신의 주도면밀한 관찰력을 더욱 발전시키고 이를 신뢰하는 것을 배우도록 노력하여야 한다. 이러한 능력과 자질이야말로 민족지가(民族誌家)가 현지조사 상황에서 항상 자신이 지니고 있다고 확신할 수 있는 도구들인 것이다.

여러분이 신도집단에 의하여 받아들여지고, 또한 여러분이 특히 주요 정보제공자로서 신뢰할 수 있는 사람들을 만나게 되면, 여러분은 이들로부터 다음과 같은 사실을 알도록 노력하여야 한다.

— 어떻게 이들이 신도집단의 구성원이 되었는가?
— 왜 이들이 집단의 구성원이 되었는가?
— 얼마나 자주 이들이 참가하는가?
— 이들은 가족이나 친구와 함께 참가하는가 또는 단독으로 참가하는가?

여러분은 또한 이러한 주요 정보제공자들로 하여금 종교 의식들이 도대체 무엇인가에 관하여 말해 주도록 할 수 있다. 여러분은 이들의 묘사가 여러분 자신들의 묘사와 일치하는가, 또는 신도 집단의 평범한 구성원의 묘사나 사제의 묘사와 일치하는가 등에 관하여 아직은 우려할 필요가 없다. 이 단계에서는 단지 주어진 정보를 기록하고, 만일 불일치점이 발견되면 이들을 노트해 두는 것으로 충분하다.

마지막으로 이러한 예배의식에 대한 여러분의 참여의 결과, 여러분은 그 행위에 대하여 상당히 잘 알게 될 것이며 또한 신도 집단의 여러 구성원들과 좋은 관계를 유지하게 될 것이다. 이제 여러분들은 기술상(記述上)의 불일치점을 체크하기 시작할 수 있을 것이다. 처음에 경험의 부족 때문에 잘못 인식한 것들이 있었는가? 혹은 외부에서 들어온 여러분에게는 명백하였던 의식(儀式)의 일부 측면들을, 깊이 참여하고 있었던 신도 집단의 구성원들이 오해하였던 경우도 있는가?

여러분의 보고서는 이들 다양한 질문들에 대한 여러분의 답변을 요약하여야만 한다. 여러분은 처음에 비정상적이거나 비논리적인 것처럼 보였던 예배의식의 어떤 면들이 사실은 이들의 신앙과 논리적으로 연계되어 있는 이유를 제시할 수도 있다.

여러분이 자료를 보고할 때 알아두어야 할 또 하나의 추가적인
요소는 〔외부인의〕 참여 그 자체에서 비롯될 수 있는 편향의 가능
성이다. 아무리 우호적이며 또한 아무리 집단의 일부가 되었다 할
지라도 외부인이 출석하고 있다는 사실 그 자체는 신도 집단의 구
성원들로 하여금 일정한 행동이나 반응을 변화시키거나 수정하게
만들 가능성을 내포하고 있다. 여러분은 보고서의 기술(記述)을 종
료하면서 이러한 편향적인 행동유형의 결과일 수도 있는 측면을 모
두 지적하도록 하여야 한다. 물론 이러한 행동상의 변화는 여러분
이 아직도 〔현지에서〕 다소 새로운 요소로 간주되고 있는 조사의
초기 단계에서 더욱 많이 발생한다.

대규모 커뮤니티에 접근이 가능한 학생들은 이 프로젝트를 통하
여 참여관찰 자료의 본질에 관한 약간의 실험을 할 수도 있다. 이
를 위하여는 먼저 도시의 여러 다른 지역에 교구를 가지고 있는 카
톨릭 교회처럼 다수 지역에 각각 신도 집단을 가지고 있는 종파를
선택하도록 한다. 강좌를 수강하는 학생들은 각자 이들 여러 교구
중 하나를 선택하여 위에서 제시한 방법으로 연구를 진행한다. 마
지막으로, 이들 학생들은 한자리에 모여 이러한 연구를 통하여 수
집한 자료들간에 중요한 차이가 있는가를 알아보도록 한다.

만일 여러 학생들이 제출한 기술자료(記述資料)에 상이점이 있다
면 여러분들은 이러한 결론의 차이가 발생하는 이유를 알아보도록
시도하는 것이 매우 유용하다는 점을 발견할 것이다. 이러한 차이
는 다음의 하나 혹은 그 이상의 요인에 기인한 것일 수 있다.

— 각 지역의 신도 집단간의 지역적 차이
— 여러 다양한 관찰자들의 시야 outlook 의 차이
— 관찰자 상호간의 관찰 방법의 차이(즉, 관찰에 소요된 총시간, 각자
  의 주요 정보제공자가 남자였는가 또는 여자였는가 등)

만일 여러 관찰자들의 보고에 중요한 차이가 있다고 생각된다면 그러한 차이점이 정확히 어디에 있는가를 밝혀내도록 하여야 한다. 서로 상이한 결론을 도출한 학생들은 각기 자신들의 경우와는 대조적인 인상을 주고 또 결론도 상이하게 도출토록 한 신도 집단을 방문해 볼 수 있을 것이다. 물론 모든 학생들이 연구조사의 모든 측면에서 반드시 일치된 견해를 갖도록 강요할 필요는 없다. 그러나 조사의 결과를 비교해 보는 것은 종종 도움이 된다. 그 이유는 여러분들이 현지조사자로서의 여러분 자신을 보다 잘 이해할 수 있게 되기 때문이다. 또한 여러분들이 제출한 수개의 보고서에 대하여 패널 *panel* 형식의 토론을 가져보는 것도 유익할 것이다.

참고문헌

Bowen, Elenore Smith(Laura Bohannan). *Return to Laughter*, 1954. New York: Harper. 저명한 인류학자인 로라 보하난이 필명을 사용하여 쓴 소설로서, 현지조사를 하는 한 사람의 참여관찰자가 겪는 개인적, 윤리적, 감정적 적응 과정을 묘사하고 있다.

Degérando, Joseph-Marie. *The Observation of Savage Peoples*, translated by F.C.T. Moore, 1969. Berkeley: University of California Press. 최근에 다시 발굴된, 사회인류학의 참여관찰 접근법에 대한 프로그램. 비록 표현 방식은 좀 예스럽지만 데제랑도의 통찰력은 놀라울 정도로 현대적이며 아직도 현실 관련성이 크다.

Freuchen, Peter. *Book of the Eskimo*, 1961. New York: Fawcett. 탐험가와 모험가가 참여관찰 방법을 터득함에 따라 아마추어 인류학자가 된다는 이야기.

Golde, Peggy, ed. *Women in the Field: Anthropological Experiences*, 2nd ed., 1986. Berkeley: University of California Press. 참여관찰 경험에 대한 흥미 있는 회고담.

Hays, H. R. *From Ape to Angel: An Informal History of Social Anthropology*, 1958. New York: Capricorn Books. 인류학의 발전사上 몇몇 중요한 인물들의 생애와 업적을 생동감 있고 재치 있게 개관한 책으로 스

쿨크래프트에 관한 장(章)은 매우 훌륭하다.

Hoffman, Nicholas von and Sally W. Cassidy. "Interviewing Negro Pen-
    tecostals." *American Journal of Sociology*, 1956-57, 62 : 195-197. 참
    여관찰을 행한 사회학자 두 사람의 모험담. 자신의 사회[미국 사회]에서
    현지조사를 하는 [미국] 학자들에게 필요한 몇몇 훌륭한 교훈을 담고 있
    다.

Jorgensen, Danny L. *Participant Observation: A Methodology for Hu-
    man Studies*, 1989. Newbury Park. CA: Sage Publications. 참여관찰
    의 기본적 원리와 전략에 대한 간결한 개관. 이 책은 지금까지 참여관찰
    에 대하여 전혀 몰랐던 독자들에게 저자가 이를 소개하기 위하여 저술한
    것이다.

Lévi-Strauss, Claude. *Tristes Tropiques*, translated by John and Doreen
    Weightman, 1974. New York: Atheneum Publishers. 현대의 가장 뛰
    어난 인류학자 중 하나인 저자가 참여관찰 현지조사를 한다는 것이 무엇
    인가를 시적(詩的)으로, 또한 철학적으로 논의하고 있다.

Malinowski, Bronislaw. *Argonauts of the Western Pacific*, 1984(origin-
    al 1922). Prospect Heights, IL: Waveland Press. 인류학의 거장 중의
    하나인 말리놉스키가 쓴 고전적인 민족지의 하나. 특히 이 책의 첫 부분
    에서 말리놉스키는 현지조사를 한다는 것이 어떤 것인가를 뛰어난 지적
    능력을 발휘하여 마치 서정시와도 같이 잘 그리고 있다.

Mead, Margaret. *Coming of Age in Samoa*, 1928. New York: William
    Morrow.

Mead, Margaret. *Growing Up in New Guinea*, 1930. New York: William
    Morrow.

Rabinow, Paul. *Reflections on Fieldwork in Morocco*, 1977. Berkeley:
    University of California Press. 소위 '반성 인류학'(反省人類學) *reflec-
    tive anthropology* 의 가장 유명한 주창자 중 하나인 저자가 자기 자신
    의 현지조사 경험을 논한 책. '반성 인류학'이란 현지조사의 수행에 있어
    인류학자 개개인의 역할과 '인류학을 하는' *doing anthropology* 과정을
    이해하는 것을 목적으로 하는 현대 인류학의 조류.

Spindler, George, ed. *Being an Anthropologist: Fieldwork in Eleven Cul-
    tures*, 1986(original 1970). Prospect Heights, IL: Waveland Press. 여
    러 인류학자들이 현지조사지에서의 삶에 어떻게 적응하였는지를 회고하

고 있다.

Spradley, James P. *Participant Observation*, 1980. New York: Holt, Rinehart and Winston. 참여관찰에 대한 흥미 있는 논저로서 민족의미론 연구 *ethnosemantic research* (제10장 참조)를 전문가의 관점에서 저술한 책이다[이 책은 이희봉 교수가 『문화 탐구를 위한 참여관찰 방법』(1988, 서울: 대한교과서주식회사)이라는 제목으로 번역하여 교재로 널리 사용되고 있다].

Vidich, A. and J. Bensman. "The Validity of Field Work Data." *Human Organization*, 1954, 13(1) : 20~27. 저자들은 참여관찰이라는 전략 그 자체에서 비롯될 가능성이 있는 정보 오류와 편견의 발생 원인들에 관하여 정신이 번쩍 들면서 고민을 하게 만드는 질문들을 제기하고 있다.

제6장 생애사의 수집

서 론

제대로 된 민족지(民族誌)라면 독자들로 하여금 대상이 된 다른 문화를 가진 인간 집단의 인생주기를 이해할 수 있게 하여야 한다. 즉 이러한 다른 문화를 가진 사회에서 태어난다는 것은, 또한 인생의 각 단계를 산다는 것은, 그리고 또한 죽는다는 것은 어떠한 것인가를 독자들이 이해할 수 있도록 해주어야 한다는 것이다. 인류학자들이 현지에서 수집하는 정보의 상당부분은 한 개인이나 민족에 대한 것이기 때문에 인생주기의 부분 부분을 밝혀주는 데는 분명히 도움이 될 수 있다. 물론 인류학자가 특정한 현지상황에 머무르는 1년 남짓한 기간에 결혼식이나 성년식, 또는 장례식이 전혀 일어나지 않을 수도 있다. 그러한 경우 인류학자는 이러한 사건들에 관한 정보를 단지 구전(口傳)을 통해서 수집할 수밖에 없다. 만일 인류학자가 이러한 사건들을 직접 관찰할 수 있는 기회를 갖게 될 경우에라도 그는 현지민들의 생애에 있어서 이러한 사건들의 역할에 관하여 사람들이 무어라 이야기하는지 알고 싶어할 것이다.

만델바움 David Mandelbaum 은 인류학자들이 "인간의 발전에 관한 관찰"을 하면서 두 종류의 접근방법을 주로 사용하여 왔다고 하였다(Mandelbaum, 1973). 첫번째 타입은 그가 "생애 통과(生涯 通過 또는 推移, 經過) *life passage* 내지는 생애 주기(生涯 週期) *life cycle* 연구"라고 부르는 것인데, 이는 **사회의 요구를 강조**하는 것으로서 "하나의 집단이 그 나이 어린 성원들을 사회에서 생존이 가능한 구성원으로 키우기 위하여 어떻게 이들을 사회화 *socialization* 하고 문화화(文化化) *enculturation* 하는가?"를 보여주는 것이다. 그에 의하면 여러 다양한 문화를 대상으로 인생의 주요 사건[역주: 출생, 결혼, 장례 등 인생주기의 사건]들이 연구되어 왔으며, 이러한 인생주기의 사건이라는 측면에서 여러 사회의 유사점과 차이점들을 강조하는 通문화적 비교 *cross-cultural comparison* 는 종종 매우 귀중한 것이었음을 지적하였다(그 예로서 그는 통과의례(通過儀禮) *rites of passage* 에 관한 아놀드 반 제네프의 연구(van Gennep, 1909)와 사모아와 뉴기니의 '사춘기'에 관한 마가렛 미드 *Margaret Mead* 의 연구(Mead, 1928: Mead, 1930)를 인용하고 있다). 그러나 이러한 연구들은 인생에서 하나의 단계, 특히 초기의 단계를 강조하는 경향이 있었다.

만델바움이 언급하고 있는 두 번째 유형은 '생애사 연구' *life history studies* 로서 이는 **개인의 경험과 요구를 강조**하는 것이다. 즉 개인은 어떻게 사회에 대처하고 또한 사회 안에서 발전하는가 (Mandelbaum, 1973 : 177)가 연구의 대상인 것이다. 이러한 연구는 한 개인을 그 생애를 통하여 추적하는 것으로서, 물론 여러 다양한 학문분야의 사람들에 의하여 수집되며 또한 우리들에게는 '전기'(傳記) *biographies* 라든가 '자서전'(自敍傳) *autobiographies* 등의 형식으로 잘 알려져 있다. 그러나 인류학적인 조사연구에 있어서 이러한 명칭들은 그 어느 것도 사실상 정확한 것이 아니다. 그 이유는 이러한 연구의 최종 산물이란 주인공과 인류학자간의 협력의 결과이기 때문이다. 인류학자는 종종 주인공의 구술을 근거로 하여 이를 성문화(成文化)하기도 한다. 또한 주인공이 다른 언어의 사용자이거나 혹은 실질적으로 문맹과 다름이 없을 경우에는 인류학자가 번역과 해석상의 수많은 문제들을 처리하여야만 한다. 더욱이 주인공이 우리가 알고 있는 바와 같은 '시간적 순서'라는 개념을 전혀 가지고 있지 않을 경우에는 표현 순서상의 문제에도 봉착하게 된다. 이러한 이유 때문에 최종 결과는 진정한 의미에서 자서전도 아니며 또한 전기도 아니다. 이는 인류학자들에 의하여 '생애사'(生涯史) *life* *history*라고 불린다.

대부분의 사회과학자들은 "현지조사를 하는 모든 인류학자들이 조사대상이 되고 있는 사회 내에서의 '개인의 발달'과 어떠한 방식으로든 관련이 있는 수많은 자료를 수집하고 있음에도 불구하고 이러한 자료에 대한 체계적인 수집과 분석은 별로 행해지지 않으며, 동일한 사회 내에서의 '생애 통과(生涯 通過)' *life-passage* 자료와 '생애사' *life history* 자료를 체계적이며 의미 있는 방법으로 결합하려는 시도에 대하여는 거의 주의를 기울이지 않는다"는 만델바움의 의견에 전적으로 동의할 것이다. 생애 통과 연구가 어린아이들에게 집중되어 온 반면에 생애사 연구는 거의 배타적으로 성인이 대상이 되었다. 만델바움에 의하면 생애 통과 연구는 인생의 한 단계와 바로 그 다음 단계, 개인적 경험과 사회적 제도, 혹은 개인적인 선택 행동과 사회변동을 별로 효과적으로 연관시키지 못하였으나, 생애사 연구에서는 이러한 것들을 제대로 처리할 수 있다는 점을 시사하였다. 생애사에 관하여 그는 "사회과학의 모든 분과의 전문가들의 권고에도 불구하고 생애를 하나의 완결된 것으로서 취급한 사려 깊은 연구는 너무나 극소수였으며 또한 그나마 기존의 연구들은 균형과 맥락에 대한 충분한 배려 내지는 사려 깊은 분석을 결여하고 있었다"고 평가하고 있다.

퍼티 펠토 Pertti Pelto는 만델바움의 제안에도 불구하고, 생애사란 종종 민족지적 기술(記述)의 세부사항과 추상화를 개인의 삶에 관련시키는 목적을 위하여 특히 수집되는 것이라고 지적하였다(Pelto, 1970 : 99). 그는 라딘 Paul Radin의 연구를 인용하였는데, 라딘은 유명한 윈네바고 인디언 Winnebago Indian의 전기를 수집하면서 그 목적은 "어떤 특정 인물에 대한 자서전적인 세부 사실을 수집하는 것이 아니라 적당히 유능한 중년의 대표적인 개인으로 하여금 그가 성장한 사회집단과의 관련하에서 자신의 삶을 기술하도록 하는 데 있다"고 하였다. 대표적인 개인의 그러한 상세한 전기는 생애주기에 관한 기술적(記述的)인 자료 등을 포함하기 때문에, 이들이 제공하는 다양한 종류의 정보를 얻기 위하여 상세히 분석될 수 있다. 이러한 두 가지 유형의 자료[1]를 조심스럽게 결합하면 민족지가(民族誌家)는 대상이 되는 사회의 거의 완전하고도 균형이 잘 잡힌 인생관을 제시할 수 있게 된다. 물론 우리들은 만델바움이나 다른 학자들이 요구하였던 광범위한 종합과 분석을 본 강좌에서 여러분들에게 요구하고 있는 것은 아니며, 단지 이들 두 가지 유형의 조사연구와 그 상호관계 및 중요성에 대하여 여러분들이 어느 정도 이해하기를 원하는 것이다. 이하 본 장의 후반부는 전적으로 생애사 연구에 관한 것이다.

최초의 생애사 자료들이 인류학자들에 의하여 수집되기까지의 수십년 간——그리고 사실상 전문적인 인류학자들이 등장하기 이전에——초창기의 생애사 연구의 성격뿐만 아니라 인류학의 전반적 성격과 발전의 상당 부분을 규정하는 데 중요한 많은 사건들이 발생하였다. 흔히들 인간이 사고하기 시작한 아득한 옛날부터 인간의 기원과 관습 및 사고의 차이점에 관하여 여러 가지 추측과 논의를 해온 것처럼 착각하고 있지만, 사실을 살펴보면 인간의 기원이라는 문제에 대해서 과학적으로 접근하기 시작한 것은 놀라우리만큼 최근의 일이다. 1500년대에서 1700년대에 걸쳐 '발견가'들의 탐험은 당대의 문명세계로 하여금 다른 민족들과 이들의 삶의 방식에 대한 지식을 넓혀 주었다. 예를 들어 신대륙의 '인디언'들은 꽁끼스따도레 conquistadore〔역주:스페인의 정복자〕에게는 너무나도 다르게 보였기 때문에, 1500년대에는 인디언들도 인간이며 따라서 이에 상응한 취급을 받아야 한다는 교황의 교서가 발표될 지경이었다. 심지어 18세기에 이르러서도 자연사 연구의 위대한 집성자인 린네 Carolus Linnaeus 는 당대의 지배적인 믿음에 따라 인간의 분류에

---

1) 역주: 한 사회의 대표적 개인에 대한 상세한 전기적(傳記的) 자료와 인생주기에 관한 기술적(記述的) 자료.

Homo sapiens (사고하는 인간)뿐만 아니라 또한 *Homo ferus* (야생의 인간)과 *Homo monstrosus* (괴물 인간) 등도 포함하였다. 널리 유포되었던 이야기들이나 여행자들의 기행문 속에 묘사되었던 '이상한 괴물들과 신비한 나라들'의 존재를 사람들이 더 이상 믿지 않고 잊게 된 것은 오랜 세월에 걸쳐 매우 서서히 이루어진 일이다. 훔볼트 Alexander von Humboldt 는 19세기 초에 오리노코 Orinoco 江 유역을 탐험하여 이 지역의 인디언들은 배꼽이 있어야 할 위치에 입이 달려 있다는 신화가 오류라는 사실을 알렸다. 그러나 때때로 잘못된 관념들은 그대로 유지되었는데, 여기에는 종종 '보르네오에서 온 야만인'(이는 실제 보르네오 사람과는 거의 닮지 않았다)을 전시하였던 사육제나 촌극의 매니저들이 기여하였다.

그러나 1800년대 초에는 엄정한 관찰의 습관이 더욱 잘 확립되었다. 소문과 신화들은 계속하여 검증이 되었다. 인간과 그 본성——형질적 및 문화적——에 관한 정보가 엄청나게 많이 수집되고 축적되었다. 이 기간에 두 가지 중요한 관념이 등장하기 시작하였는데, 그 하나는 다른 사람들도 또한 '인간이라는 사실'이라는 인식이었으며, 또 하나는 동종인 인간들에 의하여 착취당하고 있는 인간적 존재 *human creature* 들에 대한 우려와 각성이었다. 마구 총살당하고 있는 타즈마니섬 사람들의 운명이나 미대륙과 기타 지역의 흑인 노예들에 대한 대우 등에 관한 인식이 확산되면서 이들을 보호하기 위하여 인도주의 단체들이 조직되기 시작하였다. 최초의 인류학회와 민족학회 그리고 학술지들이 등장한 것은 바로 이러한 시대였으며 또한 이러한 우려를 기반으로 한 것이었다.

같은 시기 미국에서는 대규모 인디언 전쟁들이 바야흐로 끝나면서 프론티어가 급속히 소멸되고 있었는데, 일부 미국 인디언, 그 중에서도 특히 어떠한 방식으로든 일반의 주목을 끌었던 추장들이나 전사들에 대한 관심이 크게 증가하였다. "이러한 관심은 물론 낭만적 또는 감상적인 것으로서 대개 '고상한 야만인' 혹은 '사라지는 홍인(紅人)' 등등에 관한 저술과 이야기의 형식으로 나타났다"(Langness, 1965 : 5). 1832년에 이르러 대처 B.B. Thatcher 는 『인디언의 전기: 혹은 북미 원주민 중에 웅변가, 전사, 정치가 등으로 저명하였던 인물들과 기타 유명인들에 관한 역사적 기술』 Indian Biography: or, An Historical Account of Those Individuals Who Have Been Distinguished Among the North American Natives as Orators, Warriors, Statesmen and Other Remarkable Characters 이라는 책을 출판하였다. 예술가들과 여행가들도 그들의 인디언 연구에 짤막한 전기들을 덧붙이기 시작하였다. 1800년대 후반에는 『유명한 미국 인디언들』 Famous American Indians 이라는 시리즈가 등장하였으며 또한 이름난 인디언들 개개인에 관한 개별적인 전기가 등장하였다. 이들 중 몇몇의 제목을 살펴보면 다음과 같다: 『시팅 불』[2] Sitting Bull (1891), 『소크族의 블랙 호크』 Black Hawk of the Sauk (1854), 『오타와族의 폰티액』 Pontiac of the Ottawa (1861), 『모호크族의 브랜트』 Brant of the Mohawk (1865), 『네 페르세族의 죠셉 추장』 Chief Joseph of the Nez Percé (1881), 『모히칸族의 웅카스』 Uncas of the Mohicans (1842), 『체로키族의 세코야』 Sequoya of the Cherokee (1885) 등이다.

　『인류학적 과학에 있어서의 생애사』 The Life History in Anthropological Science 의 저자인 랭니스 Langness 는 1900년대 초에 출판된 다양한 여러 인디언의 전기에 대하여 언급하고 있는데 그는 이것들과 위에서 예로든 책들을 합쳐서 '민간 기사'(民間記事) popular accounts [3] 라고 부르고 있다. 요컨대 랭니스에 의하면 1920년대에 폴라딘 Paul Radin 이 유명한 『크래싱 썬더』 Crashing Thunder [4] 를 출판

---

2) 역주: 시팅 불 Sitting Bull (앉아 있는 황소)이나 블랙 호크 Black Hawk (검은 매), 폰티액 등은 모두 인디언 추장의 이름이다. Nez Percé 는 프랑스어로 구멍 뚫은 코 pierced nose 라는 의미로서 유럽인들에 의한 인디언 부족의 이름이다.

3) 역주: '통속적 서술'(通俗的 敍述)이라고 번역하기도 한다.

하기까지는 "특별한 조사 도구의 하나로서의 전기에 대하여 인류학
자들이 진정한 관심을 보여준 적은 없었다"라고 말하였다. 이러한
발언을 하는 랭니스는 그린넬 Grinnell, 크로버 Kroeber, 월리스 Wallis
등에 의한 수편의 짤막한 전기적 기사(傳記的 記事)들을 염두에 두지
않고 있다. 한편 클러크혼(Kluckhohn, 1945)은 생애사가 그 이전에는
인류학에서 사용되지 않았었다는 사실에 주목하였으며 또한 초기의
민간기사(民間記事)들이 가지고 있던 그 어떠한 자료로서의 가능성도
인류학자들에 의하여 활용된 바 없다는 사실을 지적하였다.

　랭니스는 특히 인류학자들이 현지조사지로부터 가지고 돌아오는
다른 모든 종류의 자료를 검토하면서 이러한 자료들만으로 집중적
인 생애사를 충분히 대체할 수 있는가에 대하여 의문을 제기하고
있다. 랭니스에 의하면 생애사는 1920년대까지만 해도 대부분의
인류학적 연구에서 정말로 필수적인 것이라 간주되지는 않았지만,
그 이후, 특히 문화와 퍼스낼리티, 사회 내에서 개인의 역할, 발달
사 developmental history 등을 강조하는 특정 유형의 연구에서는 점
차 중요한 비중을 차지하게 되었다는 결론을 내렸다. 그러므로
1920년대 이후에는 사회 내의 개인에게 초점을 맞춘 연구가 다소
증가하였는데, 이는 미국뿐만이 아니라 특히 독일에서도 그러하였
으며, 미국에서 최초의 인류학적 생애사(아직도 많은 생애사 수집가들
에 의하여 '자서전'이라고 불리었지만)의 초점은 여전히 미국 인디언이
었다. 1930년대에 트루만 마이켈슨 Truman Michelson 은 각기 상이
한 부족 출신의 세 명의 인디언 여인의 '자서전'을 수집하였는데,
이들은 당시까지만 해도 극히 남성 지향적 주제라 여겨지고 있던
것에 대한 여성측 세계를 제시하려는 초기의 시도라는 점에서 특히
중요하다(Langness, 1965 : 7).

　그동안 수집된 생애사들을 모두 검토하면서 랭니스는 사피어 Ed-

---

4) 역주: '놀라운 천둥'은 인디언 추장의 이름.

ward Sapir와 라딘이야말로 이 분야에 있어 가장 위대하고 오래 기억될 공헌을 하였다고 지적하였다. 그는 사피어가 심리학과 정신과학 그리고 인류학을 연결하는 다리를 놓았으며, 또한 '문화와 퍼스낼리티'라는 '학파'에 커다란 영향을 미쳤고, 베네딕트Ruth Benedict, 비글홀 Ernest Beaglehole 및 다이크 Walter Dyk 등의 연구에도 영향을 끼쳤다고 하였다(1965 : 8). 위에 제시하였던 펠토의 인용문을 보면 생애사에 대한 라딘의 관심은 매우 독특한 종류의 것이었다는 점을 알 수 있겠다.

1925년에서 1942년에 걸쳐 많은 학자들이 인디언 보호지구와 그 밖의 지역에서 미국 인디언의 연구에 종사하고 있었지만, 대부분의 학자들은 여러 인디언의 문화가 급속히 사라지고 있으므로 가능한 한 많이 이들을 〔기록으로〕 보존하는 것이 중요하다는 생각에 기울고 있었다. 생애사란 통상 인류학적 현지조사의 필수적인 일부라고 간주되지는 않았는데, 그 이유는 아마도 부분적으로는 생애사가 다른 많은 자료 수집방법에 비하여 시간을 더욱 소모하였기 때문이었다. 아무튼 이 기간 중의 인류학적 傳記의 대부분은 "개인별 특성의 *idiosyncratic* 차원 내지는 심리학적 차원보다는, 인간이라는 존재의 문화적 차원을 명확히 하거나 묘사하는 것"을 목표로 하고 있었다(Langness, 1965 : 9). 이 기간 중의 가장 흥미 있고도 가치 있는 연구 중의 하나는 앞서 언급한 라딘의 『크래싱 썬더』뿐만 아니라 다이크 Walter Dyk 의 『올드 맨 햇의 아들』*Son of Old Man Hat* (1938), 그리고 시몬스 Leo W. Simmons 의 『태양 추장』*Sun Chief* (1942) 등등이다.

랭니스는 1925년에서 1945년에 걸친 기간을 생애사 수집 방법에 대한 관심의 증대가 표면화되는 시기라고 요약하고 있다. 그는 1945년 이래 "자료를 수집하는 보다 손쉬운 방법"을 향한 경향이 심화되고 있음에 주목하였다(1965 : 19). 그런데 1945년 이후의 시기의 생애사는, 사용된 방법뿐 아니라 주인공으로 선택된 사람들이 훨씬 더 다양하였음에도 불구하고, 보다 주의 깊게 기록된 생애사를 더욱 많이 요구하고 있는 여러 사회과학자들을 아직도 충분히 만족시키지 못하고 있는 실정이다. 양적으로 부족한 것 외에도 생애사 연구에 대한 중요한 불만으로는 첫째, 연구의 배경과 상황 *setting*을 설명하고 제시하기 위한 기사(記事) *documentation*의 결여; 둘째, 연령 및 성별上 대표성의 불균형으로서 특히 50대 이상의 남성이 거의 대부분을 차지하고 있다는 사실; 셋째, 맥락 *context*에 대한 자료가 없으며 또한 동일한 집단의 다른 인물에 대한 생애사 연구가 없음에 따라 특정한 생애사의 대표성을 판단하거나 이를 다른 것과 비교할 기회가 결여되어 있다는 점; 그리고 마지막으로 분석과 해석의 결여 등등의 문제점이 포함되어 있다.

현지조사의 다른 측면들의 경우와는 달리 생애사의 수집에 관하여는 '어떻게 할 것인가'에 관한 좋은 책이 도무지 존재하지 않는다. 이것이야말로 우리가 그나마 출판된 몇 안 되는 서적에서 다소 장황하게 인용을 하여 여러분들이 원할 경우 이들을 직접 참조할 수 있도록 배려한 이유의 일부이다. 비록 이제 출판된 지 거의 50년이 지났지만 우리는 『역사학, 인류학 그리고 사회학에 있어 개인 기록의 사용』 *The Use of Personal Documents in History, Anthropology, and Sociology* (1945) 중 클러크혼이 집필한 부분, 그중에서도 특히 "현지조사 테크닉과 방법"이라는 장(章)은 이 주제에 관하여 이제까지 출판된 그 어떠한 것보다도 더 유용한 정보와 제안들을 담고 있다고 생각한다. 이하의 기술은 상당 부분 그의 제안을 기초로 한 것이다.

클러크혼의 첫째 제안은 생애사의 수집자는 정보제공자와의 인터뷰를 시작하기 전에 대상이 되는 커뮤니티에 관하여 전적으로 문헌자료에만 의존해서는 안 된다는 것이다. 정보제공자를 주의 깊게 선정하고 아마도 그들과 충분한 라포를 형성하기 위하여는 현지조사자는 직접적인 관찰을 통하여 커뮤니티에 대한 '感을 잡아야' *get a feel* 한다.

이를 위하여 취할 구체적인 절차들은 장소에 따라 또한 상황에 따라 다양할 것이다. 하나의 커뮤니티를 잘 알고 있지 못할 경우에는 앞서 언급한 바와 같이 '민감한' *touchy* 소재나 지나치게 개인적 혹은 사적이라고 간주될 수 있는 것들을 섣불리 건드리기 쉽다. 또한 커뮤니티 전체에 눈을 돌리는 것으로부터 가끔 뜻하지 않은 수확을 얻을 수 있는데, 그 이유는 정보제공자가 자기 자신이 전적으로 주의의 초점이 되고 있다고 느끼지 않기 때문에 어느 정도 마음을 놓을 수 있기 때문이다. 이번 프로젝트를 위한 여러분의 조사에서 만일 여러분들이 정보제공자의 가정을 방문하도록 초대받았다면 이는 매우 이상적인 상황이다. 만일 알고 지낸 기간이 짧았기 때문에 이러한 초청을 쉽게 기대하기 어렵다면, 여러분은 아마도 정보제공자가 '편안한' 느낌을 가질 수 있는 그의 직장이나 즐겨 찾는 공원의 양지 바른 벤치나 혹은 기타 다른 장소로 찾아가서 정보제공자와 그의 친구나 친지들을 만나거나 최소한 이들의 상호작용을 관찰할 수 있다. 여러분이 정보제공자를 방문할 때에는 어떠한 시간이나 장소이든지 여러분이 느닷없이 나타났다는 느낌을 주거나 또는 〔환영받지 못하는〕 불청객이라는 느낌을 주지 않도록, 또한 정보제공자가 하고 있는 그 어떠한 행위에도 방해가 되지 않도록 각별히 주의를 기울여야 한다.

정보제공자에게 동기를 부여한다는 것는 정보제공자가 어느 정도 분노를 발산하기 위하여 이야기를 하고 싶어하거나 또는 그가 특별히 자랑스러워하는 자신의 삶의 어떤 부분을 드러내고 싶어하지 않는 한, 클러크혼의 체험보고(p. 117)대로 어려운 문제가 될 수 있다. 물론 이것은 매우 길고 복잡한 이야기 전체를 수집하고자 할 경우, 정보제공자가 바쁜 사람이라면 특히 심각한 문제이다. 또한 많은 사람들은 의식적으로나 무의식적으로나 "다짜고짜 이야기를 하도록 요구당하는 것" *being pumped dry* [5]을 싫어하기 때문에(p.

---

5) 역주: to be pumped dry 는 펌프질을 할 때에 물을 약간 붓지 않고 그냥 하는 것으로 처음에 물이 잘 올라오지 않는다. 이와 반대로 to prime the pump 는

118), 자기 자신의 삶의 이야기를 하고 그리하여 〔현지조사자와 정
보제공자가〕 무언가를 같이 나눈다는 감정을 느끼게 함으로써 "유
인하는 것"*to prime the pump*은 좋은 방법이다. 많은 경우, 특히 정
보제공자가 조사자의 오래 알고 지내던 친지인 경우에는 단지 "내
일 좀 도와주지 않을래요?" 등의 요청을 하는 것만으로도 충분할
것이다. 다른 경우에는 "책에 쓰여 있는 우리〔커뮤니티〕에 관한 거
짓말" 대신에 진상을 외부 사람들이 정말로 알 수 있도록 도와주려
는 〔정보제공자의〕 욕망이 강한 동기 유발 요인이 될 수 있다.

　클러크혼이 강조하는 또 한 가지 사항은 생애사를 수집한다는 것
이 꽤 시간이 걸리는 작업이라는 사실과 특별히 관련이 있다. 클러
크혼에 의하면 어떤 특정한 인물이 표본수집이라는 차원에서나, 조
리 있고 명료한 표현력*articulateness*[6]의 소유자라는 점에서나, 기타
우리가 언급한 많은 다른 요인들을 고려할 때 매우 바람직한 정보
제공자가 될 수 있다고 하더라도, "그가 〔생애사를 수집하기 위한
장시간의 인터뷰에 응하는 대신에〕 다른 활동을 할 것을 요구하는
주위로부터의 압력들은 불가피한 것인데, 이러한 압력이 강력하고
또한 점점 누적될 경우에는 그를 선택하는 것에는 커다란 위험부담
이 따른다"(Kluckhohn : 120-121)고 한다. 만일 그러한 인물이 단지
도움을 주려거나 또는 호의를 표시하기 위하여, 자신의 판단이나
혹은 영향력 있는 가족원들의 〔부정적인〕 판단에도 불구하고 생애
사 연구의 정보제공자가 될 것에 동의하였다면, 그는 아마도 인터
뷰를 도중에 중단하거나 혹은 에피소드들을 서둘러 단축함으로써
생동감 없고 흥미 없는 결과를 초래할 수도 있다. 클러크혼은 또한
"변덕스럽거나 불안정하거나 혹은 극히 일시적인 열광 등의 특징"

　　펌프질을 할 때에 펌프에 물을 약간 부어서(마중물) 물이 잘 올라오도록 하는
　　것을 의미한다.
　6) 역주: 일본어 판은 articulateness 를 '정확성'(正確さ)이라고 번역하고 있는데,
　　여기서는 단순히 발음이 정확하고 명료한 것만을 의미하지는 않으므로 '조리
　　있고 명료한 표현력'이라고 번역하였다.

을 가지고 있는 인물의 경우에는 그가 정보제공자로서 특히 요구되지 않는 한, 가능한 한 회피하여야만 한다고 경고하고 있다(p.121). 사람을 알고 지낸 지 얼마 안 되는 짧은 기간 동안에 〔그 사람이〕 이러한 특징들을 가지고 있는지를 탐색하는 것은 물론 매우 힘든 일이지만 현지조사자는 그의 조사 대상이 되는 사람들이 가진 동기의 성격과 열성을 평가하려는 노력을 하여야 한다.

　클러크혼에 의하면, 조사자의 한쪽 눈은 문화적 조건에 또 다른 눈은 정보제공자의 퍼스낼리티와 동기에 주목하여 상황의 어떤 측면들을 주의 깊게 체계화*structured*할 수 있다. 종종 눈을 세 개째[7] 갖는 것이 매우 유용할 수도 있다. 우리는 앞에서 만일 정보제공자의 기분을 거스르지 않고 또한 그에게 전혀 지장이 없다면 정보제공자에게 편한 장소 또는 최소한 편한 느낌을 주는 장소, 그리고 그가 다른 사람들과 상호작용하는 것을 관찰할 수 있는 장소에서 인터뷰를 실시하는 것이 바람직하다는 점을 언급한 바 있다. 이는 부분적으로는 정보제공자의 삶의 맥락에 관한 지식을 얻고 또한 가능하다면 정보제공자에게 중요한 일들에 관하여 다른 사람들과 대화를 통하여 지식을 넓히는 것이 바람직하기 때문이다. 그러나 관련된 모든 요인들을 통제하는 데에는 어려움이 있다. 우리들의 동료 하나는 어떤 부부와 상당한 기간에 걸쳐 훌륭한 라포를 형성하는데 성공하였는데, 항상 자발적이고 통찰력 있고 말을 조리 있게 하는 남편에게 그의 생애사를 들려줄 것을 부탁하였다. 조사자가 약속시간에 그 집에 도착하자 부인이 현관에 나와 조사자를 마중하였다. 부인은 조사자를 친절히 집안으로 안내하였으나 이야기를 하려고 자리에 앉자 "도대체 무엇 때문에 그이를 인터뷰하려는지 모르겠어요. 그이는 책에 쓸 만큼 가치 있는 일을 아무것도 한 것이

---

7) 역주: 한 눈은 문화적 조건, 두 번째 눈은 정보제공자의 퍼스낼리티와 동기에 주목하는 것이 바람직한데, 한 가지 더 주의할 사항이 있다는 의미에서 눈을 세 개 갖는다는 표현을 사용하였다.

없어요. 선생님은 흥미진진한 삶을 산 다른 사람을 인터뷰해야 되요!"라고 말하였다. 이러한 말은 물론 겸손을 나타내기 위한 것이었지만 동시에 남편으로 하여금 자신은 이야기할 가치가 있는 것은 아무것도 알지 못한다는 확신을 갖게 만들었다. 인터뷰는 얼마 안 가서 끝났으며, 남편은 자신의 생애사가 다른 사람들의 생애사와 함께 출판되는 것을 본의와는 달리 허락하지 않았다. 이와 유사한 사례들은 흔히 발생하기 때문에 여러분은 이러한 사태를 방지하기 위하여 주의를 기울여야 한다. 예를 들어 이러한 문제가 발생할 위험이 있으면 커뮤니티 내의 여러분들의 본거지에서 인터뷰를 행하는 것이 필요할 수도 있다.

　생애사 인터뷰의 어떤 측면들은 명확히 공식화되거나 명문화되어 있지 않지만 광범위하고 유용한 생애사 인터뷰를 행해 본 사람이라면 누구나 확신하는 것이 있다. 즉 〔조사자는〕 때로는 "정보제공자가 자신의 삶을 투사하는 텅 빈 스크린"의 하나가 되어야 할 필요가 있다는 사실이다(Kluckhohn : 122). 민족지가는 가능한 한 지침을 주어서는 안 된다. 그리고 일단 정보제공자에게 무엇을 할 것인가를 이해시키고 나면 민족지가는 가능한 한 말을 적게 하여야만 하며, 집에 불이라도 나지 않는 한 정보제공자의 말을 가로막아서는 안 된다. 말을 가로막는다는 것은 용기를 빼앗는 것이다. 그렇게 되면 입에 올렸던 화제는 아마도 다시는 만족스러울 정도로 이야기 되지 않을 것이다. 민족지가는 정보제공자의 반응에 민감하여야만 하지만 단지 확신을 북돋아 주거나 혹은 완전한 침묵을 깨뜨리기 위해서가 아니면 통상 말을 해서는 안 된다. 텅 빈 스크린이 되는 동시에 또한 친구가 된다는 것은 물론 극히 힘든 일이지만, 이러한 접근방법이야말로 개인적인 의견을 자유롭게 털어놓게 하기 위하여, 또한 〔생애사 인터뷰에서는〕 필수불가결한 지지(支持)의 유지를 위하여 꼭 필요할 것이다. 물론 정보제공자를 잘 모를 경우에는 실제 생애사 이야기가 시작되기 전에 보다 많은 예비적인 대화와 재

확인이 필요할 것이다.

생애사 인터뷰에서는 주제가 상당히 개인적이며 따라서 민족지가
와 정보제공자간의 관계는 현지에서 다른 어떠한 정보를 수집할 때
처럼 그냥 지나치는 듯하거나 단순한 것이 아니다. 이것이야말로
생애사 조사시 특히 주의를 기울여 정보제공자를 선택해야 하는 부
차적인 이유이다. 클러크혼은 인류학자가 의사, 변호사, 성직자 등
이 누리고 있는 신뢰에 필적할 만한 신뢰를 쌓아올리고 가능한 한
모든 방법을 통하여 이러한 신뢰와 관련된 의무들을 준수해야 할
필요성에 대하여 언급하고 었다(p. 122). 이것은 간단한 과제가 아
니며 진지하게 다루어져야 한다. 정보제공자와 그의 익명성을 보호
하는 윤리적 책임은 매우 큰 것이며, 이는 연구의 대상이 되는 커
뮤니티의 구성원들이 자신들의 삶에 관한 보고서를 읽을 수 있기
때문에 특히 그러하다. 정보제공자들로부터 자신들의 삶에 대하여
출판하는 것에 대한 동의를 얻고 또한 이에 의하여 영향을 받게 될
다른 사람들로부터도 자신들에 대한 이야기의 출판에 관한 동의를
얻도록 노력하는 것은 중요하다. 또한 출판업자들 역시 정보제공자
의 허락(가능한 한 서면동의)을 받지 않은 생애사의 출판을 꺼릴 것
이라는 예상은 현실로 나타나고 있다.

클러크혼이 제기하고 있는 또 다른 문제는 정보제공자의 말을 중
단시키지 않으면서 그가 말하는 바를 그대로 기록하고 또한 보존하
는 것이다. 왜냐하면 정보제공자가 스스로의 템포를 선택하고 유지
할 수 있는 한 말을 가로막는 것은 거의 항상 라포를 손상시키기
때문이다(p. 127). 클러크혼은 속기를 비롯한 몇몇 빠른 기록방법을
제시하였으나 각종 장비로 무장한 현대의 인류학자는 또한 녹음기
의 사용을 제안할 것이다.[8] 인터뷰의 길이 역시 신중히 조정하여야

---

8) 역주: 상황에 따라서는 비디오 카메라의 사용도 진지하게 고려해 볼 만하다.
   풀어쓰기 작업이 덜 지겹다는 단순한 이유 외에도 비디오 카메라의 사용에는
   여러 가지 장점이 있다. 망원렌즈가 달린 비디오 카메라에는 눈 가장자리를 촉
   촉히 적시는 눈물이 잡히기도 하며 인터뷰 당시에는 미처 인식하지 못했던 미

만 하는데, 왜냐하면 어떤 정보제공자들은 중간에 그치는 것을 싫어하는 반면, 다른 정보제공자들은 쉽사리 싫증을 느끼기 때문이다.

생애사 자료를 수집할 경우에는 정보제공자 이외의 사람들로부터 가능한 많은 정보를 얻도록 항상 노력하여야 한다. 이런 방법으로 조사자는 정보제공자가 그 자신에 대해 가지고 있는 생각과 다른 사람들이 그에 대해 가지고 있는 생각간의 차이를 파악할 수 있다. 이는 또한 정보제공자가 제공하기를 꺼려하거나 혹은 부정확하게 제공한 정보들을 검증하는 데도 도움이 된다. 정보제공자가 상세히 이야기한 사건에 대하여 다른 직접 목격자들의 이야기를 가능한 한 수집하는 것도 가치 있는 일이다.

여러분들은 본 프로젝트를 위하여 오직 하나의 생애사만을 수집하도록 요청될 것이며 따라서 동일한 맥락에서 나온 다른 생애사들과 이를 비교하거나 대조하게 되지는 않을 것이다. 그러나 여러분들이 원래 의도하였던 것과는 상이한 관점에서 수집한 생애사들에 대하여 생각해 봄으로써 여러분들은 상당히 귀중한 통찰력을 얻을 수 있을 것이다. 예를 들어 이 생애사에는 과거와 현재 그리고 미래에 대한 관념이 사용되고 있는가? 성(性)이나 연령이 같은 사람 또는 다른 사람들이 생애사에서 중요하게 그려지고 있는가? 정보제공자가 생애사를 이야기하도록 요청받았는가 또는 스스로 적극적으로 이야기했는가? 나레이션의 기법, 유머, 이중의미의 사용, 아이러니, 긴장 또는 특별한 시작과 종결방법 등 두드러지게 드러나는 스타일의 측면이 있는가? 이야기의 형식이 피조사자가 잘 알고 있는 다른 이야기들, 종교 예배나 금주협회(禁酒協會)의 모임 등의 형식과 유사한 경향이 있는가?

세한 표정의 변화나 몸짓이 표현의 섬세한 차이를 깨닫게 해주기도 한다. 역자 중 한경구는 일본의 가와사키市에서 생애사 수집을 할 때에 이러한 경험을 한 바 있다. 한경구의 「일본의 사회교육과 한 여성 사회 교육 운동가의 삶의 형성」(『경제와 사회』 1995년 겨울호)을 참고할 것.

　최근의 학자들은 생애사란 한 사람의 생애에 일어난 모든 일들을 결코 다 이야기할 수 없으며 또한 본인이 선택하여 제시하고자 하는 자신의 '정체성'*identity* 의 여러 측면을 대변하는 것도 아니라는 점을 강조하는 경향이 있다. 우리들은 심지어 단 한 번도 이야기를 글로 써보거나 녹음기에 대고 말해 본 적도 없는 사람들이 살고 있는 장소에서조차도 몇몇 정보제공자들이 자신들의 생애사에 대하여 매우 분명하고도 확고한 생각을 가지고 있는 놀라운 사례들을 몇 차례 경험한 바 있다. 녹음기를 사용할 경우 그 결과는 정보제공자 본인에 의하여 만들어진 자서전이라는 환상을 주지만, 인터뷰하는 사람과 정보제공자들간의 상호작용은 기본적으로 중요하다. "인터뷰를 하는 사람과 인터뷰 대상자는 '자아의 이야기'*version of the self* 를 구성하기 위하여 〔상호 협력하여〕 음모를 꾸민다. 그리고 이들이 이러한 음모에서 사용하는 전략들은 아마도 이들의 문화에서 공유되고 기대되는 암묵적인 상호작용의 규칙성에서 비롯될 것이다"(Angrosino, 1989 : 104).

　지난 수년간 우리들은 네덜란드령(領)인 카리브 해의 몇몇 섬[9]에서 생애사를 수집하여 왔다. 각 섬에 살고 있는 우리들의 조사대상자들은 그 섬의 각 종족 집단, 성, 그리고 많은 직업 범주의 비율에 따라 선정된 대표들이다. 이들의 연령은 13세에서 80대 후반에까지 걸쳐 있다. 그리하여 우리들은 각각의 생애사의 모음집이 마치 각 섬의 생애사와도 같아지도록 만들려고 시도하고 있다. 이들 섬들은 모두 동일한 문화영역의 일부이기 때문에 이러한 〔섬 주민의 삶의〕 이야기들 속에서는 이들을 일관하는 유사한 테마들이 상당수 발견된다. 또한 이들 섬들간에는 많은 놀라운 차이가 있다. 사바 Saba 섬 주민의 이야기들은 '사바의 염소들'의 자랑스러운 전통을 강조한다. 이들은 경사가 급한 고립된 섬에 살면서 훌륭한 생활

---

9) 역주: 小 안틸레스 제도(諸島) The Lesser Antilles 등.

을 이룩하는 데 성공하였으며 전 세계적으로 그 솜씨를 인정받는 뱃사람들을 대대로 배출하였다. 세인트 유스타시우스 St. Eustatius 섬에서 수집한 이야기들은 '땅의 아들들과 딸들'이며 또한 아프리카 출신의 흑인이라는 점에 대한 긍지를 종종 강조하고 있다. 석유 산업에 종사하기 위하여 많은 나라에서 이주한 사람들로 구성되어 있는 아루바섬 주민들의 이야기들은 대도시지역에서 최근에 발생한 급격한 사회변동을 그 주요 초점으로 하고 있다. 그리하여 생애사 기법이라고 하는 것은 여러 상이한 종류의 사회들—단지 아주 전통적인 사회들이나 그 문화를 상실하고 있는 사회들뿐만 아니라—에 대하여 배울 수 있는 유용한 방법이다.

　여기에서 또 언급하여야 할 보다 중요한 점은 이 과정에서 필요하게 된 방법론의 기본적인 변화이다. 우리가 최초로 조사를 실시한 곳은 사바섬이었는데 이 곳은 우리들 중 한 사람이 과거에 상당 기간 직접 거주하면서 현지조사를 행했던 곳이다. 그리하여 프로젝트에 참여한 학생들이 섬에 도착하고 또한 첫번째 정보제공자가 될 현지 주민들과 '연결'plug in 되기 전에 어느 정도 이들에게 배경 설명을 해줄 수 있었다. 시간이 지남에 따라 학생들은 새로이 사귄 친구들 가운데서 정보제공자들을 발견하게 되었다. 다른 섬에서는 우리들의 커넥션이 사바섬에서처럼 긴밀하거나 장기간에 걸쳐 형성된 것이 아니기 때문에 우리들은 이러한 섬에 있는 동료들에게 일부 조사대상자들을 발견하고 조사하는 작업을 의존하였다. 비록 우리를 소개해 준 친구들이 현지에서는 매우 존경을 받는 사람들이기는 하였으나 새로이 알게 된 사람들과 우리들과의 관계는 사바섬에서의 조사 때보다는 훨씬 더 많은 우호적인 상호 작용과 재확신을 초기에 필요로 하는 종류의 것이었다. 이 섬에서 우리들은 과거의 조사 때와는 달리 이번에는 조사대상자들의 이름을 그대로 사용하고 또한 사진도 사용할 의사가 있다는 점을 각 경우에 밝혔다. 그리하여 '진한 이야기'를 들을 기회는 물론 약간 상실하였으나 모든 사람들은 그 결과에 대하여 편안히 느끼게 되었다.

생애사 모음집은 우리들에게 매우 중요한 또 하나의 결과를 가져왔다. 우리는 적어도 우리 학생들이 때때로 제기하는 '도대체 인류학자들은 현지 사람들을 위하여는 무엇을 하는가'라는 질문에 대하여 최소한 부분적인 답변을 찾았다고 느끼고 있다. 우리들은 또한 여러분들도 생애사를 수집해 보면 스스로 발견할 수 있겠지만 피조사자들과 그들의 가족은 종종 이러한 이야기를 가보(家寶)로 여긴다는 사실도 발견하였다. 더욱이 우리들을 기쁘게 한 것은 중앙 정부가 각 섬의 주민들에게 문화 기금으로 조성되는 연구비로 어느 프로젝트를 지원할 것인가 선택할 기회를 부여하였을 때, 사바섬과 세인트 유스타시우스 섬의 주민들이 우리들의 생애사 모음집을 지명하였다는 사실이다.

프로젝트

클러크혼의 몇몇 제안들을 명심하면서 정보제공자 한 사람을 선택하여 그 생애사를 수집해 보도록 한다. 이것은 '비지시적'(非指示的) *undirected* 인터뷰가 되어야만 한다. 즉 가능한 한 이것은 조사자(질문자)가 중요하다고 생각하는 것들이 아니라 정보제공자의 생각에 말하는 것이 중요한 것들을 강조하는, 즉 모든 면에서 정보제공자 자신의 이야기가 되어야 한다. 그리하여 여러분은 무엇을 해야 하는가에 대하여 정보제공자가 이해하고 있다는 확신이 서면, "어렸을 때의 당신의 삶의 이야기를 해 주십시오" 혹은 "1900년경에 여기 ○○마을에서 자란다는 것은 어땠는지요?" 등등의 비지시적인 질문을 던지는 인터뷰를 시작할 수 있다(이러한 질문들은 그 비지시적 성질에도 불구하고 이미 사전에 계획된 것일 수 있다). 이러한 인터뷰 방법은 말을 조리있게 잘하고 또한 통찰력을 가진 정보제공자들을 상대로 생애사를 수집할 경우 대부분 유용할 것이다. 그러나

상당히 많은 경우 보다 지시적이며 구체적인 질문들 역시 필요하
다. 꼭 필요한 경우를 제외하고는 정보제공자의 말을 가로막지 말
라는 클러크혼의 주의는 매우 중요한 것이며 항상 명심해야 한다.

　만일 단 한 차례의 면담으로 생애사를 수집하는 것이 아닐 경우
에는 첫번째 면담에서 드러난 의문점들을 생각해 보고 이들을 그
다음 번 면담시간이나 혹은 마지막 질문들을 위한 짧은 방문시에
제기하는 것도 좋은 방법이다. 사건을 시간순으로 생각할 수 있는
능력을 가진 정보제공자를 조사할 경우에는 생애사의 항목들을 검
증하기 위한 방법으로 매해 어떤 사건들이 일어났는가를 정리한 연
도별 일람표를 작성하는 것도 현명한 방법이다.

　우리들은 특히 녹음기를 사용한 경험이 없는 학생들에게는, 이
프로젝트를 녹음기를 사용하여 수행할 것을 권고한다. 이는 단지
인터뷰를 '소형 블랙박스'를 가지고 행하는 경험뿐 아니라 녹음 받
아쓰기(녹음 풀기)[10] *transcription* 라는 장시간을 요하는 지겨운 작업
을 살짝 맛보게 해줄 것이다. 이러한 경험을 통하여 학생들은 각자
장래의 녹음 받아쓰기 시간을 염두에 두고 현지조사시에 녹음하고
자 하는 자료의 양을 미리 가늠해 볼 태세를 보다 더 잘 갖추게 될
것이다. 미국에서 최근 출판된 책들에 의하면 한 시간 분량의 녹음
테이프를 받아 써 보면, 타자를 칠 경우 30페이지 분량이 된다고
한다. 이것은 다른 사회에서 여러분이 한 시간에 얻을 수 있는 것
보다 훨씬 많을 수 있다. 그러나 여러분의 모국어 이외의 다른 언
어를 사용하거나 심지어 외국어의 방언(方言)을 사용하는 사람들의
말을 녹음한 것을 받아쓴다는 것은 모국어로 작업을 할 경우에 비
하여 훨씬 많은 시간을 필요로 한다는 점을 명심하여야 한다. 정확

---

10) 역주: 테이프 등에 녹음된 내용을 들으면서 이를 받아 적어 정리하는 작업을
　　'녹취(錄取)'라는 용어를 사용하여 표현하기도 하는데, 엄밀히 말하면 '녹취'는
　　녹음하여 기록한다는 의미로서, 확립된 용어는 아닌 듯하여 여기서는 그냥 '녹
　　음 받아쓰기'라고 하였다.

한 녹음 받아쓰기 작업은 생애사 연구의 성패를 좌우할 정도로 중
요한2데, 그 이유는 다음과 같다. 첫째, 조사자는 정보제공자의 8
어휘와 감정에 충실하여야 한다. 둘째, 정보제공자들도 받아쓰기
작업 원고의 내용이 **진짜 자신들의 말인지 아닌지**를 확인할 수 있
을 뿐만 아니라, 인용이 제대로 되지 못했을 경우에는 생애사 출판
의 허가를 거부한다는 결과가 발생할 수도 있기 때문이다.

　사전에 실명(實名)의 사용과 모든 세부사실들의 공개에 대한 완
전한 허락을 받지 않는 한 최종보고서를 작성하고 자료들을 제시할
때에는 정보제공자에게 가명을 부여한다든가 혹은 다른 방법을 통
하여 익명성을 보장하는 등, 정보제공자를 보호하기 위하여 필요한
윤리적인 안전장치를 명심하여야 한다.

참고문헌

Angrosino, Michael V. *Documents of Interaction: Biography, Autobio-graphy and Life History in Social Science Perspective*. 1989. Gaines-ville: University Presses of Florida. 인류학자와 정보제공자, 저자와 독자간의 상호작용의 중요성에 대하여 초점을 맞춘 책이다.

Bertaux, Daniel. *Biography and Society: The Life History Approach in the Social Sciences*. 1981. Newbury Park, CA: Sage Publications. 비록 이 책은 사회학에서의 생애사 사용법에 중점을 두고 있으나 사회과학의 여러 분야에 도움이 되는 발상(發想)들이 담겨 있다.

Casagrande, Joseph B., ed. *In the Company of Man: Twenty Portraits of Anthropological Informants*. 1960. New York: Harper. 저명한 인류학자들이 기술한 20편의 생애사는 그 자체가 커다란 매력을 가진 읽을 거리가 되며, 생애사를 만들어 내는 작업에 있어 민족지가와 정보제공자와의 관계에 대하여도 통찰력을 보여주고 있다.

Crane, Julia G., ed. *Saba Silhouettes*. 1987. New York: Vantage. 〔사바島라는〕 하나의 섬에서 수집한 생애사들을 모아 엮은 책.

Dyk, Walter. *Son of Old Man Hat: A Navaho Autobiography*. 1967. Lincoln: University of Nebraska Press. 흥미진진하고 매력적인 읽을 거리

이다. 적극 추천하는 바이다.

Kluckhohn, Clyde. "The Personal Document in Anthropological Science." **In** L. Gottschalk, C. Kluckhohn and P. Angell, eds., *The Use of Personal Documents in History, Anthropology, and Sociology*, 1945. Social Science Research Council, Bulletin 53, pp. 78-173. 비록 출판된 지 이미 50년이 넘었지만 아이디어와 제안들을 많이 수록하고 있는 아직도 귀중하고 도움이 되는 책이다.

Langness, L. L. *The Life History in Anthropological Science*, 1965. New York: Holt, Rinehart and Winston. 생애사 자료의 사용에 관한 훌륭한 소교범(小敎範)으로서 참고 문헌을 풍부히 소개하고 있다.

Mandelbaum, David G. "The Study of Life History: Gandhi." *Current Anthropology*, 1973, 14(3) : 177-196. 생애사 연구 방법에 관한 개관으로서, 인터뷰보다는 문헌을 기초로 하여 생애사를 작성하는 방법에 대한 추가적인 제안이 수록되어 있다.

Mead, Margaret. *Coming of Age in Samoa*, 1928. New York: William Morrow.

Mead, Margaret. *Growing Up in New Guinea*, 1930. New York: William Morrow. 개척적인 연구인 미드의 이들 두 저작은 모두 어린이들과 사춘기의 소년·소녀들을 대상으로 하고 있다. 이 책들은 판을 거듭하여 여러 가지 형태로 출판되었다.

Pelto, Pertti J. and Gretel H. Pelto. *Anthropological Research: The Structure of Inquiry*, 2nd ed., 1978. Cambridge, England: Cambridge University Press. 인류학적 조사 방법의 수많은 유형을 다루고 있는 매우 꼼꼼하게 서술된 책. 단, 생애사에 대하여는 사실 별로 다루고 있지 않다.

Radin, Paul, *The Autobiography of a Winnebago Indian*. University of California Publications in American Archaeology and Ethnology, 1920, 16 : 381-473. 이 책은 뒤에 다음과 같은 제목으로 다시 출판되었다. *Crashing Thunder*, 1963. Mineola, NY: Dover Publications.

Simmons, Leo W. *Sun Chief, The Autobiography of a Hopi Indian*, 1942. New Haven, CT: Yale University Press. 아마도 *Son of Old Man Hat* 과 더불어 가장 매력적인 읽을 거리로 꼽히는 책일 것이다.

Van Gennep, Arnold. *Les Rites de Passage*, 1900. Paris: Libraire Cor-

tique, Emile Nouray. 영어 번역판이 다음과 같은 제목으로 출판되었다.
The Rites of Passage, 1960. Chicago: University of Chicago Press
〔이 책은 전경수 교수에 의해 『통과의례』(1985. 서울: 을유문화사)라는
제목으로 번역되었다〕.

제7장 개인적 기술(記述)의 사용

현지조사를 수행하는 인류학자는 대개 관찰과 일종의 직접적인 인터뷰라는 형식을 통하여 정보를 수집한다. 정보제공자가 인류학자에게 무엇인가를 이야기해 줄 때 인류학자는 '개인적 기술'(個人的記述) *personal documentation* 을 수집하고 있는 것이다. 여기서 우리들은 이 용어를 주로 '정보제공자의 생애, 경험 또는 의견에 대한 상당한 길이의 구술'(口述) *narrative account* 이라는 의미로 국한하여 사용하고자 한다.

가장 흔히 사용되는 형태의 개인사료는 '제6장'에서 논의한 생애사이다. 생애사란 대부분의 경우 인터뷰를 하는 인류학자가 직접 수집하지만, 만일 문자를 사용하는 사회에서 연구를 하게 될 경우에는 동일한 목적을 충족시킬 수 있는 일기 또는 자전적(自傳的)인 수필을 모을 수도 있다. 이 방법은 직접 인터뷰가 가능한 사람들보다 더 넓은 범위의 사람들로부터 정보를 입수할 수 있다는 장점이 있다.

이러한 테크닉을 사용하는 대부분의 인류학자들은 이미 존재하고 있는 집단을 〔조사대상으로〕 사용하는 경향이 있었다. 예를 들어 글쓰기가 일상적인 과제의 일부로 간주될 수 있는 초등학교 학생들이 대상이 될 수 있다. 그러나 많은 지역사회에서는 성인들이 가끔 편지를 쓰는 것 이외에는 거의 글을 쓰는 습관을 가지고 있지 않으며 따라서 무엇인가를 상당히 공들여 써 달라는 요청을 받으면 이를 부담스러워할 수도 있다. 이러한 저항감을 극복하게 하는 하나의 방법은 성인들에게 길고도 세련된 산문체의 이야기보다는 간략히 몇 줄씩 매일매일 일기를 쓰도록 부탁하는 것이다. 이러한 일기들은 이미 개개인의 사례사를 다루는 심리학자들에 의하여 폭넓게 사용되어 왔으나 집단의 활동을 연구하는 인류학자들에게도 유용하다. 수필이나 일기는 여러 다양한 주제들에 관한 정보를 입수하는데 도움이 된다. 정보제공자가 글을 쓸 수 있다면, 개인적인 인터뷰의 주제가 될 수 있는 화제(話題)에 관한 정보를 정보제공자가 직접 기록하도록 하는 것도 하나의 방법이 될 수 있다.

　이러한 테크닉은 특히 다음과 같은 두 가지 경우에 특히 도움이 된다. 먼저, 만일 연구자가 일상적인 활동의 윤곽을 파악하는 것에 흥미를 갖고 있다면 정보제공자의 일기는 (이들이 현지조사자와 늘 접촉을 하고 있건 또는 주요 정보제공자의 범주에서 약간 주변적인 사람이건) 조사지역 내의 사람들의 그날 그날의 삶 속에서 일어나는 사건들에 관한 일상의 모습을 제공해 줄 수 있다. 사람들이란 자신이 중요하다고 생각하는 것들을 일기에 쓰기 때문에 정보제공자의 일기를 연구하면, 조사자가 외부인의 관점에서 중요하다고 인식하는 것과는 대조적으로 특정문화의 사람들이 자신들의 주변의 세계에서 중요하다고 느끼는 것을 알 수 있다. 이러한 것들 몇 개를 비교함으로써 인류학자는 '전형적인' 생애에 관한 일종의 결론에 도달할 수 있다. 이를 행한다는 것은 단지 일상적인 사건들의 목록을 작성할 뿐만 아니라 사람들이 자신들의 삶 속에 일어나는 사건들에 관하여 어떻게 느끼는가를 이해하게 되는 것을 의미한다.

　다른 한편으로 현지조사자는 종종 가치나 태도에 관한 언설(言說)들을 입수하는 데 특히 관심을 가지고 있다. 미국에서 발전한 '문화인류학'[1]에서는 공유된 가치에 대한 연구를 매우 강조하고 있

---

　1) 역주: 영국에서 발전한 인류학의 흐름을 '사회인류학', 미국에서 발전한 인류학의 흐름을 '문화인류학'이라 한다. 초기의 사회인류학은 자연과학을 모델로 하면서 사회구조를 비교방법에 의하여 연구하여 일반 법칙을 도출하는 것을 목적으로 하였으며 '문화'는 '과학적'으로 연구하기 곤란하다고 생각하는 경향이 있었다. 이에 비하여 미국에서 발전한 문화인류학은 가치의 문제, 역사 등을 본격적으로 다루는 등 인문학적인 전통이 강하였다. 이러한 두 가지 흐름이 발전한 배경에는 영국이 아프리카 등에 '실제 기능하고 있는 사회조직을 가진 부

다. 사실상 문화의 정의에는, 한 인간집단이 제작하거나 창조하는 것들 외에도 이들의 가치체계를 암시하는 그 무엇인가가 흔히 포함된다. 물론 개인들은 각기 상이한 것에 가치를 부여하며 또한 여러 다양한 쟁점들에 관하여 상이한 시각들을 가지고 있으나 하나의 사회를 구성하는 사람들간에는 상당히 공통적인 일정한 태도가 존재한다. 이러한 것이야말로 사회를 하나로 통합하는 데 기여하는 태도이다. 왜냐하면 이러한 태도는 다양한 개인적 관심들이 모여서 하나가 되는 영역을 대변하기 때문이다.

인류학 문헌에서는 공유된 관념이나 태도의 배열 *constellation* 을 지칭하는 '감정'*sentiment*, '가치', '패턴', '주제', '전제(前提)'*premises* 등의 엄청나게 다양한 일련의 용어들을 발견할 수 있다. 여기에서 우리들은 정의상의 문제를 다룰 필요는 느끼지 않는다. 왜냐하면 이 프로젝트의 목적상 이러한 모든 개념들은 '한 사회의 구성원 두 사람 혹은 그 이상에게 의미를 갖는 그 무엇'이라는 랄프 린튼 (Linton, 1936 : 422)의 용어로 표현할 수 있기 때문이다.

한 사회는 그 구성원들이 자신들이 무엇을 하고 있는가 또한 자신들이 무엇을 하기 위하여 노력하는가에 관하여 어느 정도 견해가 일치될 경우에만 붕괴되지 않고 유지된다.

안정적인 사회구조라는 것은, 사회적으로 인정된 목표는 물론 이의 달성을 위하여 개인의 자유분방하고 충동적인 행동에 질서 있는 사회생활이 불가피하게 가하는 제약을 충분히 보상할 수 있는 제도적인 수단에 그 사회에 속한 다수의 개인들이 충분히 만족할 경우에만 유지가 된다. 그 어떠한 삶의 방식이든 간에 외부의 관찰자에게는 우연적이며, 다소 무질서하고 혼란스러워 보이는 것들이 상당히 있기 마련이다. 그러나 그 문화 속에 참여하고 있는 대부분의 사람들이 자신들의 문화의 목적과 수

족 사회'를 다수 포함하는 식민지를 보유하고 있었으며, 미국은 급격히 인구가 감퇴하고 사회조직이 소멸하면서도 언어와 구비전승, 물질문화가 상대적으로 풍부한 인디언을 손쉽게 연구할 수 있었다는 역사적 조건이 있다. 상세한 것은 가바리노 著(한경구 · 임봉길 共譯), 『문화인류학의 역사』를 참조할 것.

단이 합리적이라고 느끼지 않을 경우에는 혼란과 부도덕이 팽배하게 된
다(Kluckhohn & Leighton, 1974 : 295-296).

어떠한 사회이건 이를 통합시키는 합의의 영역을 보다 잘 이해하
려 하는 인류학자는 이러한 가치에 관한 진술들이 사람들의 대화
속에서 얼마나 자주 등장하는지, 그리고 어떠한 맥락에서 등장하는
지를 살펴보아야 한다. 그러나 사람들이란 자신들의 삶을 지도하는
가치들을 항상 말로 표현하는 것은 아니기 때문에, 인류학자들은
이러한 문제들을 기록하려 할 경우 너무 애매하다는 비판을 자주
받고 있다. 그러므로 정보제공자들로 하여금 자신들의 태도를 말로
서 표현하게 하는 것은 개인적 기술을 사용하는 하나의 이유인 것
이다.

개인적 기술을 사용한 하나의 예로서 네덜란드領인 小안틸레스
諸島 The Lesser Antilles (카리브해에서 긴 호(弧)를 이루고 있는 작은 섬
들)의 북부에 있는 작은 섬인 사바 Saba 를 살펴보자. [자연 조건을
보면] 사바 섬은 한 개의 급경사의 화산 봉우리로 이루어져 있다.
최근까지만 해도 파도가 험하고 안전한 기항지가 없어서 배를 댄다
는 것은 불가능하였다. 심지어 항공기의 착륙에 필요한 평평한 공
간도 없어서 1960년대까지는 항공로도 개설되지 않았다. 그 결과
사바 섬의 주민들은 외부 세계가 제공하는 경제적·사회적 혜택을
받기를 원할 경우 대개 섬을 떠나서 이주하였다. 그리하여 민족지
가는 "사바 섬의 젊은이들은 외부로 이주한다는 것을 좋은 일이라
믿고 있다"고 말할 수 있다. 그러나 우리는 이를 어떻게 알 수 있
는가? 질문지를 통한 서베이가 그다지 유용하지 않다는 것은 명백
하다. 예를 들어 민족지가는 사바 섬의 젊은이들에게 "여러분들은
여러분의 삶의 대부분들을 사바 섬에서 보내고 싶습니까 혹은 다른
곳에서 살고 싶습니까?"라고 질문할 수 있다. 이러한 조사결과를
가지고 앞의 문장은 "12세 이상의 응답자 45명 중 1명을 제외한

모두가 자신들의 생애의 대부분을 다른 곳에서 보내길 원한다"라고
고쳐서 쓸 수 있다(Crane. 1971:197). 그러나 이 경우에도 여전히
우리는 젊은이들이 왜 섬을 떠나려고 하고 있는가, 혹은 이러한 이
주(移住) 지향(指向)이 이 사회에 어떠한 의미를 갖는가에 대하여는
별로 알지 못하고 있다.

　학교의 아동들이 쓴 짤막한 자기 이야기(自敍傳)들을 수집하면 이
주에 대한 생각이 이 문화에 얼마나 깊이 뿌리박고 있는가를 보다
명확히 알 수 있다. 나아가 이러한 글에서 이주가 언급되는 문맥을
살펴봄으로써 우리는 사람들이 왜 이를 계획하고 또한 기대하는가
에 관하여 더욱 많은 것을 알 수 있다. 이러한 진술들은 현지민 자
신들의 글로 표현되어 있기 때문에 우리들은 이주를 둘러싼 감정의
분위기에 대하여도 또한 어느 정도 알 수 있다. 다음은 네 명의 어
린이의 글이다.

　　나는 미국에 가서 학교에 다니고 싶다. 왜냐하면 가족이 거기 있기 때
　문이다. 〔여자는〕 어른이 되어도 여기에서는 할일이 별로 없다. 그래서
　돈을 벌려면 가장 좋은 방법은 멀리 떠나서 일거리를 찾는 것이다. 혹은
　떠나기에 너무 어리면, 나이가 들 때까지 학교를 다닌다. 아빠와 엄마는
　언제까지나 죽지 않고 살아 있을 수는 없으며 따라서 항상 우리를 돌보
　아 줄 수 없다.

　　나는 사바에서 살고 싶지 않다. 왜냐하면 여기에는 우리 소년소녀들에
　게 미래가 없기 때문이다. 나는 아루바 Aruba 에 가고 싶다. 거기에서는
　학업을 마칠 수 있다. 사바에서는 아무데도 갈 수 없다. 일요일에는 수
　영을 하거나 영화관을 가는 게 고작이다. 그나마 나는 별로 가지 않는
　다.

　　나는 사바에 평생 남고 싶지 않다. 나는 아루바나 쿠라카오 Curacao
　에 가고 싶다. 여기에 살고 싶지 않은 이유는, 여기에서는 농사를 짓거
　나 가축을 키우는 게 전부이기 때문이다.

나는 사바에 평생 남고 싶지 않다. 알다시피 사바는 작은 섬이고 재미
있는 것이 아무것도 없다. 한 곳에 오래 있으면 어떤 곳이든 재미가 없
기 마련이다. 너무나 가고 싶은 곳이 많아서 어디에 가고 싶은지 말할
수 없을 정도이다. 그러나 가난하면 아무것도 할 수 없다. 그게 전부다
(Crane, 1971 : 198-199).

우리는 비슷해 보이는 행동 양식을 세계 도처에서 발견할 수 있
지만 이러한 행동들에 함축된 의미와 내포가 서로 매우 다르다는
것은 인류학에서는 매우 잘 알려진 사실이다. 예를 들어 주니 Zuñi
인디언, 나바호 Navajo 인디언, 스페인계 미국인, 텍사스의 자영농
부 *homesteaders*, 모르몬 Mormon 교도(敎徒) 등 미국 서남부의 다섯
개 커뮤니티에 대한 연구(Kluckhohn and Strodtbeck, 1961)를 살펴보
자. 이들 다섯 개 커뮤니티는 서로 몇 마일 떨어지지 않은 곳에 위
치하고 있었으며 동일한 생태적인 문제에 대처해 나가야만 하였다.
그러나 각 집단이 가진 독특한 가치체계 때문에 이들 각 지역사회
는 동일한 종류의 문제에 대하여 상이한 '해답'을 제시하게 되었다.
예를 들어 주니족의 경우, 농경이라는 것은 자신들을 과거와 연결
하는 하나의 고리를 의미하였다. 텍사스의 자영농민들에게는 농경
이란 미래에 대한 신념 및 과거 황진(黃塵)지대 Dust Bowl[2]에서 겪
었던 고난과의 단절을 의미하였다. 그리하여 농경이라는 동일한 행
위는 그 문화적 맥락에 따라 두 가지 상이한 의미를 가지고 있었
다. 개인적 기술의 분석은 이러한 행위들의 맥락적인 의미를 추출
하여 특정한 가치나 태도의 문화적 차원을 발견하게 해준다. 나아
가 인류학자는 사람의 사고방식과 실제 행동, 또는 사람들이 행동
계획이라고 주장한 것과 이들의 실제 행동을 비교할 수 있다. 이렇
게 함으로써 인류학자는 이상적인 문화와 실제 문화간의 괴리에 대

---

2) 역주: 먼지 바람이 부는 미시시피 서부의 평원지대. 노벨 문학상을 수상한 미
   국 소설가인 John Ernst Steinbeck(1902~1968)의 소설 『분노의 포도』
   Grapes of Wrath 에서.

하여 상당한 통찰력을 가질 수 있게 된다.

"사바섬의 젊은이들은 섬을 떠나는 것이 좋다고 믿는다"라는 인류
학자의 주장의 근거는 통상 참여관찰로부터 획득한 지역사회에 대
한 지식이다. 우리들은 정직성이나 신뢰도에서 높은 평가를 받은
수많은 사람들이 현지조사자에게 이러한 이야기를 반복하였다고 가
정을 한다. 그러나 만일 정보제공자 자신들로 하여금 이러한 동일
한 감정을 직접 기록하게 만들 수 있다면 이러한 진술은 보다 용이
하게 계량화할 수 있을 것이다. 또한 정보제공자들이 사용한 그대
로의 표현은 예시적인 목적으로 사용될 수 있는데 이는 현지조사
연구를 기반으로 본격적인 민족지 보고서를 작성할 경우 비중 있게
고려해야 할 사항이다.

개인적 기술만이 이러한 정보를 얻기 위한 유일한 원천은 아니
다. 일부 현지조사자들은 정보제공자들에게 사진기를 마련해 주고
이들에게 '좋은 것들' 또는 '중요한 사람들'을 촬영해 줄 것을 부탁
하여 성공을 거둔 바 있다. 그러나 이러한 방법은 예산문제를 고려
할 때 항상 가능한 것은 아니다. 또 다른 인류학자들은 로샤하 테
스트 Rorschach Test 나 T.A.T.法 Thematic Apperception Test 등의 표
준화된 투사기법을 사용하여 가치에 대한 진술들을 교차검증하는
것을 선호하고 있다. 그러나 이러한 도구들은 이를 시행하고 또한
해석하기 위하여 상당한 수준의 전문적인 훈련을 필요로 하기 때문
에, 현지조사자는 이에 너무 의존할 수 없다.

영국의 인류학자인 존 비티 John Beattie 는 "정보제공자가 인류학
자나 조사보조원에게 구술하는 것을 그대로 받아쓰거나 또는 정보
제공자 자신이 직접 문자로 기록한 자료들은 현대의 현지조사 작업
에서 매우 중요한 부분이 된다"라고 주장하였다(Beattie, 1965 : 30).
과연 東아프리카의 분요로 Bunyoro 왕국에 관한 비티의 민족지에서
는 이러한 개인적인 진술들이 곳곳에서 발견되며 그 결과 생동감과
친밀감을 더해 주고 있다. 비티가 사용한 새로운 방법 중의 하나는

작문대회를 두 번 개최한 것으로서, 여기에는 학교를 다니는 아동들과 지역 내의 글을 아는 주민들이 모두 초청되었다. 비티에 의하면 은요로Nyoro 부족 사람들은 일상적으로는 자신들의 문화, 특히 주술과 영매(靈媒) 등의 비의적(秘儀的)인 측면을 문장으로 기록하지는 않지만 이를 말로 설명하는데 매우 특별한 재능을 가지고 있었다. 그리하여 비티는 이러한 작문대회를 개최한 결과, 분요로人에 관하여 구두(口頭) 인터뷰만을 통해서는 결코 발견하지 못했을 많은 지식을 얻을 수 있었다.

비티는 사람들이 살고 있는 여러 곳에 두루 회람을 돌려서 그가 '아주 오랜 옛날과 오늘날의 분요로-기타라Bunyoro-Kitara의 규칙과 습관들'을 배우러 그들의 나라에 왔노라고 설명하였다(Beattie, 1965 : 31). 비티는 흥미를 가진 모든 사람들에게 특정한 주제에 관하여 알고 있는 것을 적어 달라고 요청하였다. 또 동기를 유발하기 위해 가장 잘 된 글에는 일정 금액을 상금으로 지급하였다.

비티는 전반적으로 분요로 문화에서 그의 생각에 중요하기는 하지만 정보가 부족한 토픽들에 대하여 적어줄 것을 요청하였다. 비티는 또한 '기타의' 범주에 속하는 토픽도 부탁했는데, 이는 그 자신은 생각해 내지 못했지만 현지민들이 중요하다고 느끼는 토픽들에 관하여 기록할 기회를 주기 위한 것이었다. 현지조사가 거의 끝나갈 무렵 시작된 두 번째 작문대회에서 비티는 보다 더 뚜렷이 초점을 좁힌 질문들을 제기하였으며, 또한 그가 구체적으로 특정한 자료들을 필요로 하는 토픽들에 관하여 글을 써줄 것을 요청하였다(Beattie, 1965 : 30-37).

베라 루빈 Vera Rubin과 마리사 자발로니 Marisa Zavalloni는 제 3 세계 국가의 아동들의 태도를 연구하기로 하였다(Rubin & Zavalloni, 1969). 모든 사람들이 제 3 세계에서의 근대화의 충격에 대하여 논의하고 있었으며 또한 이러한 충격을 가장 직접적으로 느끼는 것은 교육을 받은 제 3 세계의 젊은이들이라는 점에 대해 의견이 일치하고 있었다. 西인도諸島의 트리니다드Trinidad 섬에서 실시된 루빈과 자발로니의 공동 연구는 근대화가 젊은이들에게 어떻게 영향을 미치는가, 그 경험적 측면을 파악하기 위한 질문지 서베이에 우선적으로 중점을 둔 것이었다. 그런데 서베이 조사 도구의 한 부분은 알맞는 답변에 체크를 하는 대신 젊은이들로 하여금 짧은 글을 쓰게 하는 것이었다. 젊은이들은 조사 시점으로부터 서기 2000 년에 이르기까지의 자신들의 계획, 기대, 그리고 희망에 대하여 글을 쓰라는 요청을 받았다. 학생들은 만일 '미래의 자신들의 전기'를 쓸 것을 원하지 않을 경우에는 자신들과 나이나 상황이 유사한 가상 인물의 전기를 써도 좋다는 허락을 받았다(p. 210). 짧은 예를 하나 살펴보자:

> 우리 가족은 조그만 사탕수수 밭을 가지고 있는데 수확은 날로 줄어들고 있다. 토질이 점점 나빠지고 있지만 이른바 과학적인 방법이라는 것은 너무나 비싸고 또 우리의 토지는 너무나 좁다. 나는 우리 마을 전체를 위해서 무엇인가 노력하고 싶다. 왜냐하면 우리 마을은 작지만 커다란 가능성과 미래를 가지고 있기 때문이다. 나는 우리의 작은 마을에 공장들이 들어서서 많은 젊은이들이 훌륭한 일자리를 가질 수 있도록 노력할 것이며 그러면 우리 작은 마을은 사람들이 살기에 아주 좋은 마을이 될 것이다. 내가 영향력이 있는 사람이 된다면 나는 우리 마을에서 그리 멀리 떨어지지 않은 곳에 대학이나 다른 교육기관을 유치하도록 하여 가난한 농촌에 사는 농부의 자녀들이 큰 불편이나 돈을 들이지 않고도 교육을 받을 수 있도록 하겠다(p. 165).

모든 종류의 행복에 이르는 열쇠로서 경제 발전(여기에는 교육의 혜택과 정치적인 '영향력'이 포함된다)이라는 유사한 주제의 빈번한 등장은 새로운 근대적인 엘리트(이들은 트리니다드 섬에서 발전하기 시작한 산업을 담당하고 있다)와 기존의 농촌의 농민들간의 간극의 증대를 아이들이 문화변동의 가장 곤란한 측면이라 생각하고 있다는 것을 말해 준다. 이러한 진술은 비록 매우 일반적인 것이지만 "제 3 세

계의 어린이들은 근대화 때문에 고민하고 있으며 자신의 전통문화
로부터 소외를 느끼고 있다"는 단순한 주장보다는 확실히 더욱 강
력한 것이다.

트리니다드의 자매 섬인 토바고 Tobago 섬에서는 크리스 썰 Chris
Searle 이라는 젊은 영국인이 이와 유사한 전략을 사용하여 중요한
인류학적 교훈을 얻었다. 썰은 백인으로서 흑인아이들에게 '이들 자
신들의' 전통——사실은 식민당국의 전통——을 가르친다는 모순
적 상황에 직면하였으며, 그리하여 혹시 자기 자신의 경험을 이들
에게 너무나 많이 강요함으로써 이들이 스스로의 사회적 그리고 문
화적 전통에서 무엇이 고유한 것인가를 깨닫지 못하게 하지는 않을
까 우려하고 있었다. 그리하여 그는 학생들에게 작문을 시키고 이
를 수집하기 시작하였는데, 왜냐하면 학생들은 대화를 할 때보다는
글을 쓸 때 자신들의 이야기를 표현하는 것을 덜 주저하는 것 같았
기 때문이다. 썰은 이렇게 수집한 산문과 시의 분석을 통하여 이
어린이들의 삶을 지배하는 테마들을 밝혀 냄으로써 이들의 독특한
'세계관'을 보다 잘 이해하려고 노력하였다.

조그만 한 예를 들자면, 썰은 '섬'(島)이라는 테마를 시도하여 보
았다. 유럽인들이나 미국인들의 마음속에는 '섬'이란 전통적으로 탈
출, 낭만, 영광, 모험 등을 상징하여 왔다. 그러나 조상들이 쇠사슬
에 묶여 '낙원의 섬'에 끌려온 이 흑인아이들은 섬이라는 것을 거대
한 백인들의 세계 속에서 별로 중요하지 않은 지도상의 하나의 점
에 불과한 것이라 보고 있었다. 토바고 섬이란 이들에게 종종 고립
과 감금의 장소라는 의미를 내포하고 있었다. 아이들은 자신들이
모두 '버림받았으며' 또한 '백인들의 세계에서 흑인 어린이들의 고독
감과 버려진 느낌'에 대한 '죄책감'을 인정해야만 한다고 느끼고 있
었다.

섬에 산다는 것의 장점이란 섬에는 다른 나라에서처럼 폭력이나 차별

이 많지 않다는 것이다. 섬에서는 사람들이 밭에서건 가게에서건 열심히 일을 해야만 한다.

섬에 사는 대부분의 사람들은 열심히 일을 하지만, 임금이 몇 푼 안 되기 때문에 가족을 먹이고 입히는 데 돈을 전부 써버리게 된다. 부자들도 하인들을 아무렇게나 다루지 않는다. 섬에서는 누군가의 밑에서 일을 하면 따뜻하게 대우를 받는다.

섬에는 평화가 있으며 거의 잡음이 없다. 섬에서 들을 수 있는 소리라는 것은 고작해야 숲속의 동물들의 소리이다. 섬에는 납치사건도 적고 노상에서 죽는 일도 적고 슬픈 일도 적다.

섬에 사는 아이들은 건강하고 명랑하다. 아이들은 만족하고 살며 양순하게 자라고 학교에서나 일을 할 때에나 열심히 한다.

어떤 섬에는 종려나무와 코코넛나무가 우거진 아름다운 해안이 있다. 그곳에는 온갖 나무와 풀들이 자라고 있으며 화가는 멋진 풍경화를 그릴 수 있을 것이다. 섬에는 고요함과 평화가 있으며 관광객들이 이런 것을 좋아하기 때문에 관광업이 번창할 것이다. 관광객들은 또 섬에 피는 아름다운 꽃들을 보러 온다.

사람들은 섬에서는 도시에서보다 친절하게 환영을 받을 것이다. 정겨운 미소와 따뜻하고 명랑한 인사를 어딜 가나 받을 수 있다. 누가 돈을 더 많이 가졌는가에 관한 다툼이나 거만함 같은 것은 별로 없다⋯⋯ (Searle, 1972 : 16-17).

열세살 난 여자 아이의 기운찬 이러한 태도에도 불구하고 이 아이는 이미 섬의 고요함과 아름다운 꽃들이 관광객을 위한 것이며 섬주민들은 열심히 일을 해야 한다는 것을 알고 있다. 섬주민들이 바랄 수 있는 최선의 것이란 하인으로서 '친절한 대우를 받는 것'일 뿐이다. 토바고 섬은 '로빈슨 크루소의 섬'이라는 명칭을 가지고 있었으나, 유명한 관광지가 되면서 평화나 고요함은 점점 찾아보기 힘들 정도로 경제적으로 번영하고 있으며 그로 인해 섬의 주민들은 자신들의 고향으로부터 더욱 소외되고 있다.

프로젝트

여러분들이 수행할 프로젝트는 일정한 개인적 기술들을 분석하여 이러한 자료들이 한 부분을 이루는 사회문화적인 환경에 대한 실마리를 찾는 것이다. 편의상 여러분들은 표본집단으로 열 명 이하의 상대적으로 작은 집단을 선택하여야 한다. 물론 이러한 규모는 자료로부터 여러분들이 정당하게 도출할 수 있는 일반적인 결론들의 수를 제한할 것이지만 어떠한 종류의 추정들이 가능한가를 여러분들이 깨닫게 하기에는 충분할 것이다.

만일 국민학교나 중학교에 접근이 가능하다면 그러한 곳이야말로 프로젝트를 시작할 논리적인 출발점이 된다. 그러나 여러분은 열 명의 개인들을 선택하되, 이들이 공동의 토픽에 대하여 자신들의 견해를 표현할 수 있다고 믿을 수 있을 정도로 어떻게든 서로 연관이 되어 있는 한 이들을 무작위적으로 선정할 수가 있다. 따라서 버스에 우연히 같이 타게 된 열 명의 사람들은 〔이러한 조사에〕 적합한 집단이라고는 할 수 없다. 대학에서 동일한 강좌를 수강하는 학생들, 정치적 또는 사교적 클럽, 특정 종교의 신도 집단, 혹은 인종 집단이나 소수 민족 집단의 구성원들은 모두 가능한 조사대상자가 될 수 있다. 여러분들은 선생님의 허가를 얻어서, 이 프로젝트를 다른 하나 또는 수개의 프로젝트와 결합할 수 있다. 또한 예를 들어 여러분들은 앞 장의 〈참여관찰〉 프로젝트의 조사대상이었던 사람들을 다시금 활용할 수도 있다.

이러한 개인들에 대한 여러분들의 지시사항은 일반적인 것이 좋다. 만일 청소년들을 대상으로 하고 있을 경우에는 향후 25년 이후의 미래의 자서전을 써 보라고 요청하는 기법이 효과적이지만, 이러한 것은 노인들을 낙담시키거나 혹은 이들의 기분을 상하게 할 수 있다. 그리하여 '우리 읍내의 생활'이나 '캠퍼스 생활의 새로운 경향' 또는 '우리 교회의 모습' 등등의 보다 중립적인 주제를 사용하는 것이 바람직할 수도 있다. 이러한 토픽은 정보제공자들이 어느 정도 흥미를 느끼고 있으며 무언가 말할 것을 가지고 있어야 하며, 또한 이들이 가슴속에 있는 진실한 말을 자유롭게 하는 것이 허용될 수 있을 만큼 개방적이어야 한다. 특히 여러분들의 연구에 관하여 글을 쓰게 될 경우, 정보조사자의 이름이 실명 그대로 사용되지 않을 것이며 또한 여러분들은 문법이나 철자법에 관하여 개의치 않는다는 점을 반드시 설명하도록 한다. 즉, 이들이 솔직해질 수 있도록 용기를 주어야 한다.

만일 시간이 넉넉할 경우에는 1차 조사의 결과보다 구체적인 토픽들을 찾아내어 이들에 대해 또 한 차례 글을 써줄 것을 요청할 수도 있다. 어떠한 경우에라도 일단 글을 수집하게 되면 여러분들은 민간전승자료(제9장의 프로젝트를 참조할 것) 등 다른 문헌자료에 관해서와 마찬가지로 여러분들이 원하는 대로 분석할 수 있다. 여러분들은 이러한 글들에서 거듭 반복되는 테마들에 우선적으로 주의를 기울여야 한다. 왜냐하면 이러한 테마들은 정보제공자들이 공유하고 있는 문화의 가치를 표현하는 '공동의 관심사'라는 영역을 정의할 가능성이 높기 때문이다. 여러분들의 정보는 아마도 두 개의 커다란 범주로 나뉘어질 수 있을 것이다:

• 구체적인 정보(문화에 대한 자료)
• 이러한 '삶의 사실들'에 대한 사람들의 반응을 반영하는 관념 및 태도의 진술

각 개인들의 글에서 이들 두 가지 사이의 일치점은 무엇인가? 대부분의, 또는 모든 글에 걸쳐 일관되게 나타나는 테마들은 무엇인가? 가장 중요한 것으로, 문화의 여러 다양한 사실들의 이면에 숨겨진 문화적 의미는 무엇인가? 예를 들어 정보제공자들은 특정한 행위를 하는 데 대하여 어떻게 느끼고 있는가?

참고문헌

Angrosino, Michael V. "The Psychomedical Case Study of an East Indian Trinidad Alcoholic." *Ethos*, 1989, 17 : 202-225. 이 논문은 비록 한 명의 정보제공자만을 다루고 있지만, 개인적 기술이 사람들과 그들의 문화간의 관계를 드러내 보여주기 위하여 어떻게 사용될 수 있는가를 시범적으로 보여주고 있다.

Beattie, John. *Bunyoro: An African Kingdom*, 1960. New York: Holt, Rinehart and Winston. 부분적으로 개인적 기술에 바탕을 두고 있는 민족지이다.

Beattie, John. *Understanding an African Kingdom: Bunyoro*, 1965. New York: Holt, Rinehart and Winston. 한 인류학자가 어떻게 현지조사를 수행하였는지에 관한 흥미 있는 이야기로서, 개인적 기술에 관한 약간의 귀중한 정보를 담고 있다.

Crane, Julia G. *Educated to Emigrate: The Social Organization of Saba*, 1971. Assen, Netherlands: Royal van Gorcum. 카리브 해의 한 섬에 관한 민족지로서 정보의 상당한 부분은 어린이들의 글을 통해서 수집된 것이다.

Kluckhohn, Clyde. "The Personal Document in Anthropological Science." In L. Gottschalk, C. Kluckhohn and R. Angell, eds., *The Use of Personal Documents in History, Anthropology, and Sociology*, 1945. Social Science Research Council, Bulletin 53, pp. 78-173. 이 분야에 관한 정평 있는 서베이.

Kluckhohn, Clyde and Dorothea Leighton. *The Navaho*, 1974. Cambridge, MA: Harvard University Press.

Kluckhohn, Clyde, et al. "Values and Value Orientations in the Theory of Action: An Exploration in Definition and Classification." **In** T. Parsons and E. Shils, eds., *Toward a General Theory of Action.* 1967. Cambridge, MA: Harvard University Press. 이 장에서 다룬 개념들을 인류학적으로 사용한 사례로서 흔히 인용되는 글이다.

Kluckhohn, Florence and Fred L. Strodtbeck. *Variation in Value Orientations*, 1961. Evanston, IL: Row, Peterson. 미국 남서부의 5개 커뮤니티의 가치를 비교 연구한 책.

Leighton, Alexander H. *My Name is Legion*, 1959. New York: Basic Books. 이 책의 「부록 A」(Appendix A : pp. 395~420)는 사회과학의 여러 분야에서 감정 *sentiment*, 가치 *value* 등의 개념이 어떻게 사용되고 있는가를 포괄적으로 검토하고 있다. 이 책에 수록된 「참고문헌」의 정보는 좀 오래되고 흔히 사용되지 않는 자료들을 찾아내는 데 매우 유용하다.

Linton, Ralph. *The Study of Man.* 1936. Norwalk, CT: Appleton-Century-Crofts. 인류학에 대한 고전적인 입문서. 린튼의 정의 중 상당히 많은 것들은 ―― 예를 들자면, 이 장의 프로젝트의 '가치'와 '흥미' 같은 것들은 ―― 미국 인류학자들 사이에서 표준적으로 사용하는 정의가 되었다.

Rubin, Vera and Marisa Zavalloni. *We Wish to Be Looked Upon: A Study of the Aspirations of Youth in a Developing Society,* 1969. New York: Teachers College Press. 트리니다드 섬의 학동(學童)들의 태도에 관한 철저한 조사. 이 책의 부록은 가치와 태도에 관한 이들 자료를 획득하기 위하여 사용된 서베이의 질문지와 작문 지침들을 수록하고 있다.

Searle, Chris. *The Forsaken Lover: White Words and Black People,* 1972. London: Routledge and Kegan Paul. 서인도 제도의 토바고 섬에 학교 선생님으로 부임한 영국 청년이 학생들의 시와 수필 등을 통하여 이들이 지니고 있는 '가치와 태도'를 알게 되는데, 이 책은 그가 이들 학생들의 글을 모아서 해설을 곁들인 것이다.

제 8 장 문화사를 발굴하며

서 론

인류의 발전의 역사는 인류학의 중요한 관심사의 하나이며, 역사적 연구는 문화를 이해하는 데 중요한 안목을 틀림없이 마련해 줄 수 있다. 문화란 상당 부분 현재까지의 모습에 의하여 규정되며 또한 과거를 참조하지 않고서는 현재 무엇이 일어나고 있는가, 혹은 왜 그것이 일어나고 있는가를 완전히 이해할 수 없다. 사실, 영국의 인류학자인 마렛 A.A. Marrett 은 "인류학이란 역사학이다. 그렇지 않으면 인류학은 아무것도 아니다"*Anthropology is history or it is nothing* 라고 선언한 바 있다.

오늘날 우리가 과거에 대한 보다 완전한 상(像)을 가지고 있는 것은 상당 부분 인류학적 조사연구의 결과이다. 그러나 역사적 시각을 어느 정도 높이 평가할 것인가에 관하여는 인류학자들 사이에도 의견이 일치하지 않는다. 예를 들어 일부 사회인류학자들은 거의 전적으로 동일한 시간의 차원에 존재하고 있는 여러 문화들을 비교하는 데 관심을 집중하고 있다. 그럼에도 불구하고 인류학의 4대 분과[1]는 모두 과거를 이해하는 데 기여하고 있다. 本書에서 중점을 두고 있는 민족지가(民族誌家)라는 종류의 인류학자[2]는 모든

---

1) 역주: 미국 인류학에서는 인류학이 형질인류학, 고고학, 언어인류학, 사회문화인류학(또는 민족학)의 4 대 분과를 포괄하는 것으로 이해한다.

2) 역주: 민족지가 *ethnographer* 는 특별한 종류의 인류학자는 아니다. 인류학의 초창기에는 현지(대개는 奧地였다)에서 자료를 수집하는 사람은 선교사, 탐험가, 식민지 행정관리 등이었으며 인류학자는 서재의 '안락의자'에 앉아서 이러한 자료를 분석하였다. 이러한 안락의자 인류학자 *armchair anthropologist* 의 대표적인 예로는 『황금의 가지』 *The Golden Bough* 라는 대작을 저술한 프레이

연령층의 사람들을 대상으로 그들의 삶에 대하여 인터뷰를 함으로써, 조상의 삶에 대한 그들의 기억을 수집함으로써, 현지조사지에서 혹은 중앙의 문서보관소에서 이용 가능한 문서와 기록들을 연구함으로써, 또한 기타의 방법으로 자신들의 연구에 시간적 깊이와 폭넓은 관점을 독특하게 불어넣고 있다.

물론 고고학자들은 특히 인간의 과거를 발견하는 작업에 몰두하고 있다. 고고학 *archaeology* 이라는 단어는 그리스어에서 왔으며 문자 그대로 '옛 것에 대한 연구'[3]를 의미하고 있다. 이는 인간의 과거의 재발견, 연구, 그리고 재구성을 포함하고 있는데 이러한 과정들은 과학적으로, 또한 이와 동시에 상상력을 동원하여 수행되어야만 한다. 인류학적 고고학자들[4]은 기록된 역사가 존재하지 않는 아득한 과거의 기나긴 시기에 속하는 문화 유물들을 발굴하고 해석하는 데 관심을 기울여 왔다. 그러나 최근에 이들 중 상당수는——특히 미국에서는—— 선사시대뿐만 아니라 역사시대의 유적지에서도 작업을 하고 있다.

실제로 여러분도 발굴 *dig* 에 참여하거나 혹은 현장에서 발견된 유물을 작업실에서 처리해 봄으로써 고고학에 대한 경험을 얻을 수 있다. 고고학적 현지조사의 기술은 이에 관한 독서를 통해서가 아니라 이를 직접 실습하는 데에서 얻어진다. 여기에 특기할 매우 중

저 Sir James Frazer 가 있다. 이후의 근대적인 인류학은 현지에서 직접 장기간 거주하며 자료를 수집하여 민족지(民族誌) *ethnography* 를 작성하는 '현지조사'를 중시하게 되었으며 인류학자는 기본적으로 훌륭한 '현지조사자', 즉 '민족지가'가 되었다. 그리하여 근대 이후의 인류학에서 민족지가는 인류학자의 한 종류가 아니라 하나의 역할이다.

3) 역주: archaeo 는 '옛것의', '고대의'라는 의미. logos 는 언어, 이성, 학문의 의미.

4) 역주: 미국의 전통에서는 고고학은 인류학의 한 분과로 간주되고 있으며 특히 1960년대 이후의 '신고고학' *New Archaeology* 은 "선사인의 행위를 유물을 통하여 연구한다"라는 사회과학적 지향을 가지고 있다. 반면에 유럽적 전통에서는 고고학이 역사학의 보조과학으로서, 또한 고고미술사로서의 성격을 강하게 가지고 있다.

요한 주의사항은 여러분들이 예를 들어 화살촉이나 도자기 파편이 발견되는 장소를 알고 있다면 이를 지방자치단체의 고고학자에게 보고하여야만 한다는 사실이다. 유적지를 발견한다는 것은 곧 이를 파괴하는 것이기 때문에, 발굴을 수행할 수 있는 사람들이란 고고학적 테크닉에 잘 숙달된 사람들뿐이다. 오직 훈련받은 학자들만이 발굴을 진행하면서 토양과 그 속에 묻혀 있던 유물들의 상호 배열 상태에 대한 정보가 담겨진 꼼꼼한 기록을 해낼 수 있기 때문이다. 보물찾기를 하는 사람이 흥미 있는 것을 발견하고 이를 파낼 경우, 그는 유물의 맥락을 무시하고 있는 것이다. 유물뿐만이 아니라 주위에 있는 토양과 기타 다른 것들 모두, 또한 유물들 상호간의 연관 방식은 고고학자가 그 유물의 연대를 측정하고 나아가 당대 사회에서의 그 기능을 파악하는 데 실마리를 제공해 줄 수 있다.

선학(先學)들은 막대한 노력을 기울여 유적지에서 발견된 유물들을 더욱 잘 보존하고 또한 발굴 시 유물들의 발견 위치와 모습을 더 정확히 기록하기 위한 체계적인 테크닉을 발전시켜 왔다. 낚시 바늘, 씨앗바구니, 화살촉 등이 하나의 민족이 삶을 어떻게 영위하였는가에 관하여 상당히 많은 것을 알려줄 수 있다는 점은 의심의 여지가 없다. 그러나 이들 각각의 유물들은 개별적으로는 그 문화에 대하여 극히 적은 것밖에는 알려주지 못한다. 예를 들어, 특정 지역에 살던 사람들이 특정 시기에 낚시바늘은 많이 사용하면서도 화살촉은 별로 사용하지 않았으나, 후대에 가면서 화살촉은 많이 사용하면서도 낚시바늘은 많이 사용하지 않았다는 사실을 고고학자가 알 경우에만 그는 그 지역의 경제에서 수렵이 상대적으로 점점 중요해지고 어로(漁撈)의 중요성은 점점 줄어들었다고 말할 수 있는 것이다. 따라서 〔단편적인 사실보다는 전체적인〕 맥락이야말로 고고학자가 문화를 재구성하는 데 필요한 정보를 제공하여 주는 것이다. 물론 고대 문화에 관한 그의 최종 결론은 그가 얼마나 주의 깊고 과학적인 발굴을 수행하는가에 달려 있다. 고고학자는 그의

분석에서 식물학자나 동물학자 등 다른 분야의 과학자들의 도움을
받을 수 있는데, 식물, 꽃가루(花粉), 뿔, 조가비, 뼈 기타 등등에
대한 전문적 지식은 전체적인 상(像)을 만들어 내는 데 필수적일
수도 있다.

어떤 교과서들은 고고학자들을 '인류학에서도 가장 화려한 사람
들'*glamour boys of anthropology*이라고 부르고 있다. 이것은 부분적
으로 사실인데 그 이유의 하나는, 고고학자들은 연구의 대상이 되
는 사람들에게 직접 접근할 수 없기 때문에 상당한 지식과 기술을
사용해야만 한다는 사실 때문이다(물론 덜 화려한 특질인 자기 수양도
필요하지만). 고고학자는 마치 탐정과도 같이 선사인들과 이들의 행
동에 관하여 알고 싶어하지만, 그가 연구하고자 하는 사람들에 대
한 유일한 실마리란 그가 발견하고 분석할 수 있는 땅속에 숨겨진
유물들과 그 흔적으로 구성되어 있을 뿐이다. 불행히도 오랜 시간
이 흐르고 기후가 변화하면서 그 영향으로 유물들은 항상 훼손되고
있다. 가장 덜 부식되는 재료들은 돌, 금속, 그리고 토기 등이다.
조가비, 뼈, 가지뿔(枝角) *antler*, 나무 등의 유기질은 훨씬 더 부식
되기 쉽다. 유기물질의 보존에 가장 나쁜 환경은 덥고 습한 정글로
서, 고고학자들은 이런 곳에서는 유기물질의 모든 흔적이 불과 5년
내에 사라져 버린다는 사실을 알고 있다. 보존의 조건이 무엇이든
간에 고고학자란 자신이 발견할 수 있는 것을 가지고 연구를 하여
야만 한다. 때때로 유물이란 본래의 형태 중에 감질날 정도로 극히
적은 일부이기도 하다(Gorenstein, 1965 : 20-23).

고고학자들이란 인류의 과거에 관한 타당한 증거라면 그 어떠한
것에도 관심을 가지고 있지만, 이미 언급한 바와 같이 대부분의 증
거는 지표의 밑에서 발견된다. 지구의 층, 즉 지층 *strata*을 관찰하
는 지층학(地層學, 層位學) *stratigraphy*은 과거의 연구에 중요한 기초
가 된다. 고고학에서 지층학의 사용은 18세기 후반과 19세기 초의
지질학자들의 개척자적인 연구에서 시작되었다(신대륙에서 이러한 아

이디어를 활용하여 발굴을 행한 최초의 인물은 토마스 제퍼슨 Thomas Jefferson이라고 믿어지고 있다). 저명한 영국의 고고학자는 유적지에 대한 주도면밀한 관찰과 정확한 기록에 입각한 지층학적 개관이야말로 과학적 발굴의 기초라고 주장한 바 있다.

지층학이란, 어떠한 것이든 상부층은 하부층보다 나중에 형성된 것이라는 단순한 원리에 기초를 두고 있다. 만일 예를 들어 여러분들이 방에 들어가 어린아이가 블록을 차곡차곡 쌓아올린 것을 보았다 하자. 여러분들은 아랫부분에 있는 블록들보다, 위에 있는 블록들이 나중에 놓인 것이라는 것을 알고 있다. 그러나 여러분들이 아이들을 계속 관찰하지 않았다면 윗부분의 블록들이 얼마나 뒤에 놓여진 것인지 알 방법이 없다. 이것이 상대적 연대측정 relative dating의 예이다. 이를 '상대적'이라고 하는 이유는, 우리는 단지 일부 블록들이 다른 블록들에 비하여 시간상 상대적으로 나중에 놓였다는 것만을 알 수 있기 때문이다. 지층이 커다란 교란을 겪지 않은 지역에서는 고고학 발굴자는 땅을 파내려 가면서 하부층에서 발견되는 유물일수록 상부층의 유물보다 연대가 오랜 것이라고 가정할 수 있다〔그림 8-1을 참조〕.

비록 지층학적 관찰은 고고학자의 발굴의 지침이 되는 여러 원리 중 하나에 지나지 않지만, 선사시대의 문화변동의 계기를 밝혀내는 데 있어 기본적인 중요성 때문에 이를 언급하기로 하였던 것이다. 이상적인 조건하에서 문화변동의 증거의 순서(順序, 繼起) sequence 는 명백히 구별가능한 유적지의 지층에서 발견될 수 있다. 그러나 전혀 이상적이지 못한 조건에서는 어떠한 지층의 층위도 발견될 수 없는 경우도 많이 있다. 또 어떤 경우에는 시계열(時系列)로 배열할 만한 유물들이 토양 속에서 전혀 발견되지 않는 경우도 있다.

지층학적 증거가 불명확하거나 발견되지 않은 경우 문화변동을 알기 위하여 고고학자들은 연속배열(連續配列) seriation이라는 방법을 사용한다. 연속배열 방법이란 문화가 오랜 시간에 걸쳐 변동한

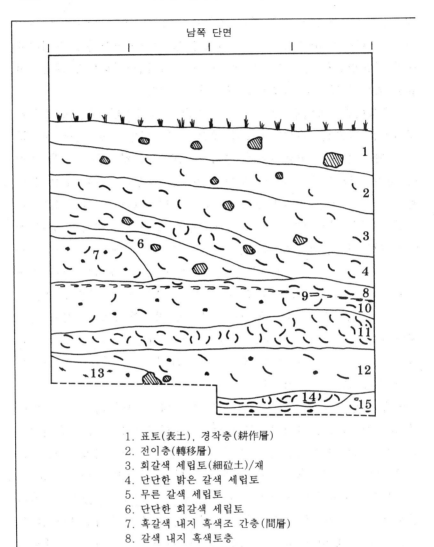

남쪽 단면

1. 표토(表土), 경작층(耕作層)
2. 전이층(轉移層)
3. 회갈색 세립토(細砬土)/재
4. 단단한 밝은 갈색 세립토
5. 무른 갈색 세립토
6. 단단한 회갈색 세립토
7. 흑갈색 내지 흑색조 간층(間層)
8. 갈색 내지 흑색토층

유적 1A-2호 발굴 갱(坑)의 단면도

그림 8-1. 어느 고고학 유적의

Source : From Donald L. Brockington, "Archaeological Investigations at Mia-
Anthropology. Drawn by Maria Jorrin.

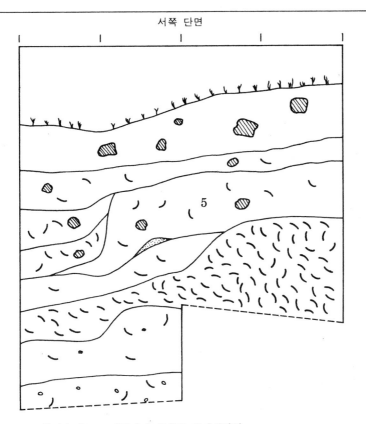

서쪽 단면

9. 불연속적으로 이루어진 회반죽 주거생활면
10. 밝은 갈색의 사질(沙質)세립토
11. 토기편이 다량 섞인 밝은 갈색의 세립사질토
12. 토기편이 다량 섞인 회색의 세립토/재
13. 흑갈색 점토
14. 토기편이 다량 섞인 회색 세립토/재
15. 석회암괴가 섞인 단단한 점토 무문화(無文化)층

층위(層位) 단면을 보여 주는 그림

huatlan, Oaxaca," 1973, by permission of Vanderbilt University Publications in

다는 사고에 입각하고 있다. 고고학자들은 도기(陶器)나 분묘(墳墓)의 양식을 유사성의 정도를 기초로 순차적(順次的, 繼起的)으로 배열을 함으로써 그 시간적 계기(연속)를 알 수 있다. 이 방법은 다수의 고대 분묘들을 시간적 계기로 배열하고자 노력하였던 이집트학 전공자에 의하여 1902년에 발전되었다. 그는 유골과 함께 매장된 일군(一群)의 도자기들을 연구함으로써 이러한 계기를 도출해 냈다. 이 중 특히 유용한 실마리는 도자기의 손잡이였는데, 이는 사용상의 필요에서 이어댄 부분이었으나 점차 장식적인 손잡이로 변화하였으며, 후에는 색칠을 한 단순한 선으로 변화하였다.

항아리의 손잡이와 마찬가지로 패션도 나타났다가는 사라지는데, 이는 의복의 스타일, 남자의 머리모양, 자동차의 높은 꼬리부분 장식 또는 홀라후프에 대한 열광 등등을 생각해 보면 명백한 것이다. 서구의 역사시대에서 기술적인 진보를 이룬 계기들은 인류 전체의 발전이라는 면에서 볼 때, 특히 매우 급속하게 연달아 발생했던 것이다.

그림 8-2 는 1850년에서 1950년 사이에 펜실베니아주에서 발생한 인공조명 기구의 변화를 보여주고 있다. 이는 연속배열 방법을 적용한 명확한 예이다. 우리가 이미 이러한 물건들의 역사에 대하여 어느 정도 알고 있기 때문에, 이러한 유형의 연속적 등장은 명백한 것처럼 보인다. 그러나 도자기 유형을 가지고 작업을 하는 고고학자는 처음에는 이러한 유형의 등장 순서가 어떠한 것이었는지 모를 것이다. 유형의 등장 순서를 도출해 내는 것은 연속배열에 있어 단지 한 단계에 불과하다. 그 다음 단계는 유물이 발견된 각 유적지에서 각 유형의 빈도(頻度)를 도출해 내는 것이다. 하나의 유형의 빈도가 증가하고 이것이 물질문화의 커다란 부분을 형성하게 됨에 따라 다른 유형은 그 빈도가 줄어든다. 각각의 유형별로 증감의 패턴을 도출해 내고 나서 고고학자는 그가 표본을 수집한 각 유적지의 상대적인 연대를 추정할 수 있는 것이다. 조명기구의 사례를

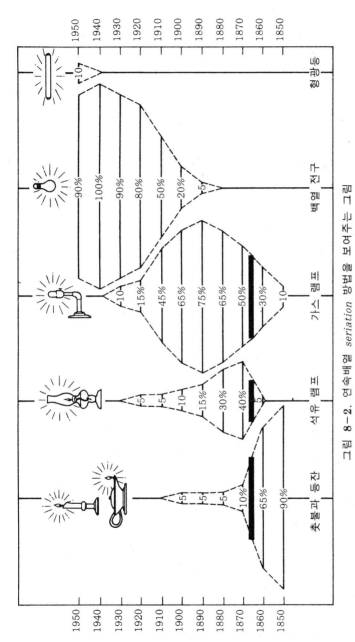

그림 **8-2.** 연속배열 *seriation* 방법을 보여주는 그림

Source : From William J. Mayer-Oakes. *Prehistory of the Upper Ohio Valley.* 1955. by permission of the Carnegie Museum

사용하자면──이 경우 우리는 이미 그 연대를 알고 있다──오하이오 계곡의 상부Upper Ohio Valley에서 출토된 것들 중 80%가 백열등이고 10%가 가스등이고 5%가 석유등이었다 하면, 이 사실은 이 유적지가 20%의 백열등과 65%의 가스등과 10%의 석유등의 표본이 출토된 곳보다 나중에 형성된 곳이라는 점을 말해주고 있다.

도자기의 유형을 연구하고 있는 고고학자에게 연속배열 방법이란 그가 가진 다양한 표본들을 배열해 보고 또 배열해 보는 것을 의미한다. 도표상에서 각 표본의 위치는 시간의 척도상의 위치를 나타내는 것이며, 이와 같이 하여 고고학자는 그가 발굴한 모든 유적지의 상대적인 시간적 선후관계를 점차 작성할 수 있는 것이다 (Gorenstein, 1965 : 113-114).

비록 여러분이 발굴에 직접 참여할 수 없으며 또한 발굴된 유물들을 가지고 조사연구를 행할 수 없다 하더라도 문화사에 대한 조사연구를 수행하기 위하여 이미 출판된 문헌 자료들을 이용할 수도 있다. 예를 들어 크로버와 리차드슨(Kroeber and Richardson, 1940)은 300년에 걸쳐 유럽 여성의 의복이 변해온 스타일을 면밀하게 분석한 바 있다. 이들은 스타일이 사람들이 의식조차 하지 못하는 요인에 의하여 영향을 받으며 디자이너나 제조업자들의 노력에도 불구하고 스타일의 변화는 주기적으로 일어나는 것을 발견하였다. 단지 드레스의 일반적인 치수가 정기적으로 변화할 뿐 아니라 허리선의 위치 또는 스커트가 넉넉한 정도fullness 등의 상세한 치수도 각기 그 나름대로의 주기를 가지고 있었다. 각 치수가 가장 특유한 형태에서 점점 멀어지면 멀어질수록 변화의 방향이 전환될 확률이 더 높아졌다고 한다. 평화와 번영의 시기에 드레스는 꽉 맞는 보디스bodices [역주: 부인복의 몸통 부분]와 폭넓고 넉넉한 full 스커트, 그리고 자연스러운 허리선이라는 모습을 띠게 된다. 전쟁이나 경제적 불황의 시기에는 여성들은 매우 높거나 매우 낮은 허리선, 짧거나 좁은 스커트 또는 짧으면서 좁은 스커트 등의 극단적인 스타일의 옷을 입게 된다. 스타일의 변화는 종종 스트레스의 시기에 발생하기도 한다. 크로버는 "드레스 패턴이 불안정한 시기는 사회 정치적으로도 불안정하며 또한 동요의 시기였다. 따라서 이들간에는 아마도 관련이 있을 것이다"라는 결론을 내렸다(1948 : 334).

마빈 해리스Marvin Harris 는 "올라가는 것은 올라간 채로 있기도 한다"*What Goes Up, May Stay Up* 라는 논문(Harris, 1973)에서 크로버와 리차드슨의 연구를 재검토하고 이를 수정하였다. 이들이 확인한 기본적인 패턴은 해리스에 의하면 1913년에 붕괴되기 시작하였다는 것이다. 드레스의 길이에 관하여 크로버 등은 "치마가 무릎에 도달하는 것은 치마가 올라갈 수 있는 상한선에 도달한 것이며 아마도 이보다 정의하기가 어려운 예절의 한계에 도달한 것이기도 하다"라고 주장하였다. 해리스는 결론에서 "이들은 어떤 의미에서는 옳았다. 치마가 무릎 위로 올라감으로써 기본적인 패턴은 더 이상 존재하지 않게 되었다"(p. 24)고 주장하였다. 해리스는 "우리는 이미 공구른 옷단*hemline* 위까지 올라갔다"라는 보그誌 *Vogue* 의 주장에 동의하면서, 서구의 여성들은 "바지나 짧은 스커트가 하루 아침에 완전히 없어져 버려 어쩔 수 없는 경우가 아니고서는 발목이나 바닥까지 닿는 긴 스커트를 입을 것을 요구하는 패션을 다시는 참지 않을 것이다. 서구에서 바닥까지 내려오는 긴 스커트의 소멸은 중국에서의 전족(纏足)의 소멸이나 혹은 중동에서의 베일의 소멸에 해당하는 것이다"(p. 24)라고 덧붙였다.

여러분이 알고 있는 문화사의 다른 상상력이 풍부한 연구들에는 묘지의 석물(石物)의 스타일이나 이에 새겨진 문구를 추적하는 것과 자동차의 범퍼에 붙이는 스티커의 문구의 진화를 연구한 것 등이 있다.

프로젝트

1. 시어스 로버크Sears Roebuck 백화점의 카탈로그를 몇 권 사용하여 남성의 구두, 조명기구, 아이들의 장난감, 여성의 수영복, 혹은 커뮤니케이션 장비 등등 상이한 범주에 속하는 두 가지의 상이한 종류의 물품들의 역사를 추적해 볼 것. 만일 시어스 로버크 백화점 카탈로그의 오래된 것들이나 최근 복사된 것들을 입수할 수 없다면(대부분의 도서관에는 이들이 비치되어 있다) 여러분들은 『훌륭한 살림살이』Good Housekeeping 誌 등 몇몇 역사가 오래된 잡지 중에서 몇 권을 골라 이에 실린 기사 내지는 광고 또는 이 두 가지를 모두 사용하는 것을 고려해 볼 수 있다. 여러분들이 선택한 두 종류에 속하는 다양한 물품들에 일어난 변화를 장기간에 걸쳐 분석해 보도록 한다. 여러분의 분석에서는 언제 새로운 특질들이 등장하였으며 언제 이러한 특질들이 사려졌는가도 언급하여야 한다.

2. 고고학자는 단지 몇몇 종류의 유물에 발생한 변화를 추적한 결과를 근거로 포괄적인 일반화를 시도하여서는 안 된다. 그러나 고고학자는 우리가 이미 지적한 바와 같이 해석을 할 경우에는 맥락에서 획득한 정보에 상당히 의존하고 있다. 프로젝트의 전반부에서 사용한 것과 동일한 카탈로그들을 사용하여 이번에는 여러분이 조사한 종류의 물품들에서 나타난 변화를 해석하는 데 도움이 될 수 있는 문화변동의 맥락에 대한 정보를 얻을 수 있는 방법을 제시해 볼 것. 예를 들어 여러분의 '맥락에 대한 자료'는 기술적인 변화, 경제적 호황 혹은 불황이라는 시기, 전쟁 혹은 평화의 시기, 전원(田園) 생활 또는 도시 생활에 대한 지향의 변화, 여가시간의 본질과 사용상의 변화, 혹은 사회관계의 성격의 변화 등에 관한 실마리를 제공하는가? 이에 관한 실마리를 얻기 위하여 여러분들이

주의를 기울일 것들 중의 하나는 사진에 찍혀 있는 사람들로서 여
기에는 가족집단의 크기 등이 암시되어 있기도 하다.

참고문헌

Clark, J. G. D. *Archaeology and Society: Reconstructing the Prehistoric
Past*, rev. ed., 1970. New York: Barnes and Noble. London: Me-
thuen & Co. 이 책은 1939년에 초판이 출판된 이래 판을 거듭하면서
개정되어 온 탁월한 연구서로서, 구대륙에 중점을 두고 있다.

Daniel, Glyn. *The Origins and Growth of Archaeology*, 1967. Har-
mondsworth, Middlesex, England: Penguin Books. 이 책은 『고고학의
기원과 성장』이라는 제목 그대로 고고학의 기원과 발달을 다룬 것으로
서, 여러 고고학자들과 이들의 업적에 대한 짤막한 소개를 담고 있다.
특히 유럽의 학자들에 중점을 두고 소개하고 있다.

Deetz, James. *Invitation to Archaeology*, 1967. Garden City, NY:
American Museum Science Books, The Natural History Press. 고고학
에 대한 훌륭하고 기초적인 책의 하나이다. 앞에서 소개한 다른 책들과
는 달리 이 책은 신대륙에 관한 상당한 자료를 수록하고 있다. 책값도
싸고 휴대하기에도 편리한 진정한 '포켓 북'이다.

Fagan, Brian M. *In the Beginning: Introduction to Archaeology*, 7th
ed., 1991. New York: Harper Collins. 고고학에 관한 여러 입문서 중
의 하나로서, 이 책은 풍부한 사진과 지도, 그림을 수록하고 있으며 고
고학 전반을 다루고 있다.

Gorenstein, Shirley. *Introduction to Archaeology*, 1965. New York:
Basic Books. 이 책은 매우 명료하고 읽기 좋게 쓰여진 입문서로서 고고
학적 조사의 각 단계를 꼼꼼하게 소개하고 있는 동시에, 독자들에게 대
부분의 고고학적 조사에 내재하고 있는 도전과 흥분의 느낌을 상당히 맛
보도록 하는 데 성공하고 있다.

Harris, Marvin. "What Goes Up, May Stay Up." *Natural History*, 1973,
72(1) : 18-25. 여성들의 패션의 변화라는 오래된 주제를 새롭게 다룬
글이다.

Heizer, Robert F. *The Archaeologist at Work*, 1959. New York: Harper
& Row. 고고학의 여러 다양한 분과 전체를 망라하여 각 분과의 전문

연구자들이 쓴 다각도의 논문들을 모아 놓은 책이다.

Heizer, Robert F. and John Graham. *A Guide to Field Methods in Archaeology*, rev. ed., 1967. Washington, DC: National Press. 사진과 지도, 그림이 풍부한, 훌륭하고도 철저한 지침서이다.

Kroeber, Alfred L. *Anthropology*, rev. ed., 1948. New York: Harcourt, Brace. 비록 출판된 지 오래되었으나 탁월한 기본적인 교과서이다. 여기 에서 이 책을 언급하는 이유는 이 책이 문화사와 여성의 패션의 변화를 상당히 비중 있게 다루고 있기 때문이다.

Kroeber, Alfred L. and Jane Richardson. "Three Centuries of Women's Dress Fashions." *Anthropological Records*, 1940, 5(2) : i-iv, 111-153. 문화변동과 여성의 패션에 관한 고전적인 논문.

Mayer-Oaks, William J. *Prehistory of the Upper Ohio Valley*, 1955. Pittsburgh: Carnegie Museum. 미국 국내의 한 계곡에서 발굴된 유적 지에 대한 연구로서 조명기구의 변천에 관하여 연속배열 방법 *seriation method* 의 사용을 예시하는 흥미 있는 그림이 수록된 원전이기 때문에 여기에서 언급하였다.

Woodall, J. Ned. *An Introduction to Modern Archaeology*, 1972. Cambridge, MA: Schenkman. 고고학에 관한 일부 현대적인 접근법들을 간 결하고 읽기 쉬우며 또한 적당한 정도로 요약하고 있다.

제9장 민간전승의 내용 분석

인류학자가 전통적으로 연구해 온 비서구사회의 사람들 사이에서는 예술이 종종 경제적, 정치적, 종교적 활동의 일부가 되어 있다. 사실 "예술가의 작품은 이러한 문화의 기본적인 부문들 사이의 상호 관계의 진수(眞髓)를 상징적으로 나타낸다"(Hammond, 1971: 195). 회화예술과 마찬가지로 언어 예술 또한 장식적이고 오락적일 뿐 아니라 기능적이다. 즉, 현실적이고 구체적인 목적과 역할을 하는 경우가 많다. 이러한 이유 때문에 인류학자들은 '민간전승'(民間傳承: 民俗) folklore 또는 '민간 예술' folk art 을 논의하는데, 기본적으로 이는 '민중' folk, 즉 〔보통〕 사람들의 전승(傳承) lore, 다시 말하면 〔언어로〕 표현된 학습 또는 지식 expressed learning 을 의미한다.

연구의 대상이 될 수 있는 미학적 표현의 형태는 매우 다양하다. 이 중에는 회화예술 graphic arts 과 조형예술 plastic arts 이 있는데, 예를 들자면 회화(繪畵) painting, 조상(彫像) sculpture, 조각(彫刻) carving 같은 것들이다. 그 외에 기악(器樂)과 성악(聲樂), 그리고 무용(舞踊)이 있다. 문신(文身) tattooing, 개인적인 치장, 머리 축소하기 head-shrinking 도 어떤 문화에서는 민간 예술로 인정된다. 그러나 인류학자들이 가장 많은 관심을 갖는 민간전승은 구비문학(口碑文學)이다. 다음과 같은 다양한 구술적 표현의 범주는 특별히 주목을 받아 왔다.

신화(神話) myth 는 일반적으로 "인간과 자연이나 초자연적 존재와의 관계의 본질을 강조하는 주제로 한, 전통에 기초를 둔 극적(劇的)인 이야기"(Hammond, 1971 : 318)라고 정의된다. 대부분의 학생들은 세계의 기원과 여러 신들의 성격, 인간세계의 도덕 체계의 기초에 대해서 설명하는 고대 그리스와 로마의 신화에 대해 잘 알고 있을 것이다. 우리는 '신화'를 사실이 아닌, 꾸며낸, 또는 어느 정도 환상적인 이야기와 동의어로 사용해 왔다. 그러나 인류학적인 맥락에서는 현존하는 어떤 종교의 이야기라도 이제는 더 이상 존재하지 않는 고대의 종교 이야기들과 똑같이 마찬가지로 신화이다. '신화'라는 용어를 경멸적인 의미로 이해해서는 안 된다. 신화는 그 이야기가 진실이든 아니든 현존하는 종교 체계의 구조의 일부분이든 아니든, 사물이 왜 그러한 모양으로 생겨났는지 초월적으로 설명하는 모든 이야기를 지칭한다.

또 다른 수준에서는 인간을 둘러싸고 있는 비인격적인 힘과 인간의 관계에 대하여 설명하기 때문에 특정한 비종교적인 이야기도 신화라고 할 수도 있다. 그 좋은 예가 소위 '서부 이야기'Western 라는 신화인데, 이 서부 신화는 미국적인 인성(人性)의 특정한 유형을 만들어 내는 토대로서 프론티어 frontier 개념에서 유래한다. 신화적인 서부의 영웅은 정의감, 명예감 그리고 노동의 존엄성에 관한 자연스런 감각을 가지고 있는 강인한 개인주의자 rugged individualist 이다. 감정에 좌우되지 않는 서부의 영웅은 노을 속으로 말을 타고 사라졌다가 새로운 개척 마을에 나타나는 영원한 이방인이다. 여기서 그러한 영웅이 정말로 있었느냐, 또는 통계적으로 인구 전체의 전형적인 모습이었느냐 하는 것은 중요하지 않다. 거칠지만 풍요한 서부의 대지와 이러한 황야를 개척한 개척자들간의 관계를 나타내는 상징으로 그러한 영웅이 책이나 영화, 텔레비전의 이야기에서 활용되기 때문에 그들은 신화적이라고 볼 수 있다. 인류학적 관점에서 그러한 인물은 이 문화의 가장 바람직한 이상형을 표현하기 때문에 '신화적'이라고 본다.

전설 legend 은, 신화와 달리 특정 행위에 대하여 전통적인 도덕적 지지 sanction 를 제공하며, 어떻게 사물이 현재의 모습으로 존재하게 되었는가라는 문제와 더 관련되는 경향이 있다. 일반적으로 전설은 초자연적인 토대가 없으며 신화처럼 종교의 중심적인 신앙 체계나 이데올로기와 밀접한 관계를 갖는 경우도 거의 없다. 전설은 어느 특정한 버려진 집에 과거에 그곳에 살던 비극적인 거주자의 유령이 어떻게 출몰하게 되었는지를 설명하는 이야기처럼 지역적으로 극히 한정된 경우도 있다. 그러나 전설 중에는 폴 번연,[1] 존 헨리,[2] 혹은 조니 애플시드[3]의 이야기처럼 전국적으로 알려져 있는 것도 있다.

　신화의 주인공과 마찬가지로 전설의 주인공도 반드시 실제 인물일 필요는 없다. 그러나 미국에는 데이비 크로켓,[4] 조지 워싱턴,

---

1) 역주: 폴 번연 Paul Bunyan 은 미국 북서부의 벌목 캠프의 전설적인 영웅. 엄청난 힘과 유머, 지략, 민첩함 등의 능력을 가졌으며 거대한 푸른 황소인 베이브 Babe 와 함께 푸젯灣 Pudget Sound 과 그랜드 캐년, 블랙힐즈 Black Hills 등을 만들었다 한다. 일부는 이러한 전설이 프랑스령 캐나다에서 시작된 것이라 보고 있으나 20세기 초 벌목 회사가 꾸며낸 것이라고 보는 사람도 있으며 또한 유럽에서 수입된 것으로 보는 견해도 있다. 처음에 미시간, 위스콘신, 미네소타 주의 벌목 캠프의 벌목 노동자들 사이에서 퍼지기 시작하였는데, 점점 각 지방의 수식(修飾), 또는 개인적인 수식이 가미되면서 전파되다가 1910년 7월 24일 James MacGillivray 에 의하여 Detroit News-Tribune 紙에 실렸다. 그 후 W.B. Laughead 가 레드리버 목재회사 Red River Lumber Co.를 선전하는 여러 권의 팜플렛으로 개작하였다. 이러한 과정을 거쳐 폴 번연의 이야기는 점점 널리 퍼졌다.

2) 역주: 존 헨리 John Henry 는 해방된 흑인 노예라고도 하는데, 미국 서부의 광산에서 일을 하였으며 힘과 솜씨를 자랑하였다. 어느날 어떤 사람이 새로 발명된 광산용 굴착기계를 가지고 나타나 기계가 그 어느 사람보다도 강하다고 자랑하자, 존 헨리는 이에 도전하여 곡괭이와 망치를 들고 기계와 경쟁하였다. 존 헨리는 초인적인 힘을 발휘하여 기계보다 빨리 작업을 마쳤으나 승리를 확인하는 순간 탈진하여 숨을 거두었다고 한다.

3) 역주: 조니 애플시드 Johnny Appleseed(1774?~1845)의 본명은 John Chapman 으로 매사추세츠州 리오민스터 Leominster 에서 태어났다. 그는 펜실베니아의 사과즙 짜는 기계에서 주운 사과씨 appleseed 를 가지고 서부로 가면서 도중에 이를 계속 심었다고 한다. 평생 오하이오, 인디아나, 일리노이 지방에 사과를 심고 이를 돌보면서 살았다고 하는데, 그의 생애에 관한 많은 일화는 전설과 섞여 있다. 그는 스웨덴의 신학자인 스웨덴보그 Emanuel Swedenborg 의 가르침을 따르는 매우 종교적인 사람으로 맨발에 해진 옷을 입고 주석 냄비를 모자 대신 쓰고 다녔다고 한다. 개척 시대 전설에서 그는 서부로 향하여 이동하는 미국 문명의 상징으로 그려지고 있다.

4) 역주: 데이비 크로켓 Davy Crockett(1786~1836)은 미국의 개척 시대의 영웅

아브라함 링컨의 경우와 같이 실제 생존했던 사람들에 관한 전설이 특히 풍부한 것 같다. 이러한 인물들의 경우 역사적인 사실과 전설적인 측면을 구별하기는 매우 어렵다. 이를테면 데이비 크로켓이 겨우 세 살 때 정말로 곰을 죽였을까? 조지 워싱턴은 정말 벚나무를 찍어 넘어뜨렸을까? 아브라함 링컨은 잡화상 주인에게 2센트를 돌려주기 위해서 정말로 눈 속을 20마일이나 걸어갔을까? 전설은 동화에 흔히 나타나는 초자연적인 요소를 결여하고 있다 할지라도 많은 경우 동화와 같은 방식으로 이야기된다. 이와 같이 재미있거나 흥분을 불러일으키는 이야기 형식의 목적은 대부분 계도적(啓導的)이다. 이러한 전설은 자연적인 힘에 직면했을 때의 용기(존 헨리), 利他主義(조니 애플시드), 개척 정신(폴 번연), 정직(워싱턴), 성실성 integrity(링컨)과 같이 미국 문화가 높이 평가하는 다양한 가치관에 대한 재미있는 설교이다. 이 전설은 아이들에게 그러한 가치관을 가르쳐 주는 데에 사용될 뿐만 아니라, 이러한 가치에 대한 어른들의 신념을 표현하는 것이기도 하다.

널리 분포되어 나타나는 전설의 경우 각 지방의 규범에 부합하도록 이야기 줄거리나 구조에 교묘한 변형이 나타난다는 사실은 재미있는 현상이다. 예를 들어 '잭과 콩 줄기 이야기'Jack and the Beanstalk 와 같은 친숙한 이야기는 영국과 미국, 양국에서 각각 발견된다. 영국판 이야기는 균형 잡히고 조화로운 관계를 강조한다. 영국판 이야기는 자기 때문에 고통을 겪게 된 어머니를 돕기 위해서 무

이며 정치가. 테네시州 그린 Greene 郡에서 태어나 사냥꾼으로 살다가 1813년 나중에 7 대 대통령이 된 앤드류 잭슨 Andrew Jackson 의 크릭 Creek 인디언 정벌에 참가한 것을 계기로 야심을 넓혀 1821년에는 주 의회에, 1827년에는 합중국 의회에 진출하였다. 테네시州의 무단 입주자 squatter 에게 토지를 수여하는 문제를 둘러싸고 앤드류 잭슨과 11대 대통령이 된 폴크 James Polk 등과 대립하였다. 1835년 낙선한 뒤 텍사스로 가서 멕시코의 지배에 대항하다가 알라모 Alamo 요새 방어전에서 전사하였다. 그에 관한 책이 여러 권 출판되었는데 특히 『크로켓 연감』 Crockett Almanacs 이라는 대중적인 팜플렛의 출간으로 그는 다니엘 분 Daniel Boone 및 킷 카슨 Kit Carson 과 함께 서부의 수많은 전설의 주인공이 되었다.

언가 고상한 일을 하는 소년이라는 주제에 중점을 둔다. 그러나 미국판 이야기의 지배적인 이미지는 싹이 돋는 콩의 줄기로 나타나는데, 이것은 개인적인 야망이 중심 주제가 되기 때문이다. 두 이야기를 비교 분석한 학자 마르타 올펜슈타인(Martha Wolfenstein, 1965)에 의하면 미국판 이야기는 남성적인 용기(싸움, 사냥)를 과시하거나 전시하는 경향과 관련이 있다. 동일한 이야기라도 상이한 문화에서 구술(口述)될 경우 이들은 각기 그 문화의 사람들이 세계에 대해서 사고하는 방식을 나타낸다.

격언 *proverbs*은 하나 혹은 두 문장으로 이루어진 재치 있거나 기억하기 쉬운 표현을 통해서 "과거의 시간이나 혹은 다른 장소에서 끄집어 낸 윤리적으로 공인된 행위"의 사례를 제시하기 때문에 (Hammond, 1971 : 319), 전설의 축소판이라고 생각할 수 있다. 격언은 공인된 가치관을 가르치기 위해서 그리고 공개적인 표현이 적합하지 않거나 위험한 경우 간접적인 사회적 논평이나 비평을 위한 도덕적 지침으로 사용되기도 한다.

수수께끼 *riddles*는 대부분의 문화에서 오락의 목적으로 사용된다. 미국 사회에서 수수께끼는 다소 유치한 형태의 오락으로 간주된다. 그러나 다른 문화에서는 성인들의 재치와 언어 능력을 활용하는 데 사용된다. 나아가,

> 수수께끼의 분석은 어느 특정한 민족의 정신 과정의 특징적인 패턴, 이들의 사고를 지배하는 상징, 이들이 현실의 諸측면을 범주화하는 방식, 그리고 이들이 諸관계를 인식하는 방식의 패턴을 통찰하고자 하는 인류학자에게 유용할 수 있다(Hammond, 1971 : 321).

욕설, 말장난, 별명, 축배의 말, 낙서 *graffiti*와 같은 **잡다한 형태**들 또한 민간전승 전통의 일부라고 말할 수 있다. 민속학자들이 연구한 민간 전승의 형태들에 관한 다른 정의와 설명에 대해 알기 위해서는 마리아 리치 Maria Leach가 편찬한 사전(Leach, 1949~1950)

을 참고하시오.

민간전승 분석의 이용

인류학자로서는 민간전승을 포함하여 예술이라고 하는 것은 그 문화적, 사회적 맥락 속에서 가장 잘 이해될 수 있는 것이다. 예를 들어 표현에 이용할 수 있는 방법들을 제한하는 기술적인 한계, 예술가의 활동을 특정한 표현의 유형으로 향하게 만드는 문화적 신념, 이용가능한 재료를 제한하는 자원의 제약 등을 고려해야 한다.

그러므로 예술적 창작물은 인간 상호간의 관계의 산물인 동시에 또한 인간과 환경간의 관계의 산물이다. 그러나 그러한 창작물 자체는 특히 문화를 총체적이고 민족지적으로 정밀하게 분석하는 것이 불가능할 경우 인류학 연구에서 유용하게 사용될 수 있다. 민간전승자료 분석의 이러한 측면을 가장 흥미롭게 적용한 사례의 하나는 제 2 차 세계대전 기간 중 시작되었는데, 이 당시에는 우리와 전쟁을 한 적국인의 문화, 그리고 우리의 연합국이지만 여행에 대한 전시의 제약 때문에 방문이 불가능한 곳에 사는 사람들의 문화를 이해할 필요성이 대두하였다. 전쟁으로 직접적인 현지 조사가 어렵거나 불가능해졌기 때문에 몇몇 인류학자들은 ‘문화를 멀리서’*culture at a distance* 연구하기로 결정[5]하였으며, 이를 위하여 일본인, 독일인, 러시아인 그리고 다른 여러 문화에 관한 정보를 주워모으기 위하여 민간전승과 다른 ‘대중문화’의 표현(잡지, 영화, 책)을 분석하였다. 이러한 접근 방식의 이면에 있는 이론적 근거를 이해하기 위해서는 민속예술 작품이 문화적 정보를 학습하고 전승하는 매체라는 사실을 이해할 필요가 있다. 예컨대, 만약에 전설이 문화적 가치에

---

5) 역주: 그러한 연구 결과의 대표적인 예의 하나가 2 차대전 시 연합국의 적국이었던 일본인의 문화와 인성을 연구한 루드 베네딕트 Ruth Benedict 의 『국화와 칼』 *The Chrysanthemum and the Sword* 이다.

관한 지식을 한 사회의 성원으로부터 다른 성원에게 전승하는 것이라면, 인류학자는 그러한 전설의 분석을 통하여 어떠한 가치가 그 사회에서 높이 인정받는지 알 수 있다. 물론 이 경우에도 인류학자는 자신의 1차적인 관찰에 의거하여 이러한 결론을 증명할 수는 없다는 한계는 감수하여야 한다.

표현적인 행위의 결과인 다른 산물과 마찬가지로 민속 예술은 형식과 내용 두 차원에서 유용하게 분석할 수 있다. 민속 예술의 가장 정밀한 형태 분석은 알란 로맥스Alan Lomax에 의하여 시도되었는데, 그는 노래의 구조, 리듬의 패턴, 운(韻)의 구성 등에 관한 정교한 유형론을 발전시키고 이것을 특정한 사회구조 유형과 상호 관련시켰다. 최근에는 민간전승작품의 여러 요소(특히 등장 인물, 이야기의 시작과 종결의 유형, 그리고 사건의 진행순서)가 어떻게 전파되었는지를 알기 위하여 지도에 표시하고 또한 어떤 유형의 사회들이 어떤 이야기 구조나 줄거리 모티브의 유형과 관련이 있는지를 탐구하는 민간전승 유형의 분포에 대한 연구가 각광을 받기 시작하고 있다.

이러한 형태적 연구의 중요성에도 불구하고 최근에 대부분의 학생들을 사로잡는 것은 민간전승 내용의 분석이다. 민간전승의 내용에는 현재적(顯在的) manifest인 것(분명하게 드러나 있는 것)과 잠재적(潛在的) latent인 것(숨겨져 있거나 내재하는 것)이 있다. 특정한 예술 작품을 창작하는 예술가는 그 작품의 명시적인 내용이 될 특별한 목적을 염두에 두고 작업을 할 수 있다. 그러면서도 예술가는 하나의 문화적 전통의 구성원이기 때문에 그 사회의 구성원들이 공통적으로 가지고 있는 가치관과 태도와 믿음은 의도적인 노력 없이도 자연스럽게 그의 작품에 스며들게 된다. 더욱이 예술가는 특정한 태도와 믿음과 그리고 사적인 이해관계를 가진 한 개인이기도 하다. 그 결과 예술 작품의 잠재적인 내용은 인류학자에게는 분석을 위한 텍스트가 될 것인데, 분석자는 너무나도 당연한 것으로 여

겨지기 때문에 예술가가 포함시키려고 특별히 노력하지 않을 때조
차 출현하게 되는 문화의 측면들, 또는 특별히 설명되지 않는 예술
가의 인성의 여러 측면들을 살펴볼 수 있을 것이다.

  이러한 점들은 트리니다드 칼립소[6]와 같은 특정한 민속 예술 형
태에서 잘 나타난다. 미국이나 유럽에서도 잘 알려진 예술 형태인
칼립소는 우아한 댄스 풍의 박자에다 트리니다드섬의 '기묘한' 악센
트가 섞인 저속한 가사를 가진 민요와 연관되는 경향이 있다. 그러
나 트리니다드 출신 소설가 나이파울[7]에 의하면,

> 트리니다드 사람은 칼립소를 통해서만 현실을 느낀다. 칼립소는 순수
> 하게 지방적인 형태이다. 트리니다드 밖에서 작곡된 노래는 그 어떠한
> 것도 칼립소가 아니다. 칼립소는 지방적인 사건과 태도에 대해 언급하며
> 그것도 지방 언어로 표현한다. 재치와 언어적인 기발한 착상은 기본적인
> 요소이다. 아무리 곡(曲)이 좋고 또 아무리 잘 부른다 해도 이러한 요소
> 없이는 칼립소라고 할 수 없다(Naipaul, 1962 : 75-76).

  트리니다드의 드라마의 전문가인 에롤 힐 Errol Hill 에 의하면 칼
립소는 '음유시인의 예술'의 형태의 하나이다. 그는 독립적인 예술
형식으로서의 칼립소의 역사를 상세히 연구한 바 있다. 그러므로
칼립소를 만들어 낸 트리니다드 사람의 문화를 이해하는 데 도움이
되기 위해서는 칼립소를 분석하는 것이 적절하다 하겠다.

  칼립소는 트리니다드 사회생활의 핵심이 되는 난동에 가까운 대중
극장인 카니발 Carnival 과 밀접한 관련이 있다. 매년 크리스마스 직

---

  6) 역주: Trinidad Calypso 는 카니발에서 불리는 노래로 가사는 종종 즉흥적으
      로 만들어지는데 풍자나 세태를 주제로 하며 일상의 영어 단어들의 악센트
      를 뒤바꾼다. 특히 아프리카 고유의 타악기 리듬에 맞추어 노래하는 목소리에
      기타 *guitar* 와 마라카스 *maracas* 라는 악기의 반주로 복잡한 副리듬 *counter-
      rhythm* 을 이룬다.
  7) 역주: 나이파울 Vidiadhar Surajprasad Naipaul(1932~)은 인도계의 소설가
      이며 수필가로서 영국의 옥스퍼드 대학에서 교육을 받은 후 영국에 거주하면
      서 수년간 방송 언론인으로 활동하기도 하였다. 그의 소설은 전통 문화와 현대
      적 가치들간의 갈등을 표현하고 있다.

후에 수십 명의 전문적인 칼립소 가수가 개인적·사회적 세평(世評)의 내용을 가진 새로운 칼립소를 초연(初演)하는데, 그 다음 두달 동안 이 노래들은 섬 전역에서 유행된다. 이들의 공연은 사순절(四旬節)을 앞두고 '재의 수요일'(聖灰日)[8] 이틀 전에 열리는 카니발 때에 절정을 이룬다. 그 시즌 최고의 칼립소를 만들었다는 평을 받은 칼립소 가수는 '칼립소의 왕'*Calypso King* 으로 등극하는 영예를 얻는다. 최고의 칼립소라는 평을 얻은 노래는 특히 '시가 행진곡'*Road March* 이라 불리며 카니발 기간 동안 시가를 행진하는 대부분의 스틸 밴드[9]에 의해서 연주된다. 이와 같이 칼립소는 단순히 오래된 노래가 아니다. 칼립소의 작곡과 연주, 그리고 평가는 트리니다드 섬 주민의 삶에서 주요한 활동이다.

트리니다드는 언론의 자유와 매우 활발한 라디오와 텔레비전 네트워크를 가지고 있는 국가이지만 정치적·사회적 세평은 칼립소 노래를 통해서만 생명력을 얻는다. 정부, 공적인 인물, 사건, 그리고 패션의 경향 등은 모두 칼립소 가수들에게 상당히 좋은 노래 거리가 된다. 예를 들어 한 시즌에는 대화의 주요 화제가 '4월 혁명'이라고 부르는 최근에 실패로 끝난 군사 반란에 관한 것이었다. 이 사건에 뒤이어 삼엄한 통행금지와 정치적인 반대파에 대한 일제 검거, 세상을 떠들썩하게 만든 군사 재판이 있었다. 이와 같이 극적인 정치적 사건은 1년 내내 격렬한 논란거리가 되었지만 칼립소 가수들만은 감히 비판적인 견해를 공식적으로 표명할 수 있었다.

현재 살아 있는 가장 위대한 칼립소 가수들 가운데 하나인 로드 키치너 Lord Kitchener 는 그 시즌에 발간된 자신의 노래집에 「통행금지 시간」이라는 제목을 붙였으므로, 그 해 칼립소의 명시적인

---

8) 역주: Ash Wednesday(聖灰日)는 광야에서 그리스도가 40일간 기도한 것을 기리는 의미에서 참회와 단식을 하는 기간인 Lent(四旬節)의 첫날로, 천주교에서는 참회의 뜻으로 머리에 재를 뿌린다.

9) 역주: 스틸 밴드 *steel band* 란 카리브해의 트리니다드섬 주민들 특유의 주로 드럼통을 이용한 타악기 밴드이다.

내용은 새로운 정치적 풍조라고 할 수 있었다. 그러나 그의 노래를 개별적으로 몇 가지 분석해 보면 트리니다드 사회에 관하여 상당한 양의 정보를 제공하는 잠재적인 내용을 찾을 수 있다. 예를 들어 「통행금지 시간」이라는 칼립소는 단순히 정부 정책에 대한 비판만을 담고 있는 것은 아니다. 이 가수가 어두워진 뒤에도 집에 머물러 있으라는 명령을, 청중들이 듣기에 의심할 나위 없이 명백히, 정치에 대한 논의 이외의 다른 목적으로 사용하고 있다는 것은 칼립소의 재미있는 이중적인 의도 *double entendres*[10]라고 볼 수 있다. 칼립소의 위대한 전통적인 주제 중의 하나로 트리니다드 人이 열중하고 있는 것은 〔한 여자를〕 정복하고 또 〔다른 여자를〕 정복하러 다니는 남자들과, 이들의 주장에 의하면 남성의 뛰어난 매력에 굴복할 수밖에 없는 여자들간의 성적인 줄다리기이다. 이러한 인적 가치에 대한 중요한 언설(言說)은 피상적으로 볼 때 정치적인 목적을 가진 칼립소로 발전되기도 한다. 「PP 99」라는 칼립소 노래는 트리니다드섬에서 오랫동안 존중되어 오던 불법주차 관행을 단속하는 주차 감시원 아가씨들이라는 형태로 나타나고 있는 사적 권리에 대한 정부의 증대하는 간섭에 관한 비평이다. 그러나 이 노래의 종결부에서 로드 키치너는 다른 모든 방법이 실패할지라도 자신은 주차 감시 요원 아가씨들에게 남성으로서의 성적 우월(性的 優越)을 주장함으로써 이들을 좌절시킬 수 있다고 믿고 있음을 시사하고 있다. "그들 멋대로 꽥꽥 떠들게 하라"*Let Them Crow*라는 노래의 가사는 얼핏 보면 칼립소 가수가 정부를 향해서 감히 카니발을 폐지('혁명'의 뒤에 폭력사태가 발발하는 것을 우려하여 이러한 조치를 취할 것을 〔정부가〕 위협한 바 있음)하도록 요구하는 언설이다. 그러나 암암리에 이 노래는 그 어떠한 '권위'도 사람들에게 마음대

---

10) 역주: double entendres 란 두 뜻으로 해석되는 말을 의미하는데, 이 중에 한 가지는 대개 상스러운 의미이다. 통행금지 명령으로 집에 있게 되었다는 것에는 정치적인 의미도 있지만 또한 성적(性的)인 의미도 있다.

로 지시할 수 없다는 트리니다드人의 근본적인 신념을 이야기하고
있다. "나는 내가 정말 좋아하는 것을 한다"는 것이 이 노래의 모
토이다.

이와 같이 칼립소 노래의 내용에 대한 분석을 통해서 우리는 당
대의 정치적인 이슈에 관한 현재적(顯在的)인 관심들을 알 수 있을
뿐만 아니라 사회-성적(社會-性的) 행위 *sociosexual behavior* 에 있어
기대되는 규범에 관한 특정 가치의 계속적인 표현에 대해서도 알
수 있게 된다.

요약하자면, 우리는 민간전승이 여러 가지 사회적 기능을 한다고
할 수 있다. 인류학자에 의한 민간전승의 분석은 그러한 민간전승
을 만들어 내고 이용하는 사람들의 사회적 성격에 관해서 우리에게
무엇인가를 알려준다.

> 오락이나 여흥과 같은 명백한 기능 외에도 민간전승은 세속적이든 성
> 스러운 것이든 기존의 신념이나 태도, 그리고 제도를 지지하는 데 기여
> 하며 무문자(無文字) 사회에서 중요한 교육적 역할을 수행한다……그러
> 나 한 세대에서 다른 세대로 문화를 전승하고, 또한 신념과 태도가 의문
> 시될 때 즉석에서 합리화를 제공하는 역할 외에도 민간전승은 일부 사회
> 에서는 공인된 규범으로부터 일탈할 가능성이 있는 사람들에게 사회적인
> 압력을 가하는 데도 이용된다……외견상 풍부한 유머가 있지만 그 근저
> 에는 보다 깊은 의미가 있으며, 그리고……민간전승은 사회가 개인에게
> 강제하는 성적인 억압뿐만이 아니라 다른 많은 억압들로부터도 심리적인
> 도피수단으로서 기능하기도 한다(Bascom, 1971 : 474).

프로젝트

민간전승에 대한 인류학적 연구는 민족지의 전통적인 대상인 기
술적으로 미개한 소규모 사회에 집중되는 경향이 있었지만, 미국과
같은 사회의 민간전승 작품에 대한 연구는 가능할 뿐 아니라 또한
바람직하다. 그러나 이러한 작업은 미국 사회 내의 문화적 전통의

이질성 때문에, 그리고 트리스트람 코핀 Tristram Coffin 과 헤니그
코헨 Hennig Cohen (Coffin & Cohen, 1966)이 다음과 같이 세 가지로
구분한 바 있는 민간전승 작품의 다층적인 *multilayered* 창조 과정
때문에 복잡한 것이다. 그 세 가지는 다음과 같다.

- 문예 전통
- 대중 전통
- 口碑전승 또는 민속 전통

일반적으로 말하여 미국은 문자 사회이기 때문에, 통속적인 민속
전통의 상당한 부분, 특히 언어적 예술 영역의 경우에는 공식적인
교육과정을 통해 이미 미국인들이 습득해 온 자료들과 밀접히 결부
되어 있다. 모비 딕,[11] 유명한 뛰는 개구리 *The Celebrated Jumping
Frog*, 톰과 헉크,[12] 마일즈 스탠디시의 구혼[13] 등은 이미 알려진 몇
몇 문예 자료를 통해서 우리의 민속의 의식에 전부 들어와 있다. 롱

---

11) 역주: 미국의 소설가 멜빌 Herman Melville(1819~1991)은 *Moby Dick* 이라
는 제목의 소설을 쓴 바 있다.

12) 미국의 소설가인 마크 트웨인 Mark Twain(1835~1910, 본명은 Samuel L.
Clemens)은 *The Adventures of Tom and Sawyer, The Adventures of Huckle-
berry Finn* 등의 작품을 남긴 바 있다. '유명한 뛰는 개구리'는 1867년 마크
트웨인이 같은 제목으로 출판한 '믿거나 말거나'류 이야기에 나오는 주인공으로
서 이 개구리는 1849년 겨울 앤젤스 광산촌에 흘러 들어온 떠돌이 도박사 짐
스마일리 Jim Smiley 의 특별훈련으로 다른 어떤 개구리보다 높이 뛸 수 있는
능력을 가지게 되었다고 한다. 대니얼 웹스터 Daniel Webster 라는 이름을 가
진 이 개구리는 장터에서 벌어진 내기에서 짐 스마일리로 하여금 늘 큰 돈을
벌 수 있게 해주었다.

13) 역주: 마일즈 스탠디시 Miles Standish (1584?-1656)는 영국 랭카서 출신으
로 1620년 메이플라워호를 타고 '미국 건국의 아버지들인 청교도들' The Pil-
grim Fathers 과 함께 건너와 식민지의 지도자가 되어 인디언과의 평화적 관계
를 수립하였으며 또한 1625년에 영국으로 건너가 식민지인의 토지소유권과 물
자 공급 등의 교섭을 하는 등 활약을 하였다. 그러나 여자 앞에서는 수줍어하
여, 미국의 시인인 롱펠로우 Henry Wadsworth Longfellow(1807~1882)가 지
은 유명한 시 *The Courtship of Miles Standish* (1856)에서 스탠디시는 Pri-
scilla Mullens 에게 직접 청혼하지 못하고 친구인 John Alden 을 대신 보내어
구혼한다.

펠로우의 시를 전혀 읽어보지 않은 사람조차도 "당신 생각을 좀 말하지 그래요, 존"*Speak for yourself, John* 이라는 시구(詩句)는 알고 있을 것이며 그 구절이 등장하는 이야기도 말해 줄 수 있을 것이다.

이와 정반대가 되는 것으로는 구비전승(口碑傳承) *oral tradition* 이 있다. 이는 "글을 쓸 능력도 없고, 쓰지도 않으며, 앞으로도 안 쓸 사람들에 의하여 한 세대에서 다른 세대로 구전되는" 자료들로 구성된다(Coffin & Cohen, 1986 : xiii). 문자 교육 시설의 압도적인 영향 때문에 순수히 구술적인 민간 전승은 미국 문화에서 급속히 사라지고 있으나, 고립된 커뮤니티라든지 격언이나 수수께끼 같은 몇몇 소예술(小藝術) *minor arts* 형태에 아직도 남아 있다. 보다 본격적으로 표현되는 민화(民話)[민담(民譚)이나 전설(傳說) 등]는 아직도 미국의 많은 소수민족, 종교, 직업 등의 아문화(亞文化) 가운데에서 비교적 온전한 형태로 발견할 수 있다.

그러나 현대 미국의 민간전승의 대부분은 이 둘 사이의 광범한 중간 지대에 속하는 것 같다. 이러한 대중적 전통은 굳이 의식적으로 플랜테이션[14]의 민속 양식을 환기시키는 스티븐 포스터[15]의 발라드까지 멀리 소급해 볼 수 있다. 코핀과 코헨의 저작을 인용하면,

> 의도적으로 민속 음악을 모방한 스티븐 포스터, 조지 거쉰 George Gershwin, 밥 딜런 Bob Dylan 의 노래는 그렇게 모방하는 것이 이익이 되기

---

14) 역주: 플랜테이션 *plantation* 은 열대나 아열대 지방의 대규모 농장으로서 주로 커피나 고무, 사탕수수 등을 재배하였다.

15) 역주: Stephen Collins Foster(1826~1864)는 펜실베니아써 Lawrenceville 에서 태어난 미국의 작곡가로 「Oh! Susanna」, 「Old Folks at Home」, 「My Old Kentucky Home」, 「Old Black Joe」, 「Jeanie with the Light Brown Hair」를 비롯한 수많은 노래를 작곡하였다. 포스터의 노래는 감동적인 멜로디와 단순한 하모니가 특징으로 대부분은 직접 가사(歌詞)를 붙였는데 주로 남북전쟁 이전의 남부의 농장의 삶 속에서 일어나는 슬픈 사건들을 주제로 하고 있다.

때문이고, 페코스 빌 Pecos Bill[16]이나 폴 번연과 같은 가공적인 인물을 의도적으로 창조하는 것은 그러한 인물들이 관광객을 유인할 수 있는 독특한 지방색을 제공하기 때문이다. 방송 작가는 씨리얼[역주 : 아침 식사 대용의 곡물식]을 팔기 위해서 빌리 더 키드[17]와 데이비 크로켓을 텔레비전 영웅으로 변신시키며, 실은 읽기와 도덕적인 행위를 가르치기 위한 것에 불과한 조지 워싱턴과 벚나무 이야기와 같은 어린이 이야기의 다소 순진한 조작 등등──이 모든 것들은 대중 전통에 속한다고 할 수 있다 (Coffin & Cohen, 1986: xiv).

이러한 민간전승 작품의 상당수가 특정한 예술가나 연예인이 의식적으로 만들어 낸 것이며 소위 '민중'들이 만든 것은 아니라 할지라도, 이들은 현존하는 민속 전통의 엄연한 일부라고 할 수 있다. 예를 들어 황진지대(黃塵地帶) Dust Bowl[18] 및 노동조합에 관한 우디 거스리 Woody Guthrie 의 대공황기의 노래는 다른 어떤 객관적인 역사책보다도 이제는 사라져 간 시대의 '민중'의 태도를 잘 드러내 보여주는 진정한 민속적 표현이라고 인정받고 있다. 최근에는 국제적인 기아 구조 계획의 주제가인 「We Are the World」를 누가 만들었는지가 문제시되지 않을 정도로 널리 통용되는 대중적인 축가로 일반에게 보급된 바 있다. 이 노래는 마치 정말로 자연발생적이며 무의

---

16) 역주: Pecos Bill 은 Edward O'Reilly 가 1923년 10월 *Century Magzine* 에 게재한 이야기의 주인공이다. 민간전승에는 나오지 않는 순수한 가공인물로서 개척시대인 1840년대 미국 남부와 서부의 Paul Bunyan 류의 카우보이 영웅이다. 페코스 빌은 오클라호마 페코스 강 근처에서 발견된 '이리 소년'으로서 자신을 인간세계로 인도한 카우보이로부터 개척지의 무법천지에 대한 경험을 쌓고, 어느 누구보다 악랄하고 초능력을 가진 무법자로 변신한다. 그는 쌍두표범이 이끄는 마차를 타고, 방울뱀을 채찍으로 휘두르고 황산을 음료수로 마시는 카우보이 영웅이며 오클라호마에서 회오리바람을 타고 서부 캘리포니아까지 여행하며 일주일 만에 그랜드 캐년을 파서 만든 초인이기도 하다.

17) 역주: Billy the Kid (1859~1881)는 뉴욕에서 태어났으나 부친이 14세 때 사망 후 모친이 재혼함에 따라 뉴멕시코州로 이사하여 성장하였다. 이미 12세에 첫 살인을 저지른 후 Garrett 보안관에 의하여 사살될 때까지 21명을 죽였다고 한다. 강도, 살인, 가축 절도로 악명을 떨쳤으며 미국 개척 지대에서 수많은 전설과 일화가 등장하였다.

18) 황진지대(黃塵地帶) Dust Bowl 에 대하여는 제 7 장의 역주를 참고할 것.

식적인 '민요'가 그렇듯이, 절실히 느끼고 있던 필요를 충족시켰으며, 민중의 언설*popular statement*로 채택되기에 이르렀다.

민간전승 분석 프로젝트에는 두 가지 주요한 측면이 있다. 즉, 민간전승 자료의 표본을 수집하는 것과 위에서 제시한 대로 그 내용을 분석하는 것이다.

조사 절차*Procedure*

Ⅰ. 미국의 민간전승의 세 가지 주요 유형 중 어느 하나의 대표적인 사례를 선정하도록 한다. 몇 가지 제안을 하자면 다음과 같다.

　A. 문예 전통(넓은 의미에서)
　　1. 제인 그레이[19]의 서부에 관한 소설
　　2. 오래된 비석의 비문
　　3. *Peanuts, The Far Side, Doonesbury, Bloom Country* 등 만화 모음집
　　4. 일단의 등장인물들이 지속적으로 출연하는 대중적인 텔레비전 연속극 등에서 뽑아낸 몇 가지 에피소드
　　5. 낙서 모음집

　B. 대중 전통
　　1. 현대의 가요 작곡가의 작품. 특히 학생들이 거주하는 지방에서 활동 중이거나 학생들이 쉽게 만날 수 있는 작곡가 또는 널리 알려진 음반 예술가의 작품.
　　2. 그러한 현대 작곡가의 특정한 작품(특히 가사 내용이 긴 노래). 직업적인 음악 평론가의 분석으로 이미 출판된 평론에 의존하지 않도록 하여야 한다. 다른 사람의 분석에 의해 '오염'되지 않고 스스로의 신선한 시각을 가지고 분석할 수 있는 노래를 선정하도록 한다.

---

19) 역주: Zane Grey(1875~1939)는 미국의 소설가로 오하이오州 제인스빌 Zanesville에서 태어나 서부를 배경으로 한 모험담을 60여 권의 소설로 썼으며 이들의 대부분은 베스트셀러가 되었고 상당수는 영화화되었다.

C. 구비 전승
　1. 특정한 소수민족이나 직업 집단의 성원에 의하여 구연(口演)된 민
　　담, 전설, 이야기
　2. 어린이 놀이터의 놀이
　3. 소수민족 집단의 속담
　4. '진짜' 민요
　5. 농담과 수수께끼

　　비전문가로서도 용이하게 수집이 가능한 민간전승의 주제들에 대하여 보다 상세한 것이 알고 싶은 학생들은 클라크 夫妻의 저술(Clarke and Clarke, 1963)을 참고하여야 한다.

Ⅱ. 연구를 위한 텍스트를 온전히 다 가지고 있는지 확인하도록 한다. 만약에 노래를 다루고 있다면 여러분의 리포트를 읽을 사람들에게 노래 가사를 제공해야만 한다. 이 노래는 인쇄된 악보의 형태일 수도 있고 공연실황녹음을 녹취한 것일 수도 있다. 속담과 같이 비문자화된 자료를 수집할 때에는 정보제공자의 구연(口演)을 녹음테이프에 담는 것이 가장 바람직하다. 비언어적인 행위의 경우에는 일련의 사진을 제시하는 것이 독자가 당신의 분석을 이해하는 데 도움이 될 것이다.

Ⅲ. 비록 자신이 다루고 있는 민간전승 작품의 구조에 관해서 몇마디 말하고 싶은 것이 있다 하더라도 학생들의 보고서는 분석하고 있는 작품의 내용에 대한 조사에 집중하여야 한다.

Ⅳ. 여러분이 선택한 민간전승 작품에 대하여, 다음의 질문들 중에서 적절한 것들 모두에 대한 답변으로 구성되는 간단한 글을 쓰도록 한다. 여러분이 선택한 민간전승 작품은 무엇인가? 간단히 기술하도록 한다. 그것을 전형적으로 발견할 수 있는 상황에 대

해서 기술한다. 어떻게 그것을 수집했는지에 대하여 논의한다.
〔수집 현장에는 작품의〕 연행자(演行者) 이외에 누가 또 있었는
가? 어떠한 상황에서 〔수집하였는가〕? 〔수집시의〕 분위기는 어
떠했는가(예를 들어, 숙연했는지 혹은 유쾌했는지, 엄숙했는지 혹은 가
벼웠는지)?

A. 자료의 시간적·공간적 출처를 밝히도록 한다. 예를 들어서, 이디
   쉬[20] 격언 모음집은 1991년 뉴욕 시에서 수집한 것일 수 있지만 이는
   1750년경 동유럽에서 유래된 것일 수 있다. 자료의 출처(자료의 시간
   적·공간적 근원)에 관한 문제는 또한 자료에 미친 영향에 관한 질문
   을 포함한다. 예컨대, 이 민간전승 작품이 공연된 커뮤니티 외부에서
   어떠한 힘이 (만약 있다면) 이러한 민속 형태의 채택에 영향을 미쳤
   는가? 그리고 다른 커뮤니티의 어떠한 다른 예술 형식이 (만약 있다
   면) 이러한 민속 형태로부터 어떠한 영향을 받았는가?

B. 이 민간전승 작품은 한 개인의 작품인가 또는 하나의 예술가 집단의
   작품인가? 그러한 경우 그 개인이나 집단의 정체성은 무엇인가? 만약
   에 그렇지 않다면 누가 또 그 민간전승 작품을 연행(演行)하는가? 그
   형식과 내용이 여러 다른 사람들의 손을 거치면서 어떻게 변화했는
   가? 예를 들어 만일 어떤 노래에 저작권이 있는 일련의 노래 가사가
   있다면 그 노래를 전형적으로 부르는 다른 사람들이 가사의 일부분을
   바꾸는가? 만약 그렇다면 어떤 부분을 바꾸는가? 어떻게? 왜?

C. 이 민간전승 작품에서 반복되는 모티브는 무엇인가?
   1. 언어 구절.
   2. 연행자와 청중의 신체적인 움직임.
   3. 연행에 적절한 양식.
   4. 어떤 의미에서든 이 민간전승 작품을 신화적 혹은 전설적이라 할
      수 있는가? 어떻게 그러한가? (만일 그러하다면) 신화나 전설은 어
      떠한 사회적 목표를 지향하는지?

---

20) 역주: Yiddish는 '유대의'라는 뜻에서 나왔으며 이디시 말을 의미한다. 독일
   어에 슬라브 말과 헤브루 말을 섞어 헤브루 문자로 쓰며 미국과 유럽의 유대
   인 사이에서 사용된다.

D. 이 민간전승 작품에서 반복적인 주제들은 무엇인가? 이것들은 어떠한 가치, 태도, 또는 행위 규범을 지지하는가? 어떻게 [지지하는가]? 어린이나 사회의 다른 구성원들에게 그러한 태도를 가르치기 위해서 이 작품이 사용되는가? 이들 주제들 가운데 어떤 것이 이 작품에서 명시적으로 드러나는가? 잠재적인 주제는 무엇인가? 여러분은 어떻게 명시적인 내용과 잠재적인 내용의 차이를 설명하겠는가?

E. 표현된 가치관이나 태도가 집단 전체에 대하여 전형적(이 경우 예술가는 단지 그러한 규범을 반영하고 있을 뿐)인 것인가? 아니면 예술가가 자신의 가치관을 사회에 덮어씌우고 있는가?

여러 민간설화들에 적용되는 이러한 종류의 분석 사례를 참고하기 위해서 학생들은 크로울리의 저술(Crowley. 1966)을 살펴보는 것이 바람직하다.

이와 같이 분석을 완료한 뒤. 현대 미국 민속 예술의 세 가지 다른 측면에 대한 대표적인 자료를 선정하여 세 명의 학생들이 이 세 가지 유형의 차이점과 유사점을 논의하는 합동 발표를 하는 것도 바람직하다.

아래에서는 자료의 수집과 보고. 그리고 분석과 관련하여 몇 가지 제안을 더 하고자 한다.

V. 생존하는 정보 제공자로부터 자료를 수집할 때

A. 노래 가사와 행동. 스타일 등이 작업의 진정한 일부분이며 단지 일시적 우연이 아니라는 점을 확인하기 위해서 가능하다면 적어도 두 번 이상 관찰하고/하거나 기록하여야 한다.

B. 동화나 놀이처럼 전형적으로 어린이의 전승에 속하는 것이라 할지라도. 일반적으로 볼 때 나이든 사람들은 젊은 사람보다 민간전승에 관

한 훨씬 훌륭한 정보 출처이다. 그러나 어린이나 청소년의 경우 비록 몇 세대에 걸친 전통의 뿌리를 가지고 있지 않다 할지라도 자신들만의 고유한 민간전승을 가지고 있다는 사실을 간과해서는 안 된다. 이러한 행위는 무관심한 관찰자에게는 명백하게 드러나지 않지만 조사자가 젊은이 집단과 장기간 접촉을 한다면 아마도 조사자는 이들 젊은이 집단에 고유한 민간전승을 보다 명확히 파악할 수 있을 것이다. 이러한 맥락에서 분석 가능한 하나의 분야로서 속어(俗語) *slang* 가 있는데 이는 변화의 속도가 매우 빠르다.

Ⅵ. 자료를 보고할 때에는 정보의 출처를 분명히 밝혔는지 확인하여야 한다. 필요할 경우에는 언제나, 녹음된 인터뷰를 풀어 적은 것, 출판된 문헌에 대한 서지정보(書誌情報), 그리고 비언어적 행위의 사진들을 제공하여야 한다.

Ⅶ. 자료를 분석할 때, 특히 대중 전승 *popular tradition* 이나 구비 전승을 다룰 때에는 방대한 자료 전체 *corpus* 를 가지고 작업한다는 것이 늘 가능하지 않다는 점을 명심하여야 한다. 문예 전통의 경우, 옛 서부에 관한 이야기의 특정한 집성(集成)이 제인 그레이 같이 유명한 작가의 통합적 이상을 상징한다고 확정적으로 단언할 수 있다. 그러나 보다 산만한 형태, 예를 들어 다른 작품에 대해서는 우리가 알지 못하는 음악가가 작곡한 한 편의 노래 같은 것을 가지고 작업할 때에는 일관성이나 공통된 주제를 찾으려고 노력하는 것은 현명하지 못하다. 그럼에도 불구하고 이러한 예술 형태도 어느 정도는 사회적으로 조건지워지기 때문에 동일한 문화의 다른 민속 작품과 공유하는 일정한 주제들과 패턴들을 보여 줄 수 있을 것이다. 폭동시에 페인트로 벽에 써 놓은 정치적 슬로건과 같이 비통합적인 자료의 집성이라 할지라도 이를 분석해 보면 일정한 지배적인 사회적 주제를 나타내고 있다는 사실을 알 수 있다.

참고문헌

Abrahams, Roger. "The Toast: A Neglected Form of Folk Narrative." In Horace P. Beck, ed., *Folklore in Action*, 1962. Washington, DC: The American Folklore Society. 현대의 손꼽히는 민속학자가 작지만 흥미를 자아내는 미국 민속의 한 사례를 논의하고 있다.

Barnouw, Victor. *Culture and Personality*, 4 th ed., 1985. Homewood, IL: The Dorsey Press. 이 책에는 예술에 관한 탁월한 한 장(章)이 포함되어 있는데, 이는 예술과 민속을 지배적인 사회 및 문화적 가치를 반영할 뿐 아니라 예술가 개개인의 퍼스낼리티를 표현하는 것으로 파악하고 있다.

Bascom, William R. "Folklore and Anthropology." In Lowell D. Holmes, ed., *Readings in General Anthropology*, 1971. New York: Ronald. 인류학자에 민속을 분석하는 것이 얼마나 유용할 수 있는가를 자세히 설명하는 기다란 논문을 명료하고 간결하게 줄여 놓은 글이다.

Clarke, Kenneth W. and Mary W. Clarke. *Introducing Folklore*, 1963. New York: Holt, Rinehart and Winston. 여러 다양한 민속의 유형을 기술하고 그러한 자료들을 수집하고 분석하기 위한 지침까지 제시하고 있는 기본적인 입문서.

Coffin, Tristram P. and Henning Cohen. *Folklore in America*, 1986. Lanham, MD: University Press of America. 미국의 민속의 작품(또는 결과물)들을 다양하게 수집해 놓은 탁월한 책.

Creighton, Helen. "Cape Breton Nicknames and Tales." In Horace P. Beck, ed., *Folklore in Action*, 1962. Washington, DC: The American Folklore Society. 한 지방의 독특한 문화에서 발견되는 자그마하지만 재미있는 민속의 한 형태에 대한 흥미진진한 논의.

Crowley, Daniel J. *I Could Talk Old-Story Good: Creativity in Bahamian Folklore*, 1983. Berkeley: University of California Press. 민속의 작품에 관한 사회문화적 분석으로서 읽기에도 즐거우며 또한 학생들이 스스로 분석을 하고자 할 경우 훌륭한 모델이 될 수 있다.

Dundes, Alan. "Structural Typologies in North American Indian Folktales." In Alan Dundes, Ed., *The Study of Folklore*, 1965. Englewood

Cliffs, NJ: Prentice-Hall. 형식 분석 *formal analysis* 과 분포 분석 *distributional analysis* 을 사용한 사례

Edmonson, Munro. *Lore: An Introduction to the Science of Folklore and Literature*, 1971. New York: Holt, Rinehart and Winston. 인류학과 민속학 분야에 대한 개괄서로서 높은 평가를 받고 있는 책이다. 전통 문학의 연구에 있어 방법론적인 쟁점들뿐 아니라 이론적인 쟁점들까지 다루고 있다.

Hammond, Peter B. *An Introduction to Cultural and Social Anthropology*, 1971. New York: Macmillan. 인류학에서 민속 자료 분석법을 어떻게 사용할 것인가에 관한 훌륭하고 기초적인 정보를 담고 있다.

Hill, Errol. *The Trinidad Carnival*, 1972. Austin: University of Texas Press. 민속 예술에 대한 학술적 분석으로서 아름다운 그림과 사진을 수록하고 있다.

Leach, Maria, ed. *Standard Dictionary of Folklore, Mythology and Legend*. 2vols., 1949-1950. New York: Funk and Wagnalls. 이 분야에 대한 정평 있는 참고 서적.

Lomax, Alan J. *Folk Song Style and Culture*, 1978. New Brunswick, NJ: Transaction. 노래의 구조 및 이와 관련된 사회구조의 분야에 대한 연구를 남김없이 망라하여 그 개요를 소개한 책.

Mead, Margaret and Rhoda Metraux. *The Study of Culture at a Distance*, 1953. Chicago: University of Chicago Press. 타문화의 연구에 있어 대중 예술을 어떻게 사용할 것인가에 대한 고전적인 사례.

Naipaul, V. S. *The Middle Passage*, 1989. New York: Random House. 칼립소와 카니발에 대한 나이파울의 언급은 지나치게 쇼비니스트적이라고 할 수 있지만 그럼에도 불구하고 이 책은 사회적 가치에 대한 민속의 영향을 보여주는 훌륭한 사례이다.

Ross, G. "Revolution on the Walls: Paris." *Nation*, 1968, 207 : 84-85. 학생들의 소요 당시 벽에 씌어진 슬로건들은 이들 항의자들의 가치를 이해하는 실마리가 되고 있다.

Sutton-Smith, Brian. "The Folk Games of Children." **In** Tristram Coffin, ed., *Our Living Traditions: An Introduction to American Folklore*, 1968. New York: Basic Books. 문자로 표현되지 않은 민속의 한 형식에 관한 연구들을 요약한 글.

Wallace, A. F. C. "A Possible Technique for Recognizing Psychological
    Characteristics of the Ancient Maya from an Analysis of Their Art."
    American Imago, 1950, 7 : 239-258. 마야의 민속 예술품에 대한 이론
    적인 분석으로서 이러한 물건이 생산될 수 있었던 문화 및 이를 생산한
    개인들의 퍼스낼리티에 관하여 추측하는 것을 목적으로 하고 있다.
Wolfenstein, Martha. "Jack and the Beanstalk: An American Version."
    In Alan Dundes, ed., *The Study of Folklore*, 1965. Englewood Cliffs,
    NJ: Prentice-Hall. 이 논문은 원래 현대 사회의 어린이 시절을 주제로
    한 책에 수록되었던 것이다.

제10장 민족의미론 조사연구

Ethnosemantic Research

서 론

인류학적 조사연구의 2大 활동은 정보의 수집과 그 해석이다. 현지에서 자료를 수집하는 과정인 민족지 *ethnography*는 관찰된 또는 기록된 사건에 대한 객관적인 기술(記述) *description*에 기초하여야만 한다. 그러나 무작정 많이 기술한다고 하여 훌륭한 인류학적 조사가 되는 것은 아니다. 그 이유는 모든 사실들과 숫자들은 독자들에게 조사대상이 되는 문화가 도대체 무엇인가에 대하여 일관된 견해를 제시할 수 있도록 분류되고 조직화되고 해석되어야만 하기 때문이다.

문화적 자료를 분류하는 적절한 방법이 무엇인가에 관하여는 인류학자들간에도 약간의 논쟁이 있어 왔다. 인류학자의 가장 기본적인 자료의 원천이 현지인 정보제공자라는 점에 모든 인류학자들은 동의할 것이다. 그러나 많은 인류학자들은 이러한 자료를 체계화하는 여하한 개념적인 틀도 인류학자 자신의 通문화적 시각 *cross-cultural perspective*으로부터 도출되어야만 한다고 느끼고 있다. 이러한 시각은 한 문화의 자료를 보다 폭넓은, 거의 全 지구적인 틀에 맞추어 볼 수 있도록 하기 때문이다. 음성학(音聲學) *phonetics*의 연구는 全세계의 수많은 언어들을 기록하는 데 국제적으로 표준화된 일련의 상징들(국제발음기호: the International Phonetic Alphabet)을 사용하고 있다. 이와 유사하게 문화적 자료를

분석하기 위하여 준 지구적인 틀을 사용하고 있는 민족지의 유형
은 현지조사의 외관적(外觀的, 에틱) *etic*[1] 전략이라고 불린다.

　반면에 우리 자신들의 분류의 범주를 자료에 강요하는 것은 자민
족중심주의적(自民族中心主義的) *ethnocentric* 이라고 믿는 인류학자들
도 있다. 이들 조사자들은 자료를 체계화하는 작업은 현지민인 정
보제공자 자신들의 관점으로부터 비롯되어야 한다고 느끼고 있다.
언어학에서는 한 언어를 모국어로 사용하는 사람들에게 의미의 변
화를 표시할 수 있도록 사용되는 소리(音)의 대조적 배분에 대한
연구는 **음소론**(音素論) *phonemics* 이라고 한다. 여기에서 유추하여 타
문화의 자료를 [내부자적 관점에 기초하여] '자생적 모델' *homemade
models* 방식으로 대하는 것은 **내관적**(內觀的, 이믹) *emic* 접근법이라
고 알려져 있다.

　그런데 불행히도 내관적(이믹) *emic* 과 외관적(에틱) *etic* 이라는 용
어는 인류학에서는 명확한 개념이라기보다는 슬로건이나 표제처럼
되어 버렸다. 학생들은 이러한 용어들을 상이한 이론가들이 상이하
게 사용한다는 사실을 명심하여야 한다. 단, 이러한 이론가들은 모
두가 언어학적 모델을 지칭하고 있으며, 또한 언어야말로 가장 기
본적인 문화적 제도이기 때문에 언어를 연구하는 데 사용되는 모델
은 인간의 여타 제도를 연구하는 데에도 지침이 될 수 있다는 가정
에 궁극적으로 기반을 두고 있다.

　언어란 여러 면에서 극히 독특한 인간의 속성이라 하겠다. 모든
동물들은 각기 의사소통을 할 수 있으며 고등영장류의 상당수는 매
우 정교한 신호체계를 가지고 있다. 그러나 오직 인간만이 '추상적
인 것들을 다루거나 새로운 상징들을 창조하도록 조합 가능하고 일
정한 규칙(즉, 문법)에 따라 길고도 의미 있는 발화(發話)행위를 할

---

1) 역주: 외관적/외적/에틱 *etic* 이란 언어학의 음성학적(音聲學的) *phonetic* 에서,
　　내관적/내적/이믹 *emic* 이란 음소론적(音素論的) *phonemic* 에서 비롯된 용어로
　　서 각기 외부자의 시각과 내부자의 시각을 의미한다. 자세한 것은 가바리노 著
　　『문화인류학의 역사』를 참조할 것.

수 있도록 엮을 수 있는 일련의 자의적인 소리의 상징들'이라는 의미에서의 언어를 사용할 능력을 가지고 있다. 비록 실험실 상황에서 침팬지들이 한때 인간에게만 고유한 것이라고 생각되었던 언어의 특정한 측면들을 사용할 수 있도록 가르침을 받은 바 있으나 이들 침팬지가 자연상태에서도 그렇게 한다는 증거는 아직도 없다. 우리는 언어의 상징들이 자의적(恣意的) *arbitrary* 이라고 하는데, 그 이유는 이들 상징은 커뮤니케이션과정에서 언어의 상징을 사용하는 사람들에 의하여 그 의미가 부여되기 때문이다. 그리하여 통제된 조건하에서 침팬지나 고릴라가 인간의 언어적 상징의 특정한 일부분을 학습할 수 있더라도 이들이 스스로 상징들을 창조할 수 없다는 사실은, 이들의 고유한 커뮤니케이션 체계(비록 우리들 중 일부가 이를 언어라고 부른다 하더라도)가 우리 인류의 것과는 질적으로 다르다는 점을 시사하고 있다.

언어야말로 가장 '예측 가능' *predictable* 하다고 할 수 있는 문화의 측면이다. 모든 언어는 그 구조를 도식화하고 또한 분류할 수 있는 일정한 (발음, 단어 형성 및 문법을 위한) 논리적 규칙을 가지고 있다. 이러한 이유 때문에 언어는 다른 문화적 활동들을 연구할 수 있는 모델로 종종 사용되었다. 왜냐하면 모든 문화적 행위는 언어를 사용하여 개념화되어야만 하기 때문이다.

본서의 다른 부분에서, 예를 들어 여러분들은 제 11 프로젝트인 표준화된 서베이에서는 자료의 수집을 위한 표준적인 **외관적**(에틱) *etic* 방법들을 다소 연습해 볼 수 있을 것이다. 그러나 이 프로젝트에서는 여러분은 자료의 수집에 있어 **내관적**(이믹)*emic* 전략의 한 전형적인 유형을 시도하게 되는데 이는 **민족의미론**(民族意味論) *ethnosemantics* 이라고 불린다.[2] 이는 인간의 행위의 다른 모든 측면의 논리의 모델로서 언어의 연구에 명시적으로 기초를 두고 있

---

2) 역주: 이것이 처음 도입되었을 당시는 '신민족지'*the new ethnography* 라고 불렀다고 한다(같은 책, 초판).

다.

프로젝트를 설명하기에 앞서 민족의미론적 조사연구의 배경을 약간 이해해 둘 필요가 있다. 이러한 전략은 인류학적 언어학이라는 전문화된 분야에 강한 관심을 가진 인류학자들에 의하여 특히 전형적으로 사용되고 있으나, 다른 분야에 흥미를 가진 현지조사자들에 의하여도 약간의 기본적 개념에 주의를 기울이는 한 편리한 도구로서 사용될 수 있다.

민족의미론의 주요한 측면의 하나는, 상이한 문화들은 상이한 언어들과 마찬가지로 각기 그 자신의 독특한 규칙과 논리구조를 가지고 있다는 주장이다(여러 언어학자들에 의하면 이러한 상이점이란 피상적인 것에 불과하다. 왜냐하면 '가장 심층적'인 차원에서 인류의 모든 언어는 중요한 구조들을 공유하고 있기 때문이다. 단, 이러한 견해는 이 프로젝트의 수행과 직접적인 관련을 가지고 있지 않다). 모든 언어들은 커뮤니케이션이라는 동일한 기본적 욕구를 충족시키고 있다. 그러나 이러한 욕구는 전세계의 여러 다양한 언어들에 의하여 수백 개의 상이한 방식으로 충족되고 있다. 마찬가지로 그 어떠한 문화도 부분적으로는 사람들이 살고 있는 자연적 환경에 대처해 나가는 것을 도와주는 적응 기제이기도 하다. 그러나 '생존'이 모든 문화의 목표라 하더라도 문화가 이러한 임무를 수행하는 데에는 많은 다양한 방법이 있다. 언어가 커뮤니케이션의 '부호'code로서 능률적으로 사용되기 위하여는 규칙과 패턴을 가져야만 하기 때문에, 한 언어를 모국어로 사용하는 사람은 다른 언어의 규칙성을 인식할 수 있으며 그리하여 또 다른 언어를 사용할 수 있다. 마찬가지로 여러 상이한 문화들이 논리적인 규칙을 결여하고 있다면 인류학이라는 학문은 성립조차 할 수 없을 것이다. 왜냐하면 그러한 경우에는 한 문화 내에서 태어난 사람이 다른 집단의 문화를 학습하는 것이 불가능하기 때문이다. 그러므로 마치 언어학자가 언어 구조의 성립 규칙을 연구하는 것과 마찬가지로, 민족지가는 문화의 단위들을 연구하고 또한 이러한 단위들이 그 문화 안에서 생활하고 있는 사람들에게 납득 가능한 일관되고 다소 지속적인 체계 *scheme*를 구성하는 방식을 발견할 수 있는 것이다.

　이를 이해하기 위하여는 하나의 작은 언어학적 사례로도 충분할 것이다. 영어에서 우리가 'kill'(죽이다)이라고 말하는 것과 'gill'(아가미)이라고 말하는 것을 대조해 보기로 하자. 영어를 모국어로 하는 정보제공자라면 누구나 이 두 가지 발화행위는 매우 다른 의미를 가지고 있다는 점을 말해 줄 수 있다. 이 두 가지 발화행위는 최초의 자음만 제외하고는 동일하기 때문에 우리는 이 두 음(音)의 차이가 의미의 차이를 표시한다고 가정할 수 있다. 그리하여 영어에서 'k'와 'g'는 별개의 소리인 것이다. 우리는 이 둘을 상이한 **음소**(音素) *phonemes* 라고 말한다. 이번에는 'ski'라는 단어를 발음하고 그 다음에는 'key'라는 단어를 발음해 보자. 주의 깊게 들어 보면 두 가지의 다른 'k' 소리가 나는 것을 알 수 있을 것이다. 'k^{h}ey' 속의 'k'는 작기는 하지만 확실히 느낄 수 있는 약간의 숨소리[역주: 기식음(氣息音)]를 가지고 있으나 'ski' 속의 'k'는 이를 가지고 있지 않다. 그럼에도 불구하고 영어에서는 이들 두 소리를 반드시 구별하는 것은 아니다. 사실, 우리가 기식음의 'k'를 다른 위치에 놓고 'sk^{h}i'라고 발음할 경우 다소 이상하게 들리기는 하겠지만 영어를 모국어로 사용하는 사람들에게는 누구에게라도 동일한 의미를 가질 것이다. 그러므로 'k'라는 두 가지 별개의 소리는 하나의 음소의 일부로 간주되는데, 그 이유는 이들이 'k'와 'g'처럼 유의미한 방식으로 상호 대조되지 않기 때문이다. 반면에 힌두어에서는 기식자음(氣息子音)과 非기식자음간에는 주요한 차이가 있으며, 이러한 차이는 문제의 자음이 포함되어 있는 단어에서는 항상 의미의 차이를 표시한다. 그리하여 힌두어에서는 'k^{h}il'(곡식)이라는 단어는 'kil'(손톱)이라는 단어와 명백히 다른 어휘이며 그리하여 'k^h'와 'k'간의 차이는 중요한 의미를 가진다. 따라서 이들은 힌두어에서는 별개의 음소가 된다. 이는 규칙적인 관행이기 때문에, 영어를 모국어로 사용하는 사람들은, 영어로 말할 때에는 이를 무시해도 되지만 힌두어를 학습할 때에는 이를 구별할 것을 명심하여야 한다[글리슨의 저서(Gleason, 1961)의 제15장을 참조할 것].

　문화의 다른 측면에 대하여도 동일한 패턴은 사실이다. 잘 알려진 하나의 사례는 색깔을 나타내는 용어에 관한 것이다. 영어에서는 빛의 스펙트럼의 색을 기억하기 위하여 빨·주·노·초·파·남·보 *ROYGBIV* (*red, orange, yellow, green, blue, indigo, violet*)라는 방법을 사용한다. 그러나 빛의 스펙트럼은 연속적인 것으로 색상의 본질에는 이러한 범주화를 강요하는 것이 아무것도 없다.[3] 영어의 색 구별은 본질적으로 연속적으로 변화하는 색상에 대한 순전히 관습화된 구별이다. 모든 언어는 각각의 색깔에 대한 고유한 용어체계를 가지고 있는데, 물론 이들 언어를 사용하는 사람들은 물리적인 의미에서는 모두 동일한 색깔을 볼 수 있다. 영어와 비교하면 쇼나 Shona語(로데시아의 언어의 일종)와 바사 Bassa語(리베리아의 언어의 일종)는 다음과 같은 방식으로 색깔을 구별한다.[4]

ENGLISH	purple	blue	green	yellow	orange	red
SHONA	cips^{w}uka	citema		cicena		cips^{w}uka
BASSA		hui			ziza	

(Gleason, 1961 : 4)

---

3) 역주: 심지어 무지개의 경우도 반드시 7색이라고 생각할 필요는 없다. 한국의 전통사회에서는 무지개는 5색이라 생각되었다(오색 무지개). 빛의 스펙트럼은 연속이므로 무지개가 5색이라 생각하고 바라보면 5색인 것 같고 7색이라 생각하고 바라보면 7색으로 보인다. 소위 "세상은 보는 대로 있는가?" 또는 "세상을 있는 대로 보는가?"라는 질문에 대하여 생각해 볼 것.

4) 역주: 우리 한국어에서는 예를 들어 '푸르다'는 표현으로 blue와 green을 모두 표현할 경우가 있다('푸른 하늘 은하수……' '저 푸른 초원 위에 그림 같은 집을 짓고……'). 즉 산도 푸르고 바다도 푸르고 숲도 푸르고 초원도 푸르다. 그렇다고 초록과 청색의 차이를 구분하지 못하는 것은 아니다.

요약하면 각 문화는 범주의 주위에 뚜렷한 경계를 설정하기 위하여 고유한 규칙들을 정립한다. 그리하여 우리가 '안다'고 하는 것('인지(認知)' *cognition* 의 과정)은, 우리들의 감각기관을 통하여 들어오는 수많은 자극들로부터 무엇을 걸러낼 것인가('지각(知覺)' *perception* 의 과정)를 학습하는 방식에 의하여 영향을 받는 것이다.

부분적으로 이와 같이 문화적으로 정의된 인지능력의 경계들은 상대적 중요성이라는 규준에 의하여 결정된다. 예를 들어 에스키모族들은 영어에서처럼 '스노우' *snow* 〔눈(雪)〕라는 하나의 〔포괄적인〕 어휘를 가지고 있지는 않지만 여러 다른 종류의 '스노우'에 대하여 각기 다른 어휘들을 가지고 있다는 것은 잘 알려져 있다. 온화한 기후에 사는 사람들의 눈에는 단지 '스노우'라는 한 가지 것만이 보이며, 이러한 스노우가 얼음 같거나, 축축하거나, 단단히 뭉쳤거나, 성기거나, 가루같이 흩날리거나 등등은 그에게 크게 중요하지 않은 문제이다. 그러나 이러한 환경조건을 지극히 정확하게 구분하는 것이 생존과 직결되는 에스키모族에게는 이러한 외관상의 사소한 구별들이 매우 중요하다. 에스키모族은 따라서 다른 문화의 사람들에게는 보이지 않는 것들을 '볼 수 있으며' 또한 그 차이점을 지적할 수 있는 것이다.

다른 한편으로 극한지방에서 평생을 살아온 에스키모인이 캐나다나 미국의 대도시를 방문할 경우 그는 길에 세워져 있는 수많은 차량들을 보고 놀랄 것이다. 이들 차량들은 모두 금속으로 만들어져 있으며 네 개의 바퀴를 가지고 그 자체 내에 있는 어떤 보이지 않는 힘에 의하여 움직이고 있다. 만일 이 에스키모인이 호기심이 많은 사람이라면 아마도 그는 사람들에게 "저것은 무엇이냐?"라고 묻기 시작할 것이다. 그는 거의 예외없이 "저것은 카 *car* 〔자동차〕이다"라는 대답을 들을 것이다. 만일 그가 자동차를 가리킬 때마다 동일한 대답을 얻게 되면 아마도 그는 다음과 같은 결론에 도달할 것이다. 즉 "이 모든 것들은 전부 '카'이며, 모든 '카'는 상당히 유사하다." 그러나 우리는 모든 자동차들이 서로 닮지는 않았다는 사실을 잘 알고 있다. 자동차에 관하여 거의 관심이 없는 사람들조차도 자동차의 크기, 모양, 엔진의 종류, 악세서리의 종2류, 제조국가, 제조년도 등등 모든 종류의 중요한 구분을 하고 있다. 우리들이 이렇게 하는 이유는 자동차들이 여러 면에서 우리 생활에 중요해졌기 때문이다. 심지어 우리는 여러 다른 종류의 자동차에 대하여 각각 감정과 가치가 담긴 상징성을 부여하고 있다. 메르세데스-벤츠를 몰고 다닌다는 것은 폭스바겐⁵⁾을 몰고 다닌다는 것과는, 비록 이 둘이 모두 독일제이기는 하지만, 확실히 '똑같지는' 않은 것이다.

　이러한 가상의 에스키모인은 캐나다인이나 미국인들이 '카'를 구분하는 방식을 보다 깊이 캐 볼 생각을 하지 않았으며 너무나도 광범위한 질문을 제기하였다. 그는 비록 '카'라는 범주의 외적 경계를 규정하는 중요한 규준을 확립하였으나 이러한 범주 내에서 상이한 '카'들을 구분하는, 이에 못지않게 중요한 규준들에 대하여는 알지 못하였다. 그러므로 그는 구체적으로 어떤 특정한 '카'를 앞에 놓게 된다면 어쩔 줄 모르게 될 것이다. 예를 들어 그는 택시와 자가용차를 구분하지 못할 것인데, 왜냐하면 그의 눈에는 이들이 '동일하게 보일 것'이기 때문이다. 이러한 상황은 마치 특정 언어의 음소들 간의 대조를 이해하지 못한 사람이 새로운 언어를 배울 수 없는 것

---

5) 역주: 원문(제3판)에는 폭스바겐 대신에 'Hyundai'라고 되어 있는데 여기서는 초판대로 'Volkswagen'으로 번역하였다. 폭스바겐社의 소형차〔소위 '비틀' *beetle*(딱정벌레)이라는 애칭으로 불린, 공냉식 엔진이 차량 뒤에 장착되어 있는 차량〕는 1980년대까지는 값싼 외국산 자동차의 대표였다. 제3판의 'Hyundai'는 1980년대 중반에 미국에 다량 수출된 현대자동차社의 '엑셀'을 의미하는 것이다. 이 차의 경우 '엑셀'이라는 모델의 이름보다는 회사의 이름인 'Hyundai'로 일반적으로 알려졌기 때문에 원저자들도 그렇게 쓴 것이나, 우리에게는 오히려 혼란스럽다. '벤츠와 현대'의 대비는 '그랜저와 엑셀(또는 프라이드/티코)'의 대비를 생각하면 된다. "You are what you drive"라거나 "커다란 차를 타야만 된다"라는 표현이 잘못된 허영심의 반영이라는 가르침에도 불구하고 이러한 경향은 여전하다. 수년 전 "프라이드가 건방지게 그랜저를 추월했다"고 하여 압구정동에서 벌어진 주먹다짐 사건을 상기하라!

과 마찬가지인 것이다.

여기서 문제는 광범위하게 사용되는 일정한 용어에 대하여 그 의미영역(意味領域) *semantic domain*, 즉 의미들의 경계를 정의하는 것이 된다. 이는 가장 일반적인 것으로부터 시작하여 가장 구체적인 것에 이르기까지 일정한 질문들을 제기하여 연구의 대상이 되는 패러다임 *paradigm*,[6] 즉 문화의 특정 측면에 관한 모델을 확립함으로써 가능하다. 에스키모인과 자동차의 예로 돌아가서 에스키모인은 우선 정보제공자에게 "여기에 온 이래 '카'라는 단어를 많이 들었다. 도대체 '카'란 무엇인지 말해 주겠나?"라고 질문하기 시작할 것이다. 정보제공자는 아마도 '카'란 일종의 연료를 사용하는 내연기관으로 움직이는 바퀴가 4개 달린 차량이라는 등의 답변을 할 것이다. 이 시점에서 기본적인 질문은 "'카'에는 어떠한 유형들이 존재하는가?"라는 질문이거나 혹은 "'카'들이 하는 일에는 어떠 어떠한 것들이 있겠는가?" 등이 될 것이다. 이러한 질문들은 범주의 경계를 확립시키는 데 일조를 하기 때문에 이들을 **구조적**(構造的) 질문 *structural questions*이라고 한다. 물질적이라기보다는 추상적인 개념의 경계를 확립시키는 유사한 유형의 질문들은 **속성적**(屬性的) 질문 *attribute questions*이라고 한다.

이러한 규준들은 통상의 사전적(辭典的) 정의의 한계를 초월한 것으로서 특정 문화 속에 살고 있는 사람들에게 있어 '카'란 무엇을 의미하는가를 명확히 밝혀주기 시작한다. 에스키모 민족지가(民族誌家)는 그러면 정보제공자와 함께 여러 다양한 차량들을 검토하기 시작하는데, 이러한 모든 것들은8 '카'이기는 하지만 정보제공자 나름대로의 '차이'의 정의를 기초로 할 때 일부 '카'는 같은 범주 내에

---

6) 역주: 패러다임 *paradigm*은 원래 문법에서 품사의 어형 변화표(語形變化表)를 의미하였는데, 모범 또는 전형의 의미로 사용되기도 한다. 토마스 쿤 Thomas Kuhn의 『과학혁명의 구조』 *The Structure of Scientific Revolutions* (1962)라는 저서에서 주요 개념으로 사용된 이후 방법론에서 널리 사용되게 된 용어이다.

서도 다른 '카'와는 다른 것이다.

〔역주: 자동차의 예에 대한 이하의 설명은 초판에 수록되었던 것인데 제3판에
서는 이하의 부분은 삭제되고 그 대신 '정신지체자'의 예로 대치되었다. 독자의
이해를 위하여 예는 다양한 것이 좋다는 역자의 판단에서 정신지체자의 설명은
물론 초판에 수록되었던 이하의 설명도 계속 수록하기로 하였다.〕

이 에스키모인은 우선 모든 종류의 '카'들이 서로 다른 색깔로 칠
해져 있다는 사실을 언급할 것이며 "'카'들은 색깔에 따라 분류될
수 있는가?"라고 물을 것이다. 아마도 그는 색깔이란 비록 자기가
사용할 '카'를 구입하는 선택에 있어서는 중요하지만 이것은 '카'를
분류하는 진정한 규준은 아니며, 그 이유는 이 세상의 모든 푸른색
차량들이 푸른색이라는 색깔 외에는 그 어떤 다른 중요한 것을 반
드시 공유한다고 볼 수 없기 때문이라는 답을 들을 것이다. 따라서
색깔은 의미영역이 극히 좁게 축소될 경우에는 중요할 수도 있겠지
만 '카'라는 의미영역에서는 고도의 층위(레벨)에 속하는 규준은
아닌 것이다. 그러면 에스키모인은 그가 주목한 많은 다른 특질들
을 지적할 것이다. 그리고 이 특질들이 '카'를 분류하는 데 있어 중
요한가를 질문할 것이다. "이 '카'에는 바닥에 페달이 세 개 있고
저 '카'에는 두 개만 있는데 이러한 사실은 어떤 의미를 갖는가?"라
고 물을 것이며 그 결과 '수동식'과 '오토매틱'간의 중요한 차이를
배우게 될 것이다. 따라서 이제 우리는 중요한 두 번째 차원에 도
달하였다는 것을 알 수 있다.

그 다음 단계는 수동식 자동차를 오토매틱 자동차와 구별짓는 것
은 무엇인가를 발견하는 것이 된다. 그리하여 민족지가는 운전자의

입장에서 볼 때 이들간의 중요한 차이란 오토매틱 자동차에서는 발생하지 않는 '기어변속', 즉 수동식 차량의 경우 클러치 페달을 밟고 변속레버를 움직이는 일정한 행위가 필요하다는 사실을 알게 될 것이다. 요컨대 그는 어떠한 자동차이건 차량의 속도가 변화할 때마다 그 움직이는 부분들이 상호 재조정되어야만 한다는 사실을 알게 될 것이다. 이러한 재조정은 '오토매틱' 차량에서는 자동적으로 이루어지지만 '수동식' 차량에서는 운전자가 변속레버와 클러치 페달을 조작함으로써만 가능하다. 물론 이 경우에도 정보제공자가 평범한 운전자가 아니라 자동차 기계공이거나 혹은 세일즈맨이라면 수동식과 오토매틱을 구별짓는 다른 규준들에 대해서도 아마 이야기해 줄 수 있을 것이다.

  그러나 이러한 모든 것을 안다는 것은——비록 이러한 정보 그 자체가 중요하기는 하지만——에스키모인에게 커다란 도움이 되지는 않는다. 만일 '카'를 분류하는데 다른 무엇이 또 있는가라는 질문을 한다면 그는 수동식/오토매틱이라는 이분법을 초월하는 또 다른 규준들이 존재한다는 사실을 알게 될 것이다. 예를 들어 그는 자동차란 연료로 가솔린을 태우며 '카'의 소유자들에게는 자신들의 '카'가 얼마나 연료를 소모하는가를 안다는 것이 중요하다는 사실도 배우게 될 것이다. 비록 수동식 차량이 연료 소비면에 있어 오토매틱 차량보다 일반적으로 더욱 경제적이지만 가솔린의 고소비와 저소비는 이들 두 범주 내에서 하위의 집합이 된다. 물론 민족지가는

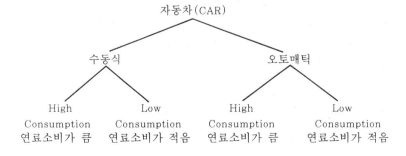

정보제공자로부터 무엇이 '연료의 고소비'와 '연료의 저소비'를 구성
하는가에 대한 확실한 정의를 얻을 필요가 있을 것이다.

　물론 이런 네 가지 유형 외에도 많은 종류의 유형이 있으며 또한
이미 열거한 것 외에도 수많은 규준들이 존재한다. 그러나 질문을
계속해 보면 정보제공자가 우연히 보게 된 그 어떠한 자동차라도
범주화 작업에 있어 중요하다고 생각되는 모든 종류의 특징들을 도
출해 낼 수 있을 것이다.

　우리 저자들 중의 한 사람의 연구의 사례를 〔또 하나〕 제시하는
것이 민족 의미론의 논리를 예시하는데 도움이 될 것이다. 이 연구
는 주(州)가 운영하는 정신지체자 시설로부터 퇴소한 성인들이 커
뮤니티에서 어떻게 생활에 적응하는가, 그 방식에 관한 것이다. 처
음부터 '정신지체'(精神遲滯) *mental retardation* 의 의미를 명확히 하
는 것이 필요하였다. 왜냐하면 이러한 라벨은 다수의 증후군을 커
버하며 또한 종종 매우 부정확하게 쓰이고 있기 때문이다(예를 들
어 이러한 사람들에 대한 강제적 훈련 프로그램을 규정한 주(州)나
연방의 입법에서도 이 용어는 명확히 정의되어 있지 않으며, 그리
하여 특정 인물이 이러한 공적인 부조(扶助)를 받는 것이 적합한가
를 결정하기 어려운 경우도 있다). 정신지체라는 의미 영역을 정의
하는 한 가지 방법은 이러한 분야의 정평 있는 교과서를 찾아서 전
문가들이 일반적으로 수긍하는 정의를 찾는 것이다. 그러한 하나의
정의는 에반스의 책(Evans. 1983 : 15-22)에서 발견할 수 있는데 그
는 기본적으로 **의학적**(醫學的) **모델***medical model* 을 제시하고 있다.
이 모델을 '의학적'이라고 부르는 이유는 이것이 〔정신지체의 발생〕
원인이라는 범주를 기초로 하고 있기 때문이다. '정신지체'라는 일
반적인 범주는 제 1 층위에서는 유기적(有機的) 원인에 의한 *organic*,
사회적 요인에 기인한 *sociogenetic*, 그리고 원인불명 *unknown* 등이
다. 이들 범주들 중 앞의 두 가지는 문제의 원인이 되는 특정한 기
질적 요인들과 사회적 요인들이라는 면에서 다시 나뉘어진다. 한편

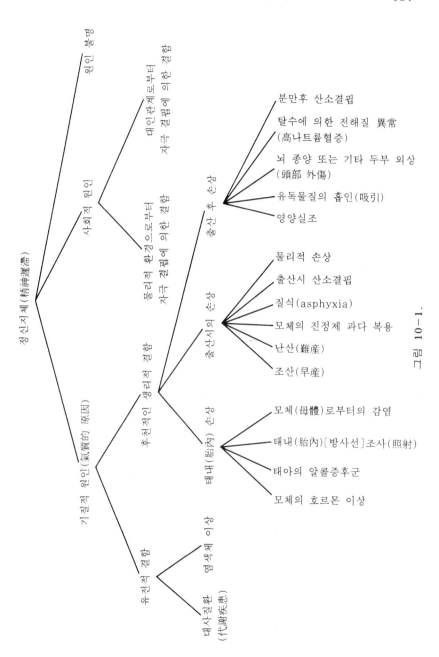

그림 10—1.

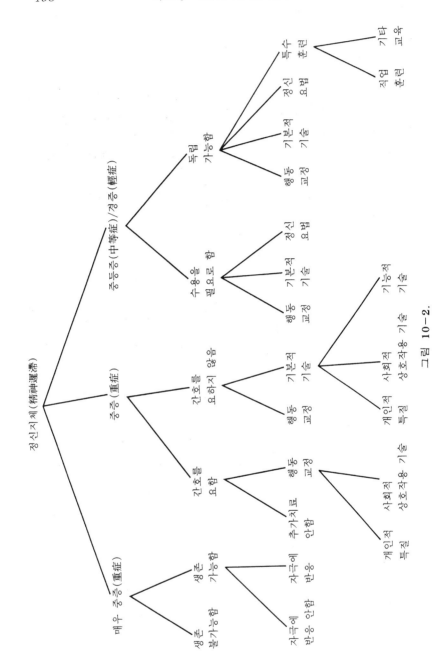

그림 10-2.

유기적 요인은 유전적 *genetic* 결함과 후천적인 생리적 결함이라는 두 개의 범주로 나뉘며 이들은 각기 또다시 두 개의 보다 세부적인 층위로 나뉘게 된다. 에반스의 논의로부터 다음과 같은 도표를 그릴 수 있다(그림 10-1을 참조).

이 도표를 들여다 보면 정신지체라는 증후를 발생시키는 수십 개의 상이한 조건들을 정의하는 것이 가능하다. 이러한 조건들이 상호 어떻게 관련이 되어 있으며 또한 이들이 어떻게 정신지체의 기본적인 원인들과 관련되어 있는가를 살펴보는 것이 가능하다.

그러나 커뮤니티 수준의 시설(기관)의 직원들은 이러한 명확한 의학적 모델을 염두에 두고 있는 경우는 거의 없다. 그 대신 정신지체의 유형들을 분류하는 [이들의] 주된 범주는 행위에 기초를 두고 있다. 즉, 어떻게 정신지체자들이 행동을 하는가, 이들에게 어떠한 종류의 프로그램이나 훈련이 가장 도움이 될 것인가 등등이다.

비록 정보제공자 중 한 사람은 조사자에게 "중요한 차이는 오직 한 가지뿐, 즉 이 사람들이 시키는 대로 할 것인가 혹은 하는 척할 것인가의 차이이다"라고 말하였으나, 대부분의 정보제공자들은 조심스러운 질문 과정을 통하여 추출해 낼 수 있는 보다 정교한 도식을 가지고 있었다. 그림 10-2는 여러 다양한 커뮤니티 수준의 시설의 정보제공자들로부터 수집한 상당히 전형적인 모델의 하나이다.

이 모델은 특수교육의 분야에서 사용되는 우리에게 친숙한 정신지체의 유형 분류(매우 심각한, 심한, 상당한, 가벼운)로 시작하고 있다. 제1차적인 구별은 이러한 조건이 발생하는 원인보다는 당사자가 독립적인 개인으로서 사회의 구성원으로서 기능할 수 있는 상대적인 능력에 기초를 두고 있다. 도표의 구체적인 층위(레벨)들은 이 정보제공자가 정신지체자들의 학습 능력의 각 층위에 알맞은 특정한 종류의 프로그램에서 사용될 수 있는 간섭(干涉 또는 개입) *intervention*의 종류를 어떻게 범주화하는가를 보여주고 있다. 예를 들어 매우 심각한 정신지체자의 경우 이들은 통상 정신지체뿐 아니라 매우 심각한 육체적 장애를 겪고 있으며, 그리하여 수용시설이라는 상황에서 가장 잘 보호받을 수 있다. 이러한 사람들 중 일부는 '생존가능' viable (수년 간 살 수 있음)하지만, 상당수는 너무나 장애가 심하기 때문에 이들의 기대 수명은 매우 짧다. '생존가능한 매우 심각한 장애자'의 경우 몇몇 사람들은 특정한 종류의 자극, 즉 신체적 접촉이나 음악소리에 반응하지만 나머지는 주변의 환경을 거의 인식하지 못하는 것처럼 보인다. 마찬가지로 일부의 '상당한 정신지체자'나 또는 '가벼운 정신지체자'는 보호된 워크숍이나 또는 지도감독을 받는 집단 시설에서는 매우 잘 기능하지만 다른 사람들은 특수한 기술들을 배울 수 있고 다양한 치료의 도움을 받으면 독립적으로 생활하는 법도 배울 수 있다.

이러한 패러다임은 점점 구체성을 더해가는 질문을 계속함으로써 만들 수 있다. 즉 처음에는 "정신지체에는 어떠한 유형들이 있습니까?"라는 질문으로 시작한다. 그 다음 단계에서 물어볼 전형적인 질문은 "매우 심한 정신지체는 어떠한 종류들이 있습니까?" 또는 "심한 정신지체에는 어떠한 것들이 있습니까?" 등등이다. 이러한 과정은 정보제공자가 '자극에 반응은 안하지만 생존가능한 매우 심각한 정신지체자'(따라서 이러한 경우에는 어떠한 '간섭'(개입)도 불가능하다)와 같이 "이제 여기에서 더 이상은 '어떠한 종류'도 더 없다. 이게 전부이다"라는 말이 나올 때까지 계속된다. 각기 추출된 범주의 내용은 다음과 같은 질문을 제기함으로써 결정할 수 있다. 즉 "심한 정신지체자를 수용할 필요가 발생하는 가장 흔한 이유는 무엇입니까?" (여기에 대한 대답은 다음과 같을 수 있다: 왜냐하면 그 사람은 상당한 정도의 간호 감독을 필요로 하는 의학적 문제를 가지고 있을 수 있기 때문이다.) 그렇다면, "수용시설에 수용된 심한 정신지체자가 할 수 있는 일들에는 무엇이 있습니까? (답: 이들 중 일부는 행동교정테크닉에 잘 반응하며 일부는 그렇지 않다. 잘 반응하는 사람들은 개인적인 수준에서 자신들의 행위를 교정하는 것

〔예를 들자면 자신들의 성기(性器)를 만지작거리지 않는 것 등〕을 배울 수 있다. 또 일부는 자신들의 사회적 행위를 교정하는 것〔예를 들자면 자신에게 말을 하는 사람을 똑바로 쳐다보는 것 등〕을 배울 수 있다.) 이러한 질문들은 무엇보다도 첫째로 의미영역의 **경계** *boundary* 를 수립하며 둘째로 영역의 **속성** *attribute* 을 결정해 준다. 이 두 가지를 모두 배우는 것이 필요하다. 그렇지 않으면 이러한 패러다임은 아무런 의미가 없는 단어들의 나열이 되어 버릴 것이다.

첫번째 모델이 정신지체환자를 **치료** *treat* 하려는(또는 그러한 위험이 있다고 인정이 되는 집단으로 판정받은 출산을 앞둔 부모들에게 카운슬링을 하는) 의사에게 유용하다는 것은 분명하다. 두 번째 모델은 정신지체자로 하여금 사회의 요구에 나름대로 가장 잘 적응할 수 있도록 도와주는 것을 목적으로 하는 학교, 워크숍, 혹은 훈련시설의 직원들에게 보다 유용할 것이다. 이들 두 가지 모델은 전혀 상호배타적인 것이 아니지만 이들은 '현실'에 대한 상이한 견해를 제시하며 또한 상이한 부류의 사람들(두 사람 모두 전문가들이다)이 정신지체라는 문제를 이해하는 상이한 방식을 제시하고 있다.

그 어떠한 패러다임이든 정보제공자의 세계관을 반영하고 있다는 것을 명심하여야 한다. 이는 다른 사람이 제공할 범주화의 방법과 동일할 수도, 또한 그렇지 않을 수도 있다. 사실상 로빈스 벌링 *Robbins Burling* 과 같은 민족의미론적 접근법의 비판자는 용어들을 분류하는 '논리적 가능성'의 수는 너무나 많기 때문에 몇몇의 가능한 모델 중 어떤 것이 '심리적으로 사실'인지 전혀 알 수 없다고 지적하였다(1964: 26). 전문가 혹은 숙련자가 정보제공자로 선택되어야 하는 것은 바로 이러한 이유 때문인데, 왜냐하면 그의 견해는 문화적으로 인정되는 표준에 가장 가까이 접근할 것이기 때문이다. 예를 들어 우리 사회에서도 식물학자에게 물어 보아 도출해 낸 식물의 명칭들은 주말에만 정원을 돌보는 아마추어로부터 도출한 것과는 매우 다를 것이다. 그 이유는 이들의 전문지식은 식물에 대한 상이한 관심을 반영하기 때문이다. 우리 사회에서는 과학과 민간전승(民間傳承) folk tradition은 전혀 다른 범주들이다. 아마도 전혀 다른 문화의 부분들이라고까지 말할 수 있을 정도이다. 반면 대부분의 전통 사회 혹은 '미개' 사회에서는 민속문화가 곧 과학이다. 그리하여 전통 사회를 연구하는 민족의미론자들은 그들의 정보제공자인 전문가들의 견해가 대표성을 갖지 않을지도 모른다는 가능성에 대하여 우려할 필요가 없다. 반면 우리 자신들의 사회를 연구하는 민족의미론자들은 자신들의 정보제공자가 문화의 어떠한 부분에서 '전문가'라고 할 수 있는가에 관하여 보다 명료히 정의해야 한다.

패러다임이 완성되면 민족지가는 정보제공자의 인지적 '지도'(認知的 地圖) cognitive map의 완전한 모델을 갖게 되는 것이다. 예를 들어 그는 '자동차' car 또는 '정신지체' mental retardation 라는 영역을 정의하는 모든 차원을 이해할 것이며 또한 통상 이러한 구분을 하고 사는 그 문화의 원주민이나 그 분야의 전문가가 아닌 경우에도 이러한 구분들을 행할 수 있을 것이다.

패러다임을 만들어 내는 또 다른 방법은 '대조(對照)의 층위(層位, 수준)' levels of contrast 라는 방법을 사용하는 것이다. 예를 들어 만일 우리가 상이한 종류의 동물들의 분류표를 작성하는 데 관심이 있고, 그리고 푸들 poodle〔역주: 작고 영리한 복슬개〕을 보고 정보제공자에게 "이것은 식물인가?" "이것은 고양이인가?" "이것은 콜리 collie〔역주: 양 지키는 개〕인가" 등등의 질문을 한다면, 우리는 각기 다른 세 개의 대조의 차원에 관한 정보를 추출하는 것이다. 첫번째의 경우 이에 대한 대답은 "아니오, 이것은 동물입니다"일 것이다. 그 다음은 "아니오, 그것은 개입니다"라고 할 것이다. 마지막은 "아니오, 이것은 푸들입니다"라고 할 것이다. 그러므로 우리는 이러한 대상의 분류에 있어서는 최소한 차별화의 세 가지 층위(레벨)

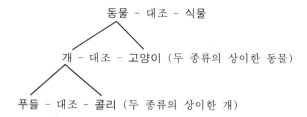

가 있다는 것을 배울 것이다.

어떤 단어들은 여러 상이한 층위(레벨)에서 대조가 되기 때문에 이러한 대조-층위 유형의 질문을 할 경우에는 특히 주의하여야 한다. 예를 들어 영어에서는 'man'[역주 - 사람, 남자]이라는 단어가 'human'[인간]이라는 보다 일반적인 의미를 가질 경우 'animal'[동물]과 대조될 수 있다(그런데 최근에는 '맨'이라는 용어가 가지고 있는 '성차별적 편견' 때문에 다수 사람들은 인간을 의미할 경우에는 '맨'을 사용하지 않는 경향이 있다). 보다 구체적인 차원에서 'man'이란 'woman'[여자] 혹은 'boy'[소년] 혹은 'unmanly' man[남자답지 않은 남자] 등을 지칭하는 여러 개의 단어들 중의 하나와도 대조된다(이러한 문제들에 관한 보다 상세한 논의는 프레이크의 저서(Frake, 1961)를 참조할 것). 그러나 단일한 어휘가 여러 상이한 맥락에서 사용되었을 경우에도 이 어휘가 다른 것과 대조되지 않는 한, 하나의 의미영역으로 범주가 성립되지는 않는다는 것을 명심하여야 한다.

민족의미론의 방법은 종종 '지나치게 논리적'이라는 비판을 받아왔다. 즉 사람들은 민족지가가 질문을 던지면서 재촉하지 않는 한 그러한 정확한 정의를 내리는 일 따위는 사실상 전혀 생각하지 않는다는 것이다. 이는 아마도 사실일 것이다. 극히 소수의 사람 외에는 어떤 것들이 '과일'에 속하고 다른 것들이 '채소'에 속하는지에 관하여 사실상 무관심할 것인데, 왜냐하면 중요한 것은 먹는 일이지 분석하는 일이 아니기 때문이다. 그러나 문제는 이 사람들이 민족지가가 바라는 만큼 이런 구별들을 정확하게 또는 빈번하게 하지는 않는다 하더라도, 이들은 이들의 문화에 전형적인 인지구조를 지니고 있으며 이들이 경험하고 있는 모든 것들은 궁극적으로는 이들이 보거나 경험하는 것들에 대하여 무의식적으로 경계를 표시하는 '지도'를 통하여 걸러지기 때문이다. 그리하여 우리는 이러한 방법으로 인지구조를 연구함으로써 사람들이 자신들이 지각하는 엄청나게 혼란스러운 것들로부터 어떠한 논리적 의미를 도출하려고 어떻게 노력하는가에 관하여 많은 것을 배울 수 있다.

민족의미론의 방법에 관한 또 하나의 비판은 그 본질이 다소 하찮다는 것이다. 우리들은 이러한 민족의미론의 방법을 통하여 식물이나 색깔이나 자동차에 관하여 상당히 많이 알 수 있지만, 이러한 정보들이란 사물의 일반적인 체계에서 하찮은 것은 아닌가? 또한 문화의 한 작은 측면의 패러다임을 도출하는 데에 너무나 많은 시간이 소요되기 때문에 문화 전체의 연구에 이러한 방법을 사용한다는 것은 도저히 바랄 수 없는 것은 아닌가? 만일 문화의 모든 세세한 측면을 이렇게 상세한 방법으로 추적한다면 민족의미론이라는 방법은 극히 지겨운 것이 될 것이라는 우려는 사실이다. 그러나 이러한 방법론적 결점에도 불구하고 그 이론적인 배경은 타당성을 가지고 있다. 만일 문화를 이해하는 데 있어 '자생적 모델'*homemade models*을 도출하는 것이 가치 있는 일이라고 확신한다면 민족의미론은 이를 행하는데 타당하고 또한 극히 유익한 방법이다.

프로젝트

의미영역을 하나 선택하여 이에 대한 패러다임을 만들어 보도록 한다. 첫 단계는 연구조사를 하기 위하여 도움을 얻을 수 있는 정보제공자를 선택하는 것이다. 이상적으로 진정한 대표성을 확보하기 위하여는 여러 명의 정보제공자를 면접하는 것이 바람직하다. 그러나 민족의미론을 전문으로 연구하는 상당수의 학자들은 조사

대상이 되는 영역에서 전문가 또는 숙련자인 단 한 명의 정보제공 자를 조사함으로써 성과를 얻었다. 예를 들어 만일 '식물'이라는 범 주에 관심이 있다면 아마도 정원사야말로 훌륭한 인터뷰의 대상이 될 것이다. 어떤 경우에는 치유자(治癒者) *curer*〔약초의(藥草醫) *her-balist*, 샤만 기타〕등도 치료행위에 식물을 사용하기 때문에 여러 종류의 식물을 잘 알고 있을 것이다. 이런 사람들로부터도 식물을 구분하는 데에 관한 정보를 추출할 수 있다. 식물은 그 생긴 모습, 사용 용도, 그 성장 장소 등등을 기초로 구분될 수 있다.

여러분은 처음에는 단지 몇 개의 중요한 차원만을 가지고 있다고 생각되는 상대적으로 단순한 영역을 선택하여 시작하는 것이 바람 직할 것이다. 한 예로서 인기 있는 패스트푸드 레스토랑에서 제공 되는 여러 다양한 유형의 햄버거의 조합들의 패러다임을 그려볼 수 있을 것이다. 그리고 나서 좀 모험을 해보고 싶어지거나 혹은 약간 여유 시간이 있다면, 가옥의 유형에 관하여 부동산 중개인을 인터 뷰하는 등 약간 더 복잡한 과제들에 도전해 볼 수도 있다. 즉 '주 택'이라는 범주에서 중요한 차원들은 무엇인가에 관한 실마리를 얻 기 위하여 여러분들은 신문의 부동산 광고란을 이용할 수도 있다. 방의 크기, 방의 개수, 위치, 특별한 설비, 소유방식(단독주택, 연립 주택, 아파트) 등등이 '주택'들을 구분하기 위하여 모두 사용된다.

만일 여러분이 외국어를 할 수 있거나 또는 2개의 언어를 모국 어처럼 사용하는 정보제공자를 얻을 수 있다면 여러분은 앞서 언급 한 색깔을 표현하는 용어의 비교표에서처럼 영역의 경계를 '通언어 적으로' *cross-linguistically* (그리고 그 연장으로서 '通문화적으로' *crosscul-turally*) 비교해 볼 수 있겠다. 이런 후자의 방법은 몇 사람이 팀을 짜서 시도해 볼 수도 있다. 한 학생은 취사도구의 유형에 관한 패 러다임을 만들기 위하여 미국인 요리사를 인터뷰할 수 있으며 다른

학생들은 프랑스인, 이태리인, 일본인 혹은 중국인 요리사를 인터
뷰하여 각각 그들의 조리법의 전통에서 사용되는 조리 용기에 관하
여 알아 볼 수도 있다. 영어와 프랑스어처럼 매우 밀접한 관계를
가지고 있는 언어들은 대단히 유사한 언어학적 특징을 보일 것이
기대되고 있지만, 이들조차도 주방용기라는 영역 내에서는 매우 상
이한 경계들을 가질 가능성이 높다. 왜냐하면 조리법의 역할은 프
랑스 문화와 미국 문화에서 매우 다르기 때문이다. 민족의미론적
조사방법의 한 목표는 조사대상이 되는 문화의 원주민이 현실을 관
찰하고 이에 대응하는 것과 동일한 방식으로 '현실'을 '관찰하고' 이
에 대응하는 것에 있다. 따라서 이러한 여러 조리전통은 각각 다르
며 정확한 의미에서 서로 대응하지 않는 면모들을 가지고 있을 것
이지만 의미영역을 확립시키는 일정한 규준들은 오히려 일정할 것
이다. 예를 들어 각국의 조리전통에는 최소한 휘젓기 stirring 작업에
사용되는 도구가 무엇인가 있을 것이다. 왜냐하면 이러한 동작이란
음식을 준비하는 사실상 모든 스타일에서 필요한 동작이기 때문이
다. 그러나 한 문화에서는 이러한 휘젓는 '물건'이 금속제로서 둥근
모양을 하고 있고 다른 문화전통에서는 목제로서 납작한 모양을 하
고 있다는 것을 발견하는 것은 흥미 있고도 또한 중요한 일이다.

다음의 사례는 우리 사회의 모든 사람들에게 친숙한 범주인 '신
발' footwear 의 지역적인 변이(變異)를 보여주고 있다. 여러분들이
만일 여러분들 자신의 지역에서 이러한 사례를 모델로 하여 계속
조사해 본다면 여러분들은 다소 상이한 응답을, 따라서 상이한 패
러다임을 얻을 수 있을 것이다.

여러분들은 다음과 같은 매우 일반적인 질문을 던짐으로써 정보
제공자(신발가게의 종업원)에 대한 인터뷰를 시작할 것이다. "당신의
가게에서는 어떤 종류의 신발들을 팔고 있나요?" 그 다음에는 이에

대한 답변들이 모두 동일한 대조의 층위(레벨)에 있는가를 확인하는 것이 중요하다. 예를 들어 정보제공자는 "우리들은 신사화 *dress shoes*, 운동화 *sneakers*, 샌달 *sandals*, 선상화(船上靴) *deck shoes* 〔역주: 밑창이 얇은 헝겊 운동화〕를 판매합니다"라고 말할 수 있다. 그러나 질문을 계속 한 결과 여러분들은 '신사화/운동화'는 엄격한 의미에서 대조적인 한 쌍이 아니라는 것을 알게 될 것인데 왜냐하면 '신사화'란 매우 넓고 일반적인 범주인 데 반하여 '운동화'란 세부적인 것이기 때문이다. 그러므로 운동화, 샌달, 그리고 선상화란 모두가 '레저용 신발'이라는 보다 넓은 범주에 속하는 것들로서 이 '레저용 신발'이야말로 '신사화'와 더불어 하나의 대조적인 쌍을 이루는 것이다. 그리하여 여러분은 여러분의 정보제공자에게 레저용 신발의 구체적인 사례들과 동일한 차원에서 대조가 되는 신사화의 다양한 사례들을 제시해 줄 것을 요청할 수 있다.

그 다음에 여러분은 정보제공자에게 신사화와 레저용 신발을 구분하는 규준(모양은 어떠한가, 재료는 어떠한가, 언제 어떻게 사용하는가 등등)을 여러분이 이해할 수 있도록 도와줄 것을 요청하여야 한다. 여러분은 보다 구체적인 범주에 관하여도 이러한 조사를 할 수 있다. 그리하여 여러분은 '레저용 신발'이라는 커다란 범주 안에서도 '운동화' *sneaker* (이는 일부 지역에서는 울퉁불퉁한 고무창에, 발끝과 뒤꿈치에는 고무를 덧대고 끈이 달려 있는 헝겊 신만을 의미한다)와 '테니스화' *tennis shoe* (이는 평평한 고무창에, 발끝에는 가외로 고무를 덧대지 않은 헝겊 신을 의미한다)를 어떻게 구별하는지를 물어볼 수 있다. 이 프로젝트를 준비하면서 우리들은 학생들과 전문적인 인류학자를 포함한 다수의 동료들에게 이러한 질문을 하여 보았는데 각기 매우 상이한 답변을 하였다. 미국의 일부 지역에서 온 사람들은 '운동화' *sneaker* 와 '테니스화' *tennis shoe* 를 같은 것이라 생각하면서 전혀 구별을 하지 않았으나, 다른 지역 출신 사람들은 '운동화'를 '테니스화'의 변종이라고 생각하거나 혹은 그 반대로 생각하는 경우도 있었다. 다른 사람들은 운동화와 테니스화가 사실상 별개의 유형에 속한다고 주장하였으나 이들을 구별하는 규준은 앞서 언급한 것들과는 달랐다. 이것은 아마도 우리의 사례가 잘못 선택된 것일지도 모른다는 가능성을 시사하고 있다. 이러한 것은 우리 문화에서는 너무나 사소한 구분이기 때문에 사람들은 이들 용어를 사용하는 데 있어 매우 부주의하다고 볼 수 있다. 그러나 또 다른 의미에서 이는 두 가지 측면에서 매우 예시적인 사례이다. 첫째, 이는 우리가 잘 알려져 있는 것이라고 당연히 여기고 있는 것들이 우리가 생각하는 것처럼 '알려져 있지' 않고 있다는 점을 시사한다. 만일 동일한 문화의 (그러나 상이한 지역에서 성장한) 사람들이 서로 오해하고 있으며 또한 동일한 용어에 관하여 여러 사람들이 각기 다른 의미의 구조를 가지고 있다는 점을 인식하지 못하고 있다는 사실을 인정한다면, 보다 커다란 문화의 간격을 넘어서 지식을 번역하려 할 경우 얼마나 많은 문제가 발생할지를 상상해 보는 것은 어렵지 않다. 민족의미론의 이론과 방법은 우리의 지식이 얼마나 상대적일 수 있는지를 잘 인식하게 만들어 준다. 둘째, 위에서 살펴본 사례는 민족의미론의 연구자의 과제는 정보제공자의 용어에서 의미 있는 규준을 발견하는 것이지 자신들의 용어를 분석하는 것이 아니라는 주장을 잘 보여주고 있다. 한편 이렇게 민족의미론적 방법으로 획득된 정보가 '모든 사람들'에 대하여 진정으로 대표성이 있는가라는 폭넓은 질문에 대하여는 아직 만족스러운 답변을 얻은 바 없다. 그러나 여기서 요점은 자료를 추출하기 위하여 이러한 방법을 사용한다는 사실에 있다. 왜냐하면 이러한 방법이라도 사용하여 자료를 수집하지 않고서는 대표성이라는 문제에 관하여는 전혀 아무런 답변조차 할 수 없기 때문이다.

여러분의 보고서에는 완성된 패러다임을 이루고 있는 용어들에 관한 설명뿐만 아니라 여러분이 패러다임을 만드는 데 사용하였던 질문들의 리스트를 포함하여야만 한다.

참고문헌

Basso, Keith H. *Western Apache Witchcraft*. 1969. Tucson: Anthropological Papers of the University of Arizona. 특정한 개별적 항목이라기보다는 문화적 행위라는 넓은 영역에 대하여 민족의미론적 접근법을 적용한 책이다.

Burling, Robbins. "Cognition and Componential Analysis: God's Truth or Hocus Pocus?" *American Anthropologist*, 1964, 66 : 20-28. 민족의미론적 연구방법의 배경을 이루는 이론들에 관한 비판적 개관.

Conklin, Harold C. "Hanunoo Color Categories." *Southwestern Journal of Anthropology*, 1955, 11 : 339-344. 민족의미론적 연구 중에서도 가장 널리 인용되는 논문의 하나.

Evans, Daryl Paul, *The Lives of Mentally Retarded People*, 1983. Boulder, CO: Westview Press, 1983. 정신지체에 관한 전문적 정의(패러다임)가 수록되었던 원전이므로 여기에 소개하였다.

Frake, Charles O. "Diagnosis of Disease among the Subanun of Mindanao." *American Anthropologist*, 1961, 63 : 113-132. 민족의미론 분야의 개척적인 연구의 하나로서 주로 질병의 범주를 다루고 있으나 다른 의미 영역들에서 패러다임을 만들기 위한 유용한 모델들을 수개 포함하고 있다.

Gleason, H.A. *An Introduction to Descriptive Linguistics*, 1961. New York: Holt, Rinehart and Winston. 이 책은 언어학의 정평 있는 교과서로서 민족의미론적 연구의 배경에 대하여 보다 더 알고 싶어하는 학생들에게는 상당히 도움이 될 것이다.

Hockett, Charles F. "Chinese versus English : An Exploration of the Whorffian Theses." **In** Harry Hoijer, ed., *Language in Culture*. American Anthropological Association, Memoir No. 79, 1954. 중국어와 영어, 또는 중국 문화와 영미 문화간의 인지적(認知的) 차이에 관한 짤막하고 읽기 쉬운 글.

Keesing, Roger M. "Paradigms Lost: The New Ethnography and the New Linguistics." *Southwestern Journal of Anthropology*, 1972, 28 : 299-3 22. 민족의미론의 전통에 입각한 연구들에 대한 비판적 개관.

Patterson, Francine, and Eugene Linden. *The Education of Koko*, 1981. New York: Holt, Rinehart and Winston. 고릴라에게 인간의 언어를 가르치려는 여러 실험 중에서 가장 유명한 사례에 관한 훌륭한 소개서.

Spradley, James P. *The Ethnographic Interview*, 1979. New York: Holt, Rinehart and Winston. 민족의미론적 연구 분야에서 가장 유명한 연구자 중의 한 사람이 저술한 입문서로서 매우 명료하고 상세하게 "어떻게 하는가"를 서술하고 있다.

Spradley, James P. *Culture and Cognition: Rules, Maps and Plans*, 1987 (original 1972). Prospect Heights, IL: Waveland Press. 인지인류학(認知人類學)의 현재 상태에 관한 일반적인 개관으로서, 앞에서 소개한 벌링이나 키징의 글에 비하여 훨씬 더 동정적인 입장에서 서술한 책이다.

Spradley, James, P. and David W. McCurdy. *The Cultural Experience: Ethnography in Complex Society*, 1988(original 1972). Prospect Heights, IL: Waveland Press. 민족의미론적 민족지를 작성하기 위한 간결한 지침서로서 학부 학생들이 작성한 민족의미론적 민족지를 상당수 수록하고 있다. 이러한 민족의미론적 연구 유형에 특히 관심을 가진 학생들은 이 책을 통하여 본 장에서 다룬 일반적인 문제의 다른 측면들을 다루거나 패러다임을 만드는 보다 정교한 테크닉에 관하여 상당히 유용한 지침을 얻을 수 있을 것이다.

Tyler, Stephen A., ed. *Cognitive Anthropology*, 1987(original 1969). Prospect Heights, IL: Waveland Press. 이 분야에 대하여 동정적인 입장에서 서술된 또 한 권의 개설서.

Wallace, Anthony F.C. and John Atkins. "The Meaning of Kinship Terms" *American Anthropologist*, 1960, 62 : 58-80. 친족 명칭의 연구에 패러다임 모델을 적용한 연구 중에서 매우 널리 논의되어 온 사례이다. 친족은 명확하고 인지적으로 정의된 구조로 패턴화된다는 점에서 언어와 가장 유사하게 보이는 문화의 영역이다.

제11장 서베이의 디자인

서베이는 일반인들의 마음속에는 인류학보다는 오히려 사회학이나 정치학과 관련된 것으로 자리잡고 있지만 사회과학의 자료 수집 기법 중 가장 특징적인 것의 하나이다. 사실, 서베이는 오랜 세월 동안 인류학의 조사 기법의 일부를 이루어 왔다. 19세기 중엽에 출판된 루이스 헨리 모르건 Lewis Henry Morgan 의 『인류의 가족의 혈연과 인척 관계의 체계』 *Systems of Consanguinity and Affinity of the Human Family* 라는 기념비적인 저작의 자료는 비록 오늘날 사용되는 것보다 조잡한 것이기는 하지만 서베이를 통하여 얻은 것이었다. 서베이란 집중적이며 조직적인 자료 수집의 수단이라고 정의할 수 있다. 그리하여 서베이는 문화적 상황에 대한 주관적인 몰입을 기초로 한 참여 관찰 및 이와 관련된 기법들에 대하여 논리적이며 필요한 보완이 된다.

서베이는, 미국 사회가 극히 일반적인 언설(言說)마저도 '수치'(數値)에 의하여 타당성이 부여되는 듯한 사회이기 때문에, 어느 정도 합리적으로 객관적이며 계량화가 가능한 자료에 대한 필요성을 만족시켜 주는 것처럼 보인다. 그러나 훌륭한 서베이 연구는 단순히 몇 가지 질문을 던지고 그 결과를 집계하는 것 이상의 정교한 과정이다. 서베이 방법에 대한 정평 있는 교과서에서 배비 Babbie(1973: 45-49)는 '과학적'인 서베이法을 단순한 질문 던지기와 구분하는 몇 가지 규준을 제시하였다.

1. 서베이 조사는 **논리적** *logical* 이다. 이는 명확한 패턴의 형태로 계량화되고 기술(記述)될 수 있는 한 객관적으로 볼 때 합리적이라고 할

수 있는 결과를 생산한다(예를 들어 "유권자의 대표성 있는 표본의 75%가 대통령 선거 운동에 대한 공공 재원의 사용을 지지한다"라고 주장한다면, 그 누구도 "그러나 국민들은 오직 자기 자신들이 선택한 후보자들만을 지원하기를 원할 것이다"라고 반박하는 것은 불가능해진다).

2. 서베이 조사 연구는 **결정론적** *deterministic* 이다. 이는 객관적으로 정의된 사건들간의 관련성을 증명하는 것이다(예를 들어 "군(郡)의 보건 행정 책임자의 55%는 커뮤니티의 보건 교육 담당자가 석사 학위를 가져야만 한다고 믿고 있다"라고 말한다면 이는 학문적인 훈련과 직업 배치간에는 인식된 관계가 있으며, 이러한 인식은 근거 없는 단순한 직감 이상의 것이라는 점을 말해 준다).

3. 서베이 조사는 **일반적** *general* 이다. 조사의 결과는 응답자 집단이라는 특정한 범위의 사람들보다 커다란 범위의 집단에 적용이 가능하여야 한다.

4. 서베이 조사는 **절약적〔경제적〕** *parsimonious* 이다. 서베이 조사는 동시에 몇몇 변수에 대한 자료를 수집하고 분석하는 방법이기 때문에 연구자는 다양한 설명적 모델을 구성한 뒤에 가설을 가장 단순하고도 충분하게 만족시키는 모델을 선정하는 것이 가능하다.

5. 서베이 조사는 **구체적** *specific* 이다. 서베이 조사는 응답자 이외의 사람들에게까지 일반화시킬 수 있을 뿐 아니라, 측정의 단위들을 명확히 정의함으로써 단위들간의 관계를 객관적으로 제시할 수 있기 때문에 구체적이다.

나아가 인류학적인 관점에서 볼 때 의미 있는 서베이의 개발은 참여 관찰의 경험으로부터 비롯된다. 이상적으로 조사자는 혼자 고립되어 설문지를 만든 다음 낯선 사람들에게 이를 나누어 주어서는 안 된다. 인류학적 접근이라는 것은 언제라도 그러하듯이 연구의 대상이 되는 커뮤니티의 일부가 되려고 가급적 노력하는 것이다. 서베이法이라는 수단을 통하여 객관적으로 수집될 필요가 있는 자료는 어떠한 종류의 것들인가에 대한 인류학자의 인식은 현지조사라는 일차적인 경험으로부터 비롯되어야 한다.

서베이의 유형

서베이는 자료의 수집에 있어 세 가지 중요한 기능을 한다. 이들은 모집단(母集團)의 특성을 **기술**(記述) *describe* 하기 위하여, 단위들 간의 상관관계가 인식될 경우 그 이유를 **설명** *explain* 하기 위하여, 또한 이러한 단위들간의 관계에 초점을 맞춘 연구를 하기 위한 사전 단계로서 폭넓게 정의된 문제와 관련된 변수들의 범위를 **탐색** *exolore* 하는 데 사용된다(Babbie, 1973 : 57-59).

서베이에는 두 가지 유형이 있다. 이들은 본질적으로 **횡단적**(橫斷的) *cross-sectional* (하나의 시점에 있어 변수들을 기술하고 설명하고 또는 탐색한다)이거나 또는 **종단적**(縱斷的) *longitudinal* (장시간에 걸쳐 변수들의 변화를 기술하고 설명하고 탐색한다)이다. 종단적인 서베이에는 세 가지 기본적인 유형이 있다. 첫째는 **동향**(動向) 〔추세(趨勢)〕 *trend* 연구(미국의 유권자 등과 같이 일반적인 모집단(母集團)에 대한 기술을 기초로 한다) ; 둘째, **동반 집단**(同伴集團) *cohort* 연구[1](50세 이상의 유권자와 같이 특정한 아집단(亞集團) *subgroup* 에 초점을 맞춘 연구) ; 셋째, 패널 *panel* 연구[2](시기를 달리하여 완전히 동일한 응답자 집단을 대상으로 실시한 재조사를 기초로 한다)가 있다(Babbie, 1973 : 64-65).

표본의 추출[3]

인류학자는 집단의 구성원 전부를 인터뷰할 수 있는 소규모 커뮤

---

1) 역주 : 군이 번역하지 않고 그냥 「코호트 연구」라고도 한다.
2) 역주 : 「회답자의 일단(回答者의 一團) 연구」라고도 한다.
3) 역주 : 표본(標本)의 추출(抽出)을 줄여서 표집(標集)이라고도 한다.

니티에서 현지조사를 할 수도 있다. 그러나 연구 대상이 되는 커뮤
니티가 너무 커서 그 구성원을 각기 개인적으로 접촉하는 것이 불
가능할 때에는 대개의 경우, 서베이 방법을 사용한다. 조사 연구자
는 따라서 서베이를 실시할 **표본**(標本) *sample* 을 추출하여야만 한
다. 이러한 표본은 어떻든 전체를 대표할 수 있어야만 하며, 그렇
지 않을 경우에는 서베이 결과를 사용해서 모집단의 동향에 대하여
그 어떠한 유의미(有意味)한 이야기도 할 수 없게 된다.

　이상적인 **대표적 표본**(代表的 標本) *representative sample* 이란 모집
단의 구성원들 전원이 표본으로 선택될 동일한 확률을 갖게 되는
경우이다. 이렇게 선택된 표본을 **무작위 표본**(無作爲 標本) *random
sample*[4]이라고 한다. 표본을 추출하기 위하여 가장 흔히 사용되는
방법은 **체계적 표본추출법** *systematic sampling* 으로서, 이는 예를 들
자면 대학에 등록되어 있는 학생들의 가나다순의 명단에서 매 10번
째 학생을 선정한다거나 또는 도시의 센서스 지도에서 매 20번째
주소를 선택하는 것 등을 의미한다. 기준이 되는 출발점은 무작위
로 선택하지만 그 이후에는 체계 또는 패턴을 충실히 따르게 된다.
이러한 절차에서 **표집구간**(標集區間) *sampling interval* 이란 선택되는
단위들간에 선택된 표준적 거리를 의미한다(Babbie. 1973 : 92-93).

　무작위 표본 추출법을 변형한 중요한 방법으로서 **층화표집법**(層
化標集法) *stratified sampling* 이 있는데 이는 표본을 모집단 전체에서
추출하는 것이 아니라 모집단 내의 '동질적인 아집단(亞集團)'으로부
터 추출하는 것이다. 예를 들어서 미국의 대통령 선거의 유권자들

---

4) 역주: '무작위(無作爲)' *random* 라는 용어는 '아무렇게나' 또는 '함부로'라는 의
　미도 가지고 있지만 통계학이나 조사방법론에서는 매우 특수한 의미를 갖는다.
　학생들이 가장 혼동을 일으키기 쉬운 것도 바로 이 때문이다. 사실, 무작위 표
　본을 추출하기 위하여는 난수표의 사용 등 고도의 '작위(作爲)'를 필요로 하며,
　무작정 길에 나가서 아무나 붙들고 조사를 하는 것은 '무작위 표본'을 추출한
　것이 아니라 '자의적(恣意的) 표본' 또는 '우연적 표본' *haphazard sample* 을 추
　출한 것이다. 표본추출에서 '무작위' *random* 는 '자의적' *arbitrary* 이나 '우연적'
　haphazard 과는 상이한 개념이라는 사실에 유의하여야 한다.

에 대한 층화표본은 각 소수 민족 집단, 성차(性差) *gender*, 사회계층 등을 각기 적당한 수만큼 선정을 하는데, 이러한 수치는 모집단 전체 내에서 이들 집단이 차지하는 비율과 일치하도록 한다. 이와는 대조적으로 단순 무작위 추출을 하게 되면 우연히 백인 남자가 표본의 90%를 차지할 가능성도 있으며 이러한 표본으로는 현재의 정치적 여론을 대표할 수 없다.

층화의 원리를 더욱더 변형한 것이 **군집표본추출법**(群集標本抽出法) *cluster sampling*이다. 조사 연구자는 층화표집이 가능할 정도로 모집단의 일반적인 특성을 정확히 알지 못하면서도 서베이를 하기를 원할 경우 이 방법을 사용한다. 예를 들어 '미국에서 교회에 가는 사람들'을 연구할 필요가 있다고 하자. 이러한 사람들에 대한 일반적인 인구조사에 해당하는 것은 전혀 실시된 바가 없기 때문에 이러한 집단의 특성이 어떠한지 쉽게 알 수 없다는 것은 명백하다. 그러나 '교회에 가는 사람'을 각기 그 종파의 유형에 따라 상이한 집단으로 정의하는 것은 가능하다. 특정한 지역에서 이러한 상이한 종파에 속하는 교회의 성원들의 명단은 입수가 가능하며(물론 이때 이 특정한 지역은 미국 전체의 패턴을 어느 정도 대표한다고 가정한다), 이 명단에 수록된 사람들로부터 표본을 추출할 수 있다(Babbie, 1973 : 93-100).

위에서 사용된 방법들은 **확률론**이라는 학문을 기초로 하고 있다. 왜냐하면 표본들의 대표성을 증명할 수 있으면 통계적인 분석을 통하여 변수들간의 특정한 관계들을 객관적으로 알 수 있기 때문이다. 그러나 또한 정확한 대표성의 확보라는 것이 불가능하거나 불필요한 상황에서는 **비확률적 표본**(非確率的 標本) *nonprobability sample*을 추출하는 것도 가능하다. 비확률적인 표본의 한 유형으로 **유의적 표집**(有意的 標集) 또는 **재정적 표집**(裁定的 標集) *purposive or judgemental sample*이 있다. 예를 들어 조사 연구자들은 특정한 분야에서 전문가라고 간주되는 응답자들을 선정할 수 있다. 이러한 전문가들은 모집단 전체를 대표할 필요는(물론 이들의 전문적 능력은 이들이 대표적이 아님을 의미한다) 없으나, 이러한 문제점은 이들이 제시하는 현명한 응답의 질에 의하며 보상이 된다.

비록 조사 연구자가 마지막으로 취하는 수단이기는 하지만 **이용 가능한 피조사자의 사용법** *use of available subjects* 은 특히 시간이 촉박한 연구 시에 유일하게 가능한 표집방법일 수도 있다. 예를 들어 여러분들의 조사 방법론 강좌를 듣는 동료 학생들은 여러분들의 연구 조사를 위하여 쉽게 이용할 수 있는 (그리고 아마도 협조적인) 응답자 집단이 될 수 있을 것이다. 그러나 이 경우 조사자는 매우 조심해야 하며 이러한 비대표적인 집단에 대한 조사 결과를 일반화 시키지 말아야 한다. 왜냐하면 이들의 의견이나 특성들은 단지 이들 자신들만을 묘사할 뿐이다.

형 태

이미 전문적인 조사자들에 의하여 준비되고 타당성이 검증되고 수 차례에 걸쳐 반복 사용되어 온, 다양한 사회적인 이슈를 다루는 서베이들이 다수 있다. 이러한 **표준화된 서베이** *standardized survey* 는 조사 절차를 개발하고 사전 검증하는 지루한 절차를 밟지 않고도 이미 준비되어 있는 도구를 사용할 수 있도록 해준다는 커다란 이점을 가지고 있다. 이러한 서베이들은 또한 조사자로 하여금 새로이 수집한 자료를, 동일한 조사 도구를 사용하여 상이한 시간과 장소에서 수집한 자료들과 비교할 수 있도록 허용해 준다. 이용 가능한 표준화된 서베이 도구들에 대한 편리한 안내는 밀러의 책 (Miller. 1983 : 271-568)에 수록되어 있다.

조사 문제는 조사 장소에 따라 상이하기 때문에, 또한 상이한 조사 연구자들은 자신들의 프로젝트에 대하여 상이한 시각을 가지고 있기 때문에, 표준화된 서베이의 사용은 가끔 적합하지 않을 수도 있다. 그리하여 준비가 잘된 조사자란 현재의 필요에 부응할 수 있는 서베이 도구를 개발할 능력을 갖추고 있어야만 한다.

질문지 *questionnaire* 의 설계를 시작하기에 앞서 조사자는 기본적인 질문의 형태에 대한 다음 질문들에 대하여 대답을 가지고 있어야만 한다.

1. 이러한 질문지는 어떻게 수행될 것인가?
   a. 면대면(面對面) *face-to-face* 인터뷰에 의하여
   b. 전화에 의하여
   c. 우편에 의하여

2. 만일 우편에 의하여 수행할 경우, 질문지를
   a. 인쇄소에서 전문적으로 인쇄할 것인가
   b. 복사를 할 것인가
   c. 팩스로 보낼 것인가[5]

3. 〔질문지의 앞에〕 설명문 같은 것을 필요로 하는가?

겉으로 보기에는 간단한 것 같은 이러한 결정들이 빡빡한 예산과 시간이라는 한계 내에서 수행되는 조사 프로젝트를 계획할 때에는 실질적인 차이를 만들 수 있다. 상이한 형태에 대한 찬반 논의는 윌리엄슨 外의 저작(Williamson, Karp, & Dalphin, 1982 : 141-144)에 수록되어 있다. 그 어떠한 단일한 기법도 확실하게 이상적인 것은 없다. 각 조사자는 자신이 직면한 독특한 조사 상황에서 어떠한 형태가 가장 결점이 적으면서도 유리할 것인가를 결정하여야 한다.

서베이의 구성 : 일반적인 원칙

위에서 언급한 바와 같이 훌륭한 서베이의 디자인은 조사자가 대

---

5) 역주: 최근에는 컴퓨터 통신을 통하여 설문 조사를 하는 방법도 사용된다.

답을 필요로 하는 모든 질문들을 단순히 열거하는 것 이상의 작업
을 필요로 한다. 모든 훌륭한 서베이 조사는 면밀한 배경의 준비로
부터 시작된다. 조사하고자 하는 문제 영역에 관하여 입수 가능한
문헌들을 검토함으로써 조사자는 이미 해결이 된 질문들의 제기를
피할 수 있으며 또한 낡은 가정들에 대한 새로운 조명이 가능하도
록 질문들의 표현을 바꿀 수도 있다.

  나아가 인류학적인 서베이 조사는, 조사자가 일정한 기간 이상
현지조사를 수행한 뒤에, 즉 커뮤니티의 구성원들과 라포 *rapport* 를
형성하고 이들이 중요한 쟁점이라고 생각하는 것들을 일차적으로
느낄 수 있게 되고 또한 이러한 쟁점들에 대하여 이들에게 어떻게
가장 효과적으로 질문을 할 수 있을 것인가에 대한 감성(感性)을
획득한 뒤에야 개발하는 것이 이상적이다.

  또한 질문지는 실제로 응답자들에게 배포하기 전에 항상 **예비조
사**(예비검사) *pretest* 를 하는 것이 필요하다. 서베이는, 질문들이 유
의미하고 표현이 명확하며 또한 현지 주민들의 감수성에 상처를 주
지 않도록 하는 등 확실히 하기 위하여 일단 소규모 집단에 실시하
여야 한다. 적절한 수정을 거친 뒤에 선정된 표본을 대상으로 서베
이를 실시하도록 한다.

  이러한 점을 확고히 염두에 두고 조사자는 "나는 무엇을 알아야
할 필요가 있는가"라는 질문에 대하여 매우 진지하게 고민하여야
한다. 이에 대한 궁극적인 대답은 하나 또는 두 개 정도의 기본적
인 주제로 축소되어야 한다. 미국정부의 국세조사국(國勢調査局)을
위하여 일하는 사람이 아닌 한, 여러 페이지에 걸쳐 수백 개의 변
수에 관한 질문이 수록된 질문지를 돌릴 것을 생각하는 것은 현명
치 못하다. 서베이는 응답자가 지겨워하거나 짜증을 내지 않도록
처리 가능한 규모로, 또한 조사자 자신이 분석의 과정에서 혼란을
일으키지 않도록 하나 혹은 두 개 정도의 아주 중요한 쟁점에 관한
몇몇 차원으로 제한하는 것이 바람직하다. 물론 복잡하고 복합적인

서베이를 구성하고 또한 이를 정교한 컴퓨터용의 통계 패키지 프로그램을 사용하여 분석하는 것도 가능하다. 그러나 매우 초점을 좁힌 도구들을 사용함으로써 윌리엄슨 등이 '조사의 기예(技藝)' *re-search craft*라고 부른 것을 배우기 시작하는 것이 바람직하다.

그러므로 훌륭한 서베이를 구성하는 제일 원칙은 조사하고자 하는 주요한 쟁점과 직접 관련된 질문들만을 제기하여야만 한다는 것이다. 이와 관련하여, 다른 곳에서는 답을 얻을 수 없는 질문들만을 제기하는 것이 바람직하다. 예를 들어 공공 도서관에서 입수 가능한 표준적인 참고문헌을 통하여 쉽게 획득할 수 있는 정보인 거주하고 있는 읍내의 인구 같은 것을 응답자에게 추정하도록 요구하면 안 된다. 조사자들은 종종 연령, 성, 혼인 상태, 교육 정도 등의 '인구학적 질문'을 한 무더기씩 포함시키는데, 왜냐하면 이러한 항목들은 나중에 응답들간의 상관관계를 찾는 데 도움이 되기 때문이다. 그러나 이러한 질문들은 일부 사람들에게는 모독적인 것이 될 수도 있다는 사실을 알아야 하며, 그리하여 주된 질문에 절대적으로 필요하지 않은 한 이러한 질문들을 하지 않는 것이 바람직한 경우도 있다.

서베이의 구성에 있어서 종종 부딪치는 하나의 문제는 전문화라는 문제이다. 조사자들은 자신들의 조사 문제에 너무나도 깊이 몰두하여 있기 때문에 자신들의 서베이의 목적을 모든 사람들이 알고 있다고 가정한다. 사실은 항상 그러한 것은 아니며 조사 연구자들은 가급적 명확한 표현을 사용하여 자신들의 의사를 밝히도록 특별히 고심하여야 한다. 무엇을 질문하는가를 항상 명확히 알 수 있도록 주의를 기울여 용어를 정의하는 것을 때때로 **변수의 조작화**(變數의 造作化) *operationalizing the values*라고 부른다. 예를 들어 州정부의 정신 지체자 프로그램의 디렉터들이 어떻게 공공 기금을 기관 프로그램과 커뮤니티 프로그램에 배분하는가를 알려고 하는 조사 연구자는 먼저 **연구의 목적상** '커뮤니티 서비스'라는 다소 애매하게 정의된 범주에 어떤 프로그램들이 포함되어야 하는가를 매우 조심스럽게 그리고 정확하게 정의할 필요가 있다. 만일 이렇게 명확하게 하지 않을 경우에는 각 응답자들은 각자의 특수한 환경에 따라 이 질문에 답변할 것이며, 그리하여 이러한 응답은 다른 조사 결과와 비교 불가능할 것이다.

특히 조사자의 서베이가 어떤 공공 정책을 뒷받침하기 위하여 사용될 경우에는 응답자의 지식 수준을 염두에 두는 것이 필요하다. 예를 들어 군비 통제에 대한 '보통 사람들'의 의견을 물어 보는 전형적인 '여론 조사'는 물론 현재의 대중의 느낌에 대한 타당성 있는 척도이다. 그러나 이것만으로는 정부의 정책을 수립하는 데 있어 근거가 될 수 없다. 누구라도 이러한 폭넓은 쟁점에 대하여 의견을 가지고 있으나 정책의 구체적인 차원에 대하여 무언가 이야기할 수 있을 정도로 충분히 상세한 군사적, 외교적 또는 정치적 정보를 가지고 있는 사람은 소수이기 때문이다. 같은 이유로 주제에 대한 응답자들의 흥미의 수준 또한 염두에 두어야 한다. 조사자는 대학 캠퍼스에 설립될 기금으로 수립되는 연구 기관의 유형들에 대하여 학생들이 어떻게 생각하는가에 커다란 관심을 가지고 있을 수 있으나 대부분의 학생들은 이러한 연구소에 별관심이 없기 때문에 예의상 질문에 답변을 하기는 하지만, 이러한 대답은 심사숙고의 결과가 아니다.

서베이의 구성에 있어 흔히 범하는 실수의 하나는 '과부하(過負荷)가 걸린'overloading 질문을 하는 것이다. 서베이를 단지 몇 개의 주요 변수에 대한 질문만으로 제한하여야 한다는 점은 이미 언급한 바 있다. 또한 그 어떠한 경우에도 하나의 질문이 하나 이상의 변수를 다루어서는 안 된다. 예를 들어 "사회과학에서는 어떠한 프로그램이 학생들의 직업 경력을 위한 준비에 가장 도움이 되며 또한 사회과학 과목들은 경영학 프로그램들과 비교할 때 어떠한가"라는 질문은 응답자에게 혼란스러운 것이며 또한 분석에 장애가 될 수

있다. 사회과학의 프로그램은 하나의 이슈이며 경영학의 프로그램
은 전혀 별개의 이슈이다. 이 양자가 서로 어떠한 관계를 가지고
있는가에 대한 학생들의 인식은 또 다른 이슈이다.

서베이의 구성 : 응답의 양상

질문을 제기하는 방법에는 여러 가지가 있으며 질문을 어떻게 구
성하는가는 응답자들이 답변에 협조하는 데 영향을 미칠 것이다
(여러 다양한 응답의 양식에 대한 상세한 논의는 올리히(Orlich. 1978 :
32-83)를 참조할 것). 응답의 양식은 아래에 논의한 사항들을 고려하
여 결정할 수 있다.

1. 개인적 對 비개인적 스타일

조사자는 응답자가 일반적인 의미에서 무엇을 진실이라고 믿는가
를 발견하기를 원할 수 있다. 그러한 경우의 질문은 "보건 대학에
서는 어떠한 강좌를 듣는 것이 이 분야에 입문하는 학생에게 가장
유용한가?"가 될 것이다. 그러나 이러한 동일한 질문은 보다 구체
적이고 개인적인 것으로 재구성할 수 있다. 즉 "귀하가 郡의 보건
책임자라면 보건 대학에서 어떠한 강좌들을 수강하는 것이 귀하에
게 가장 도움이 되겠습니까?"

2. 각 항목의 순서 정하기

훌륭한 질문지라고 하는 것은 잘 조직된 것으로서 질문들은 논리
적으로 차례차례 등장하고 있다. 어떤 표준화된 심리 테스트의 경
우에는 항목들을 일부러 뒤섞어 놓아 조사자로부터 논리적인 힌트
가 없을 경우에도 응답자의 대답이 얼마나 일관성이 있는가를 측정
하기도 한다. 그러나 대부분의 경우에는 가장 일반적이며 가장 덜
위협적인 종류의 질문으로부터 시작하여 보다 복잡하거나 개인적인

질문으로 발전시키도록 하는 것이 바람직하다. 나중에 등장하는 질문들은 앞에서 추출한 정보에 기반을 둔 것이어야 한다.

3. 강제형 응답 對 개방형 응답

강제형 응답 *forced responses* 을 요구하는 질문이라는 것은 조사자에 의하여 미리 결정된 응답의 범주들을 사용하도록 설계된 것이다 (Orlich, 1978 : 43). 우리가 잘 알고 있는 사지 선다형 시험은 이러한 강제형 응답 양식의 특별한 사례이다. 강제형 응답 방식의 질문을 설계할 때에는 제시된 응답들 중에 빠진 것이 없어야 하지만 *exhaustive*, 이들이 반드시 상호 배타적 *mutually exclusive* 이어야만 하는 것은 아니다. 일반적으로 조사자가 생각하지 못했던 반응까지 커버하기 위하여 '기타'라는 마지막 범주를 남겨 두는 것이 바람직하다. 상호 배타적인 응답 리스트(선택할 응답들이 서로 중첩되지 않는 경우)는 정보를 얻기 위한 서베이의 경우보다는 의견(여론) 서베이에 보다 바람직하다. 예를 들어 다음과 같은 질문이 있을 수 있다.

"대학의 도서관은 학생의 연구 조사 활동의 필요에 충분하다."
   a. 매우 찬성한다.
   b. 찬성한다.
   c. 잘 모르겠다.
   d. 찬성하지 않는다.
   e. 매우 반대한다.

이러한 '의견'(또는 '태도')에 대한 질문은 상호 배타적인 선택-강제형 응답 방식으로 답변을 얻을 수 있다.

이와는 달리 개방형 질문들 *open-ended questions* 은 응답자에게 이미 결정된 응답의 범주를 제시하지 않는다. 응답자는 질문에 대하여 자신이 생각하기에 적합한 방법으로 자유롭게 답할 수 있다. 예를 들어 "대학의 도서관은 학생들의 연구 조사 활동에 어떻게 기여하는가?"라는 것은 개방형 질문이다. 그러나 개방형 질문이라고 하는 것은 선택-강제형 질문을 구성하는 것이 논리적으로 불가능한 항목의 경우에만 사용되어야 한다. 왜냐하면 개방형 질문에 대한 응답은 일관성 있게 분석하는 것이 곤란하기 때문이다.

4. 척도(尺度) *Scales*

선택-강제형 질문에 사용되는 척도(수치에 의한 표기 체계)에는 세 가지가 있다.

(1) **명목 척도**(名目尺度) *Nominal scales* :   응답의 범주는 단순히 선택을 표현할 뿐이며 이들 선택들 간에는 서로 특별한 관계가 없다. 예를 들어

> 커뮤니티의 보건 교육자가 되려면 다음과 같은 배경을 잘 갖추고 있어야 한다.
>   a. 역학(疫學) *epidemiology*
>   b. 모자 보건학(母子保健學)
>   c. 보건 정책 및 행정
>   d. 전염병 통제
>   e. 기타_____

이상은 상호 배타적이 아닌 선택-강제형 질문의 예이다. 둘 혹은 그 이상의 답을 선택할 수도 있다.

(2) **서열 척도**(序列尺度) *Ordinal scales* :   응답의 범주는 서로 등급상의 서열 관계를 가지고 있다. 예를 들어 다음과 같은 질문을 커뮤니티의 정신지체자 시설에서 일하는 직원에게 할 수 있다.

> 내년도의 예산이 증가된다면 나는 다음과 같은 것을 바란다.
>   a. 금년도에 비하여 보다 적은 수의 사람을 돌볼 것
>   b. 금년도와 같은 수의 사람을 돌볼 것

　　c. 금년도에 비하여 보다 많은 수의 사람을 돌볼 것

　이상은 수학적인 등급의 사례이다. 비수학적인 서열 척도라고 하
는 것은 단지 각 항목의 지각(知覺)된 가치가 단지 증가하는 경우
이다.

　　郡의 보건 담당관은 다음과 같은 수준의 훈련을 받은 사람이어야 한
　다.
　　a. 준학사(準學士)〔A.A.〕[6]
　　b. 문학사 또는 이학사〔B.A./B.S.〕
　　c. 문학 석사 또는 이학 석사〔M.A./M.S.〕
　　d. 보건학 문학 석사 또는 보건학 이학 석사〔M.P.H./M.S.P.H.〕
　　e. 박사[7] 또는 교육학 박사 또는 보건학 박사〔Ph.D./Ed.D./ D.P.
　　　H.〕
　　f. 의사〔M.D.〕
　　g. 기타_____

　흔히 사용되는 서열 척도의 하나는 이를 발전시킨 학자의 이름을
따서 **리케르트 척도** *Likert Scale* 라고 알려져 있다. 위에서 보았던
'동의-반대'라는 연속체는 리케르트 척도 중에서도 가장 친숙한 유
형이다. 그러나 이러한 응답의 양식이 커버할 수 있는 다른 유형의
범주들도 있다. 예를 들어 커뮤니티의 정신지체자 시설의 직원에게
다음과 같은 질문을 할 수 있다.

---

　6) 역주: A.A.는 전문대학 졸업 학위(Associate of/in Arts).
　7) 역주: Ph.D. 또는 D.Phil.이란 Doctor of Philosophy 로서 흔히 '철학 박사'라
　　고 번역하지만 사실은 서구의 중세의 대학 전통에서 비롯된 용어로 법학, 신
　　학, 의학을 제외한 모든 학문의 최고 학위를 의미하였다. 철학이라는 학문의
　　박사 학위인 철학 박사는 Ph.D. in Philosophy 이다. 교육학이나 보건학의 경
　　우는 응용학문으로서 Ph.D.라는 용어를 사용하지 않는 경우도 있다. 지금은
　　때때로 역술가들에게 미국의 비인가 대학의 박사 학위(Ph.D.) 증서를 '철학 박
　　사'라고 거액을 받고 팔아 넘긴 사건(소위 가짜 박사 소동)이 보도되기도 하는
　　데, Doctor of Philosophy 의 Philosophy 는 소위 '인생 철학'과는 전혀 관계가
　　없다.

이 프로그램의 이사회의 태도는 어떠한가?
　　a. 우리 프로그램의 스탭진들을 매우 지지하고 있다.
　　b. 우리 프로그램의 스탭진들을 지지하고 있다.
　　c. 우리 프로그램의 스탭진들을 지지하지 않고 있다.
　　d. 우리 프로그램의 스탭진들을 전혀 지지하지 않고 있다.

　(3) **등간 척도**(等間尺度) *Interval scales*：　응답의 범주들이 서로 간에 동등한 간격을 두고 서열화되어 있다. 그 예는 다음과 같다.

　　커뮤니티의 정신지체자 시설의 이상적인 규모는 어떠한가?
　　a. 1~3명의 피수용자
　　b. 4~6명의 피수용자
　　c. 7~9명의 피수용자
　　d. 10~12명의 피수용자

5. 부호화(符號化, 코딩) *Coding*

　널리 알려진 격언[8]과는 달리 '사실들'은 스스로 말하지 않는다. 서베이에 대한 응답을 분석하여 그 의미를 알려면 먼저 이를 계량화가 가능한 형태로 변형시켜야 한다. 피조사자의 생생한 응답을 계량화가 가능한 형태로 변형시키는 과정을 자료의 **부호화**(符號化, 코딩) *coding*라고 한다. 조사자는 선택-강제형 서베이의 각 답변 항목의 범주에 수치를 부여하며 이러한 부호(코드)는 질문지에 직접 나타난다.

　명목적인 자료에는 자의적이면서도 체계적인 부호(코드)를 부여한다. 그 예는 다음과 같다.

　　졸업을 하면 나는 전문 직업을 가질 계획이다.
　　(1) 그렇다.
　　(2) 아니다.
　　(3) 잘 모르겠다.

---

8) 역주: "사실들은 스스로 말한다(자명하다)" *Facts speak for themselves.*라는 격언이 있다.

이러한 〔(1), (2), (3) 이라는〕 부호는 '그렇다'가 '아니다'에 비하여 작다는 것을 의미하는 것이 아니라 단순히 이러한 두 개의 응답이 상이하며 또한 상이한 참조용 라벨을 부여받는다는 것을 의미한다. 자료는 「범주 (1)」에 응답한 수와 「범주 (2)」에 응답한 수 등을 긱기 집계하여 분석할 수 있다.

서열적인 자료는 상호간의 수적인 관계를 가지고 있기 때문에 부호화(코딩)를 할 때에 일관성을 유지하여야 한다. 예를 들어 위에서 살펴본 피수용자의 수에 관한 질문의 경우, 질문지에서 이러한 형태를 사용하는 **모든** 질문들은 동일한 방식으로 부호화(코딩)되어야 한다. 그리하여 예를 들자면 '보다 적은 수'라는 응답은 **모두** '1'이라는 부호(코드)를 받고 '같은 수'라는 응답은 모두 '2'라는 코드를 받아야 하며 '보다 많은 수'라는 응답은 '3'이라는 부호를 받아야 한다. 이러한 일관성은 리케르트 척도들의 항목을 코딩한 경우에도 동일하게 엄격히 요구된다.

개방형 질문들은 응답의 패턴을 예측하는 것이 불가능하기 때문에 대개의 경우 사전에 코드를 부여할 수가 없다. 그러나 이러한 자료라 하더라도 분석을 하기에 앞서 코드를 부여해야만 한다. 조사자는 서술된 응답에서 패턴을 찾아내어 대부분의 사례들을 커버할 수 있을 것이 예상되는 범주들을 만들어 낸 다음 여기에 수치로 된 코드를 부여하여야 한다. 이것은 매우 지루하며 장시간을 요하는 과정으로서, 서베이에서 개방형 질문을 다수 포함하는 것을 회피하는 이유는 바로 이 때문이다. 훌륭한 서베이라고 하는 것은 전적으로 '개방형 질문' *fishing expedition*[9]으로 이루어져서는 안 된다 (수동(手動) 부호화 작업을 위한 지침 이외에 컴퓨터를 사용한 자료 처리법에 관한 탁월하고도 기본적인 논의를 위하여는 올리히의 저술(Orlich, 1978 : 73-84)을 참조할 것).

---

9) 역주: fishing expedition 이란 〔유리한 정보를 얻기 위한〕 공식적 조사, 법적 신문(訊問)이라는 의미가 있으며 여기에서는 개방형 질문을 의미한다.

6. 피조사자의 보호

조사자들은 인간을 연구 대상으로 사용하는 데 관한 현행의 법령들을 숙지하고 있는 것이 바람직하다. 아마도 여러분들이 속해 있는 대학은 여러분들이 준수하여야 할 일련의 규정들을 미리 인쇄해 놓았을 수도 있다. 서베이는 일반적으로 사람들을 직접 위험에 처하게 하지는 않지만 프라이버시를 침해할 가능성은 상존하고 있다. 그렇기 때문에 자료의 프라이버시를 보장하기 위하여 필요한 적절한 조치들을 취해야만 한다. 예를 들어 응답자들의 이름은 응답 용지에 나타나지 않도록 해야 하며 또한 조사자의 기록에는 코드화된 형태로 보존되어야 한다. 조사자는 또한 응답 결과를 오직 총계(總計)의 형태로만 발표할 것이며 또한 모든 피조사자들의 완벽한 익명성을 보장할 것을 서약하는 설명문을 질문지를 배포할 때에 동봉할 수 있다(이하의 자료 분석에 관한 절을 참조할 것). 프라이버시가 보호될 것인가에 관하여 확신을 가지지 못한 피조사자들에게 조사에 참가하도록 압력을 가해서는 안 된다. 피조사자들로 하여금 연구 프로젝트의 목적에 관한 설명을 들었으며 또한 이러한 조사에 자발적으로 참가한다는 사실을 기재한 용지에 서명을 하도록 하는 것은 만일의 경우를 위하여 항상 바람직한 일이다. 학생들은 또한 미국 인류학회가 선포한 「윤리에 관한 선언: 인류학자의 책임 원리」*Statement on Ethics: Principles of Professional Responsibility*를 알아두는 것이 바람직하다. 이 성명서의 사본은 라인키위치와 스프래들리가 공저한 책의 부록(Rynkiewich and Spradley, 1981 : 183-186)에 수록되어 있다.

자료의 분석

서베이 조사는 주어진 표본에서 수집한 자료로부터 동향(추세)을 알아내기 위하여 사용된다. 해석을 위하여 자료를 범주화하는 기술은 **자료 분석**(資料分析) *data analysis* 이라고 알려져 있다. 자료의 분석을 수행하는 기본적인 방법에는 두 가지가 있다.

1. 기술적 분석(記述的 分析) *Descriptive Analysis*

자료를 기술하는 가장 기본적인 활동은 각 범주에 속한 응답의 수를 단순히 집계하는 것이다. 이러한 절차를 **빈도분포**(頻度分布) *frequency distribution* 라고 한다. 이러한 분포는 용이하게 백분율로 환산할 수 있다(예를 들어 '열일곱 명의 응답자, 또는 표본의 65%가 금년에 비하여 내년에는 보다 많은 수의 피수용자를 돌보며 일하게 될 것이라고 기대하고 있다'). 기본적인 기술 통계적 측정치(記述統計的測定值) *descriptive statistical measures*(평균 *mean*, 중앙값 *median*, 최빈값 *mode*, 표준편차 *standard deviation* 등)는 자료를 제시하는 유용한 방법으로서 이들은 독자로 하여금 응답 분포의 전반적인 형태를 잘 알 수 있도록 해준다.

2. 추정적 통계 분석(推定的 統計 分析) *Inferential Statistical Analysis*

만일 무작위적으로 분포된 모집단에서 표본을 추출하였다면 그 결과로 행해지는 분석은 **모수적 통계**(母數的 統計) *parametric statistics* 라고 한다. 표본이 무작위적이 아닐 경우 행해지는 분석은 **비모수적 통계**(非母數的 統計) *nonparametric statistics* 에 기초하는 것이다. 비모수적 통계적 검증은 변수들간의 관계를 알려주며 이항 분석(二項分析) *binomial*, 카이스퀘어(*chi-square*, x^2), 그리고 등급서열 상관계수(等級序列相關計數) *rank order coefficient of correlation*(*rho*, ρ) 등의 표준적인 검증들을 포함한다. 인류학자를 위하여 쓰여진 통계 분석의 입문서로서는 토마스의 저술(Thomas, 1976)을 읽을 것을 권한다.

프로젝트

여러분들이 직접 선택한 주제에 관하여 짤막한 질문지를 설계하여 예비 조사와 본 조사를 실시하고 그 결과를 분석해 보시오.

1. 여러분이 특히 관심을 가진 문제 영역을 선택한다. 이 경우 여러분이 현재 작업 중에 있는 다른 프로젝트와 관련된 이슈를 택하는 것이 바람직하다. 왜냐하면 이 경우 여러분은 어느 정도 배경에 대한 참고문헌을 읽었을 것이며 또한 커뮤니티 내에서 어느 정도 라포를 형성했을 것이기 때문이다.

2. 여러분들의 질문을 하나 또는 두 개의 기본적인 쟁점으로 압축하도록 한다. 정확히 말해서 여러분들이 알고 싶은 것은 무엇인가? 현 단계에서는 '정보 획득적 서베이'(사실에 관한 질문을 하는 것)이나 '태도적 서베이'(의견을 물어 보는 것) 중에서 한 가지를 선택하는 편이, 두 가지를 결합한 것을 선택하는 것보다 바람직할 것이다.

3. 조사 대상 집단에 관하여 여러분들 생각에 가장 적절한 표본추출의 방법을 결정하고 질문의 형태와 응답의 양식을 선택하도록 한다.

4. 질문들을 설계한다. 단, 앞에서 간단히 설명했던 질문지의 구성 원칙을 염두에 두면서 설계하도록 한다.

5. 질문지에 대한 예비 조사를 실시한다. 같은 강좌를 수강하면서 각자 자신들의 서베이에 관한 작업을 하고 있는 학생들은 훌륭한 예비 조사 집단이 될 수 있을 것이다.

6. 필요하다면 서베이를 수정하도록 한다. 특히 선택-강제형 질문에 대한 응답에 대하여는 사전에 모두 코드를 부여했는가 확인하도록 한다.

7. 서베이를 실시한다. 만일 여러분이 질문지를 응답자에게 우송을 할 경우에는 프로젝트를 완성하는데 필요한 시간을 충분히 확보하도록 한다.

8. 자료를 분석하도록 한다. 분석의 결과를 기술적(記述的)으로, 또한 적절한 추정 측정치 *inferential measures* 를 사용하여 제시한다. 「참고문헌」에 제시된 통계학 교과서 중 하나를 참고하여 여러분이 가진 특정한 자료에 대하여, 또한 여러분의 프로젝트의 특정한 목적을 위하여는 어떠한 검증 방법이 가장 적절한가를 결정하도록 한다. 통계적 분석에 추가하여 여러분들의 최종 보고서는 여러분들의 조사 문제가 무엇이었는지에 관한 진술(참고문헌으로부터 추출한 관련 쟁점들), 여러분들의 표본추출 방법과 조사 설계 전반에 관한 정당성 입증, 그리고 응답자들의 프라이버시를 보호하기 위하여 취해진 절차에 대한 논의 등을 포함하여야 한다.

참고문헌

Babbie, Earl R. *Survey Research Methods*. 1973. Belmont, CA: Wadsworth. 이 분야에서 정평 있는 교과서.

Blalock, Hubert M. *An Introduction to Social Research*. 2nd ed., 1982. Englewood Cliffs, NJ: Prentice-Hall. 이 분야에 대한 간결한 입문서이다.

Brim, John A. and David H. Spain. *Research Design in Anthropology: Paradigms and Pragmatics in the Testing of Hypotheses*. 1982. New York: Irvington. (광범위한 여러 주제를 대상으로 한 기술적(記述的)인 민족지와는 달리) 보다 '초점을 좁게 잡은' 인류학 조사 연구 테크닉에 관한 탁월한 개설서이다[역주: 주로 '문화와 인성' 분야에서의 통문화적(通文化的) 연구 *cross-cultural research* 를 사례로 소개하고 있다].

Brown, Foster Lloyd, Jimmy R. Amos, and Oscar G. Mink. *Statistical Concepts: A Basic Program*. 2nd ed., 1975. New York: Harper & Row. 이 분야에 대한 간결한 개관서.

Miller, Delbert C. *Handbook of Research Design and Social Measurement*. 4th ed., 1983. New York: Longman. 사회 조사의 원리들에 관한 개설서로서 여기에서는 이 책이 표준화된 서베이 연구를 상세하게 다루고 있기 때문에 특히 언급하였다.

Morgan, Lewis Henry. *Systems of Consanguinity and Affinity of the Human Family*. 1870. Washington, DC: Smithsonian Institution. 인류학

적 조사연구에 있어 서베이 기법을 사용한 초기의 사례이기 때문에 여기
에서 언급하였다.

Murphy, Michael Dean and Agneta Johannsen. "Ethical Obligations and
    Federal Regulations in Ethnographic Research and Anthropological
    Education." *Human Organization*, 1990, 49 : 127-135. 인간을 대상으
    로 하는 연구에서 피조사대상의 보호에 대한 관심이 최근 고조되고 있는
    가운데 학생들의 조사연구 프로젝트를 수행하는 데 따르는 윤리적인 딜
    레마에 관한 흥미 있는 객관적 교훈을 담고 있다.

Orlich, Donald C. *Designing Sensible Surveys*, 1978. Pleasantville, NY:
    Redgrave. 서베이 조사의 각 과정을 알기 쉽게 소개하고 있으며 교육에
    관한 연구에서 사례들을 제시하고 있다.

Rynkiewich, Michael A. and James P. Spradley. *Ethics and Anthro-
    pology: Dilemmas in Fieldwork*, 1981. Melbourne, FL: Krieger. 인류
    학이라는 전문 분야의 직업적 윤리에 관한 유용한 자료집으로 이 책에는
    특히 미국인류학회의 윤리 지침이 수록되어 있기 때문에 여기에서 언급
    하였다.

Thomas, David H. *Refiguring Anthropology: First Principles of Proba-
    bility and Statistics*, 1986(original 1976). Prospect Heights, IL:
    Waveland Press. 통계학적 조사 절차에 관한 재치 있고 유용한 개설서
    로서 인류학의 사례들을 사용하고 있으며 사전에 통계학에 대한 훈련을
    거의 받지 않은 학생들도 읽을 수 있다.

Williamson, John B., David A. Karp, and John R. Dalphin, *The Research
    Craft: An Introduction to Social Science Methods*, 2nd ed., 1982.
    Glenview, IL: Scott, Foresman. 사회 조사라는 보다 광범한 맥락[주
    제]에 대해 철저하고 훌륭하게 서술된 연구서로서 서베이 조사는 이 중
    에서 한 측면에 지나지 않는다.

제12장 공식적 조직의 연구

서 론

사회학자들은 관료 조직 또는 조직적 제도 *organizational insti-tutions* 등 사회구조의 공식화된 측면들에 대한 연구에 인류학자들보다 더욱 관심을 기울여 왔다. 그러나 인류학자들 역시 이러한 조사 연구의 유용성을 인식하고 있었다. 물론 조직이라고 해도 항상 성문화된 정관(定款)을 가지고 있지는 않다. 종종 인류학자들이 전통적으로 연구했던 조직들은 성문화된 규정 *statute* 이라기보다는 오히려 친족적 및 의례적 유대에 기반을 두고 있었다.

예를 들어 영국 인류학자들에 의한 아프리카의 여러 왕국에 대한 연구는 정교한 관료 기구가 심지어 문자를 갖지 못한 사회들에도 존재할 수 있음을 매우 명확하게 보여 주었다(Fortes & Evans-Prit-chard, 1940). 마찬가지로 인도의 촌락의 카스트 체계에서와 같은 전통적이며 종교 지향적인 사람과 행위들의 집합도 외관상 보다 공식적인 서구 사회의 조직들과 마치 본질적으로 동일한 것처럼 고찰될 수 있었다(Cohn, 1971, 제11장).

인류학자들은 공식적 조직(公式的 組織)[1] *formal organization* 을 연구함에 있어 일관된 방법을 사용하려 노력하고 있다. 이러한 한 가지 방법은 **지위**(地位) *status* 와 **역할**(役割) *role* 이라는 개념에 집중하는 것이다.

일상적인 영어의 용례에서 **지위** *status* 라는 용어는 예를 들자면

---

1) 역주: 여기에서 공식적 조직이란 단순히 조직으로서 어느 정도 형식을 갖추고 있음을 의미한다. '공적(公的)' *official, public* 과는 전혀 관계가 없다.

"그의 새로운 직책은 그에게 상당한 지위 *a lot of status* 를 주었다" 에서와 같이 흔히 위신(威信) *prestige* 혹은 등급(等級) *rank* 등을 암시한다. 그러나 사회과학적 정의에 따른 지위는 진정한 위계질서적 조직이 특징적으로 나타나지 않는 사회들에서조차 발견된다. 그러므로 지위란 '권리와 의무의 집합'이라고 정의되어 왔다(Linton, 1936 : 113). 환언하면 어떤 사람을 '아버지'라고 말하는 것은 그가 다른 개인들에 대하여 가진 '아버지로서의' 위치를 정의하는 권리와 의무의 한 묶음 전체를 지칭하는 것이다. 그러므로 아버지가 된다는 것은 특정한 지위를 차지하는 것을 의미한다. 그러므로 사회의 모든 구성원들은 누구나 일생에 걸쳐 여러 지위를 갖게 되며 사실상 동시에 여러 지위를 점유하게 된다. 한 사람은 단지 어떤 사람의 아버지로서 그치는 것이 아니다. 동시에 그는 또 다른 사람의 아들이며 또 다른 어떤 사람의 남편이기도 하다. 더욱이 그는 선생일 수도 직장의 상사(上司)일 수도 있으며 또한 고용원일 수도 있다. 사람들은 성별, 인종, 소수 민족 등등의 범주(생득 지위(生得 地位) 또는 귀속적 지위(歸屬的 地位) *ascribed status*) 속으로 태어날 수도 있다. 또한 사람들은 능력 혹은 성과를 기반으로 그 후에 다른 집단에 가담할 수도 있다(획득 지위(獲得 地位) 또는 성취 신분, 달성적 지위 *achieved status*). 그러므로 한 개인이 자신의 사회 내에서 차지하는 위치는 그가 점유하고 있는 모든 지위들의 총합이다.. 물론 많은 지위들은 등급을 가지고 있다. 즉 학교의 교장의 지위는 교사의 지위보다 높으며 아버지가 된다는 것은 아들이 된다는 것보다 많은 권위를 가지게 된다. 그러나 이러한 등급 매기기는 경직될 필요가 없다. 하나의 상호작용에서 높은 등급을 가진 개인이(자신을 보좌하는 교사들에 대한 교장의 경우) 다른 상황에서는 종속적일 수도 있다(예를 들어 교장도 교회에서는 신도 집단의 구성원이며 목사에게 경의를 표한다).

한 개인과 그가 보유하고 있는 지위와의 관계란 자동차의 운전자와 자
동차 내의 운전석의 관계와 유사하다. 핸들과 액셀과 기타 제어장치가
달려 있는 운전석은 행동과 제어를 위한 상존적인 잠재 가능성을 가지고
있으며 불변이다. 그러나 운전자는 가족 구성원 중 누구나 될 수도 있으
며 이러한 잠재력을 매우 능숙하게 혹은 매우 서툴게 사용할 수 있다
(Linton, 1936 : 113).

어떤 특정한 제도적 사회 상황 속에 포함된 지위들에 대한 연구
는 커뮤니티가 조직화되는 방식에 관하여 매우 가치 있는 정보를
알려 줄 수 있다. 그러나 인류학자는 단지 공식적이며 이상적인 구
조적 틀에만 관심이 있는 것이 아니라 사회 내에서 사람들이 보여
주는 실제 행태에도 관심을 가지고 있다. 지위들과 연관된 행태들
은 역할(役割) roles 이라고 알려져 있다. "한 개인이 지위를 구성하
는 권리와 의무들을 실현시킬 때에 그는 역할을 수행하고 있는 것
이다"(Linton, 1936 : 114). 모든 사회는 어떤 특정한 상황에서 행동
을 하는 특정한 승인된 방식을 가지고 있기 때문에 여러 가지 방법
으로 역할 행태는 유형화되고 공식화된다. 그러나 마치 연극에서
배우가 자신의 역할을 해석하는 데 어느 정도의 재량을 가진 것과
마찬가지로 그 어느 사회의 개인들도 어떤 지위에 특징적인 여러
역할들을 연출하는 데 있어 일정한 범위의 자유를 가지고 있다.
　그리하여 우리 사회에서는 아버지다운 적절한 행태라고 간주하는
일정한 것들이 존재하며 우리는 이러한 규범을 뻔뻔스럽게 위반하
는 사람을 비난하기 마련이다. 그러나 아버지다운 행태라고 인정될
수 있는 범위 내에는 우리가 관찰하는 표본 내에 들어 있는 개인들
의 수만큼이나 많은 다양한 종류가 있을 수 있다. 이러한 이유 때
문에 인류학자들은 개인들간의 상호관계가 연구 대상이 되는 사회
에서 어떻게 구조화되어 있는가를 발견하기 위하여 여러 지위들을
연구한다. 인류학자는 또한 사회적 상호작용의 지속적인 동태를 이
해하기 위하여 역할을 연구한다. 이 결과 인류학자는 한 사회와 다

른 사회의 이상적인 행동과 실제적인 행동, 양자를 비교할 수 있으며 그럼으로써 문화의 프로세스를 보다 잘 이해할 수 있게 된다. 문화란 그 구성원 모두를 하나의 순응의 패턴으로 엄격하게 주조(鑄造)하는 기계가 아니라는 사실을 기억해 둘 필요가 있다. 문화는 어떤 방법으로는 행동을 제한하지만, 문화란 또한 성장하며 변화하며 제한이 없는 행태와 태도의 체계이기 때문에 항상 다양성을 인정하여야만 한다.

지위와 역할을 조직하는 방식이 사회마다 다소 상이할 것이라는 점은 명백하다. 어떤 사회들에서는 지위가 고도로 집중되어 있을 수도 있다. 예를 들어 소규모의 수렵 채집 군단(群團) band 에서는 외삼촌이라는 사람이 또한 장인이기도 하며 또한 질병을 고쳐 주는 샤먼이기도 하며 또한 식량을 획득하는 사냥 팀의 지도자이기도 하며 적에 대한 기습 시(時) 지휘를 하는 두목이기도 하며 또한 화살을 다듬어 주는 기술자이기도 하다는 등이다. 이와는 반대로 현대 사회에서는 한 개인의 배우자와 의사와 변호사와 국회의원과 선생과 직장의 상사가 동일한 인물일 가능성은 극히 희박하다. 그러므로 이러한 지위들의 조직 방식을 명확히 이해한다는 것은 특정 사회의 삶의 질적인 측면에 대하여 우리에게 많은 것을 이야기해 줄 수 있다. 다른 사회에서는 개인 상호간의 관계가 서구 사회에서의 개인간의 상호관계보다 실제로 더욱 복잡할 수가 있는데 그 이유는 두 개인이 서로 상호 작용하는 레벨의 수가 매우 많기 때문이다. 서구 사회에서는 그러한 상호작용들이 보다 개별화되어 있다.

지위들이란 의미를 갖기 위하여는 서로 쌍을 이루어야 한다. 이것은 **쌍대적**(雙對的) dyadic 관계라고 알려져 있다. 예를 들어 '아버지'라는 지위는 '아들' 혹은 '딸'이라는, 이에 대응하는 지위가 없이는 무의미한 것이다. 다양한 쌍대적 관계의 구성 인원들은 변화할 수 있는데, 예를 들자면 어떤 노인의 '아들'인 남자는 또한 어린 소년 혹은 소녀의 '아버지'이기도 하다. 이 남자는 둘 혹은 그 이상의

상이한 개인들과의 두 개의 상이한 쌍대적 관계의 구성원인 것이
다. 그러나 구조적인 혹은 보다 추상적인 수준에서는 이러한 관계
는 동일한 것이다. 즉 〔아버지(어머니)-아들(딸)〕이라는 쌍대 관계
들이다. 그리하여 우리는 예를 들자면 〔아버지-아들〕이라는 추상적
인 지위의 쌍대 관계를 논의할 수 있으며 그리하여 한 문화를 연구
할 경우 우리는 이러한 짝짓기의 구성 인자(因子)가 무엇인가를 발
견하려고 시도할 것이다. 현지에서 민족지를 작성하고 있는 인류학
자는 어떠한 종류의 역할 행태가 아버지와 아들간의 관계라는 범주
에 속하는 것으로 인정될 수 있으며 또한 어떠한 것들이 인정되지
못하는가를 발견하기 위하여 이러한 추상적인 쌍대 관계의 많은 다
양한 실례들을 관찰하게 된다. 후자의 경우 우리들은 '왜 관찰된 형
태가 승인을 받지 못하는가'를 알아보기 위한 시도를 할 수도 있다.

한 커뮤니티의 구성원들에 의한 지위와 역할의 학습은 **사회화**(社
會化) socialization 또는 **문화화**(文化化) enculturation 과정의 일부이
다.[2] 비록 이러한 과정에 대한 대부분의 논의는 아동의 발달을 다
루고 있으나 성인에 대하여도 사회화나 문화화를 논의하는 것은 가
능하다. 특정한 문화의 한 개인이 어떤 새로운 상황에 들어갈 때마
다 그는 사회화되어야만 한다. 이는 그가 새로운 지위에는 무엇이
수반되며 또한 어떠한 종류의 역할 행태가 이러한 지위와 관련이
되는가를 학습하여야만 한다는 것을 의미한다. 많은 문화에 있어
지위상의 매우 중요한 특정한 변화는 **통과의례**(通過儀禮) rites of
passage 라는 용어로 표현되는데, 이는 한 개인이 새로운 관계들의
집합을 시작하였다는 사실을 공공연히 확인하는 정교한 의례이다
(Beals & Hoijer, 1953 : 497). 서구 사회에서는 한 개인이 새로운 직
장에 들어갈 때 반드시 사람들을 모아 놓고 성대한 잔치를 열어야
만 하는 것은 아니다. 그러나 이러한 새로운 보직에는 사회화가 역

---

2) 역주: 이들 두 개념간에는 엄밀히 말하자면 약간의 차이가 있으나 이들 두 용
   어는 사실상 동의어처럼 취급될 수 있다.

시 수반된다. 한편 개인의 비공식적인 쌍대적 관계의 사회화 과정은 다소 연구하기 어렵다. 예를 들어 "개인은 어떻게 새로운 우정 관계를 시작하는가?"라는 문제는 사회과학자들에 의하여 거의 연구된 바 없다. 그러나 우리가 이러한 과정이 명시적으로 되어 있는 공식적 조직을 연구할 경우(비록 이러한 과정은 아동들이 겪는 사회화 과정이라고 흔히 간주되지는 않지만), 우리는 특정한 사회의 구성원들이 이상적인 관계들을 어떻게 개념화하며, 또한 '적절한'*proper* 행위를 어떻게 정의하며, 그리고 이러한 관계를 유지·발전시키는데 있어 어느 정도의 여지 *leeway* 가 허용되는가에 대하여 훨씬 더 잘 이해할 수 있다.

그리하여 他문화에서 현지조사를 하거나 혹은 자기 자신의 문화에서 현지조사를 하거나 간에, 조직에 대한 연구는 개인들이 보다 큰 단위, 즉 사회나 문화와 어떻게 조화를 이루는가를 이해하는 데 있어 크게 도움이 된다. 우리는 이 프로젝트의 목적을 위하여 앞의 논의를 기초로 하여 소위 '공식적' 조직을 묘사하기 위한 다음과 같은 기본적인 규준들을 사용할 수 있겠다.

— 이는 그 개별 구성원을 초월하는 집단이어야 한다(즉 이는 그 人的 구성의 변동에도 불구하고 어느 정도의 지속성을 가지고 있는 실체이어야만 한다)
— 이는 최소한 집단의 구성원에 의하여, 그리고 또한 가급적 집단 외부인에 의하여도 인식되는 명확히 정의된 지위들의 체계를 가지고 있어야만 한다.
— 이는 자신들의 적절한 역할 행태들을 정의하는 데 있어 구성원들에게 도움을 주는 일종의 헌장(성문화되어 있건 아니하건 간에)을 가지고 있어야 한다. 여기에는 행동에 대한 제재——인정되는 행동에 대한 순응을 포상하거나 혹은 이로부터의 일탈을 처벌하거나—— 등의 수단을 포함한다.
— 이는 새로운 구성원들을 집단에 입문시키고 이들에게 새로운 위치를 알려주고 또한 이들에게 기대되는 행위들이 무엇인가에 관한 정보를

전달해 주는 정규적인 수단을 가져야만 한다.

제도(制度) *institution* 나 공식적인 조직은 다음과 같은 차원에서 연구될 수 있다(다음은 인류학자인 말리놉스키(Malinowski, 1944)의 저작에서 인용한 것이다).

1. 헌장(憲章) *charter*: 조직이 받들고자 하는 가치들을 정의하는 일련의 목적들을 언설(言說)로 표현한 것

2. 인원 *personnel*: 조직 내에서의 **지위**에 의하여 정의된 대로 제도 *institution* 에 참여하고 있는 사람들. 특히 인원에 관하여는 다음 사항에 대하여 연구하여야 한다.
   a. 이들이 어떻게 이러한 지위에 **충원(充員)**되어야 하는가
   b. 이들이 어떻게 **사회화**되는가, 즉 어떻게 조직의 헌장과 어느 정도 순응하여 사고하도록 훈련을 받는가

3. 규범 *norms*: 제도에 참여하고 있는 사람들에게 기대되는 역할 행동

4. 물질적인 장비 *material apparatus*: 조직 내에서 지정된 임무들을 수행하기 위하여 필요로 하는 것들

5. 활동 *activities*: 사람들에게 이상적으로 기대되는 행동과 또한 실제로 관찰되는 행동

6. 기능 *function*: 문화의 일부분인 제도가 문화에 의하여 정의된 보다 큰 욕구를 충족하는 방식, 그리고 또한 그러한 보다 큰 문화가 만족시켜야 하는 새로운 필요를 제도 자체가 창조하는 방식. 제도의 이러한 측면을 현대의 기업 조직의 연구에서는 종종 '기업 문화' *corpo-rate culture* 라고 부른다.

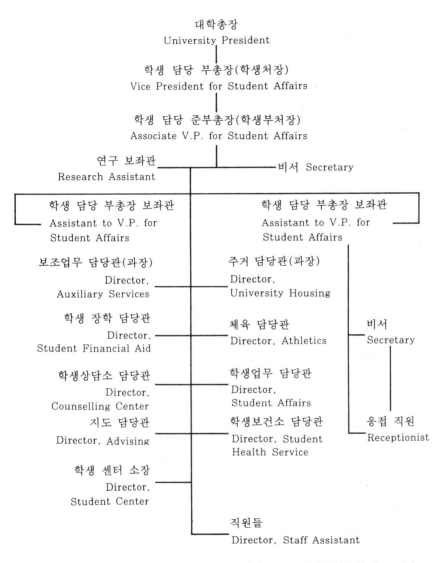

* 수직의 직선은 책임의 위임을 의미하고 있다. 높은 층위(層位)에 있는 사람들은 낮은 층위에 있는 사람들을 감독한다. 수평의 직선은 대등한 등급에 있는 사람들간의 정규적인 커뮤니케이션을 표시하고 있다.

그림 12-1. 사우스 플로리다 대학의 학생처 조직

프로젝트 A

모든 학생들이 잘 알고 있는 현대사회의 공식적 조직의 하나는 대학이지만 이는 흔히 인류학적 연구의 대상이라고는 생각되지 않는다. 미국의 대부분의 고등교육 기관은 지역의 협의회에 의하여 인증(認證) *accredit* 을 받는다. 인증 제도는 교육기관이 학위를 수여할 수 있도록 공식적으로 허가하는 것이다. 이러한 협의회는 대학의 활동을 평가한다. 이러한 과정은 전형적으로 각 학교로 하여금 '자체 평가'를 준비하도록 요구하는데, 여기에는 계량화된 자료의 수집(예: 등록의 패턴, 입학 성적, 수여된 학위)과 학생, 교수, 직원 및 동창의 목표, 태도 그리고 가치에 관한 질적인 자료의 수집이 포함된다. 이러한 자체 평가의 측면은 공식적 제도에 대한 민족지와 매우 유사하다. 사실상 이러한 자체 평가 서류는 말리놉스키가 인류학적인 관점에서 제도를 연구하기 위하여 제시한 방식으로 준비하는 것이 유용하다.

예를 들어 모든 대학은 명확히 규정된 헌장을 갖는다. 州의 입법에 의하여 설립된 공립 대학의 경우 그 목적과 범위 그리고 목표의 정의는 법률에 규정될 것이다. 사립 대학의 경우에는 재단의 설립이나 이사회의 설립에 대한 서류에 이러한 내용이 포함될 것이다. 많은 기관들의 경우 이러한 복잡하고 번거로운 필수적인 서류들을 요즘은 '사명(使命) 선언문' *mission statement* 이라고 하는 형식으로 표현을 하는데, 이는 대학의 목적을 가급적 간결히 나타낸 것으로서 여기에는 대학이 추진하고자 하는 특정한 가치들과 또한 이러한 가치들을 표현하고 이러한 목표들을 달성하고자 하는 수단들이 포함된다. 사우스 플로리다 대학 University of South Florida 의 '사명 선언문'은 다음과 같다.

사우스 플로리다 대학은 플로리다 주의 최초의 도시 대학이며 미래의 대학의 원형으로서 설립 초기부터 학자들과 학생들의 재능을 현대 사회가 대처하고 있는 문제에 적용하려 노력하였다. 대학이 표방하고 있는 사명은 "학술적으로 탁월한 일반적 목적의 대학으로서 두각을 나타내는 8것"이다. 다섯 개 캠퍼스를 포괄하는 연구 대학으로서의 그 역할은 중요한 대도시 지역 및 도시화가 심화되고 있는 州와 국가의 교육, 연구 및 봉사의 요구를 특히 강조하고 있다. 나아가 사우스 플로리다 대학은 모든 사람의 삶의 질을 풍부하게 해주는 지적, 경제적, 문화적 발전을 위한 혁신적인 교육의 중심으로서 국가적으로 인정받기 위하여 커다란 노력을 기울이고 있다.

사우스 플로리다 대학은 2001년까지는 미국 내에서 州의 원조를 받는 대학 중 25위 안에 드는 것을 목표로 하고 있다.

이러한 선언문이 고상하고 추상적인 문장으로 이루어져 있다는 사실은 특이한 일이 아니며 그 자체가 문제되지도 않는다. 이는 학술 기관들이 현실 세계와 동떨어져 있다는 증거가 되는 것도 아니다. 그 어떠한 헌장의 선언문도 매우 구체적일 수는 없다. 헌장이란 행동을 위한 구체적인 청사진이 아니라 원리를 서술한 것에 불과하다. 그리하여 조직을 살아 있는 것으로 만드는 다른 측면들을 검토할 필요가 있게 만든다. 모든 대학은 캠퍼스 공동체의 구성 부분들간의 관계를 도표로 나타내고 이러한 관계들의 기초가 되는 지위들을 구체적으로 표시하는 공식적인 조직도(캠퍼스의 서열)를 가지고 있다. 사람들을 필요한 자리에 필요한 시간에 배치한다는 것은 추상적인 목표로부터 구체적인 행동으로 나아가는 첫 단계이다. 사우스 플로리다 대학의 조직도(組織圖)는 여러 페이지나 된다. 아래에는 이러한 그림이 어떻게 보이는가를 예시하기 위하여 '학생처'에 관한 작은 일부만을 제시하였다.

민족지적인 방법들(관찰, 주요 정보제공자와의 인터뷰, 그리고 이 책에서 논의된 기타 자료 수집 기법)은 또한 조직의 인원들에 관하여 조사하는 데 사용될 수 있다. 즉 사람들이 어떻게 이 조직에 들어오게 되는가(고용 관행은 어떠한가), 어떻게 이들이 제도의 일부분이되는가(직원들과 학생들을 지원하는 서비스에는 어떠한 것들이 있는가)등이다. 인사 매뉴얼, 학생 카탈로그, 교원 노조의 계약, 기타 서류등을 참고하는 것은 조직도上의 명칭들과 관련된 기대된 역할 행동의 범위를 확정하는 데 도움이 될 것이다. 이러한 경계는 조직의 **규범** norms 을 확립시킬 것이다. 이러한 서류 등은 통상 일반에게공개되어 있다. 그러므로 심도 있는 관찰과 인터뷰를 행하고 특정한 지위를 대변하는 특정한 사람들에 관한 사례 연구를 하여 이들이 자신들이 수행할 것으로 기대되는 일들을 실제로 어떻게 하는가, 환언하면 이들이 어떻게 자신들의 **활동**을 정의하는가를 알 수있다. 즉 이들은 어느 정도까지 '업무 지침'을 준수하는가? 이들은어느 정도 이러한 지침들을 변형하는가? 또한 이들은 이러한 선택들을 어떻게 합리화하는가?

　또한 캠퍼스 내의 작업과 연구의 환경, 즉 제도의 **장비** apparatus에 대한 물질적 재고 조사를 하는 것도 가능하다. 완전한 규모의자체 평가의 경우 보고서의 이러한 측면은 매우 상세한 재물 목록이 수백 페이지나 될 수 있다. 보다 범위를 좁혀서도, 캠퍼스 공동체의 필요를 어떠한 **종류**의 물건들이 더욱 잘 충족시키는가(현재 재물 목록에 있는 구체적인 항목들과 대비할 때)? 또한 예를 들어, 전형적인 교수의 연구실에는 무엇이 있는가? 교수의 연구실은 학장실과부학장실과 어떠한 점이 유사하고 어떠한 점이 상이한가? 표준적인강의실(또는 실험실 또는 학생 라운지)에는 어떠한 가구들이 있는가?또한 어떠한 공간들이 학내에 있는가(세미나실, 강당 등등)?

　마지막으로 여러분들은 대학이 봉사의 대상으로 하고 있는 시민집단 또는 전문 직업 공동체의 지도자들과 이야기를 나누어 볼 수있다. 이들은 학생들이 충분한 준비를 갖추었다고 생각하는가? 이들은 캠퍼스에서 열리는 사회적·문화적 행사에서 환영을 받는다고 느끼고 있는가? 환언하여 대학은, 사회가 대학에서 기대하는 것과 어떻게 조화되고 있는가? 반대로 사회에 도전하고 또한 사회로 하여금 특정한 기본적 쟁점에 대하여 다시 생각하도록 요구하는 등 대학측으로서도 특별한 주도적인 노력을 한 바 있었는가? 예를 들자면, 최근에 들어와 많은 캠퍼스에 가치나 윤리에 관한 연구소가 다수 설립되었다. 이러한 연구소들은 학문의 전통을 현재 시민적 관심의 대상이 되고 있는 윤리적 쟁점에 주의를 기울이도록 한다.

이 프로젝트를 위하여 여러분들은 여러분이 재학하고 있는 대학을 위에서 제시한 지침에 따라 공식적 조직의 하나로서 연구하여야 한다. 이러한 연구는 집단적으로 수행하는 것이 바람직하다. 한 학생은 공식적인 문헌을 연구하고 다른 학생은 인터뷰를 수행하고 또다른 학생은 관찰을 하는 것 등이다. 만일 여러분의 대학의 규모가 매우 크다면 과제를 하나의 학과나 체육부, 학생과 등등의 작은 구성 부분에 국한할 수도 있다.

만일 어떠한 이유 때문에 여러분 자신의 캠퍼스를 연구하는 것이 바람직하지 않다거나 적절치 않을 경우, 여러분들은 시민들의 클럽이나 정당 등의 공식적 조직을 선정하여 개인적인 연구를 수행할 수 있다. 이러한 조직은 학생들이 다양한 자료 수집 임무를 행하기에 충분할 만큼 규모가 커야 하지만, 이 강좌의 프로젝트라는 성격을 감안할 때 주어진 시간 내에 어떠한 결론을 끌어내는 것이 불가능할 만큼 너무 규모가 커도 곤란하다.

부　록

〔역주: 이 책의 초판에서는 대학의 사례 대신에 '익명(匿名) 알코올 중독자 모임'이 사례로 제시되었었다. 제3판에서는 삭제되었으나, 다양한 사례를 제시하는

것이 학생들에게 도움이 될 것이라는 판단에서 초판에서 제시된 사례도 이곳에 수록하였다.〕

　「익명 알코올 중독자」〔Alcoholics Anonymous 또는 A.A.〕라는 조직은 알코올 중독자로서 주식 거래인이었던 빌 W. Bill 氏가 정신 과학자와 종교 상담자의 도움을 얻어 1935년 창립한 국제적으로 널리 알려진 조직이다. 빌氏의 성공적인 '회복' 사례에 기초를 둔 이 프로그램의 핵심적인 내용은 그 이후 전혀 변화한 바 없다(이 조직에 의하면 사람들은 알코올 중독으로부터 결코 '완치'되지는 않는다. 그리고 비록 환자가 알코올 중독이라는 폐해의 영향으로부터 '회복'된다 하더라도 당사자가 이러한 프로그램을 엄격히 준수하지 않는 한 항상 재발의 위험에 처해 있다). 빌氏가 주창한 원리는 회원들의 "열둘에 열둘" Twelve-by-Twelve, 즉 12단계와 12전통에 구체화되어 있다. 12단계 란 알코올 중독자 개개인이 자신의 개인적 삶을 수리(修理)하고 각 성 상태를 유지하기 위하여 하여야만 하는 일들을 말하며, 12전통 이란 조직의 집단들이 개개인의 회복을 위하여 필요하다고 여겨지 는 '동료 관계'를 유지하기 위하여 지켜야만 하는 지침들을 의미한 다. "열둘에 열둘" 외에도 A.A. 조직은 "큰 책"Big Book 을 발행하는 데, 이는 A.A.의 원리와 삶의 양식에 대한 보다 상세한 논의와 의 학, 정신과학, 그리고 종교 분야의 전문가들에 의한 프로그램의 분 석 그리고 회복 단계에 있는 알코올 중독자들의 개인적 증언 등이 포함되어 있다.

　이러한 서적 외에도 기타 다른 수많은 서적과 소책자와 테이프와 필름들이 뉴욕市에 있는 총무국 General Service Office 에서 반포(頒 布)되었는데, 이러한 자료는 공식적이고 이상적인 A.A. 프로그램의 기반을 구성한다. 따라서 이들은 전세계에 있는 모든 A.A. 집단의 이상적인 헌장을 구성한다. 이러한 헌장에 의하면 각 구성원은 다 른 모든 구성원들과 평등하기 때문에 집단 내에는 그 어떠한 '보스'

도 존재하지 않는다. 그러나 집단이 혼란 상태로 와해되지 않으려 면 사람을 임명하여 채워야만 하는 직위가 존재한다. 즉 각 집단에 는 회합의 개회를 선언하고 회합 도중 발언자를 지명하며 발언자들 이 제한 시간을 준수하도록 감독하고 또한 집단을 대신하여 특별한 행사나 프로젝트를 계획하는 책임을 지는 의장직이 존재한다. 또한 모든 서신 왕래 및 의사록 작성의 책임을 지는 서기(규모가 큰 집단 에서는 서신 왕래 및 기록을 담당하는 서기가 각각 다른 사람일 수도 있 다)와 기부금을 거두는 재무 담당이 존재한다. 각각의 A.A. 집단은 회원들의 기부금에 의하여 재정적으로 자립할 것이 기대되고 있다. 이러한 기부금들은 부분적으로 회합 시에 제공되는 커피와 다른 간 식을 구입하는 데 사용되며, 어떤 집단에는 이러한 간식을 구입하고 관리하는 '커피 담당인'이라는 별개의 직책이 존재한다. 그러나 이러 한 직책 담당자들은 '민중의 공복(公僕)'으로 간주되며 보스처럼 행 동함으로써 자신들의 권위를 남용하지 않을 것이 기대된다. 심지어 집단에 속한 지 오래되었으며 또한 알코올 중독에 대하여 많은 지식 을 가지고 있고 공중 연설이나 관계 문헌의 해석에 탁월한 회원들조 차도 단지 '老정치가'라고 간주될 뿐이다. 이들은 충고는 하지만 절 대로 명령을 내리지는 않을 것이 기대되고 있다. 새로운 회원들은 다른 회원들의 발언을 듣는 동안에 이러한 모든 것을 알게 된다. 신 입 회원들은 일어나서 "내 이름은 아무개이며 나는 알코올 중독자입 니다"라고 말할 준비가 되기 전에는 무엇인가 발언을 하거나 회합에 참여할 것이 기대되지 않는다. 그리하여 이들 신입 회원들은 집단 내에서 적절한 지위와 역할의 개념들을 동화(同化)하기 이전에는 집 단의 기능하는 구성원이 되는 것은 아니다.

　그리하여 A.A.는 다음과 같은 의미에서 하나의 공식적 조직이 된 다 :

　— 이는 여러 해에 걸쳐 수많은 개인들을 포함하여 온 지속적인 전통을

가진 집단이다.

— 이는 집단의 목적과 목표와 방법을 명시하는 구체적인 헌장을 가지고 있다.

— 이는 각각에 적합하다고 간주되는 일련의 구체적인 행위가 따르는 것으로 인지되고 있는 일련의 지위를 보유하고 있으며, 또한 이러한 지위를 위하여 신참자들을 사회화시키는 공식적인 방법을 가지고 있다.

A.A.는 미국 내의 여러 상이한 계급과 인종 그리고 종족 집단에 걸쳐서뿐 아니라 다른 국가에서도 커다란 성공을 거두었다. 일반적으로 이러한 성공은 A.A. 조직의 고도로 적응적인 성격 때문인 것이라 생각되는데, A.A.는 회복이라는 기본적인 '메시지'를 변경하지 않으면서도 상이한 사회에서 인정받을 수 있도록 이를 여러 가지 방식으로 변화할 수 있었다.

예를 들어 A.A.는 약 십수년 전 서인도 제도의 트리니다드 Trinidad 섬에 도입되었다. 물론 A.A.는 여기에서 널리 만연된 알코올 중독 문제를 완전히 해결하지는 못했지만, 상당한 정도의 성공을 거두었다. 현재에는 섬 전역에 흩어진 촌락들 내에서 약 40여 개의 집단들이 활동하고 있다. 매우 흥미로운 사실은 트리니다드 섬에서 A.A.의 거의 모든 회원들은 동인도계(東印度系)의 사람들로 구성되어 있다는 점이다. 1837년부터 인도인들은 카리브 유역의 몇몇 지역에 연한 계약 노동자 indentured laborers [3]로서 이주하였는데 이들은 노예의 해방에 뒤이어 플랜테이션 노동자로서 도입되었던 것이다. 이들은 이제는 트리니다드 주민의 1/3 내지는 1/2를 형성하고 있으나, 종종 이 지역에 거주하고 있는 흑인들보다도 더욱 전통적이며 덜 서구화되었다고 간주되어 왔다. 미국에서 중산층의 백인에 의하여 발전되었으며 기독교의 가르침에 의존하고 있는 A.A.가 상대적으로 덜 서구화되었으며 힌두교 혹은 이슬람교를 믿는 인도인

---

3) 역주: 연한 계약(年限 契約) 노동자는 계약 기간 중 사실상 노예 노동에 가까운 부자유 노동을 한다.

들에게 큰 호소력을 가지리라는 것은 거의 기대하기 힘들다. 그러나 비록 "열둘에 열둘"에 구체화되어 있는 헌장과 다른 공식적인 가르침들이 여전히 이상으로 남아 있음에도 불구하고 트리니다드의 A.A. 집단들은 지위와 이와 관련된 역할 행태의 구조에 관하여 사실은 약간 상이한 관념을 가지고 있다.

그리하여 평등이라든지 "보스가 없다"라는 관념들은 트리니다드 A.A.의 회원들에 의해서도 이상적인 전통으로서 거론되기는 하지만, 그곳의 상당수 집단들은 매우 명백히 어떤 한 회원(항상 남성임)이 술을 마시지 않는 상태에 도달하고 그리고 자신의 주위에 자신을 따르는 핵심 회원들을 모음으로써 구성된다. 이러한 남성은 그가 집단에 데리고 들어오는 다른 모든 사람들에 대한 '후원자'로 알려져 있다. A.A. 내에서 스폰서가 되는 사람에게는 굉장한 충성심이 표시된다. 그리하여 만일 두 사람의 후원자들간에 다툼이 일어나면 그들을 각각 지지하는 사람들은 서로 적대적인 파벌에 줄지어 가입하게 된다. 퇴화 과정——즉 A.A. 회원이 절제 프로그램을 단념하고 다시 음주를 시작하는——의 첫번째 단계는 후원자의 충성을 요구할 권리에 대한 저항이라고들 한다. 이러한 유형의 조직은 표면적으로는 A.A.의 이상과는 극히 이질적인 것으로 보이며, 이것이야말로 트리니다드 섬의 인도인 촌락에서 전형적인 사회적·정치적 과정의 진정한 단위인 것이다. 여기에서 종족(宗族) lineage 의 수장(首長)들은 촌락의 장로 평의회를 구성한다(이것이 판챠야트 panchayat 인데, 이는 과거에는 인도에서 카스트 평의회였다). 비록 장로들은 촌락 전체를 위한 계획을 세우는 데 협력하지만 그들간에는 종종 서로 의견의 불일치가 있으며 각각의 장로가 자신을 지지하도록 주변의 추종자들을 모음에 따라 파벌이 형성된다. 물론 여러 면에서 이것은 분열적이며 또한 비생산적이다. 그러나 이것이야말로 인도인들이 전형적으로 인물에 대하여 권위를 관념화하던 방식이기 때문에 인도인들로서는 만일 A.A.의 가르침들이 지도자답게 기대되

는 방식으로 행동하는 사람들에 의하여 제시되었다면 그 권위를 수
용하기가 더욱 용이하였을 것이다.

그럼에도 불구하고 헤페 jefes 는 '우두머리' chief 를 의미하는 스페
인 어를 차용(借用)한 것이며 가장 유력한 후원자를 지칭한다. 헤페
는 자신들의 집단의 의장이 되는 경우가 드문데 이는 왜냐하면 이
들은 회합에서 장황하고 도덕적인 설교를 행하는 '설교자'가 되기를
선호하기 때문이다. 그리하여 의장은 힌두교 혹은 이슬람교의 사제
(pandit 혹은 imam)와 매우 유사하게 된다. 트리니다드에서 이들 사
제들은 일반적으로 의례 기능인들로서 이들 중 극소수만이 인도에
서와 같이 위대한 학자, 선생, 혹은 금욕자로서의 명성을 유지하고
있다. 트리니다드 사람들은 의식을 행하기 위하여 사제를 불러온
다. 즉 예를 들면, 가옥을 정화(淨化)하거나 혹은 종교적인 의미에
서 어른(成人)의 지위를 얻도록 자식들을 인도하거나 하는 것들이
다. 그리하여 펀딧 pandit [4]과 이맘 imam [5]들은 배경에 도덕적 권력이
라는 힘을 가지고 있지만 이들은 부분적으로는 파트타임의 전문가
에 불과하기 때문에, 그리고 또한 생활을 위하여 비종교적인 작업
을 종종 수행하기 때문에 이들이 자신들의 커뮤니티에서 진정한 권
력자인 경우는 거의 없다. 그러므로 집단의 의장은 일종의 사제의
분위기를 지니게 된다. 의장이 회합을 시작하려고 일어날 때면 방
안에는 침묵이 깔린다. 그리고 그는 A.A.의 "고요의 기도" A.A.
Serenity Prayer 의 암송 시에 집단을 인도한다(혹은 그는 회중(會衆)
의 어느 하나를 지목하여 이를 행하도록 한다). A.A. 회합 그 자체는
극도로 의례화되어 있다. 회원들은 마치 힌두교의 신봉자가 만트라
mantras [6] 혹은 경전의 구절들을 반복하는 것과 매우 유사하게 소위
'헌금'을 할 때에는 A.A.의 문헌으로부터 선택된 구절들을 암송하는

---

4) 역주: pandit 또는 pundit 은 이슬람교의 현인, 학자를 의미한다.
5) 역주: imam 은 회교사원의 사식승(司式僧), 도사(導師)를 의미한다. 회교국의
   수장(首長)을 의미하기도 한다.
6) 역주: mantra 는 불교나 힌두교의 기도 또는 주문.

테크닉을 좋아한다. 절제 프로그램의 순서는 신성 불가침이라 간주된다. 각 집단은 회합을 가질 때마다 모든 일을 동일한 순서로 행하려고 노력하며 기대되는 순서로부터의 일탈이 발생하면 청중은 당혹하여 웅성거리게 된다.

A.A.의 전승에 따르면 빌氏와 그의 친구들은 커피를 마시면서 최초의 A.A. 집단을 형성하였다 한다. 사실, 빌의 부인이 최초의 'A.A. 커피'를 끓이는데 사용하였던 커피포트는 이제는 박물관이 된 빌의 집에 전시되어 있다. 트리니다드 주민들은 회합 중의 커피 휴게 시간을 매우 중요한 의식이라는 지위로 상승시켰다. 힌두교의 의례에서 예배의 클라이맥스는 '파사드 parsad 를 나눔' 또는 '축복받은 음식물 제물의 분배'라고 알려져 있다. A.A. 커피 휴게 시간은 파사드의 분배와 매우 유사하다. 의장은 극히 공식적으로 '커피 담당인'(그는 펀딧의 도제(徒弟)와 매우 유사하다)에게 간식을 대접할 것을 요청하는데 그는 이러한 행위를 거의 항상 "동지애를 나눔"이라고 묘사한다. 커피 휴게 시간 이전에 자리를 떠나는 회원들은 비록 헌금을 충실히 하였을 경우에도 "동지애를 못 나누었다"는 비난을 받는다. 커피 휴게 시간은 또한 후원자가 최근 자신의 피후원자가 된 사람을 집단에게 소개하는 시간이기도 하다. 이러한 피후원자는 '고백을 할' 준비가 될 때까지 선생들 가운데에 있는 학생과 마찬가지로 종속적인 역할을 할 것이 기대된다. 파사드 의례와 마찬가지로 커피 휴게 시간에 나오는 간식은 승인된 음식물로서 거의 변화가 없으며, 이 경우에는 커피와 비스킷이다. 다른 음식물들은 부적절한 것으로 간주된다.

트리니다드의 A.A. 회원들이 집단 내에서 여러 지위들의 구조를 변경시켰다는 것은 명백하다. 그들은 또한 회합 시의 행위도 변화시켰으며 또한 프로그램과 절차에 대해서도 전형적인 미국의 회원들과는 뚜렷이 다른 태도를 가지고 있다. 그러나 극히 새로운 이데올로기라도 이것이 편안하고 친밀한 형태를 빌려서 제시될 경우에는 도입하기가 종종 수월하다. 비록 트리니다드의 A.A. 회원들은 의식적으로 그렇게 한 것은 아니었지만 이상적인 A.A.의 지위와 역할 구조를 기초로 자신들에게 고유한 현실을 만들어 내는 능력을 발휘함으로써 이 커뮤니티에 새로운 신앙 체계를 도입하는 데 있어 개칙자가 되었다.

프로젝트 B

위에서 논의된 공식적 조직에 대한 일반적인 규준을 사용하여 '이상적' 수준에서 이미 여러분에게 상당히 친숙한 집단을 하나 선정하라. 그 좋은 例의 하나는 아마도 잘 알려진 철학과 조직적 구조를 가진 정치 집단 등이 될 것이다. 전국적인 규모의 정당은 연구 편의상 너무나 규모가 크지만 주요 정당들은 종종 다양한 지구당 사무실 혹은 '클럽'들을 가지고 있다. 따라서 여러분은 전국적 규모의 정당의 이상적인 철학과 조직적인 구조(예를 들어 가장 최근의 총선거에서 채택한 기본 강령에 표현된)를 지방의 클럽이 실제로 활동하는 방식과 비교할 수 있을 것이다. 만일 여러분이 원한다면 이러한 클럽에 대한 여러분의 관찰은 제 5번 프로젝트의 참여관찰 접근 방법에서 제안된 형태를 갖게 될 것이다. 아무튼 여러분들은 다음과 같은 질문들의 일부 혹은 전부에 대하여 보다 구체적으로 생각하여야만 할 것이다:

— 이러한 집단의 헌장에 따르면 집단 내에 나타나는 상이한 지위들은 무엇인가? (예: 의장, 부의장, 서기, 재무 담당, 친목회 의장, 조사 보좌관 등등) 이들 중 모두가 지역의 클럽에 존재하고 있는가?
— 상이한 지위들은 상이한 행태(역할)들과 어떠한 방식으로 연관되어 있는가? 의장은 이상적인 헌장에 따라 무엇을 하여야만 하는가? 그는 현실적으로 무엇을 하는가? 각각의 지위는 집단 내의 다른 사람들에 대하여 관련된 권리 및 의무라는 면에서 정의되어야만 한다는 사실을

명심할 것.
 — 만일 한 사람 이상이 특정한 지위를 차지한다면(예를 들어 선거 기간
   중 전화 여론 조사자) 그들의 역할 행태에 있어 나타나는 변이는 무
   엇인가? 어떠한 방식으로 이 집단은 하나 혹은 그 이상의 개인들이
   이러한 역할 내에서 허용되는 변이의 경계를 침범하였다는 확신을 알
   리는가?
 — 만일 관찰이 가능하다면 신규 구성원은 어떻게 그 새로운 지위와 역
   할에 社會化되어 가는가?

 여러분의 보고서는 집단의 '헌장'(그것이 무엇이든 간에)에 표현된
바와 같은 '이상적인' 지위와 역할의 조직에 관한 짤막한 언급을 포
함하여야만 한다. 그러나 보고서의 본론 부분은 여러분이 관찰하고
있는 집단이 실제 어떻게 움직이고 있는가에 대한 기술이 되어야만
한다. 여러분은 또한 연구의 대상이 되는 집단이 그 기대되는 이상
과는 어느 정도 상이한 '실제' 행위에 탐닉하는가 그 이유를 분석하
려 할 것이다. 단 이상적인 행위와 현실적인 행위를 비교하는 목적
은 특정한 사람들의 집합이 위선적이거나 혹은 어리석다는 것을 증
명하려는 데 있지는 않다는 점을 분명히 서술하여야만 한다. 이러
한 연구의 목적은 문화가 어떻게 동태적인 체계로서 작동하는가를
보다 잘 이해하려는 데 있다. 즉 개인들의 행위에 대하여 설정된
한계들과 또한 개인들이 자신에게 허용된 다양한 행위의 변이를 어
떻게 잘 해결되도록 선택하는가 하는 방식을 이해하자는 것이다.
우리는 공식적 조직을 연구함으로써 적절한 행위('이상적' 헌장에 표
현한 바와 같은)의 한계에 관한 명시적인 진술을 알 수 있으며 또한
우리는 현지조사 시에 관찰한 실제 행태들을 더욱 잘 분석할 수 있
다. 비록 예를 들어 우리들은 정당의 클럽의 일상적인 활동을 관찰
함으로써 풍부한 민족지적 자료를 얻을 수 있지만 클럽의 구성원들
이 의무를 수행하는 기대의 공식적인 한계를 우리가 알고 있지 못
하다면 우리는 클럽이 활동하는 사회 문화적인 체계에 대하여는 사

실상 모르는 것이 될 것이다.

　만일 여러분들이 정치적 클럽에 접근할 수 없다거나 혹은 이런 정치 클럽을 연구하는 것이 여러분들에게 너무나도 많은 윤리적인 문제를 제기한다면, 여러분은 위에서 논의된 평범한 규준을 만족시키는 한 그 어떠한 집단을 선택하여도 무방하다. 사실상 캠퍼스 내의 그 어떠한 학술 서클 혹은 취미 서클 등도 이러한 규준을 만족시킬 것이다. 왜냐하면 이들 모두는 대학 본부에 그 공식적 헌장을 제출하여 서류함에 보관시킬 것이 일반적으로 요구되고 있는데 이러한 헌장들은 실제 행태에서는 엄격하게 준수될 수도 있고 또한 그렇지 아니할 수도 있기 때문이다.

참고문헌

Cohn, Bernard S. *India: The Social Anthropology of a Civilization*, 1971. Englewood Cliffs, NJ: Prentice-Hall. 간결한 민족지로서 여기에서는 인도의 가족과 카스트 체계의 법인적〔영속적〕조직 *corporate organization*을 다루고 있기 때문에 특히 언급하였다.

Fortes, Meyer and E. E. Evans-Pritchard, eds. *African Political Systems*, 1940. London: Oxford University Press for the International African Institute. 영국 사회인류학의 고전적인 연구업적으로서 여기에서는 이 책이 비서구 문화의 정치와 관료제를 비교하며 논의하고 있기 때문에 언급하였다.

Frost, Peter, et al., eds. *Organizational Culture*, 1985. Newbury Park, CA: Sage Publications. 현대 사회의 공식적 조직에 관한 연구 사례를 모아 놓은 훌륭한 책으로서 이들 중 상당수는 민족지적 연구이다.

Linton, Ralph. *The Study of Man*, 1936. Norwalk, CT: Appleton-Century. 이 책에는 '지위'와 '역할'이라는 인류학적 개념에 대하여, 일반적으로 '고전적'이라고 간주되고 있는 정의가 수록되어 있다.

Malinowski, Bronislaw. *A Scientific Theory of Culture*, 1944. Chapel Hill: University of North Carolina Press. 공식적 제도 *formal institu-*

*tions*의 연구에 관한 고전적인 틀을 제공하고 있다.

Nespor, Jan. "Strategies of Discourse and Knowledge Use in the Practice of Bureaucratic Research." *Human Organization*, 1989, 48(4): 325-332. 현대 관료제에서 민족지적 현지조사를 수행한 사례로서 관료적 조직이라는 상황에서 현지조사를 수행하는 인류학자들이〔현지조사 방법상〕어떠한 적응을 필요로 하는가뿐 아니라 조직 내에서의 커뮤니케이션의 구조에 관한 이론적 논의를 포함하고 있다.

Parsons, Talcott and Gerald Platt. *The American University*, 1973. Cambridge, MA: Harvard University Press. 상호 얽힌 제도들로 구성된 사회로서의 대학, 또한 커뮤니티로서의 대학에 대한 포괄적인 사회학적 연구.

Schein, Edgar H. *Organizational Culture and Leadership: A Dynamic View*, 1985. San Francisco: Jossey-Bass. 이 책에는 현대의 관료제에 대한 연구에서 사용되고 있는 문화의 개념에 관한, 널리 인용되고 있는 최신의 서술이 수록되어 있다.

제13장 사진 촬영

현대의 인류학 현지조사자에 대하여 우리가 어떠한 이미지를 가지고 있든지 우리들은 '조사 작업'을 바쁘게 하고 있는 인류학자의 몸의 어딘가에는 사진기, 심지어는 비디오 카메라가 매달려 있을 것을 기대한다.

루이 다게르 Louis Daguerre 가 처음으로 감광판(感光板)을 완성한 것은 1837년이었으며, 그의 다게레오타이프 daguerreotypes 를 통하여 사진술이 세상에 등장하게 되었다. 그런데 심지어 촬영 대상자들이 머리를 바이스로 고정하고 아주 오랜 시간 동안 고통을 참으면서 꼼짝 않고 있어야만 하던 사진술의 초기 단계에 있어서조차 미국에서 완성된 모든 다게레오타이프의 95% 이상이 개인, 커플, 또는 집단의 인물 사진이었다(Rudisill. 1971 : 198). 사진술에 관한 초기의 저서들은, 사진이란 일종의 영원불멸한 형태를 부여하는 것이며 따라서 촬영된 사람의 모습을 그를 사랑하는 사람들은 눈 앞에 들고 영원히 바라볼 수 있다는 점을 강조하였다. 그리하여 사진술의 역사를 살펴보자면 "인간들에게 마땅한 것은 인간을 연구하는 일이다"[1]라는 사실을 느낀 것은 인류학자들만이 아니었다고 하겠다. 인물 사진의 영원성이라는 매력은 『인류의 가족』 The Family of Man (1955) 등 유명한 사진집에 잘 나타나 있는데, 한때는 순회 전시를 하였으나 이제는 수차례에 걸쳐 재판(再版)을 거듭한 책의 형태로 되어 있다. 또 이를 잘 보여주는 것으로 사진이 풍부히 수록된 『가

---

1) 역주: "*The proper study of mankind is man*"은 영국의 계관시인 Alexander Pope(1688~1744)의 시 *An Essay on Man* 에 나오는 구절로서, 인간은 감히 神을 바라보려고 할 것(神學의 연구)이 아니라, 자기 자신, 즉 인간을 알려고 하여야만 한다(인간의 연구)는 의미이다. 즉 인간에 대한 이해와 관심을 촉구.

족』*Family* (1965)과 같은 책이 있는데, 이는 마가렛 미드 Margaret Mead 의 인류학적 재능과 켄 하이만 Ken Heyman 의 탁월한 촬영 기술이 결합되어 만들어진 책이다.

한때는 단지 야심에 찬 몇몇 인류학자만이 감히 현지에 녹음기나 사진기를 가지고 들어갔으나, 그 후 수십 년이 지나는 동안에 이러한 장비들은 거의 대부분의 민족지가들에게는 필수불가결한 장비가 되었다. 사진 촬영 장비가 좀더 휴대에 간편하고 보다 융통성이 크며 또한 여러 다양한 조사 연구 상황에 보다 적응력이 커졌으며 극한적인 기후 조건으로부터 보호가 용이해지고 최소한 보다 간단한 것들은 구입이 쉬워지게 됨에 따라, 보다 많은 수의 인류학자들이 현지에서 사진 촬영 기법을 더 많이 사용하게 되었다. 이들 중 많은 사람들은 스스로 촬영한 필름을 직접 인화하기도 하였다. 몇몇 기발한 연구 조사에서는 조사 대상 사회의 구성원들로 하여금 직접 사진을 촬영하도록 확보하였으며 이를 통하여 사람들이 자기 자신의 사회와 문화를 어떻게 보고 표상(表象)하는가에 대하여 귀중한 통찰이 가능하게 되었다.

사진기는 인간의 눈과는 다르게 '본다.' 사진을 현상해 보면 우리는 사진을 촬영하는 1 초의 몇 분의 일도 안 되는 순간에 우리가 보도록 문화적으로 조건지워진 것들만이 아니라 사진기의 렌즈의 시야 속에 들어온 사회적 상호작용과 물질 문화의 총체를 볼 수 있다. 사진에는 수많은 관계들과 세부적 사실들이 우리들의 사후의 관찰이나 다른 사람들의 활용을 기다리며 시간적 제약을 뛰어넘어 영구히 보존된다. 사진은 그 어떠한 언어적 기술(記述)보다도 뛰어나게 포괄적인 기록을 가능하게 해주며 또한 시각에 의한 관찰을 기초로 한 기술(記述)을 통제〔대조〕하는 요소로 활용된다.

다른 자료들과 마찬가지로 사진은 조사자의 고유한 편견들을 반영한다. 무엇이 사진을 찍을 만큼 중요한 순간이나 대상인가에 관한 결정은 진행 중인 연구 조사의 목적뿐만이 아니라 사진기를 들고 있는 사람의 '문화적인 조건화' *cultural conditioning* 에 의하여도 영향을 받는다. 이 사실은 현지민 정보제공자가 찍은 일련의 사진들과 소위 '객관적인' 현지조사자의 사진들을 비교해 봄으로써 종종 증명된 바 있다. 『영상 인류학 : 조사 방법으로서의 사진술』*Visual Anthropology · Photography as a Research Method* 이라는 탁월한 저술에서 존 콜리어 2세 John Collier, Jr. 와 말콤 콜리어 Malcolm Collier 가 말한 바와 같이 시각적인 관찰법을 학습한다는 것, 즉 문화를 그 복잡한 세부 사항이라는 측면에서 관찰한다는 것은 현지조사자가 도전해 볼 만한 일이다. 저자들은 우리가 이 책에서 줄곧 주장해 온 바와 같이 현지조사를 계획하는 사람들은 누구든지 '관찰이라는 도전'을 받아들여야만 한다고 하고 있다. 관찰하기를 연습한다는 것은 현지에서의 사진촬영에 있어 크게 도움이 될 것이 틀림없기 때문에 여러분들은 매일 매일의 일상생활에서도 사소한 세부 사실들에 이르기까지 주의를 집중하면서 다시 한번 사물들을 관찰하는 연습을 하도록 해야 한다. 만일 여러분들이 사진기의 파인더 *view finder* 를 들여다보고 있을 경우에는 이러한 것들을 어떻게 처리할 것인가를 생각해 보아야 한다. '보는' 기술은 여러분 자신들에게도 또한 여러분이 촬영한 사진들을 보게 될 사람에게도 흥미 있는 사진을 만드는 데 있어 중요한 역할을 할 수 있다. 코닥 Kodak社의 한 소개 책자는 여러분들이 '사람 사냥꾼'이 되어 순간적인 표정도 놓치지 않는 것을 배울 것을 권유하고 있다.

　현지에서 어떻게 그리고 어디에서 사진 촬영을 시작할 것인가에 관하여 『영상 인류학』의 저자들은 모든 사람들이 사진을 찍히는 것을 원한다고 가정하여서는 안 된다고 하고 있다. 사실 세계의 몇몇 곳에서는 사진 촬영을 전적으로 금지하는 종교적인 규칙이 있기도 하다. 또한 사회적인 제한도 있을 수 있다. 멕시코에서 빈곤을 촬영하려다가는 체포를 당할 수도 있다. 유럽의 몇몇 국가에서는 허락 없이 낯선 사람을 촬영하는 것이 법으로 금지되어 있다. 이러한 몇몇 사례를 보면 민감한 주제가 무엇인지, 심지어는 법률로 전반적으로 금지할 만큼 도덕적으로 극히 옳지 못하거나 또는 감정적인 내용을 가진 주제가 무엇인지에 관하여는 사회마다 매우 다른 태도를 가지고 있다는 것을 알 수 있다. 그리하여 『영상인류학』의 저자들은 현지조사의 다른 여러 측면들과 마찬가지로 사진의 경우에도 촬영자는 공적인 것들로부터 사적인 것으로, 공식적인 것으로부터 비공식적인 것으로, 외부로부터 내부로 진행하여야 한다고 하고 있다.[2] 즉 현지민들이 가장 자랑스럽게 생각하고 있는 것을 먼저 촬영하는 것이다.

만일 현지조사자들이 현명한 판단의 범위를 벗어나지 않게끔 조심한다면, 문화의 현장의 많은 측면에 관하여 충분히 광범위한 지식을 획득하기 전이라 하더라도, 별로 말썽을 일으키지 않을 대상들에 관하여 신속히 그리고 정확하게 자료의 수집을 시작할 수 있다. 앞서 말한 바와 같이 현지조사의 초기 단계는 통상 다양한 기술(記述)의 과정을 포함한다. 그러므로 지도를 그리거나 스케치를 하거나 사진을 촬영하게 되면 이러한 작업들을 좀더 유기적으로 진행할 수 있다. 물론 항공사진은 지도를 작성하거나 문화적 특색들 간의 관계, 자연 자원의 존재 여부, 토지 사용의 패턴, 또한 사회적・물리적 환경과 인간과의 관계에 관하여 풍부하고 상세한 정보를 얻기 위한 정확한 기초 자료로 이용될 수 있다. 만일 현지조사자들이 항공사진을 입수할 수 없다면 지상의 높은 지점에서 촬영한 사진들이라도 지도를 작성하는 데 커다란 도움이 될 것이다. 만일 민족지가들이 현지조사지의 자연 환경에 특히 관심을 가지고 있다

---

2) 역주: 경우에 따라 조심스럽고 끈기 있는 노력에 의해서 사진 촬영에 대한 거부감을 어느 정도 극복할 수도 있다. 어느 여성 사진 작가는 '목욕하는 〔모델이 아닌 보통〕 여인들의 자연스러운 모습'을 촬영하기 위하여 6개월이 넘게 동네 목욕탕에 매일 '출근'하여 함께 목욕을 하였다고 한다. 이러한 준비와 설득, 친화(親和) 기간을 거쳐서 사진을 촬영하게 되면 거부감은 물론 카메라를 의식하는 결과 나타나는 표정이나 몸짓의 긴장도 상당히 줄어든다.

면 사진기를 들고 몇 시간 정도 걸어다니는 것만으로도 조사 대상
이 되는 지역사회에 관한 완벽한 개관을 얻을 수 있었을 것이다.
즉 가옥의 유형, 시장과 상점, 운송 시설, 공공건물 등에 관한 상
세한 정보는 사진 이외의 방법으로는 기록이 불가능하거나 또는 수
집에 엄청난 시간을 필요로 하는 것이다.

시간이 경과하여 〔현지민들과〕신뢰 관계를 수립하게 되면 민족
지가는 개인들 그리고 그들의 삶의 방식에 대한 비공식적이며 보다
사적(私的)인 사진들을 촬영할 수 있게 된다. 우리들은 앞에서 대부
분의 현대의 민족지가와 마찬가지로 도움에 대하여 직접 보수를 지
급하지 않는 정보제공자들과 일하는 것을 선호한다. 이것은 일반적
인 법칙상 직접적인 보수의 지급을 피하는 것이 정보제공자와 인류
학자간에 성립되는 관계의 질을 높이기 때문이기도 하다. 이는 정
보제공자에 대한 우리들의 책임감이나 고마움을 과소평가하자는 것
이 아니며, 단지 수년간에 걸친 우리들의 '보수 지급'이 이제는 우
정이라고 하는 복합적인 총체의 일부라는 것을 의미한다. 우리들이
받은 친절과 도움을 일부라도 되갚는 방법의 하나는 사진을 주는
것이다. 저자들 중 한 명은 커다란 단체 사진의 경우를 제외하고는
남녀를 불문하고 현지민들이 등장하는 사진을 항상 당사자들에게
한 장씩 증정하여 왔다. 약간 돈이 들기는 하지만 사진이라는 것은
크게 환영을 받는 선물이며 또한 민족지가와 정보제공자가 함께 한
순간의 기억을 보존하는 수단이기도 하다는 것이 밝혀졌다. 최근에
남편을 잃은 열두 명의 자녀를 가진 한 여인은 "이 사진이야말로
애들이 아빠와 함께 찍은 유일한 사진이 되었다"라고 말한 바 있
다. 사진을 선물한다는 것은 본 강좌를 위하여 여러분들이 정보제
공자들과 같이하는 작업과 관련하여 행할 매우 좋은 일의 하나가
될 수 있다.

이렇게 사진을 모아두면 나중에 현지조사가 진전되어 인터뷰를
할 때, 정보제공자가 지겨워하거나 불필요하다고 느낄 수도 있는

질문을 던지거나 설문지를 사용하지 않고도 이들 사진을 보조 자료
로 이용해서 어느 정도 체계적인 인터뷰를 구성할 수 있을 것이다.
현지조사자가 정보를 얻기를 원하는 특정한 대상에 대하여 조심스
럽게 사진들을 여러 장 제시하는 것은 인터뷰를 관심의 대상영역으
로 대개 유도할 것이며, 때로는 자칫 사진 없이는 망각 속으로 사
라졌을 관련 정보들을 상기시키도록 정보제공자에게 도움을 줄 수
도 있다. 현지조사자는 정보제공자를 상대로 직접 꼬치꼬치 질문을
하는 대신에 오히려 그와 함께 사진을 검토하는 방식을 취할 수도
있다. 그리하여 사진이라는 이미지가 토론의 대상이며 주의의 초점
이 되기 때문에 정보제공자는 직접 질문을 받을 때보다 부담을 적
게 느낄 수 있다. 사진은 종종 무엇이 촬영되었는가에 대한 단순한
설명 이상의 것을 끌어냄으로써 문화의 보다 깊은 측면, 즉 감정,
태도, 가치, 느낌 등에 도달하는 귀중한 수단으로 활용될 수 있다.

　사진이 정보를 획득하는 데 사용되는 방식, 그리고 이에 부수적
으로 라포 *rapport* 를 더욱 발전시키는 데 사용되는 방식은 상황에
따라 크게 다를 수 있다. 우리 저자들의 친구 한 사람은 어로(漁撈)
를 주업으로 하는 해안에서 현지조사를 하면서, 〔촬영한 사진을〕
현지에서 직접 스스로 현상하였는데, 그는 지역사회의 대부분의 남
성들이 식사를 하거나 마실 것을 사기 위하여 몰려드는 가게의 벽
에 매주 새로 찍은 사진들을 전시하는 것을 하나의 관행으로 만들
었다. 매주의 사진 전시는 주민들의 상당한 관심을 불러일으켰으며
유용한 코멘트도 얻을 수 있었다. 이러한 사진의 전시는 종종 해변
에 새로 오는 사람들에게조차 자신들의 사진이 촬영될 수도 있으
며, 또한 이미 해변에 와 있는 사람들은 단지 자신들의 사진 촬영
을 허용할 뿐 아니라 사진을 찍고 있는 사람과 친밀한 관계를 가지
고 있는 듯하다는 인식을 갖게 하는 데 도움을 주었다. 다만, 이러
한 연구의 측면은 『영상 인류학』의 저자들이 폭넓은 경험을 기초로
제안하는 매우 중요한 실용적인 법칙 *rule of thumb* 과 관련하여 상당

히 주의를 기울여야 한다. 즉, 공적(公的)인 자리에서 촬영한 사진은 공적인 자리에서 보여주어도 된다. 그러나 사적(私的)인 자리에서 촬영한 사진들은 반드시 그 자리에 같이 있었던 사람들에게만 보여주어야만 한다는 것이다.

테크놀로지를 기록하는 작업에 관심을 가진 고고학자나 민족지가들은 사진 촬영을 오래 전부터 매우 귀중한 조사 방법으로 인정해 왔다. 예를 들어 민족지가는 특정의 기술 과정을 보여 주는 사진을 연속적으로 촬영할 수 있다. 이러한 사진들을 장인(匠人)에게 보여줌으로써 현지조사자는 도구와 재료와 구체적인 과정들 또한 최초의 사진 촬영시에 간과(看過)하였을지도 모를 중요한 관계들에 대하여 보다 잘 이해할 수 있게 된다.

사진은 또한 물질 문화의 목록을 작성하는 데 있어서도 중요하다. 분석하고, 수를 세고 분류하고 상관관계를 찾을 수 있는 눈에 확연히 드러나는 내용 이외에도, 사진은 보다 확연히 드러나지 않는 수준의 자료를 잘 제공할 수 있다. 특히 사진은 관찰된 모든 실체적인 사물들이 현지민들에게 대하여, 이들의 삶의 질에 대하여, 또한 현지민들이 주변 세계에 대처하는 방법에 대하여 어떠한 효과나 의미를 갖는가를 통찰할 수 있게 해줄 것이다.

지난 50년간 사진의 사용이 특히 급속히 증가한 분야의 하나는 사람들의 상호작용의 기록이라는 분야이다. 즉, 사회적 사건이라는 매우 복잡한 현상을 장래의 해석이나 비교, 또는 계량화를 위하여 포착할 수 있다. 인간의 상호작용에 관한 자료로서 사용하기 위하여 사진을 수집하는 것은 '구조화된〔조직적인〕 관찰' *structured observation* 이라는 형태로 실시했을 경우에는 특히 그 효과가 뛰어나다. 조직적인 관찰이란 연구의 대상이 되는 특정한 유형의 사회적 작용을 가능하게 하는 동일한 조건하에서 가급적 빈번히 사진 촬영을 함으로써 비교 가능한 영상들을 수집하는 것을 포함한다. 마가렛 미드 Margaret Mead 와 그레고리 베잇슨 Gregory Bateson 은 이러한 유형의 개척자적인 연구를 한 바 있다(특히 이들이 저술한 『발리人의 성격 : 사진의 분석』 *Balinese Character: A Photographic Analysis* (1942) 을 참조할 것). 예를 들어 발리섬에서 성인들과 아이들과의 관계는 어떠한가를 살피기 위하여 비교한 일련의 사진들은 어른들이 어린 아이들을 안거나 다독거릴 때에 얼마나 〔무심하고〕 주의를 기울이지 않는가를 보여주고 있다. 일단 비교가 가능한 상황들을 촬영하게 되면 사진의 자료를 해석하는 데에는 여러 개의 수준 *level*이 존재한다. 첫째 수준은 각 사진에서 나타나는 개개의 변인들을 발견하거나 관찰하거나 또는 그 수를 세는 것이다. 이 수준에서는 예를 들어 조사자는 샌들을 신고 있는 사람들의 수와 구두를 신고 있는 사람들의 수를 세어 보거나, 여러 다양한 예식에 모인 집단에서 남자, 여자 그리고 어린이들의 비율이 어떠한가, 또는 더 이상 연구조사가 필요한 것으로 보이는 그 어떠한 상황이라도 기록할 수 있다. 그 이상의 수준의 연구에서는 여러 사진에 같이 나타나는 변인들 간의 상관관계가 유의미할 수도 있으며 또한 측정과 계량화가 가능한 변인들간의 차이가 더욱 조사될 수도 있다.

사진의 사용은 사회적 상호작용의 하나의 형태로서 비언어적 커뮤니케이션에 관한 그 어떠한 광범한 조사에서도 핵심적인 부분이다. 몸의 자세, 얼굴 표정, 손짓, 사람들간의 공간 관계 등은 사진촬영을 통하여 매우 신속하고도 정확하게 포착할 수 있는데 이들은 나중에 프록세믹스 *proxemics*와 동작학(動作學) *kinetics*[3]의 조사에 유용하게 쓰인다. 사진기는 공책과 연필만으로는 포착이 불가능한 풍부한 세부 사항들을 기록해 줄 수 있다.

비록 본 장의 프로젝트를 위하여 대규모의 계획을 필요로 하지는 않지만, 여러분들은 참고문헌에 인용된 소렌슨과 자블롱코의 논문 (Sorenson and Jablonko, 1975)에서 제시된 주장들을 받아들여 도움

---

3) 역주: 문화적으로 패턴화된 자세와 몸짓의 연구.

을 받을 수 있을 것이다. 소렌슨과 자블롱코는 '기회적 표본 추출 *opportunistic sampling*, 프로그램된 표본 추출 *programmed sampling*, 탈선적 탐색 *digressive search* 등을 포함하는 3단계의 표본 추출 전략을 사용함으로써 영상 기록 자료의 잠재적인 가치를 증가시킬 수 있음을 발견하였다. 기회적 표본 추출이란 단지 "재미있는 일이 일어나면 사진기를 들고 찍어라"라는 자유로운 발상이다. 물론 이러한 방법을 통하여 조사자는 예측하지 못했던, 그리고 잘 이해하지 못했던 사건들이 발생하는 대로 이를 기록할 수 있다. '프로그램된 표본 추출'이란 미리 결정한 계획에 따라 촬영하는 것이다. 즉 사전에 무엇을 언제 그리고 어디에서 촬영할 것인가를 결정하는 것이다. 그러므로 이 방법은 인지적인 틀 *cognitive framework* 과 중요성 *significance* 이라는 개념에 기초를 두고 있다. 즉, 사진을 미리 생각해 둔 구조에 따라 촬영을 하는 방식으로서, 이는 마치 빈칸을 메꾸어 나가는 것과 마찬가지이다. 소렌슨과 자블롱코에 의하면 탈선적 탐색 *digressive search* 이란 명백한 것으로부터 주의를 돌려서 개인적인 취향이나 무엇이 기록하기에 중요한가에 관한 事前의 관념을 이탈하는 것이다. 이들 세 전략은 각각 그 장단점을 가지고 있으나 이들을 함께 사용하면 '각각의 균형을 맞춰 주어 영상 기록 자료가 갖는 정보 잠재력을 증가시켜 준다'.

사진 촬영 장비 및 사용법에 대하여

우리들은 본 강좌와 같은 수업에는 진짜 초보자로부터 거의 프로에 가까운 솜씨를 가진 사람에 이르기까지 학생들의 경험이 매우 다양할 가능성이 있다는 것을 알고 있다. 우리들은 또한 여러분들 중 많은 수가 남에게 빌린, 손에 익지 않은 장비를 사용하리라는 것도 알고 있다. 그리하여 우리들은 여기에서는 '과제 수행중에' 가끔 참고가 될 수 있도록 사진의 기술적인 측면에 관하여 약간 상세히 살펴보도록 하겠다.

가장 먼저 해야 할 일로서 우리들은 여러분들이 사진점에 가서 프로젝트를 위한 필름을 구입할 경우 이 기회를 활용하여 어떠한 장비들이 있는가 또한 어떠한 책들이 있는가 살펴볼 것을 권한다. 장래에 사진 촬영 장비 및 소모품들을 더욱더 많이 사용할 것이기 때문에, 사진관에서 어떠한 물건들을 구할 수 있으며 또한 어떠한 도움을 받을 수 있는가를 미리부터 알아두는 것도 좋은 방법이다. 만일 여러분이 사진술의 초보자라면 사진관에서 필름을 살 때 구체적인 전문가적 충고를 해 달라는 요청을 하는 것도 좋은데, 왜냐하면 알맞는 필름의 선택이란 여러분들이 어떤 카메라를 사용하는가 뿐만 아니라 다른 여러 가지 요인에 의해서도 좌우될 수 있기 때문이다.

지난 15년간 여러 다양한 사진 촬영 장비 회사들의 각 지방 대리점이나 방문판매팀의 수는 현저히 증가하였다. 이러한 집단들이 제공하는 서비스의 성격과 범위는 상당히 다양하다. 여러분들은 심지어 지역에 있는 이러한 이동 판매팀이 수업 시간에 교실을 방문하여 조언을 해주고 상담도 할 수 있다는 것을 발견할 것이다.

다음의 서술은 여러분들이 카메라를 사용하면서 필요로 할 기본적인 개념과 용어들의 일부를 개관한 것이다. 사진 촬영의 기술적인 측면이란 대부분의 경우 매우 간단하기 때문에 이를 배우는 데는 그리 시간이 걸리지 않을 것이다. 아무튼 본 장의 목적은 직업적인 사진 촬영가로서 일자리를 얻는 것이 아니라 여러분들의 민족지적 목표에 알맞게끔 사진을 촬영하는 법을 배우는 것이다. 여러분들은 카메라에 딸린 설명서와 또한 여러분들이 사용할 필름에 딸린 지시 사항을 자세히 읽어야 하는데, 그 이유는 이러한 설명이란 전문가에 의하여 쓰여졌기 때문이다. 필름의 설명은 간단한 카메라와 복잡한 카메라(또한 단순한 촬영자와 숙련된 촬영자) 양자 모두를 위하여 작성된 것이다. 이 프로젝트의 마지막 부분에 있는 참고문헌 부분에는 여러분들이 더 많은 지식을 얻기 위하여 참고할 수 있는 문헌들이 수록되어 있다. 여기에서는 정지 사진 카메라의 사용법에 중점을 두는데, 왜냐하면 이것들은 대부분의 영화 촬영기나 비디오 카메라보다 사용법도 간단하고, 구입하거나 운영하기에 비용도 적게 들기 때문이다. 비록 여러분들이 영화나 비디오에 취향을 가지고 있다고 하더라도 정지 사진 촬영 장비의 사용법에 확실한 기초 지식을 가지고 있다면 크게 도움이 될 것이다.

기본적으로 카메라라고 하는 것은 필름이 담겨 있는 가벼운 밀폐된 상자에 사용자가 원하는 경우 필름에 이미지를 투사해 줄 수 있는 렌즈가 부착되어 있는 것에 불과하다. 통상 카메라라고 하는 것은, 사용자가 카메라를 촬영하고자 하는 대상에 조준하고 그 이미지가 필름에 초점이 맞도록 하며 또한 필름에 도달하는 빛의 양을 조절하는 통제 장치가 부착되어 있다.

이러한 기본적인 조건 이외에는 시중에 이미 나와 있거나 향후 제작 가능한 촬영 장비는 그 복잡성이나 정교성(그리고 가격!) 면에 있어 거의 아무런 제한이 없다. 이미 나와 있는 여러 가지 장비들에 눈이 현란해지거나 또는 특정 종류의 카메라만이 사용되어야 한다는 주장에 좌우되어, 너무나 전문화되어 있으며 너무나 고가이며 또는 여러분들의 필요에 맞지 않는 장비를 구입하는 일이 종종 있다.

사진기는 일반적으로 어떻게 초점을 맞추는가, 또한 어떠한 사이즈의 필름을 사용하는가에 따라 분류되며 선택의 폭이 매우 넓다. 오늘날 인류학자들이 가장 널리 사용하는 카메라는 135, 120, 또는 220 필름을 넣을 수 있는 1 안(一眼) 리플렉스 카메라 single-lens reflex camera(SLR 카메라) 또는 2 안(二眼) 리플렉스 카메라 twin-lens reflex camera(TLR 카메라)이다.

고정초점식(固定焦點式) **카메라** fixed-focus camera 는 대개 파인더 view finder 를 가지고 있으며 이를 통하여 피사체가 원거리에 있거나(풍경 또는 건물인 경우) 또는 중거리에 있을 경우(단체 사진 등) 렌즈가 무엇을 촬영할 것인가에 대하여 상당히 정확히 알 수 있게 해주지만 카메라가 피사체에 가까워질수록 점점 더 부정확해진다. 이런 방식의 카메라들은 노출이 충분할 때나 혹은 플래시를 사용할 경우에만 사용할 수 있었다. 그러나 근래에는, 특히 나중에 설명할 새로운 고속도 필름 *high speed film*을 사용할 경우, 여러 다양한 상황에서도 촬영이 가능한 매우 값이 싼 고정초점式 카메라도 등장하고 있다. 이러한 카메라를 구입할 때 따라오는 설명서에는 여러 상이한 상황에서의 카메라의 사용법에 대한 일반적인 설명이 수록되어 있다. 그러나 대체적으로 고정초점式 카메라는 현지조사시에 부딪칠 수 있는 여러 다양한 상황에 탄력적으로 대처할 만큼 운용의 폭이 크지는 않다.

지대초점식(地帶焦點式 또는 존 포커스式) 카메라 *zone-focus camera* (여기에서는 사용자가 피사체와의 거리를 측정하거나 추정하여 렌즈를 이 거리에 맞추는 것이다)는 고정초점式 카메라와 거리계 *rangefinder* 카메라의 중간형에 해당된다. 이들 역시 인류학적 현지조사라는 목적에는 일반적으로 불충분하다.

거리계(距離計) 카메라 *rangefinder camera* (또는 RF 카메라)라는 것은 렌즈와 파인더가 연결되어 있어 사진 촬영자는 렌즈에 '무엇이 찍히는가'뿐 아니라 언제 필름에 이미지의 초점이 맞추어져야 하는가도 알 수 있게 해준다. 대개의 경우 피사체의 이미지 두 개가 파인더에 투사가 되며 촬영자는 렌즈를 조절하여 이 두 이미지가 정확히 합쳐지도록, 즉 이미지가 필름에 초점이 맞도록 한다. 비록 RF 카메라는 초점을 맞추기가 용이하지만 필름상의 이미지의 어느만큼이 초점이 맞을지(피사계 심도에 대하여는 이하에서 서술), 또한 초점 맞추기 장치가 제대로 연동하고 있는지는 촬영자에게 가르쳐주지 않는다. RF 카메라의 하나의 문제는 '시차(視差) 오차' *parallax error*로서 이는 파인더의 위치가 렌즈의 위치와 약간 떨어져 있기 때문에 발생하는 것이다. 이는 원거리의 촬영에서는 거의 문제를 일으키지 않지만 근접 촬영에서는 심각한 문제가 된다. 여러분들은 사진의 구도 *composition* 를 잡은 뒤에 파인더의 방향으로 카메라를 약간 기울임으로써 시차(패럴랙스) 오차를 보정(補正)할 수 있다. 몇몇 고급의 RF 카메라는 시차(패럴랙스) 오차를 보정하는 장치를 가지고 있다.

리플렉스 카메라 *reflex camera* 는 렌즈를 통하여 초점을 맞추는 것이 가능하도록 되어 있다. 1안(眼) 리플렉스 카메라(SLR)는 동일한 하나의 렌즈를 통하여 피사체를 보고 초점도 맞추고 촬영도 하는 작업을 함으로써 사용자가 사진 안에 무엇이 찍힐 것인가를 정확히 알 수 있게 하며 시차(패럴랙스) 오차는 발생하지 않는다. 이 카메라의 초점거리를 맞추는 장치의 일부인 프리즘은 이러한 카메라의 특징인 몸체의 가운데 윗부분의 불거져 나온 부분에 있으며 노출을 맞출 때 이동식 거울과 함께 연동으로 움직이는 프리즘 때문에 SLR 카메라는 RF 카메라에 비하여 덩치가 크고 기계적으로도 복잡하며 가격도 비싸다. 거울의 움직임은 노출 조정시 소음을 발생시키며 이는 때때로 [주위 사람들이나 촬영 대상이 되는 사람들에게] 방해되지 않도록 카메라를 사용하는 것을 어렵게 만들고 있다. 소음이 나는 카메라 몇 대만 있으면 '자연스러운' [피촬영자가 의식하지 못하는] *candid* 두 번째 촬영은 거의 불가능해진다.

2안(眼) 리플렉스 카메라(TLR) *twin-lens reflex camera* 는 대개 두 개의 렌즈가 하나 위에 다른 하나가 겹친 식으로 연결되어 있다. 하나의 렌즈를 통과한 이미지가 간유리에 반사되면(간유리를 사용하는 것은 이미지를 프로스트 *frost* 하여 잘 보이도록 하기 위함이다), 촬영자는 렌즈가 보는 이미지가 무엇이며 또한 피사체의 이미지가 언제 초점이 맞았는가를 알 수 있게 되어 있다. 다른 또 하나의 렌즈를 통과한 이미지는 셔터가 열릴 때 필름에 투사된다. 그리하여 비록 TLR 카메라가 RF 카메라나 SLR 카메라보다 기계적으로 더욱 소박하고 간단하지만 피사체를 들여다보는 렌즈가 피사체를 촬영하는 렌즈와는 약간 다른 이미지를 보게 되기 때문에 이 또한 시차(패럴 랙스) 오차의 문제가 발생한다. 이러한 카메라들은 RF 카메라나 SLR 카메라에 비하여 대개 훨씬 부피가 크다.

뷰 카메라 *view camera*는 대개 아코디언처럼 보이는데 많은 경우 간유리를 통한 초점 맞추기가 사용된다. 렌즈는 카메라 본체의 앞에 달려 있으며 카메라의 앞부분이 뒤의 간유리에 이미지의 초점이 맞을 때까지 전후로 (때로는 상하로) 움직이게 되어 있다. 이러한 이미지는 비록 아래위가 바뀌어 뒤집혀져 있지만 최종 사진에 무엇이 찍힐 것이며 또한 피사계 심도의 깊이가 어느 정도 될 것인지를 알 수 있도록 해 준다. 감광을 시키기 전에〔즉, 셔터를 눌러서 촬영을 하기 전에〕 간유리가 있었던 위치에 필름을 한 장 놓게 된다. 뷰 카메라는 대개 대형 사이즈의 필름을 사용하며 따라서 사용하기에 느릴 뿐만 아니라 부피도 크다. 이러한 사진기는 고고학의 발굴 현장과 같이 한 장소에서 정교한 사진을 계속 찍을 경우에는 훌륭한 선택이 될 수 있으나 통상의 현지 조사에 사용하기에는 그리 적합하지 않다.

필름은 여러 다양한 방식으로 분류될 수 있다. 여러분들이 보유하고 있는 카메라의 종류는 여러분들이 사용할 수 있는 필름의 크기와 유형을 결정한다.

흔히 구입할 수 있는 가장 작은 롤 필름 *role film*은 폭이 16mm 로서 대개 특별한 삽입식 *drop in* 카트리지의 형태로만 생산되는 110 사이즈의 필름과 같은 폭을 가지고 있다. 이러한 필름 사이즈의 중요한 문제점의 하나는 이들의 네가 원판의 크기가 작다는 것으로서 통상의 인화 크기에 도달하려면 여러 차례 확대해야만 한다 (따라서 원판에 달라붙은 먼지나 오물 또는 다른 물체도 확대된다)는 점이다. 더욱이 카트리지 방식은 카트리지에 필름을 새로 충전할 수 없기 때문에 기본적으로 낭비가 심하며 또한 이를 위하여 제작한 카메라에는 다른 타입의 필름을 사용할 수 없다(여기에서 110. 126. 120. 220 등의 숫자는 필름의 실제 사이즈를 반드시 의미하는 것은 아니며 이들은 특정한 필름 사이즈를 의미하는 제조업자의 기호에 불과하다).

126 사이즈의 삽입式 충전用 카트리지는 110 카트리지와 동일한 문제점을 일부 가지고 있다. 그러나 내가 원판은 대개 가로 세로 28mm로서 통상의 인화 크기로 만들려고 할 경우 110에 비하여 덜 확대해도 된다.

가장 흔히 사용되는 필름의 크기는 135로서 이는 폭이 35mm이다. 이들은 대개 표준화된 크기의 카세트에 담겨 있으며 사용자에 의하여 필름의 재충전이 가능하기 때문에 사용자는 긴 필름을 구입하여 '자기의 것을 직접 감을 경우' 필름 구입 비용을 상당히 절약할 수 있다.[4] 표준적인 35mm 필름의 네가 원판의 크기는 24×36mm이지만 일부 하프 프레임 카메라 *half-frame camera* 는 동일한 필름을 사용하여 18×24mm 크기의 원판을 만든다. 카세트를 직접 다시 채워서 비용을 절약할 수 있고 또한 상당히 유용한 크기의 네거티브를 한 통의 필름으로 36장까지 찍을 수 있기 때문에 35mm 필름은 상대적으로 경제적이다. 필름을 새로 넣지 않고 36장을 계속 찍을 수 있다는 사실이 갖는 이점은, 결정적인 순간에 필름이 끝나서 환상적인 촬영의 기회를 놓친 경험을 한 사람이면 누구나 인정할 것이다. 이러한 필름의 또 다른 장점은 이것이 널리 구할 수 있는 사이즈라는 점이다.

120이나 220 사이즈의 필름은 폭이 2.5인치〔6.35cm〕가 약간 넘으며 220의 경우가 120보다 더 길다. 이러한 사이즈의 네가 원판은 2.25×2.25인치〔6×6cm〕 또는 2.25×2.75인치〔6×7cm〕이다. 일반적으로 말하여 네가 원판의 크기가 클수록 사진의 화질이 높아지므로 이러한 필름의 사이즈는 35mm 필름에 비하여 본질적으로

---

4) 역주: 현재는 135 필름의 가격이 워낙 낮아졌으며 또한 36매짜리 필름의 구입이 용이해졌기 때문에 일반 사용자에게는 별로 실익이 없는 충고이다.

화질이 뛰어나다.

대부분의 폴라로이드 필름은 특수 용기에 들어 있는 형태로 판매된다. 폴라로이드 카메라는 다른 카메라처럼 네가 원판을 만들지는 않고 감광시킨 후 즉시 현상하여 인화한 완성된 사진을 만든다. 폴라로이드 필름과 사진기에 대하여는 본 프로젝트의 후반부에서 보다 상세히 다룰 것이다.

일반적인 목적의 카메라의 선택은 얼마나 휴대가 간편한가를 결정하는 카메라의 물리적인 크기와 무게, 그리고 사진의 화질을 결정하는 필름의 크기간의 타협의 산물인 것이 보통이다. 대부분의 인류학적 조사 목적에는 35mm 필름에 24×36mm의 네가 원판, 또는 120이나 220 필름에 2.25 제곱 인치 혹은 그 이상의 크기의 네가 원판을 사용할 수 있는 카메라가 최적의 타협의 산물이 된다. 위의 논의는 여러분들에게 여타의 다른 선택에 관하여도 약간의 아이디어를 줄 것이다. 여러분들은 카메라를 구입하기에 앞서 여러분들이 무엇을 필요로 하는가를 신중히 생각해 보아야만 한다. 왜냐하면 '남들이 다 사용한다고 하여' 그것이 곧 여러분들에게도 적합하다고는 할 수 없기 때문이다.

많은 새로운 종류의 전문화된 카메라들이 시장에 나왔는데, 이중에는 원반형 필름 *disc film*을 사용하는 것이나[5] 심지어는 말을 하는 것도 있다. 말하는 카메라에 관하여 처음 들었을 때 우리는 카메라가 "필름 넣는 것을 잊어버렸습니다" 또는 "렌즈 뚜껑을 여시면 사진을 찍어 드립니다" 등의 말을 하도록 프로그램되어 있을 것을 기대했다. 그러나 지금까지 나온 말하는 카메라는 고작해야 "너무 밝습니다. 플래시를 사용하세요" 또는 "거리를 맞추세요" 등의 몇 가지 말을 할 뿐이다. 미놀타 Minolta社는 말하는 카메라가 말 대답하

---

5) 역주: 최근에는 필름을 사용하지 않는 디지털 카메라도 등장하고 있으며 컴퓨터나 기타 기기와의 연결과 편집이 자유로워 커다란 기대를 모으고 있으나 아직 화질은 만족스러운 수준이 아니다.

는 것을 원하지 않을 경우 '입을 다물게' 할 수 있도록 스위치를 달
아 놓았는데, 이는 현지조사를 할 때에는 상당히 필요할 것이다.

렌즈는 초점거리와 최대 구경(口徑) *aperture* 또는 '스피드'를 기준
으로 구분한다. **초점거리** *focal length*는 광학적으로 볼 때 렌즈 길이
*length of the lens*와 내개 일치하는데, 초점기리가 중요한 이유는 이
것이 길면 길수록 필름에 반영되는 이미지의 크기도 확대되기 때문
이다(아주 긴 초점거리를 가진 렌즈는 흔히 망원렌즈 *telephoto lens*라고
부른다). 이와는 반대로 초점거리가 짧으면 짧을수록 시야 *field of
view*는 커지며 따라서 사진에 찍히게 될 피사체의 수도 많아진다
(이러한 극단적인 예는 광각렌즈 *wide-angle lens*[6] 이다). 대부분의 카메
라에는 '보통'이라고 불리거나 또는 '표준' *standard*이라고 불리는 렌
즈가 장착되어 있는데, 이는 필름에 나타나는 이미지가 인간의 눈
의 시야와 대개 비슷하도록 초점거리가 결정되어 있다는 것을 의미
한다. 어떤 카메라의 경우에는 렌즈가 카메라의 몸체에 영구적으로
고정되어 있으나 또 어떤 것들은 다른 초점거리를 가진 렌즈들과
교환장착이 가능하도록 렌즈를 분리할 수 있게 되어 있다.

이제 카메라의 유형과 렌즈에 대해 살펴보았으므로 이번에는 카
메라를 제어하는 기본적인 세 가지 장치에 대하여 살펴보도록 하겠
다. 이들 중에서 첫번째인 초점조절장치에 대하여는 이미 언급하였
다. 나머지 두 가지는 필름에 알맞은 정도의 빛의 양을 주는 것,
즉 **노출** *exposure*의 결정과 직접 관련되어 있으며 이들 두 장치의
작용은 서로 관련되어 있다. 일반적으로 말하여 만일 렌즈가 빛을
더욱 많이 전달할 수 있으면 그러한 렌즈는 "빠르다" 또는 "스피드
가 크다"라는 평을 듣는다. 빛의 양을 제어하는 하나의 방법은 카
메라에 들어오는 빛에 필름이 노출되는 시간을 조절하는 것이다.

---

6) 역주: 광각렌즈는 건물과 같은 커다란 피사체를 촬영해야 할 때 사용하는데,
촬영자의 뒤에 다른 건물이 있거나 또는 절벽이라서(즉 가까운 곳에서만 촬영
이 가능하여) 표준적인 렌즈로는 원하는 피사체를 카메라의 시야에 담을 수가
없을 때 매우 유용하게 사용된다.

이것은 셔터 스피드 *shutter speed*, 즉 렌즈의 창 구멍을 열었다 닫았다 하는 기계장치의 속도를 조절함으로써 가능하다. 이와 동시에, 정확히 필요한 양만큼의 빛이 필름에 도달하도록 하기 위하여 또 하나의 기계장치가 필요하다. 이것은 홍채 조리개 *iris diaphragm*라는 장치에 의하여 가능한데, (홍채)조리개는 인간의 눈의 원리와 똑같이 작동한다. 즉 조리개는 조건과 원하는 효과에 따라 빛이 렌즈에 들어가는 **창 구멍** *aperture*을 크게 열었다가 작게 닫았다가 한다.

셔터 스피드는 대개 '몇 분의 1초'라는 방식으로 나타낸다. 일반적으로 사용하는 것들은 1, 1/2, 1/4, 1/8, 1/15, 1/30, 1/60, 1/125, 1/250, 1/500, 1/1000 등이며 물론 다른 종류의 속도도 가능하지만, 일부 카메라들의 경우에는 1/1000초 정도의 높은 속도는 낼 수가 없다 (이러한 숫자는 카메라의 뒤에 대개 1, 2, 4, 8, 15, 30, 60,…… 1000 등의 정수(整數)로 쓰여 있다). 이들 각각의 셔터 스피드는 바로 아래 단계의 스피드보다 두 배가 빠르며 이보다 한 단계 높은 속도의 반에 해당된다.

빛의 양을 조절하는 것 이상으로 셔터 스피드는 사진이 흔들리는 것을 막는 데도 중요하다. 만일 셔터 스피드가 느린데 노출 중 카메라가 움직이면 사진에 찍힌 것은 모조리 흐리게 *blur* 나타난다. 만일 사진이 흔들리는 문제가 전반적으로 발생하면 촬영 시에 무언가 안정된 것에 기대는 방법을 생각해 볼 수 있다. 즉 카메라를 벽에 대거나 의자 등받이에 대거나 혹은 테이블에 대 놓는다거나 또는 한쪽 혹은 양쪽 팔꿈치를 몸통에 밀착시킴으로써 카메라를 흔들리지 않게 꽉 잡는다거나, 심지어는 우리 저자들 중의 한 사람처럼 셔터를 누를 때에는 항상 숨을 죽이는 습관을 몸에 붙이는 것 등이다. 빛의 양이 충분치 못하여 특히 느린 셔터 스피드가 필요할 경우에는 카메라를 삼각대에 올려놓아야 한다. 여기에 추가하여 노출 중 카메라가 조금도 흔들리지 않도록 케이블로 연결하여 셔터를 작동시키는 방법을 택할 수도 있다. 움직이는 피사체는 셔터가 열려 있을 때에 빠른 속도로 움직이게 되면 흐리게 나오게 된다. 셔터 스피드가 빠르면 빠를수록(셔터가 열려 있는 시간이 짧으면 짧을수록) '카메라가 (동작을 정지시킨 듯이) 포착할 수 있는' freeze 움직임의 속도 역시 증가한다. 코닥社의 『촬영 기법』 Here's How 이라는 소책자의 설명대로 빠른 속도는 역시 **속도를 이용**하여, 즉 빠른 속도의 필름(이에 대하여는 후술), 빠른 셔터 스피드, 신속한 반사 신경, 패닝 기법 등으로 잡는 것이 제일 좋다. 패닝 panning 이라고 하는 것은 피사체의 움직임을 카메라를 가지고 뒤쫓는 기법이다. 패닝은 배경을 흐릿하게 하면서 뒤쫓고 있는 피사체를 또렷이 촬영할 수 있게 한다.

렌즈 창구멍의 열림을 조절하기 위하여 렌즈는 **F 수치**(조리개 값) f-stop로 눈금이 정해져 조정되는데 이는 특정한 세팅에서 상대적으로 어느 정도의 양의 빛이 통과되는가를 표시하는 것이다. 이러한 F 수치는 1, 1.4, 2, 2.8, 4, 5.6, 8, 11, 16 등의 표준적인 수열을 이루고 있는데, 여기에서 눈금의 숫자가 커질수록 바로 그 밑의 눈금보다 조리개가 반으로 줄어들었다는 것을 의미한다(즉 F2는 F1.4의 절반에 해당된다). 그리하여 이러한 눈금 배열은 셔터 스피드의 조절을 보완하게 된다.

빛의 전달을 제어하는 것 외에도 조리개의 세팅은 **피사계 심도**(被寫界 深度)를 결정한다. 피사계 심도는 간단히 말하자면 主가 되는 피사체의 앞이나 뒤에 있는 다른 물체들이 뚜렷이 초점이 맞은 것처럼 보이는 범위를 의미한다. 비록 여러분들은 촬영 시에는 하나의 피사체에 초점을 맞추지만 최종 완성된 사진에서 얼마나 많은 다른 물체들에도 초점이 맞아 이들이 뚜렷이 보이게 될지 알고 싶을 것이다. 그리하여 조리개를 작게 조일수록(즉, F 수치가 클수록) 피사계 심도 역시 크다. 따라서 여러분들은 또렷하게 촬영을 하고 싶은 모든 물체들이 피사계 심도의 범위 속에 모두 포함되도록 조리개를 조절하여야 한다. 만일 여러분들이 다른 물체들에 비하여 일부 피사체만을 강조하고 싶다면, 그 하나의 방법은 主된 피사체 만이 피사계 심도의 범위 내에 포함되도록 하고 다른 물체들은 흐릿하게 보이도록 피사계 심도를 짧게 조절하는 것이다.

셔터 스피드와 조리개는 함께 필름에 도달하는 빛의 양을 결정한다. 예를 들어 1/125에서 F5.6이 여러분이 촬영하고자 하는 장면에 정확한 노출이라고 생각한다 하더라도 보다 깊은 피사계 심도를 얻기 위하여 조리개 값을 한 눈금 낮추어 F8로 할 수 있는데, 이 경우에는 카메라에 들어오는 빛의 양이 충분하도록 셔터 스피드도 한 눈금 낮추어서 1/60로 조절하여야 한다. 그리하여 1/250에서 F4, 1/125에서 F5.6, 1/60에서 F8 등은 이들이 모두 동일한 양의 빛을 필름에 감광시킨다는 의미에서 동등한 노출에 해당되지만 피사계 심도나 피사체의 움직임을 잡아내는 능력이라는 면에서는 동등한 것이 아니다. 여러분들은 여러분들의 목적에 비추어 어떠한 노출 세팅의 조합을 사용할 것인가를 결정하여야 한다.[7]

우리는 이미 필름의 사이즈에 대하여 논의한 바 있는데, 필름이라는 것은 기본적으로 각종 약품 처리를 견뎌낼 수 있을 정도로 튼튼한 투명 물질에, 빛에 민감한 화학물질인 감광유제(感光乳劑)를 입혀 놓은 것이다. 필름은 카메라 내에서 정확한 양의 빛에 노출이 되기까지는 완벽하게 빛과 차단되어 있어야만 한다. 촬영 후 필름은 여러 가지 화학약품의 처리를 거쳐 눈으로 볼 수 있는 이미지로 '현상'*develop* 되며 그리고는 이러한 이미지가 사라지지 않도록 '정착(착상)'*fix* 된다.

필름은 물리적인 사이즈 이외에도 색상을 어떻게 재현하는가에 따라 분류될 수 있다. 흑백 필름은 색상을 흑백의 명암 *shades of gray* 으로 나타내며 칼라 필름은 피사체의 원래의 색깔에 유사하게

---

7) 역주: 어떠한 환경에서 어느 정도의 노출이 필요한가는 필름 구입시 설명서 (최근에는 포장박스의 이면)를 참고할 것.

나타낸다. 그 외에도 필름은 빛에 대한 감광도 *sensitivity*를 기초로 분류가 가능하다. '빠른' *fast* 필름은 상대적으로 적은 양의 빛으로도 이미지를 만들 수 있으며 따라서 어두컴컴한 상황에서 사진을 촬영할 때 보다 유용하다. 이와는 반대로 느린 필름이란 최소한의 노출을 위하여 많은 양의 빛을 필요로 하며 밝은 조명 상황에서 사진을 촬영할 경우 보다 유용하다. 필름의 감광도는 숫자로 등급이 표시되는데 미국에서는 **ASA등급**이라 하고 유럽에서는 **DIN등급**이라 한다. 이들 두 등급은 비록 수치는 다르지만 대개 상응하고 있다. 일반적으로 필름의 속도가 빠를수록 '더 거칠게' *grainier* 보이며 세세한 부분까지 녹화하는 능력은 떨어지기 때문에 필름을 사용하는 상황에서의 조명 사정에 비추어 필요 이상으로 빠른 필름을 사용한다는 것은 별로 득이 되지 않는다.

네거티브 필름 *negative film*의 경우에는 필름에 나타난 이미지가 원래 모습의 반대가 된다. 즉, 원래 밝았던 부분은 네가에서는 어두워지며 원래 어두운 부분은 필름에 노출을 덜 주기 때문에 밝게 나타나거나 혹은 심지어 전혀 아무런 이미지를 남기지 않기도 한다. 바꾸어 말하면 보다 많은 빛에 노출된 네가티브 필름의 부분은 검어진다. 네거티브는 최종의 이미지를 만드는 데 있어 대개 중간단계가 된다. 빛은 네거티브를 통하여 감광지(종이 위에 감광유제를 입힌 것)에 투사되며 그 결과(즉, 네거티브의 네거티브)는 흔히 단순히 '인화(印畵)' *print*라고 불리는 최종적인 '투사 인화' *projection print*에 포지티브(陽畵) *positive*로 나타나게 된다.

대부분의 **폴라로이드 필름**의 경우에는 네거티브는 없고 단지 최종 완성된 인화지나 투명화 *transparency*만 있기 때문에 이를 복제하려면 이미 인화된 것을 사진을 찍는 수밖에 없다. 그리하여 폴라로이드란 네거티브 필름과 반전(反轉) 필름 *reversal film*의 중간단계인데 후자는 아래에서 논의한다. 네거티브가 존재하지 않기 때문에 (이는 쉽게 복제가 불가능함을 의미한다) 사진 1매당의 높은 비용과 카메라의 커다란 덩치는 일반적인 목적의 인류학 사진촬영에 있어 폴라로이드를 상대적으로 부적합한 것으로 만들고 있다. 그러나 일부 사람들은 다른 카메라를 사용하면서 폴라로이드를 추가적으로 사용하는데 그 이유는 촬영을 당한 사람들에게 사진을 즉시 줄 수 있기 때문이다.

반전(反轉) 필름 *reversal film* 의 경우에는 카메라에서 노출되었던 필름이 포지티브(陽畵)가 되도록 현상이 된다. 즉, 이것은 더 이상의 조작을 거칠 필요 없이 직접 그대로 볼 수 있다는 의미이다. 물론 이 경우 완성된 투명화〔역주: 흔히 '슬라이드'라고 부르는 것〕는 35mm 슬라이드처럼 사이즈가 작을 경우에는 관람의 편의를 위하여 통상 환등기(幻燈機 : 프로젝터)를 사용하여 투사된다. 대체적으로 칼라 반전 필름은 네거티브 필름보다 노출 오차의 허용 범위가 작으며 또한 인화된 사진이 필요하면 특별한 기술을 사용하여 네거티브를 만들어야만 한다. 폴라로이드 사진과 마찬가지로 최초 촬영한 것이 분실되거나 손상이 되면 다시 촬영을 하는 것 외에는 다른 방법이 없게 된다.

〔인화된〕 사진과 투명화(슬라이드)의 전시 방식이 상이하다는 사실은 필름을 선택할 때 명심해 두어야 한다. 슬라이드는 대개 사진으로 인화할 수 있으며 네거티브 역시 비용이 많이 들고 화질이 다소 떨어지기는 하지만 슬라이드로 만들 수 있다. 네거티브 필름의 카탈로그를 만드는 유용한 방법은 이를 인화지 위에 밀착시킨 다음 이를 노출시켜 밀착인화를 하는 것으로서, 이렇게 밀착인화를 해두면 네거티브 필름을 만지다가 발생하는 손상이나 또는 모든 네거티브를 확대 인화하는 데 드는 비용부담을 피하면서 유용하게 사용할 수 있다. 이러한 밀착 사진을 들여다본 뒤에 가장 잘 되었거나 가장 필요한 네거티브만을 확대 인화를 위하여 선택할 수 있으며 밀착인화사진을 필름 롤의 기록으로 보관관리한다.

필름을 현상하고 인화하여 사진을 만드는 작업에 관하여 앞서 언

급한 많은 사항들은 사진 암실(暗室)을 사용할 수 있는 사람들이라
면 대부분 직접 할 수 있다. 만일 여러분들에게 기회가 주어진다면
현상과 인화 작업을 직접 연습해 보는 것도 도움이 되는데, 왜냐하
면 이를 통하여 여러분들은 사진이라는 것이 실제 어떠한가를 깊이
알 수 있기 때문이다. 그러나 이 프로젝트의 일부로서 주어지는 과
제를 해결하기 위하여 여러분들이 직접 암실 작업을 해야 할 필요
는 없다.

　광량계(光量計) 또는 노출계란 피사체로부터 나오거나 또는 피사
체에 쪼이는 빛의 양을 측정하는 도구이다. 이러한 노출계의 대부
분은 빛의 양을 측정하여 이를 일련의 동그란 판에 표시함으로써
정확한 노출량을 알려주는 조리개와 셔터 스피드의 범위를 표시한
다. 노출계는 카메라 내부에 또는 카메라 외부에 장착할 수 있으며
손에 들 수 있는 휴대용도 있다. 만일 노출계가 카메라 내부에 있
을 경우에는 노출 제어기에 연결이 되어 카메라가 정확한 노출을
자동적으로 맞추도록 되어 있다. 여러분들은 촬영하고자 하는 主된
피사체로부터 나오는 빛의 양이 얼마나 되는가를 반드시 측정하여
야만 한다. 예를 들어 여러분들이 그늘에서 밝은 햇빛을 등지고 서
있는 사람의 사진을 촬영하려 할 경우에라도, 대부분의 노출계(대개
의 노출계는 빛의 양을 '평균'하여 측정한다)는 전체 풍경을 기초로 한
노출의 측정치를 알려주기 때문에, 노출계의 수치를 기초로 촬영하
면 여러분이 찍고자 하는 주된 피사체는 상당히 노출이 부족하게
된다.[8] 중요한 것은 사진에서 덜 중요한 부분은 노출이 과도하거나
과소하게 되더라도 여러분에게 가장 중요한 피사체가 잘 찍히도록

---

8) 역주: 이것은 최근 널리 보급되어 있는 대부분의 자동 카메라('거리'와 '노출'
　이 모두 자동)의 경우 흔히 발생하는 문제이다. 자동 카메라는 편리하기는 하
　지만 촬영자의 의도와는 상관없이 또한 인간의 눈과는 다르게 사물을 보기 때
　문에 이러한 자동카메라의 특성을 잘 알지 못하면 촬영 의도와는 달리 사진이
　엉뚱하게 나오는 경우가 많다. 그러므로 자동 카메라가 움직이는 원리를 알아
　서 자신의 의도에 가깝게 사진이 나오도록 하여야 한다.

이에 집중하는 것이다. 노출계가 없을 경우에라도, 필름통에 들어 있는 필름 제작회사의 설명서를 보면 흔히 만나게 되는 몇몇 상황에서 어떻게 노출을 맞추어야 하는가에 대한 지침을 알 수 있다.

여러분들의 프로젝트 과제와 또한 그 이후의 사진의 활용을 감안할 때 여러분들의 사진장비에 관하여 가장 중요한 것은 그 사용법을 잘 익히는 것이다. 이는 오직 꾸준한 연습과 자신이 찍은 사진의 결과에 대한 진지한 검토를 통하여 가능해진다. 현지조사를 할 때, 또는 중요한 과제를 수행할 경우에는 사용해 보거나 시험해 보지 않은 장비는 절대로 가지고 들어가서는 안 된다. 앞에서 논의한 바와 같이 여러분들은 사진기의 구입에 많은 돈을 들일 필요는 없다. 여러분이 필요로 하는 것은 여러분들의 필요에 알맞으며 또한 요구 사항에 적응할 수 있을 정도로 충분히 융통성 있는 장비이다. 만일 여러분들이 현재 적절한 사진기를 가지고 있지 않다면 싸구려 신품을 사는 것보다는 좀 괜찮은 중고품을 구입하는 것도 고려해 볼 만하다. 현란하고 멋있는 카메라는 그 첨단 장비들이 여러분의 필요에 유용하지 않는 한 사지 않도록 하여야 한다. 또한 보조적인 장비는 아는 이에게 빌리거나 돈을 지불하고 임대하는 것도 종종 가능하다.

보다 융통성 있는 사진기의 기능을 알고 또한 그 사용법을 아는 것도 중요하지만 최종 결과를 얻는 데 있어서는 다른 요소들도 매우 중요하다. 예를 들자면 매우 훌륭한 사진도 구도(構圖) *composition*가 잘못되어 망치는 수가 있다. 여러분들은 주된 피사체에만 신경을 쓴 나머지 사진기가 충실히 녹화하는 사진기의 시야 내에 들어 온 다른 피사체들, 예를 들자면 마치 사진 속 인물의 머리 위에서 자라고 있는 것처럼 보이는 배경의 나무 등을 의식하지 못하는 수가 있다. 촬영 시에는 여러분에게 똑똑히 보였던 멀리 서 있는 인물은 완성된 사진에서는 조그만 점처럼 보일 수도 있다. 일반적으로 구도가 잘된 사진이란 가장 중요한 부분에 주의가 집중되도록 되어 있는, 전체적으로 균형이 잘 맞는 사진을 의미한다. 만일 바로 이 주된 관심 부분이 사진의 正 중앙부에 위치하고 있으면 이는 마치 정지한 것처럼 보이며 재미가 없어 보인다. 이는 수평선이 정확히 가운데에 있어 상하를 양분하는 사진의 경우도 마찬가지이다. 사진에서 모든 선은 시선을 유도하듯이 주요 피사체를 향하여 들어가야 하며 그 반대가 되어서는 안 된다.[9] 대개 직사각형의 모양을 한 35mm 사진기는 눈에 보기 좋은 사진을 구성하는데 훌륭하게 도움을 줄 수 있다. 곧추 선 피사체의 경우에는 사진기를 90도 회전하여 긴 쪽을 축으로 삼으면 된다. 배경도 또한 사진을 살릴 수도 망칠 수도 있다. 배경은 사진에 분위기를 주는 데 도움을 줄 수 있으나, 또한 잘못될 경우에는 완전히 시선을 분산시킬 수도 있다. 날씨가 좋은 날에는 하늘이 포함될 수 있도록 낮은 앵글에서 촬영을 시도해 보라. 풍경을 찍을 경우에는 전면(前面)에 사람을 넣어 찍는 것도 또한 좋은 방법인데 이 경우 사람들은 나무처럼 빳빳이 사진기를 쳐다볼 것이 아니라 풍경을 쳐다보아야 한다. 사진의 구도에 관하여 흔히 되풀이되는 꼭 필요한 마지막 힌트는 여러분의 사진에 도움이 되지 않는 것은 모조리 제거할 정도로 피사체에 가까이 다가가라는 것이다. 어떤 사람들은 파인더를 들여다보면서 뒷걸음질치기 시작한다. 이것은 사진의 구도를 결정하는 최선의 방법도 아니며 또한 사진을 계속 찍기 위하여 필요한 '생존'에도 적합하지 않다.[10]

---

9) 역주: 자동 카메라의 경우는 정중앙에 초점을 맞추도록 프로그램되어 있기 때문에 황금분할에 의한 멋있는 구도를 표현하려면, 먼저 주요 피사체(예: 예쁜이)를 정중앙에 오도록 한 후 셔터를 한꺼번에 완전히 누르지 말고 반만 눌러서(하프 셔터) 초점이 예쁜이에게 맞도록 한 뒤에 카메라의 방향을 살짝 이동하여 뒤에 있는 멋있는 나무나 건물이 배경이 되어 알맞은 구도를 이루도록 하고 셔터를 끝까지 누르면 된다. 자동 카메라의 메커니즘을 조금만 이해하면 항상 가능한 것은 아니지만 '카메라를 살짝 속여서' 원하는 바에 가까운 사진을 얻을 수 있는 경우가 있다.

10) 역주: 뒷걸음질하다가 자동차에 치거나 절벽에서 떨어질 수도 있는데, 의외로 자주 발생하는 사고이므로 주의하여야 한다.

칼라 필름을 사용하여 촬영할 경우 다양한 색상을 포함하도록 시도하는 것은 일반적으로 좋은 방법이다. 흑백 필름일 경우에는 흑백의 대비를 사용해 보도록 하라. 그러나 이들 중 어떠한 충고라도 (앞에서 언급한 구도에 관한 충고도 포함하여) 반드시 지켜야 할 규칙으로 받아들여서는 안 된다. 예를 들어 여러분들은 열대 다우림 *rain forest*의 온통 푸른 세상을 촬영하거나 또는 안개 긴 겨울 아침의 잿빛 세상을 찍으려 할 수 있다. 사진기라고 하는 것은 그 사진기를 손에 든 촬영자의 수준에 좌우되기 마련이다. 그런데 기술적인 숙련도는 떨어지면서도 훌륭한 구도를 잡거나 사람들이 그 본연의 모습으로 있는 정확한 순간을 포착하거나 또는 사람들의 정신이나 삶의 방식을 일반적으로 포착하는 데 뛰어난 감각을 가진 사람들도 있다. 이러한 사람들은 민족지 사진가로서 크게 성공할 수 있는 사람들이다.

프로젝트 과제

이 책의 초판에서 우리들은 각 학생들에게 아홉 가지 범주의 사진을 각 1 매씩 촬영하라는 단순한 요구를 하였다. 우리들의 의도는 최소한 각 학생들에게 사진촬영에 관하여 다양한 경험을 맛보게 하려는 것이었다. 우리들은 어떤 학생들의 경우 민속에 관심을 가지고 있어 도자기나 누비 이불*quilt* 등을 촬영하려는 반면, 또 다른 학생들은 고고학적인 작업을 하여 여러 유형의 도구들을 촬영하기를 원하며, 또 어떤 학생들은 사람들간의 상호작용을 촬영하기를 원한다는 사실을 잘 알고 있다. 만일 이 책이 단지 현지조사지에서의 사진촬영만을 위하여 쓰여졌다면 우리는 우리 동료들의 충고를 들어 여러분들에게 하나의 범주에 각각 필름 한 통씩을 촬영하도록 요구할 수도 있을 것이다. 그러므로 우리들은 전과 같이 아홉 가지의 사진의 유형을 개괄적으로 설명하는 바이다. 그러나 학생들 개

개인의 필요와 배경과 관심을 감안할 때 우리는 여기에 추가하여 어떠한 과제가 합리적이며 또한 유용한가에 관하여 교수와 학생들이 의견의 일치를 볼 것을 원하는 바이다.

여기에서 여러분들에게 제안된 프로젝트는 합세 아홉 장의 사진으로 구성된다. 아홉 가지 범주에 속하는 사진이 각기 한 장씩만 요구되고 있으나, 여러분들의 장비를 가지고 실험을 해보고 싶은 사람들은 여러 다양한 유형의 사진을 촬영하여 이러한 사진들이 여러분들의 사진기에 대하여 무엇을 말해 줄 수 있는가 그리고 다양한 상황하에서 어떻게 사용되는가를 알아 보고자 할 수도 있다. 만일 여러분들이 칼라 슬라이드 필름을 촬영하고자 한다면 강좌를 수강하는 다른 사람들과 비교할 수 있도록 이를 환등기로 투사해 볼 수 있는 시설과 기자재가 있는가를 확인하여야 하며 그렇지 않을 경우 여러분들은 이러한 투명필름(슬라이드 필름)을 일단 인화하여 사진을 얻어야 할 것이다. 프로젝트를 위하여 사진의 구도를 결정할 때에 여러분들은 다른 설명없이 각 사진들이 그 자체로서 어느 정도나 가치가 있는지를 자문해 보아야 한다.

이 프로젝트의 목적을 위하여(그리고 물론 정보를 통하여 배우기 위하여) 여러분들은 촬영을 할 때마다 촬영시간, 장비(여러분들이 만일 다수의 장비를 가지고 있다면 카메라와 렌즈를 명기할 것), 셔터 스피드, 조리개, 필름, 필름의 노출지수 그리고 가능하다면 당시의 노출계의 눈금 등을 기록해 두도록 하라. 여러분들의 경험이 쌓여감에 따라 이러한 기록 모두를 항상 유지할 필요는 점점 줄어들 것이지만 초기에는 이러한 기록이 이루 말할 수 없이 귀중하다. 특히 일자(日字)는 결코 빼놓아서는 안 되는 중요한 기록이다.

사진의 촬영

1. 가정의 내부

방의 내부를 촬영하여 가구 및 다른 물건들 그리고 이들의 배치를 보여 주도록 하라. 인류학자는 이러한 사진들을 물질문화의 목록의 일부로서뿐만 아니라 일반적인 예시적 목적으로도 자주 사용한다. 만일 여러분들이 삼각대, 케이블 셔터, 플래시 또는 추가 조명 장비 등의 보조장비들을 가지고 있을 경우에는 이 과제를 위하여 사용해 볼 수도 있을 것이다. 물론 원래의 조명만 사용하는 것도 허용된다. 플래시를 장착할 경우 카메라를 어떻게 세팅하여야 하는가는 각 필름통에 들어 있는 제작회사의 지시 설명서를 보면 알 수 있다. 방과 내부의 물건들을 명확히 보여주는 시각과 여러분들이 최종의 사진에 담고 싶은 모든 것들을 보여주는 피사계 심도를 선택하도록 한다. 플래시를 사용할 경우에는 반사면과 각도를 일치하도록 방향을 잡아서 사진의 반사광이 둥글게 나타나지 않도록 한다. 그런데 어떤 경우 '반사면'이라는 것은 창조적으로도 사용될 수 있는데, 특히 카메라의 시선이 도달할 수 없는 방의 부분들을 보여주거나 또는 사진에 다른 차원들을 보여줄 수 있도록 거울 같은 것을 사용할 수 있다. 이러한 사진에는 플래시가 도움이 되는 경우도 있지만, 인물이나 공식적인 사건을 촬영할 경우에는 활동이 부자연스럽게 될 뿐 아니라 촬영자에게 너무 많은 주의를 집중시키기 때문에 부적합한 경우도 있다. '인류학자인' 사진사로서 여러분들은 집이 그 속에서 생활하는 사람들을 어떻게 반영하는가를 보여 주기 위하여 어떻게 할 것인가라는 질문을 특별히 도전할 만한 명제로 간주하도록 해야 할 것이다.

2. 거리의 풍경

활기에 찬 거리의 풍경. 가급적이면 작은 상점들이 많이 있는 상점가의 한 블록을 선택하도록 하라. 이 블록의 조직, 기능 그리고 사람들의 구성을 어느 정도 촬영하도록 하라. 블록 전체의 느낌과 활동을 기록하기 위하여는 피사계 심도가 충분히 커야 한다는 점을 명심하여야 한다.

3. 소집단의 상호작용

야외에서의 집단의 행동을 선택하여 사람들간의 상호작용뿐만 아니라 이러한 상호작용이 발생하는 맥락(즉 빌딩, 물건 등등 집단의 본질과 그 활동에 대하여 추가적으로 힌트를 주는 것들)까지 포착할 수 있도록 사진을 촬영하여야 한다. 여러분들은 사람들의 상호작용을 정지사진으로 포착하는 연습을 필요로 하는데, 이는 여러분들이 피사계 심도를 충분히 하고 빠른 셔터 스피드로 잡아서 사진을 구성하며 또한 상호작용에서도 결정적인 순간을 포착하여야만 한다는 것을 의미한다. 이러한 과제를 위하여 맥락과 상호작용을 가장 잘 보여줄 수 있는 노출을 선택함으로써 그 결과물인 사진은, 일단의 사람들이 집합적으로 무엇을 하고 있는가를 이와는 관계가 없는 다른 일련의 행동과 대조적으로 보여줄 수 있어야 한다. 이러한 과제는 단지 한 장이 아니라 적어도 몇 장의 사진을 찍어둠으로써 여러분들이 어떠한 행동을 할 것인가를 예견하고 이를 필름에 포착하며 그리하여 하나의 줄거리를 가진 일련의 사진을 촬영할 수 있도록 하는 것이 매우 유용할 것이다.

4. 와 5. 인물사진

다음에는 아이의 인물사진과 어른의 인물사진을 각기 한 장씩 찍는데, 단지 인물의 얼굴만이 아니라 등장인물이 생활하고 일을 하고 노는(아이의 경우에는 놀이실이나 놀이터, 어른의 경우에는 가정이나 직장, 사무실) 등 그 맥락을 강조할 수 있도록 하라. 여기에서도 여러분은 자연조명 또는 인공조명 혹은 이 모두를 가지고 실험을 해볼 수 있을 것이다. 도전의 일부는 촬영대상이 되는 인물이 긴장하지 않도록 하여 사진이 자연스럽게 보이도록 하는 것이다. 이러한 작업은 부분적으로는 촬영대상에게 무엇인가 할 것을 줌으로써 달성할 수 있다. 아이의 사진을 찍을 경우에는 인형을 찍고 싶다거나 또는 다른 장난감을 찍기를 원한다는 말로 여러분의 목적을 이야기해 줌으로써 아이가 단지 자기자신은 장난감의 사진을 찍는 것을 도와주고 있다고 생각하도록 하는 것도 종종 사용되는 훌륭한 방법이다. 아마도 여러분들은 인형이나 장난감 곰에게 '생일잔치'를 열어 줄 수 있으며 여기에 참석하도록 아이를 초대할 수도 있을 것이다. 사진의 목적으로부터 주의를 산란시키는 물건이나 조명들을 배제하도록 인물사진은 조심스럽게 구성하도록 하라. 보고 싶지 않은 것은 무시해 버리는 사람의 눈과는 달리 사진기는 기계적이며 여러분이 들이대는 것을 그대로 촬영한다는 사실을 기억하도록 하라. 여러분들의 주요과제는 가급적 각 등장인물의 성격을 가장 잘 전달하는 것이다.

6. 건   물

여러분들의 흥미를 끄는 건물을 매일 수차례 살펴보는데(물론 원한다면 촬영도 하라) 가급적이면 건물의 남쪽이나 북쪽 동일한 위치에서 이를 관찰하도록 하라. 빌딩의 입체감을 주며 그 삼차원적인 성격을 강조하는 데 빛이 어떠한 역할을 하는가를 주목하라. 카메라를 위로 향하게 하면 건물의 벽들이 서로 합치하는 것처럼 보인다는 사실을 주목하라. 건물의 삼차원적인 성격을 가장 잘 보여주는 노출을 선택하라.

7.과 8. 물건 Artifacts

3인치 혹8은 그 이하의 작은 물건(사람이 만든 것) 그리고 6인치 이상 6피트 이하의 크기를 가진 커다란 물건을 각기 노출을 달리하여 촬영하라. 물건을 보는 상이한 각도와 상이한 조명조건들을 탐색해 보아라. 여러분들은 적어도 물건의 형태와 질감을 보여 주기 위하여 강한 빛 하나를 필요로 할 것이며, 그뿐 아니라 그림자가 과소하게 노출되어 필름이 세부를 촬영할 수 없을 정도로 너무 어두워지는 것을 방지하기 위하여 또 다른 조명(아마도 약간 덜 강한)을 필요로 하게 될 것이다. 근접한 거리에서 초점을 맞출 경우에는 여러분들의 사진기의 렌즈는 피사계 심도가 너무 얕기 때문에 물건에 초점을 맞추기 위하여는 가급적 렌즈의 조리개를 죄야만 한다는 것을 깨닫게 될 것이다. 여러분들은 또한 셔터 스피드가 느리기 때문에 삼각대와 케이블 셔터를 필요로 할 것이며 또한 이 때 발생할 수 있는 시차(패럴랙스) 오류를 체크하기를 원할 것이다. 만일 여러분들이 렌즈를 통하여 거리를 측정하는 데 문제가 있다면, 특히 여러분의 사진기가 '어림짐작 측정'을 요구한다면 클로즈업 사진에서는 특히 정확한 초점 맞추기가 중요하기 때문에 여러분들은 사진기의 전면부의 렌즈에 가까운 곳에 실을 매는 방법을 생각해 볼 수 있다. 여러분들이 사진 촬영에 사용할 거리의 세팅만큼 카메라로부터 떨어진 곳에 실을 묶고 이 실을 잡아당겨서 피사체에 줄이 닿아 팽팽해질 때까지 당겨야 한다. 그리고 나면 실을 버리고 원하는 거리에서 사진을 찍도록 한다. 프로젝트의 이 부분을 위하여, 물건을 가장 잘 보여주는 사진 두 점을 선택하라.

9. 정지동작 Stop action

재빠른 동작이 많이 포함되는 스포츠 행사 등 활발한 활동을 선택하여 이를 앞에서 제시한 방법(빠른 셔터 스피드를 사용하고 주요 피사체를 '포착하기 위하여' 그 행동을 패닝한다)을 사용하여 촬영하라.

절정의 활동순간을 포착하는 데 집중하라. 이것 또한 단 한 장보다는 여러 장의 사진을 촬영하는 것이 특히 유용한 또 하나의 과제이다.

참고문헌

Bateson, Gregory and Margaret Mead. *Balinese Character: A Photographic Analysis.* Special Publications of the New York Academy of Sciences. Vol. 2. 1942. New York: The New York Academy of Sciences. '문화와 인성(퍼스낼리티)' 연구에서 사진을 사용한 고전적인 사례이며, 자료를 수집하는 1차적인 수단으로 시종일관 사진을 사용한 연구로서 그 결과가 출판된 몇 안 되는 사례의 하나이다.

Byers, Paul. "Still Photography in Systematic Recording and Analysis of Behavioral Data." *Human Organization.* 1964. 23 : 78-84. '카메라가 보는 것'과 '인간의 눈이 보는 것'간의 차이에 관한 훌륭한 논의를 포함하고 있다. 이 글은 카메라를 단순히 실례를 보이기 위한 목적으로 사진을 촬영하는 데 사용한다기보다는 사회적 상호작용의 중요한 측면들을 기록하는 수단으로서 활용할 것을 강조하고 있다.

Collier, John, Jr. and Malcolm Collier. *Visual Anthropology: Photography as a Research Method.* rev. ed., 1986. Albuquerque: University of New Mexico Press. 이 책은 현지조사에 사진을 활용하려고 하는 학생들에게 기본적인 참고서이다. 이 책은 사진을 제1차적인 자료로 사용하는 조사연구의 계획과 수행을 비롯하여 현지조사에서 사진의 사용법을 완벽하게 다루고 있다.

Feininger, Andreas. *Basic Color Photography.* 1972. New York: Amphoto. 카메라와 필름의 선택과 사용에 관한 명료하고도 간결한 지침서로서 천연색 사진뿐 아니라 흑백사진의 경우에도 참고가 된다.

Mead, Margaret and Ken Heyman. *Family.* 1965. New York: Amphoto. 인류학자와 사진작가가 협력하여 만들어 낸, 풍부하게 사진이 삽입된 通문화적 시각에서 본 가족에 관한 서적.

Rudisill, Richard. *Mirror Image.* 1971. Albuquerque: University of New Mexico Press. 사진술의 최초 등장에 관한 이야기.

Sorenson, E. Richard and Allison Jablonko. "Research Filming of Naturally Occurring Phenomena: Basic Strategies." **In** P.E. Hockings, ed., *Principles of Visual Anthropology.* 1975. Hawthorne, NY: Mouton.

Steichen, Edward, comp. *The Family of Man,* 1955. New York: New York Museum of Modern Art. 세계 68개 국의 사진 503징을 모아 놓은 책으로서, 최초로 출판된 이래 수정판이 여러 다양한 형태로 출판되었다.

Worth, Sol and John Adair. *Through Navaho Eyes,* 1973. Bloomington: Indiana University Press. 피조사 대상이 되고 있는 사회의 구성원들에게 스스로 선택한 주제에 관하여 촬영할 것을 요청한 최초의 혁신적인 실험에 관한 보고서.

사진 촬영에 관한 기타 참고 서적

사진 장비의 구입에 관한 안내서와 목록은 대개 1년마다 『현대의 사진』 *Modern Photography*이나 『대중 사진』 *Popular Photography* 등 사진 전문 잡지의 편집진에 의하여 발행되며 구입 가능한 장비들의 종류를 요약하고 있어 도움이 되고 있다. 사진 전문 잡지의 최신호들은 종종 초심자로부터 노련한 아마추어에 이르기까지 다양한 수준의 독자를 위하여 사진 촬영의 상이한 측면에 관한 기사를 싣고 있다.

코닥 회사 Eastman Kodak Co. (뉴욕주 로체스터 소재 Rochester, New York 14651)의 경우, 자사(自社) 제품인 사진기와 필름 등의 사용에 관한 정보를 제공하고 있으며 또한 사진 촬영의 다양한 측면에 대하여 구체적인 사용법과 기타 자료들을 출판하고 있다. 대부분의 사진 장비 판매점은 이러한 출판물들을 비치하고 있으며 또한 코닥사와 그 외의 다른 회사가 발행한 여러 자료들을 구해 주기도 한다. 일부 코닥사의 작은 책자들은 가격이 불과 1달러도 되지 않으며, 특히 아마추어를 위한 값싸고 커다란 책자들이 다량 존재하고 있다.

타임-라이프社의 편집진은 『라이프 사진집』 *Life Library of Photography*이라는 시리즈에 카메라, 조명, 필름, 인화, 색 등에 관한 책자들을 발행하였다. 이러한 책들은 최신의 사진 촬영뿐 아니라 그 역사에 관한 정보까지도 포함하고 있으며 각종 도표와 사진이 풍부히 들어가 있고 게다가 가격도 적당하다.

'시각적 커뮤니케이션 인류학회'Society for the Anthropology of Visual Communication (그 전신(前身)은 '민족지 영화 프로그램' Program in Ethnographic Film)에서 발행하는 뉴스레터는 인류학에서 어떻게 영화를 사용할 수 있는가에 관한 최근의 견해들을 알 수 있는 귀중한 정보의 원천이다. 여기에는 또한 현재 제작되고 있는 민족지 영화들에 관한 평론과 논의도 수록되어 있다.

제14장 커뮤니티 연구의 설계

서 론

본서를 통하여 우리는 '커뮤니티'라는 용어를 상당히 느슨하게, 즉 여러분이 프로젝트의 초점으로 선정한 집단이 무엇이든 간에 이를 지칭하는 데 사용하였다(예를 들어 참여관찰의 章에서의 교회의 신도집단이나, 민담의 사례를 수집하게 될 종족집단 등등). 이러한 章들의 목적에 맞도록 우리는 이 용어를 공식적 및 비공식적, 응집된 혹은 분산된, 매우 상이한 인간집단의 유형을 모두 포괄하는 상당히 탄력적인 방식으로 사용하여 왔다.

그러나 커뮤니티라는 개념의 보다 정확한 정의와 또한 민족지적 조사연구의 바탕으로서의 커뮤니티 개념의 올바른 사용은 현지조사 인류학의 매우 중요한 부분이다. 이러한 '커뮤니티 연구학파'는 현대 인류학에서 상당한 영향력을 가졌으며 또한 이는 本書에서 논의된 접근 방법들 중 상당수를 하나의 통합된 틀 내에 종합하려고 시도하여 왔기 때문에, 현지에서의 자료수집 방법에 대한 우리의 개관을 커뮤니티에 대한 논의로써 마감하는 것은 적절하다고 생각한다.

어떤 사전에 의하면 커뮤니티란 "공동의 조직이나 관심을 가지거나 혹은 동일한 장소에서 동일한 법칙과 규율의 지배하에 생활하는 일단의 사람들" *a body of people having common organizations or interests, or living in the same place under the same laws and regulations*이라고 정의하고 있다. 이러한 의미에서 사회과학자들은 인간집단에 관심을 가지고 있는 한 항상 '커뮤니티'를 연구하여 왔다고 하겠다. '사회'와 '문화'라는 용어들은 이러한 집단들을 보다 높은 추상의 수준에서 논의하기 위하여 발전된 것이다. 그러나 학자들이 실제로 연구를 한 것은 커뮤니티, 즉 우리가 관찰하고 그 안에 들어가 살 수 있으며 또한 기술(記述)할 수 있는 사람들의 집합이었던 것이다. 커뮤니티 개념의 보다 공식적인 사용례는 20세기초, 특히 도시를 연구하는 데 흥미를 가진 사회학자들 사이에서 주로 발전하였는데, 커뮤니티는 "사회과학의 자연적 실험실"*natural laboratory of social science*(Hollingshead, 1948 : 136)이었다. 그 당시 도시는 규범*norms*이라는 측면에서 정의되었으며, 사회학자들은 종종 어떠한 이유에서인지 이러한 표준에 맞추어 살 수 없는 불행한 인간들의 삶을 향상시키는 데 관심을 가지고 있었다 (Hollingshead, 1948 : 137). 이러한 커뮤니티 개념의 제한적인 사용에 있어 초점이 된 단위는 동일한 장소에서 동일한 시간에 살고 있는 모든 사람을 단순히 지칭하는 것이 아니라 단지 승인된 행위의 특정한 패턴에 순응하는 사람들을 의미하였다.

1920년대에 시카고 대학의 일단의 사회학자들은 커뮤니티에 대한 이러한 규범론적*normative*(그리고 간섭적*interventionist*)인 접근을 외면하였다. 그들은 도시를 사회공학*social engineering*을 실천할 수 있는 자연적 실험실로서가 아니라 분석*analysis*의 단위로서 간주하였다. '시카고학파'의 구성원들에 따르면 사회과학자의 역할이란 특정 커뮤니티를 그 역사, 발전, 인구 및 조직의 면에서 연구하는 것이었다. 그러므로 그 목표란 모든 사람들이 '정상적인'*normal* 표준에 순응하도록 노력하는 것이 아니라 자연적으로 존재하는 변이를 관찰하고 이를 설명하는 것이었다(Hollingshead, 137).

이러한 집단의 업적 중 가장 흔히 인용되는 것은 1929년에 출판된 린드夫妻Robert and Helen Lynd에 의한 '미들타운'Middletown의 연구였다. 이는 '전형적인' 미국의 소도시*town*에 대한 최초의 본격적이며 분석적인 연구였다. 그리고 린드夫妻는 비록 사회학자로서

의 훈련을 받았음에도 불구하고 초기의 민족지 학자들의 기본적인
테크닉의 일부를 사용하였다. 린드夫妻는 자신들이 장기간에 걸쳐
같이 거주하였던 사람들의 평범한 일상적인 삶을 연구하였으며, 그
러한 '내부적' 관점으로부터 린드부처는 미들타운의 제도, 조직, 그
리고 사회구조의 다른 측면들을 분석할 수 있었다. 그리하여 미들
타운 프로젝트는 커뮤니티 연구의 용어에 '상호작용' interaction 이라
는 관점을 가져오게 되었다. 연구의 관건은 표준이 무엇인가를 정
의하고 모든 사람들을 여기에 맞추도록 노력하는 것이 아니라, 누
가, 실제로 무엇을, 어떻게 하여, 누구에게, 또한 누구와 함께 하였
는가를 알아내는 것이었다. 따라서 커뮤니티란 반드시 특정한 장소
에 위치할 localized 필요가 없었다. 사람들이 상호간에 규칙적인 방
식으로 상호작용하는 한——심지어 단지 우편이나 전화에 의하여
의사소통을 한다고 하더라도——일종의 커뮤니티 구조가 존재한다
고 할 수 있었다.

　당시 시카고 대학에 있던 가장 저명한 인류학자 중 한 사람이 로
버트 레드필드Robert Redfield였는데, 그는 이러한 사회학자들의 영
향을 매우 많이 받았다. 레드필드는 그 결과 민족지 작성에 관한
그의 훈련을 커뮤니티 지향적인 사회학자의 관심과 결합시킬 수 있
었다. 레드필드는 거의 배타적으로 미개 부족 집단에 열중하던 인
류학의 전통에 종지부를 찍고, 커뮤니티 연구라는 조직화 원리를
통하여 보다 복합적인 사회의 연구에 인류학적 통찰력을 도입한 사
람으로 알려져 있다.

　레드필드의 커뮤니티에 대한 정의는 더 이상 인류학자들에 의하
여 전적으로 받아들여지지는 않지만 여기에서 상당히 자세히 살펴
볼 만한 가치가 있다. 레드필드는 스스로 "小커뮤니티" little com-
munity 라고 명명한 것에 관심이 있었는데, 그는 이것이야말로 역
사상 그리고 심지어 현대 세계에 있어서도 인간의 거주양식의 가장
특징적인 형태라고 느끼고 있었다(Redfield. 1955 : 4). 조사연구자가

어떠한 커뮤니티에 맨 처음 들어가게 되면 그는 단지 혼란스러운 활동의 묶음만을 보게 될 것이다. 이러한 총체성은 그가 아직 이를 이해하지 못하기 때문에 그를 거의 압도할 것이다. 민족지적 접근법을 사용하여 (또한 시카고 학파가 선호하던 방법을 사용하여) 조사연구자는 이러한 전체를 형성하는 부분들을 연구하기 시작하며, 그리고 나서 그는 이러한 부분들이 어떻게 서로 맞물려 들어가는가를 깨닫기 위하여 연구를 진행한다. 분석을 끝내고 나면 그는 또다시 총체를 볼 수 있게 되는데, 이번에는 이러한 총체가 어떻게 구성되었는가를 알고 있기 때문에 이러한 총체가 연구자에게 이해될 수 있는 것이다. 레드필드에게 '小커뮤니티'란 사람들이 어떻게 자기 자신들과 자신들이 만들어 낸 것들을 일종의 의미 있는 질서로 만드는가를 분석하기 위한 관찰의 기본적인 단위이다(Redfield, 1968 : 22).

레드필드(1968 : 4)는 '小커뮤니티'를 다음과 같은 4 가지 주요 차원에서 정의하였다.

- 유별성(有別性) *distinctiveness*: 집단은 스스로가 집단이라는 사실을 의식하고 있어야만 한다. 외부인들 또한 이러한 사람들이 하나의 집단을 형성하고 있다는 사실을 인식하여야만 한다.
- 규모 *size*: 집단은 그 구성원들로 하여금 지속적인 상호작용을 허락할 수 있도록 충분히 소규모이어야 한다.
- 동질성 *homogeneity*: 집단의 구성원들은 일련의 제도, 태도, 가치들을 공유하여야만 한다.
- 자기충족성 *self-sufficiency*: 집단은 다른 집단에 의존하여서는 안된다. 왜냐하면 이러한 의존은 그 자신의 제도의 특징적 성격에 영향을 미치기 때문이다.

명백히 이러한 규준들은 부족사회에 대한 전통적인 인류학적 조사연구로부터 차용한 커뮤니티 모델에 기초를 둔 것이며 몇몇 사람들은 레드필드가 보다 복합적인 사회의 커뮤니티——예를 들자면 수렵채집 집단처럼 결코 거의 자기충족적(自己充足的)이지 못한——를 마치 완전히 별개의 단위인 것처럼 취급한 것은 불행한 일이라 비판하게 되었다. 공정하게 말하자면 레드필드는 '小커뮤니티'를 세계 어디에서 발견이 되든 이를 완전히 분리된 실체로서 그 자체 완결적인 것으로 보지는 않았다는 점을 지적하여야만 하겠다. 오히려 그러한 커뮤니디들은 '민속'사회 folk society 로부터 '도시복합' urban complex 에 이르기까지의 복합성의 연속체의 일부로서 간주되었던 것이다. 비록 정확한 경계를 확정하고 또한 예를 들어 어떤 것은 '순수한' 민속 커뮤니티라고 말하는 것은 불가능하지만, 어떤 커뮤니티들은 다른 커뮤니티들보다 그 조직과 제도의 측면에서 이러한 스펙트럼의 어느 한 쪽에 보다 가깝다는 것은 명백한 일이다. 상대적으로 보다 더 민속적인 집단이란 그를 둘러싸고 있는 '大전통' great tradition 과의 접촉이 최소한이기 때문에 이러한 집단들은 '단지 분석의 목적상'으로는 자기충족적인 단위처럼 취급될 수 있는 것이다. 이러한 정의를 사용함으로써 레드필드는 멕시코의 찬콤 Chan Kom 의 마야Maya 부락이 비록 스페인계 아메리카의 세련되고 문자를 가진 문화적 전통과 어느 정도 관련을 가지고 있음에도 불구하고 그 제도, 행동, 가치 등등이 고립된 부족의 경우와 동일한 방식으로 분석될 수 있는 사회적 실체로서 연구할 수 있었다.

　　레드필드의 연구는 '농민'의 연구——즉 북미, 남미, 유럽 그리고 아시아의 도시문명 내의 전통적(혹은 '민속') 커뮤니티의 분석——에 대한 관심을 촉진시켰다. 비록 본 章의 목적을 위하여는 이러한 광범위한 문헌을 개괄할 필요는 없지만 그 결과로서 형성된 커뮤니티 연구의 이론적 중요성 때문에 최소한 이러한 연구의 하나를 택하여 언급하여야만 하겠다. 즉 아렌스버그와 킴볼(Arensberg. 1937 ; Arensberg & Kimball. 1940)에 의한 아일랜드의 농촌연구가 그것이다. 여러 다양한 이유 때문에 아렌스버그와 킴볼은 레드필드가 찬콤에 대해서 했던 것처럼 아일랜드의 부락을 완전히 자기 충족적인 단위로 간주할 수 없었다. 그럼에도 불구하고 그들은 모든 유형의 사회——

'민속' 유형뿐만 아니라 보다 복합적이고 도시적인 유형——의 조직적인 특징으로서의 커뮤니티의 중요성을 인정하였다.

1950년대와 1960년대에 걸쳐 아렌스버그와 킴볼은 분석의 목적상 커뮤니티의 개념을 정의하고 또한 커뮤니티에 대한 현지조사 연구에 있어 일정한 원리들을 제시하는 데 관심을 두었다. 이들의 첫번째 그리고 가장 기본적인 가정은 다음과 같다. 즉, 커뮤니티란 하나의 '실체'가 아니라 **프로세스**[1]라는 것이었다(Arensberg & Kimball, 1965 : 1). 따라서 "커뮤니티란 무엇인가?"라는 질문은 부정확한 것이다. 오히려 "커뮤니티란 무엇을 하는가?"라고 물어 보아야만 한다. 그 결과 조사연구단은 "개인들 상호간의 활동에 있어, 또한 그 환경 내에 있는 물리적 항목들과의 상호작용에 있어서 드러나는 개인들간의 관계 내의 규칙성"을 찾아 보라는 충고를 받게 된다(1965 : 2). 예를 들어 사회심리학자는 실험실 상황에서 통제 집단을 정함으로써 그러한 상호작용의 규칙성을 연구하는 반면에, 인류학자(혹은 사회학자)들은 커뮤니티를 '살아 있는 실험실'——사회복지 개념을 구현하는 현장으로서가 아니라 가설을 수립하고 검증하는 상황으로서——사용할 수 있는 것이다(Arensberg, 1961 : 245).

그렇다면 아렌스버그와 킴볼의 견해에 의하면 커뮤니티는 사회와 문화 일반에 관한 가설을 검증함에 있어 적합하게 만들도록 무엇을 하고 있는가? 우선 무엇보다도 커뮤니티란 사회와 문화 내에서 조직과 커뮤니케이션의 기본적인 단위인 것처럼 보인다(Arensberg, 1961 : 248). 그리하여 다시 한번 우리들은 커뮤니티의 규준을 커뮤니케이션과 상호작용이라는 관점에서 정의할 수 있는 것으로 보는데 여기에는 한 가지 중요한 차이점이 있다. 단지 아무것이나 커뮤니케이션한다고 충분한 것이 아니라 '문화'를 커뮤니케이션하여야 한다는 점이다. 어느 정도 심리학적인 준거들을 사용하자면(아렌스

---

1) 역주 : process 는 과정(過程)이라고 흔히 번역하지만 진행(進行)이라는 의미도 가지고 있기 때문에 여기서는 그냥 프로세스라고 번역하였다.

버그와 킴볼은 이러한 작업을 명시적으로 하고 있지는 않다) 커뮤니티란
사회화 *socialization* 와 문화화 *enculturation* 의 담당자이며 어린이나
신입자가 일정한 사회문화체계의 구성원으로서 그 지위와 역할을
학습하는 도구이기도 하다(제12 프로젝트의 논의를 참조). 이러한 방
법으로 자기충족싱에 관한 레드필드의 규준은 지속될 수 있다. 비
록 커뮤니티는 다른 장소에 있는 커뮤니티들과 아마도 재화와 용역
을 교환하기 위하여 항상적으로 접촉하고 있다 하더라도 각 커뮤니
티는 가장 기본적인 제도를 보유하고 있는 한, 그 자체의 자율성
역시 보유하고 있다고 하겠다(특정집단에 따라 이들은 가족, 법률체계,
종교조직 등등을 포함할 수 있다). 이러한 상호연관된 그러나 자율적
인 커뮤니티의 집합들은 과연 응집력이 있는 '사회'를 형성할 수 있
다(Arensberg & Kimball, 1965 : 5). 그리고 소위 '다원적'(多元的) 사
회 *plural society* 의 본질에 관하여 많은 논쟁이 발생하였는데, 이들
은 특히 카리브해 지역, 동아프리카, 그리고 남아시아 지역에서 상
이한 기본적 제도들을 가진 단위이다.

　왜냐하면 커뮤니티란 그것이 어디에 있든 또한 그 특징이 무엇이
든 문화의 전달을 위한 단위이며, 또한 이는 단지 그 자체 흥미의
대상으로서뿐만이 아니라 (레드필드가 찬콤을 연구했듯이) 그것이 뿌
리를 두고 있는 사회·문화 체계의 소우주로서도 연구될 수 있다
(Arensberg, 1955 : 1143). 그러므로 커뮤니티 연구의 진정한 본질은
자연주의적 *naturalistic* (즉 집단을 하나의 실험적 디자인의 일부로서가
아니라 존재하는 그대로 관찰)이며 또한 **비교적** *comparative* (커뮤니티를
독자적인 '실체'로서 연구할 수 있는 독립적인 단위라기보다는 상호간에 비
교가 가능한 문화의 대변자로서 연구)인 것이다(Arensberg & Kimball,
1965 : 29).

　그리하여 연구자는 고전적인 민족지가 부족사회를 연구하는 것과
거의 동일한 방법으로 커뮤니티를 연구한다. 즉 총체적으로 연구한
다. 비록 연구자가 현지에 들어갈 때 검증을 위한 구체적인 가설을

가지고 있거나 혹은 문화의 특정영역(종교행위, 정치체계 혹은 기타)에 흥미를 가지고 있을 수도 있으나, 보다 구체적인 행위들이 발생하는 맥락을 이해할 수 있기 위하여는 커뮤니티에 대하여 가능한 한 철저히 연구를 할 필요가 항상 존재한다. 명백히 모든 것을 다 연구한다는 것은 불가능하다. 그러나 커뮤니티 연구의 목표는 '세부사항의 망라(網羅)' *exhaustion in detail* 가 아니라 '심층적인 조망(眺望)' *depth of view* 이다(Arensberg & Kimball, 1965 : 32). 이는 아렌스버그와 킴볼이 '다요인(多要因)' *multifactorial* 접근법(p. 31)이라고 부른 것을 통하여 이루어진다. 이는 본서에서 개괄한 조사도구 중 단지 하나만을 사용하는 것이 아니라 만일 가능하다면 그 모두를 사용하고 또한 연구 중인 특정 커뮤니티에서, 특히 적합하게 보이는 새로운 조사도구를 창안하는 것이다. 심층인터뷰, 참여관찰, 계보적 방법, 생애사의 수집, 개인적 문서와 민담의 분석, 그리고 기타 모든 것들은 완전한 커뮤니티 연구의 일부인데(p. 31), 이는 이들이 특정 장소에 관한 사실과 숫자들을 최후의 하나까지 모두 기록 가능하도록 해주기 때문이 아니라 이들이 동일한 행위의 수많은 다양한 측면에 관하여 조명을 해 주기 때문이다.

바커 Barker 및 그 동료들에 의한 미국 소도시의 연구(Barker, 1968)는 사실상 '심층적 조망' 대신에 '세부사실의 망라'가 선택된 커뮤니티 연구의 두드러진 사례이다. 이러한 조사연구팀은 행동——특히 개인 간의 상호작용——을 관찰하고 코드화하는 체계적인 방법을 사용하여 특정 장소들에서 발생하는 모든 것에 관한 상세한 노트를 수없이 작성하였다. 그러나 바커는 1차적으로 상호작용의 패턴에 흥미를 가진 심리학자였으며 보다 넓은 유형의 사회문화적 맥락에 관심을 가진 인류학자는 아니었다. 비록 바커의 연구는 흥미로운 것이며 커뮤니티 연구를 시작하는 인류학자들이 주목할 만한 가치가 있는 것이었지만, 그의 연구는 아렌스버그와 킴볼이 정의한 대로의 '완전한' 커뮤니티 연구를 대변할 수 있는 것은 아니라는 점을 지적하여야만 하겠다.

아렌스버그와 킴볼의 접근법에 대한 인류학 내에서의 가장 중요한 수정은 줄리언 스튜어드Julian Steward에 의하여 개척되었다. 그는 커뮤니티란 보다 넓은 사회체계의 완전한 대변자처럼 연구될 수 있다는 가정을 배척하였다. 스튜어드는 사회·문화체계를 연구하기 위하여는 결국은 이를 형성하는 상이한 여러 유형의 커뮤니티 전부를 연구할 필요가 있다고 느꼈는데, 그 이유는 이들 중 그 어느 것도 완전히 대표적이지 못하기 때문이었다. 이러한 작업은 단지 하나의 커뮤니티에 대한 '철저한' 연구보다 명백히 훨씬 더 복잡한 작업이며 그리하여 스튜어드는 보다 대규모의 조사연구팀을 사용하는 것을 선호하였는데, 특히 인류학뿐 아니라 여러 다양한 사회과학들을 대표하는 조사팀을 원하였다. 이러한 연구조사팀 내부의 소집단들은 수개의 선택된 커뮤니티 중 하나를 보다 깊이 연구할 책임을 지게 되었다. 이러한 방식으로 연구조사를 행하는 데 있어 가장 중요한 것은 **비교가능성** comparability의 확보였다. 즉 모든 조사자가 동일한 질문을 동일한 방식으로 제기하며 또한 동일한 유형의 사물들을 관찰한다든지 하는 것 등이었다(Steward, 1950 : 25). 각 커뮤니티는 다음과 같은 측면에서 연구되고 또한 비교되어야만 하였다. 즉 **현지의 지방적 단위** local units (가구, 거리, 이웃), **특수 집단** special groups (인종집단, 카스트집단, 계급집단, 종족집단), 그리고 **공식적 제도** formal institutions (정당, 교회집단, 봉사클럽 등) 등이다(Steward, 1950 : 115).

커뮤니티 연구에 대한 스튜어드의 접근법 중 가장 인상적인 사례는 그가 지도한 대규모의 푸에르토 리코Puerto Rico 프로젝트(1956)이다. 이 프로젝트의 목적은 푸에르토 리코의 사회인류학적 연구였다. 비록 이 섬은 보다 광범위한 스페인계 아메리카의 전통 내에서 이를 다른 사회들과 구분시키는 특징적인 형태를 가진 독특한 사회였으나 그 내부에도 많은 다양성이 존재하였다. 푸에르토 리코 사

회 내부의 이러한 다양성의 뿌리는 무엇이며 또한 다양한 커뮤니티
들은 푸에르토 리코의 사회·문화적 체계라는 전체에 어떻게 통합
되고 있는가? 스튜어드의 이론으로는 푸에르토 리코의 상이한 커뮤
니티의 유형들은 상당 부분 생태학적 적응에 기초하고 있었다. 즉
산악지대의 커뮤니티들은 적응과 또한 생계의 획득이라는 관점에서
볼 때 해안지방의 커뮤니티들과는 명백히 상이할 것이며, 이러한
상이점은 또한 이러한 커뮤니티 각자의 사회구조에도 영향을 미칠
것이었다. 그러나 이러한 생태학적 다양성에도 불구하고 이들 모두
는 푸에르토 리코라는 독특한 각인, 즉 이들 모두를 동일한 전체
사회의 구성원이라고 표시하는 각인을 지니게 될 것이었다. 그리하
여 이 섬에서 발견되는 다양한 유형의 생태학적 적응을 대변하는
상당수의 상이한 커뮤니티들이 선정되었으며 이들 각자는 조사연구
팀의 모든 구성원들이 사용할 수 있도록 표준화된 조사방법을 사용
하여 민족지적으로 연구되었다. 이들은 다음과 같은 방법에 의존하
였다:

· 인터뷰: 여기에는 무작위적 *random* 또는 지시적 *directed* 인터뷰 양자
  가 모두 포함되었다.
· 사례사(事例史) *case history* 의 수집
· 참여관찰
· 주요 정보제공자 인터뷰(전문가에 대한 인터뷰)
· 문서 보관소, 기록, 그리고 기타 문서화된 기술(記述) 자료(역사적 자
  료 및 현재 자료)의 사용.
· 표준화된 설문지

보다 범위가 제한된 연구에서 레이몬드 스미스 Raymond T.
Smith 는 영국령(英國領) 기아나(British Guiana : 현재는 가이아나 Guyana)의
세 개의 커뮤니티를 분석함으로써 친족 및 가내조직 *domestic organ-
ization* 의 다양성을 비교하려 하였다(Smith, 1956). 스미스가 직면
한 문제는, '서인도제도의 친족구조'라고 느슨하게 부를 수 있는 것

이 존재하고 또한 이의 전형적인 가이아나의 型이 존재한다고 할 수 있지만, 이러한 변이가 국지적인 커뮤니티의 수준까지 실제로 내려올 때에는 이러한 일반적인 용어를 사용하는 것은 부질없는 일이라는 점이었다. 상이한 경제적 생계기반을 가졌던 세 개의 커뮤니티를 선정하고 또한 이러한 집단의 가내조직을 연구함으로써 스미스는 가이아나의 친족이 실제로 무엇인가에 대하여 보다 명확히 이해할 수 있었다. 이와 거의 유사한 연구가 자마이카에서 에디스 클라크 Edith Clarke 에 의하여 시도된 바 있다.

프로젝트 과제

여러분들은 비록 본격적인 커뮤니티 연구를 수행할 시간이나 자원을 아마 가지고 있지 않을 것이지만 본서의 몇몇 프로젝트를 이미 수행한 바 있기 때문에 보다 포괄적인 시도를 위한 잠정적인 계획을 수립할 위치에 있다고 하겠다.

따라서 여러분의 프로젝트는 여러분의 고향 또는 이웃 혹은 여러분이 잘 알고 있는 완전한 커뮤니티를 연구하기 위한 계획서(연구제안서) proposal 를 작성하는 것이다. 여러분은 여러분 자신이 수행할 것을 염두에 두고 계획을 작성하여도 좋고 혹은 커뮤니티 연구를 하기 원하기 때문에 이러한 커뮤니티에 대한 전문가인 여러분으로부터 조언을 구하는 다른 인류학자가 제기할 일련의 질문에 대한 대답의 형태로 이를 작성하여도 무방하다.

특히 커뮤니티란 사람들간의 정규적인 제휴에 기초를 둔 어떠한 집단 group 을 의미한다는 것을 명심하여야 한다. 그러나 커뮤니티란 잘 규정된 경계를 가진 밀집한 주거지일 수도 있고 혹은 경계선이 다른 커뮤니티의 경계선과 중복되는 분산된 집단일 수도 있다(M.G. Smith 1965 : 176). 포틀랜드 Portland 市의 부두 노동자들에 대한 필처 Pilcher의 연구(1972)는 후자의 예이다. 비록 문제가 된 사람들은 공간적으로 정의된 커뮤니티 내에 살고 있지는 않지만(그들은 소도시의 여러 부분에 흩어져 살고 있다), 그들은 도시 내의 다른 그 어떠한 집단과도 공유하지 않는 중요한 상호작용, 가치, 서로에 대한 태도 등을 공유하기 때문에 커뮤니티를 형성한다.

여러분들은 본격적인 커뮤니티의 연구에 있어 자료를 수집하는 방법을 자세히 나열하고 있는 아렌스버그와 킴볼이 마련한 광범한 요강을 참고할 수도 있고 혹은 다음의 보다 일반적인 요강으로 만족할 수도 있다.

Ⅰ. 연구의 대상이 되는 커뮤니티의 범위 정하기
  가. 이 커뮤니티의 경계는 무엇인가?
    1. 지리적 경계(예: 강, 산)
    2. 인구학적 혹은 기타 인적 경계(예: 커뮤니케이션은 종교적·언어적 경계에서 종료한다——이 커뮤니티 내에서는 사람들이 이태리어를 사용하고 로마 카톨릭 교회에 다니지만, 길 건너편에서는 사람들이 그리스어를 사용하고 희랍정교회에 다닌다.)
    3. 공식적인 경계(예: 정부가 설정한 邑 혹은 郡이나 區의 경계)
  나. 이 커뮤니티를 인접한 다른 커뮤니티들과 상이한 것으로 만드는 특별한 요소들은 무엇인가?
  다. 어떠한 요인들이 이 커뮤니티를 인접한 지역 내의 다른 커뮤니티들과 연계시키는가?
  라. 이 커뮤니티에 도달하거나 또는 이 커뮤니티 내를 돌아다니기 위하여는 어떠한 편의시설들이 존재하는가?
    1. 교통 수단
    2. 커뮤니케이션 수단

Ⅱ. 커뮤니티에 들어가기
  가. 커뮤니티에 들어가는 데 있어 특별한 준비가 필요한가?
    1. 지방의 보안관 사무소 혹은 경찰서장의 허가

　　2. 부락의 장로(長老)들의 협조

　　3. 여권과 비자

나. 커뮤니티에 도달하는 최선의 방법은 무엇인가?

　　(가장 신속하고 가장 비용이 적게 드는 방법)

다. 일년 중 다른 시점보다 커뮤니티에 들어가는 데 더욱 적합한 시기가 존재하는가? 만일 그러하다면 그 이유는 무엇인가?

라. 장기간에 걸쳐 이곳에서 생활하기 위하여 어떠한 특별한 의복이나 혹은 다른 장비가 필요한가? (만일 특별한 의복이나 장비가 필요하다면 이는 현지조사자가 휴대하고 들어가야만 하는가? 혹은 커뮤니티 자체 내에서 더욱 저렴하거나 보다 쉽게 구할 수 있는가?)

Ⅲ. 커뮤니티 내에서 연구조사자 지위의 확립

가. 조사자는 누구와 가장 먼저 접촉하여야 하는가?

　　1. 관리들

　　2. 사회적 지도자들 *social leaders*

　　3. 보통사람들

나. 만일 이들 중 어느 하나 혹은 다른 사람들을 즉시 접촉하는 것이 상이한 결과를 가지고 온다고 생각하면 그 이유를 설명하라.

다. 조사의 초기 단계에서 회피하여야 하는 사람들이 존재하는가?

　　1. 집단들

　　2. 개인들

라. 이러한 사람들을 왜 회피하여야 하는가, 그 이유를 설명하라.

마. 거주지는 어느 곳에 설정하여야 하는가?

　　1. 자신의 집을 살 것인가?

　　2. 독립가옥 또는 아파트 또는 방을 세낼 것인가?

　　3. 누군가의 집에 하숙을 할 것인가?

　　　가) 혼자인 사람과 함께 살 것인가 또는 가족과 함께 살 것인가?

　　　나) 어떠한 종류의 사람들과 함께 살 것인가?

바. 조사자는 자신이 행하고 있는 조사를 어떻게 설명해야 하는가?

사. 조사자는 커뮤니티 내에서 일자리를 찾아야 하는가?

　　(본래의 조사연구 활동 이외의 일거리)

　　1. 만일 그러하다면 그 이유는 무엇이며 어떠한 일자리를 찾을 것인가? 만일 그렇지 않다면 그 이유는 무엇인가?

2. 조사자는 조사지역의 조직들(교회, 클럽 기타 등등)에 가입하고 그 회합에 참석하여야 하는가?

아. 조사자가 독신일 경우 현지의 남성 혹은 여성과 데이트를 할 것인가? 만일 그러하다면 그 이유는 무엇인가? 만일 그렇지 않다면 그 이유는 무엇인가?

자. 만일 커뮤니티가 대규모이며 주민의 수가 많다면 누구를 주요 정보제공자로 삼을 것인가? 그 이유는 무엇인가? 주요 정보제공자는 어떻게 선정할 것인가? 조사자가 이들의 우정과 협조를 획득할 수 있는 최선의 방법은 무엇인가? 정보제공자에게 정규적인 보수를 지급할 것인가? 정규적인 선물이 적당한가? 혹은 그 어떠한 증여행위도 부적절한 것으로 간주되는가? 만일 무엇인가를 주어야 한다면 무엇을 주는 것이 가장 적합한가? (금전, 음식물, 기타 편의)

IV. 방법(연구조사자가 특히 집중적으로 연구하고자 하는 특정한 문화의 영역을 가지고 있지 않다고 가정할 경우)

가. 연구조사자가 커뮤니티에 대한 '심층적 개관' *depth in view coverage* 을 얻기 위하여 사용할 자료수집 테크닉을 상세히 논하라. 여러분은 본서에서 논의된 테크닉들을 사용하거나 혹은 현지 상황에 보다 적합하다고 생각되는 테크닉들을 고안할 수 있다.

1. 특정한 테크닉을 다른 사람들보다 어느 일정한 부류의 사람들에 대하여 사용하는 것이 보다 적절한가? 만일 그러하다면 그 이유는 무엇인가?

2. 특정한 테크닉이 다른 종류의 자료들에 비하여 어느 특정한 유형의 자료들을 수집하는 데 보다 적절한가? 만일 그렇다면 그 이유는 무엇인가?

(이러한 질문들에 대답하는 데 있어 연구조사가 어떻게 수행되어야 할 것인가에 관하여 매우 구체적으로 답변할 것. 즉 "질문지 방법을 통하여 태도를 연구한다" 등으로 간단히 답변하지 말 것. 어떠한 유형의 질문을 할 것인가, 언제 서베이를 할 것인가, 누구를 대상으로 서베이를 할 것인가, 언제 어떻게 사전검사(사전검증) *pretest*를 할 것인가 등등에 관하여 약간의 설명을 할 것)

나. 카메라나 녹음기를 사용하는 것이 결례가 되는가? 혹은 그 외에 부적합하다고 간주되는 상황이 존재하는가? 만일 그러하다면 그 이유는 무엇인가? 필요한 경우 어떻게 하여 이에 대한 대체수단을 찾을 것인가?

다. 조사연구 테크닉을 기술함에 있어 어떠한 종류의 장비가 필요한가에 대한 약간의 언급을 반드시 포함시키도록 할 것(카메라, 필름, 테이프, 측정도구, 기타). 또한 자료수록이라는 문제에 관하여 노트를 하도록 할 것. 즉 현지조사 노트는 어떻게 작성되고 보관되어야만 하는가? 효율적인 활용을 위하여 현지조사 노트를 어떻게 조직화하는 것이 가장 최선의 방법인가?

V. 커뮤니티를 떠날 때

가. 연구조사자는 그의 출발 계획에 관하여 누구에겐가 공식적으로 통보하여야만 하는가?

나. 연구조사자는 현지의 정보제공자에게 작별의 선물을 해야만 하는가? 연구조사자는 정보제공자들로부터 다량의 작별선물을 기대해야 하는가? 만일 그러할 경우 그러한 호의에 대한 연구조사자의 적절한 대응은 무엇인가? (즉 연구조사자는 심지어 현지를 떠난 이후에도 계속하여 이에 대한 보답을 할 것이 기대되는가?)

VI. 현지조사 이후의 기간

가. 연구조사자는 자료의 분석과 보고서의 작성을 어떻게 조직화하여야 하는가?

나. 만일 조사대상이 되었던 커뮤니티가 연구조사자의 분석에 관하여 아는 것이 바람직하다고 가정할 경우 연구조사자는 보고서의 출판에 앞서 현지인들의 승인을 얻어야만 하는가? 만일 그러하다면 연구조사자는 누구에게 이러한 요청을 하여야 하는가? 또한 그러한 요청은 어떻게 하여야 하는가?

다. 일단 보고서가 출판되면 연구조사자는 커뮤니티의 구성원들에게 보고서의 사본을 어떻게 배포하여야 하는가? 얼마나 많은 부수를 누구에게 배포하여야 하는가?

라. 여러분이 선정한 커뮤니티에서의 현지조사의 수행에 있어, 특히 현지의 사정에 적합하다고 생각되는 기타의 코멘트를 추가할 것.

희망할 경우 여러분들은 이러한 프로젝트를 집단적으로 행할 수도 있다. 여러분들이 미국 문화의 여러 측면에 관한 스튜어드式의 연구를 계획하라는 제의를 받았다고 가정하자. 학급의 몇몇 사람들은 자신들이 행한 커뮤니티의 연구를 '미국문화'(혹은 보다 적절히 지역적 아문화(亞文化) regional subculture)라는 맥락에서 이를 논의할 수 있을 것이다. 이러한 경우 여러분들은 이러한 연구들이 비교 가능하도록 여러분들의 방법론을 표준화하는 데 극히 세심한 주의를 기울여야만 할 것이다. 또한 여러분들은 특정한 주제에 관한 스미스式 또는 클라크式의 연구를 행할 수도 있다. 예를 들어 몇몇 선정된 미국의 커뮤니티의 가족조직에 관한 비교연구 등이다.

참고문헌

Arensberg, Conrad M. *The Irish Countryman*, 1988(original 1937). Prospect Heights, IL: Waveland Press. 1937년에 출판된 고전적인 커뮤니티 연구 서적을 수정하여 출판한 것.

Arensberg, Conrad M. "The Community Study Method." *American Journal of Sociology*, 1954, 60 : 109-124. 본 장에서 제기한 방법론적 및 이론적인 쟁점들의 일부에 대한 간결한 요약.

Arensberg, Conrad M. "American Communities." *American Anthropologist*, 1955, 57 : 1143-1162. 현대 미국의 커뮤니티의 유형 분류에 커뮤니티 연구 방법을 적용한 글.

Arensberg, Conrad M. "The Community as Object and as Sample." *American Anthropologist*, 1961, 63 : 241-264. 커뮤니티 연구 방법의 주요한 이론적 전제들을 제시한 글.

Arensberg, Conrad M. and Solon T. Kimball. *Culture and Community*, 1965. San Diego: Harcourt, Brace and World. 이 분야의 개척적인 연구자인 두 사람이 저술한 다양한 이론적, 방법론적, 기술적(記述的) 논문들을 모은 논문집.

Arensberg, Conrad M. and Solon T. Kimball. *Family and Community in Ireland*, 1972. Gloucester, MA: P. Smith. 고전적인 연구를 복제하여

출판한 것.

Barker, Roger G. *Ecological Psychology*. 1968. Stanford, CA: Stanford University Press. 커뮤니티라는 틀 안에서 일어나는 개인간의 상호작용의 연구와 관련된 이론과 방법을 상세히 개관한 책.

Bell, Colin and Howard Newby. *Community Studies*. 1982. London: Allen and Unwin. 몇몇 주요 커뮤니티 연구 프로젝트에 관한 상세한 보고서를 포함하여 이론과 방법을 개관한 탁월한 입문서.

Clarke, Edith. *My Mother Who Fathered Me*. 1966. London: Allen and Unwin. 세 개의 자메이카 커뮤니티와 그 친족 조직에 대한 비교 연구.

Cohen, Anthony P. *The Symbolic Construction of Community*. 1985. London: Tavistock. 현재 널리 보급되어 있는 커뮤니티에 관한 이론들과 커뮤니티 연구의 방법론을 탁월하게 해설한 책.

Hollingshead, August B. "Community Research Development and Present Conditions." *American Sociological Review*, 1948, 13 : 136-146. 커뮤니티 연구에 관한 사회학자들의 연구의 역사를 간결하게 서술한 글.

Kimball, Solon T. and William L. Partridge. *The Craft of Community Study: Fieldwork Dialogues*. 1979. Gainesville: University Presses of Florida. 커뮤니티 연구의 현지조사 프로젝트를 수행하는 과정에서 교수와 학생간에 오고간 서신들을 모은 것으로서 학습의 과정에 관하여 통찰력 있는 관찰을 하고 있다.

Lynd, Robert S. and Helen M. Lynd. *Middletown: A Study in Contemporary American Culture*. 1929. San Diego: Harcourt, Brace. 미국의 한 커뮤니티에 대한 고전적인 연구.

Pilcher, William W. *The Portland Longshoremen: A Dispersed Urban Community*. 1972. New York: Holt, Rinehart and Winston. 현대 미국의 한 커뮤니티에 관한 읽기 쉬운 민족지적 연구서로서, 지리적인 근접성보다는 공동의 이해관계로 정의할 수 있는 집단에 초점을 맞추었다는 점에서 특이하다.

Redfield, Robert and Alfonso Villa Rojas. *Chan Kom: A Maya Village*, 1990(original 1934). Prospect Heights, IL: Waveland Press. 인류학에서 커뮤니티 연구 방법을 개척한 연구의 하나.

Smith, Michael G. "Community Organization in Rural Jamaica." In Michael G. Smith. ed., *The Plural Society in the British West Indies*,

1965. Berkeley: University of California Press. 비록 이 책에 수록된 사례들은 카리브해에서 연구한 것이지만, 이 책은 특히 현대 세계의 다원적(多元的) 사회에서의 커뮤니티 연구의 이론과 방법 양자에 중요한 기여를 하고 있다.

Smith, Raymond T. *The Negro Family in British Guiana*, 1956. London: Routledge and Kegan Paul. 다양한 친족과 가내 조직을 비교하고 있는 3개의 커뮤니티에 관한 연구.

Steward, Julian. *Area Research: Theory and Practice*, 1950. New York: Social Science Research Council, Bulletin 63. 이 책에는 '푸에르토 리코 프로젝트'의 배경을 이루고 있는 이론적, 방법론적 고려 사항들이 빠짐없이 요약되어 있을 뿐 아니라 커뮤니티 연구에 관한 훌륭한 절(節)이 포함되어 있다.

Steward, Julian, et al. *The People of Puerto Rico*, 1956. Champaign: University of Illinois Press. 스튜어드와 그 동료들이 수행한 커뮤니티 연구의 결과인 방대한 양의 민족지이다.

색   인

ㅁ

ㅌ

ㅍ

ㅎ

문화인류학
현지조사 방법

1판 1쇄 펴낸날 1996년 11월 10일
1판 10쇄 펴낸날 2015년 3월 20일

지은이 | 줄리아 크레인 · 마이클 앙그로시노
옮긴이 | 한경구 · 김성례
펴낸이 | 김시연

펴낸곳 | (주)일조각
등 록 | 1953년 9월 3일
제300-1953-1호(구 : 제1-298호)
주 소 | 110-062 서울시 종로구 경희궁길 39
전 화 | 734-3545 / 733-8811(편집부)
733-5430 / 733-5431(영업부)
팩 스 | 735-9994(편집부) / 738-5857(영업부)
이메일 | ilchokak@hanmail.net
홈페이지 | www.ilchokak.co.kr

ISBN 978-89-337-0288-8 93330
값 12,000원